SCHRIFTENREIHE DES IFO-INSTITUTS FÜR WIRTSCHAFTSFORSCHUNG

Nr. 121

IFO-INSTITUT FÜR WIRTSCHAFTSFORSCHUNG

Wohnungsnachfrageprognose 1995

Analyse und Prognose der Nachfrage nach Miet- und Eigentümerwohnungen

von

Karin Behring, Axel Börsch-Supan
Georg Goldrian

DUNCKER & HUMBLOT / BERLIN · MÜNCHEN

CIP-Titelaufnahme der Deutschen Bibliothek

Behring, Karin:
[Wohnungsnachfrageprognose neunzehnhunderfünfundneunzig]
Wohnungsnachfrageprognose 1995: Analyse u. Prognose d.
Nachfrage nach Miet- u. Eigentümerwohnungen / von Karin
Behring; Axel Börsch-Supan; Georg Goldrian. – Berlin;
München: Duncker u. Humblot, 1988
(Schriftenreihe des Ifo-Instituts für Wirtschaftsforschung; Nr. 121)
ISBN 3-428-06491-7
NE: Börsch-Supan, Axel:; Goldrian, Georg:; Ifo-Institut für
Wirtschaftsforschung <München>: Schriftenreihe des Ifo-Instituts ...

Druck: Werner Hildebrand, Berlin 65
Printed in Germany

ISBN 3-428-06491-7

VORWORT

Der vorliegende Forschungsbericht ist das Ergebnis eines im Ifo-Institut durchgeführten, größtenteils vom Bundesminister für Raumordnung, Bauwesen und Städtebau finanzierten, umfangreichen Forschungsprojekts.

Im Rahmen des Projekts wurden für den Wohnungsmarkt der Bundesrepublik Deutschland neue methodische Ansätze weiterentwickelt und erprobt. Durch einen hohen Differenzierungs- und Komplexitätsgrad der verwendeten Modell-Elemente wurde versucht, der Vielfalt der Zusammenhänge und Einflußfaktoren auf der Nachfrageseite des Wohnungsmarkts zu entsprechen.

Das Konzept hat sich bewährt. Das Modell lieferte für die Analyse der Wohnungsnachfrage sowohl zuverlässige als auch interessante Ergebnisse. Diese Ergebnisse dienten als Grundlage für eine Prognose bis zum Jahr 1995. Vorgehensweise und Resultate sollen hiermit einer breiten Öffentlichkeit vorgestellt werden.

Die Professoren Daniel McFadden, Raymond Struyk und Konrad Stahl standen dem Projekt beratend zur Seite. Ihnen gilt unser besonderer Dank.

Professor Dr. Daniel McFadden, Massachusetts Institute of Technology (MIT), Cambridge, Mass., hat das ökonometrische Konzept entwickelt. Professor Dr. Konrad Stahl, Universität Mannheim, der die amerikanischen Berater für dieses Projekt gewinnen konnte, brachte sein methodisches Wissen und seine empirischen Kenntnisse ein. Professor Dr. Raymond Struyk, The Urban Institute, Washington, D. C., trug zu Konzept und Ansatz bei und übernahm darüber hinaus zusammen mit Professor Dr. Stahl Berechnung und Darstellung des permanenten Einkommens.

Das Bundesbauministerium hat die Arbeiten interessiert und verständig begleitet. Hierfür und für die Quantifizierung der prognostischen Vorgaben sei insbesondere Dr. Siegfried Brenke und Dr. Adolf Völker gedankt. Die Verantwortung für den Inhalt des Forschungsberichts tragen die Autoren; das Bundesbauministerium vertritt in einigen Punkten einen etwas abweichenden Standpunkt. Schließlich danken wir Diplom-Mathematiker Wolfgang Schneider für seine hervorragende Forschungsassistenz und Maria-Luise Rieß und Christa Dorendorf für ihre engagierte und sorgfältige Ausführung der umfangreichen Schreibarbeiten.

München, Juli 1988

Prof. Dr. Karl Heinrich Oppenländer
Präsident
des Ifo-Instituts für Wirtschaftsforschung

INHALTSÜBERSICHT

ERGEBNISSE IM ÜBERBLICK

In der vorliegenden Analyse und Prognose der Wohnungsnachfrage steht nicht die undifferenzierte Anzahl aller nachgefragten Wohnungen im Vordergrund, sondern die Aufteilung der Nachfrage in Wohnungsarten, gegliedert nach Besitzstand, Gebäude- und Wohnungsgröße.

Zur Erfassung der Gesamtnachfrage werden seßhafte Haushalte und Wohnungswechsler getrennt behandelt. Sowohl in der Analyse als auch in der Prognose werden in einem ersten Schritt die Wohnungswechsler von den seßhaften Haushalten unterschieden (Aufbruchverhalten der Haushalte). Die Nachfrage der seßhaften Haushalte richtet sich auf die bisher schon bewohnte Wohnung, während die Wahl einer neuen Wohnung durch die Wohnungswechsler in einem zweiten Schritt (Auswahlverhalten der Wohnungswechsler) abgebildet wird.

Mit dieser differenzierenden Betrachtungsweise und der dadurch implizierten Methodik betritt diese Forschungsarbeit Neuland. Die wichtigsten Ergebnisse der Analyse des Jahres 1978 und der Prognose bis zum Jahr 1995 werden in den folgenden vierzehn Einzelpunkten kurz zusammengefaßt:

1. Haushalte verlassen ihre bisherige Wohnung (ca. 10% aller Haushalte pro Jahr), weil sie mit ihrer Wohnsituation unzufrieden sind, sei es durch Veränderung der ökonomischen Relation zwischen Einkommen und Preis der Wohnungsnutzung, sei es im Verlauf des Familienzyklus. Zunehmendes Alter und steigende Haushaltsgröße bremsen die Mobilität. Weitaus am häufigsten wechseln männliche Ein-Personen-Haushalte ihre Wohnsituation. In der regionalen Differenzierung zeigen sich die höchsten Umzugsquoten in den Kernstädten der Ballungsgebiete. Dort treten also die meisten Diskrepanzen zwischen Wohnanspruch und Wohnsituation auf.

2. Aus selbstgenutzten Eigenheimen wird praktisch kaum ausgezogen. Aufgebrochen wird insbesondere aus kleinen Mietwohnungen und aus selbstgenutzten Eigentumswohnungen aller Größen in Mehrfamilienhäusern. Geschoßeigentum dient offensichtlich als Sprungbrett ins eigene Haus.

3. Die Wohnungswahl wird durch eine ganze Reihe von Faktoren determiniert: ökonomische Größen (Wohnkosten, Heizkosten, Einkommen), demographische Einflüsse (Anzahl Erwachsener, Kinderzahl, Alter), wobei das Gewicht der demographischen Faktoren das der ökonomischen dann über-

trifft, wenn letztere sich moderat und relativ gleichmäßig entwickeln. Das ist u. a. dann der Fall, wenn die Wirkung einer Einkommenssteigerung durch die Wirkung einer Steigerung der Wohnkosten modifiziert, wenn nicht gar aufgehoben wird.

4. Als Kosten einer Mietwohnung werden die „hedonischen Mieten" verwendet. Die Zerlegung des Mietpreises in seine einzelnen Bestandteile aus Wohnungsmerkmalen, Merkmalen der Lage, des Mietverhältnisses und des Gebäudes bringt das wichtigste Ergebnis, daß neben der Anzahl der Zimmer auch das Baualter des Gebäudes und die Mietdauer einen entscheidenden Einfluß auf die Miethöhe haben. Diese Mietdauerrabatte sind in dünn besiedelten Regionen am höchsten.

5. Die Miethöhe bzw. die Belastung (Zins, Tilgung, Betriebskosten etc.) selbstnutzender Eigentümer haben wie das „permanente Einkommen" einen starken, aber regional- und Haushaltstypen-spezifischen Einfluß. Demgegenüber spielt die erwartete Wertsteigerung des Wohneigentums (unter Vermögensbildungsaspekten) keine entscheidende Rolle bei der Wohnungswahl. Das gleiche gilt für Wohngeld und Steuerersparnis. Die Heizkosten jedoch beeinflussen in hohem Maße die Wohnungswahl der Haushalte.

6. Im demographischen Bereich übertrifft das Gewicht des Alters alle anderen Einflußgrößen. Alte Haushalte bevorzugen die Unabhängigkeit und Sicherheit des Eigentums.

7. Gemessen an Auszugs- und Einzugshäufigkeiten lassen sich in Abhängigkeit von den Konstellationen der Einflußgrößen für 1978 Wohnungstyp-Attraktivitäten ermitteln. Beliebteste Wohnform ist das Einfamilienhaus, dicht gefolgt vom Zweifamilienhaus. Gänzlich unattraktiv — mit hoher Fluktuation — sind dagegen kleinste bis kleine Mietwohnungen mit ein oder zwei Zimmern.

8. Bis 1995 wird sich das „Klima" für die Wohnungsnachfrage in einigen Bereichen ganz entschieden verändern. Vor allem die demographische Entwicklung hat wesentliche nachfragerelevante Wirkungen, die durch die ökonomischen Veränderungen nicht oder allenfalls begrenzt aufgefangen werden. Der Anteil alter Haushalte steigt, insbesondere auf Kosten der mittleren Jahrgänge; die Kinderzahl sinkt, entsprechend verringert sich der Anteil der Haushalte mit mehr als zwei Erwachsenen. Die Einkommen sinken zunächst bis 1985 um ca. 5 % und steigen dann bis 1995 um 24 %. Die Wohnkosten (Durchschnitt aller Wohnungstypen) erhöhen sich bis 1995 mit 38 % stärker als die Einkommen. Vor allem die Reform der steuerlichen Wohneigentumsförderung im Jahre 1987 hat einen kostensteigernden Effekt.

9. Als Folge dieser Rahmenbedingungen steigt die Nachfrage nach Einfamilienhäusern um ca. 20 %, was zu einer Erhöhung der Eigentümerquote um 6 Prozentpunkte führt. Dabei ist offensichtlich der demographische Effekt maßgebend. Diese Erhöhung erfolgt auf Kosten der kleinen Mietwohnungen. Insgesamt verschiebt sich die Nachfrage bis 1995 hin zu größeren Wohnungen.

10. Einer erhöhten Eigentümerquote der Haushalte mit einem und mit zwei Erwachsenen steht eine sinkende Eigentümerquote der großen Haushalte gegenüber.

11. Haushalte mit niedrigem Einkommen nehmen an der allgemeinen Entwicklung fast nicht teil. Der schon 1978 bestehende Unterschied in der Wohnsituation armer Haushalte einerseits und hoch verdienender Haushalte andererseits verschärft sich bis 1995.

12. Auch die Wohnsituation kinderreicher Haushalte verschlechtert sich. Sie werden ihren sozialpolitisch anerkannten Bedarf an ausreichend großen Wohnungen nicht decken können.

13. Alte Haushalte entfalten demgegenüber eine verstärkte Nachfrage nach Wohneigentum und großen Wohnungen.

14. Gemessen am aktuellen Wohnungsbestand (1984) wird sich die prognostizierte Wohnungsnachfrage nur durch verstärkten Neubau (Nettozugang ca. 1 Mio. Wohneinheiten) von großen Wohneinheiten und zusätzliche Zusammenlegung der im Übermaß vorhandenen kleinen Wohnungen befriedigen lassen.

INHALTSVERZEICHNIS

TABELLENVERZEICHNIS

ABBILDUNGSVERZEICHNIS

A. ZUSAMMENFASSUNG

Die folgende Zusammenfassung dieses Forschungsberichts legt als Gliederung die Kapitel-Nummern zugrunde, d.h. die durchgehende Nummerierung entspricht der Numerierung der Einzelkapitel und wiederholt auch die Überschriften, so daß sehr schnell der jeweils zugehörige, ausführliche Teil im Bericht auffindbar ist. Wir gehen davon aus, daß auftretende Verständnisschwierigkeiten durch eine erweiterte Informierung im betreffenden Berichtskapitel umgehend beseitigt werden können.

Analyse der Wohnungsnachfrage

1. Einführung

Das IFO-Institut wurde vom Bundesbauminister beauftragt, ein Projekt durchzuführen, in dem die Wohnungsnachfrage, gestützt auf eine detaillierte empirische Analyse, bis 1995 prognostiziert werden sollte. Die anfänglich formulierte Zielsetzung, die Wohnungsmarktentwicklung zu erfassen, wurde aus Mangel an ausreichenden Daten aufgegeben. Vereinbarungsgemäß sollte die Wohnungsnachfrage adäquat zu den sachlichen Gegebenheiten eines in hohem Maße heterogenen Produktes relativ fein differenziert untersucht und prognostiziert werden.

Der Anspruch an die Qualität der zu erzielenden Ergebnisse wurde sehr hoch angesetzt. Dadurch und durch die dazu notwendige Verwendung neuartiger Methoden erhielt das Projekt in weiten Teilen den Charakter von Grundlagenforschung. Vier Berater, deutsche und US-amerikanische Professoren, standen den Bearbeitern in allen Teilen der Projektarbeiten unterstützend und mit eigenen Beiträgen zur Seite.

2. Modellhafte Abbildung der Wohnungsnachfrage

Die Wohnungsnachfrage ist als (Konsum-)Nachfrage nach der Nutzung des langlebigen Investitions-Gutes Wohnung anzusehen. Die

Wohnungsnutzung besteht in der Inanspruchnahme einer Leistungsabgabe je Konsumperiode, was die fortlaufende Nutzung einer bereits bewohnten Wohnung einschließt.

Der Grundgedanke einer auf diesen theoretischen Überlegungen basierenden ökonometrischen Nachfrageanalyse besagt: Die durch private Haushalte jeweils nachgefragte Wohnungsnutzung ist durch Charakteristika der Haushalte und der Wohnungen eindeutig erklärbar. Mit Hilfe eines solchen Erklärungszusammenhangs, der sich in Nachfragefunktionen abbilden läßt, können unter Verwendung bestimmter Annahmen Prognosen erstellt werden. Die wesentliche Hypothese, die unter Verwendung einer Querschnittsanalyse formulierbar ist, erscheint durchaus realitätsnah: Haushalte mit im Zeitablauf veränderten Charakteristika verhalten sich wie Haushalte, die diese Charakteristika im Basiszeitpunkt (Zeitpunkt einer Querschnittserhebung) aufgewiesen haben (Übertragbarkeit und Konstanz der Parameter). Eine solche Hypothese ermöglicht es, auf der Grundlage von aus Querschnittsdaten gewonnenen Nachfragefunktionen zu prognostizieren.

Das in der vorliegenden Untersuchung verwendete Analyse- und Prognose-Modell läßt sich weiter charakterisieren als

- Partialmodell in dem Sinne, daß gesamtwirtschaftliche Zusammenhänge und das Wohnungsangebot als exogene Einflüsse angesehen werden bzw. nur implizit Berücksichtigung finden,

- Quasi-Übergangsmodell in dem Sinne, daß die Dynamik des Wohnungsmarktgeschehens im Modell über eine periodenweise Trennung der nachfragenden Haushalte in Umzügler und Seßhafte nachvollzogen wird. Aus diesem Grund besteht das Modell aus zwei Komponenten:
  - - einem Aufbruch-Modell, das die Wahl zwischen Auszug aus oder Verbleib in einer gegebenen Wohnung modelliert, und
  - - einem Einzugs-Modell, das die Entscheidung für eine bestimmte Wohnungsalternative abbildet. Die erwähnten "Nachfrage"-funktionen modellieren die Einzel-

teile des Einzugsmodells. In diesem Zusammenhang wird im folgenden - nicht korrekterweise - auch von Wohnungsnachfrage gesprochen. Diese den Einzug abbildende Nachfrage ist nicht zu verwechseln, mit der oben beschriebenen Nachfrage, die auch seßhafte Haushalte einbezieht und - im üblichen Sprachgebrauch - eigentlich Belegung von Wohnungen durch Haushalte meint.

3. Methode zur Schätzung der Nachfragefunktionen

Wohnungsnachfrage ist weiter definiert als Entscheidungsprozeß (Auswahl) zwischen diskreten Alternativen. Die Schätzung der Nachfragefunktionen basiert damit auf der Theorie des Wahlverhaltens. Die Haushalte entscheiden sich unter einer Vielzahl konkreter Angebote für die Wohnung mit dem für sie höchsten Nutzen. Sowohl im Aufbruch- als auch im Ziel- bzw. Einzugsmodell werden ökonometrische Methoden zur Schätzung verwendet, deren Funktionen keine kontinuierliche, sondern diskrete Zielgrößen haben. Diese Ansätze werden als discrete choice-Modelle bezeichnet.

Der verwendete Schätzansatz stammt aus dem englisch-sprachigen Raum und wird als Nested Multinomial Logit-Ansatz bezeichnet. Er ermöglicht eine Simultanschätzung über eine gewisse Anzahl von Alternativen. Das Maximierungsverfahren der multiplen Regression basiert auf der Maximum-Likelhood-Methode.

4. Bestimmung der Modellelemente

Alle Arbeiten zur Operationalisierung der theoretischen und methodischen Ansätzen standen in dem Spannungsverhältnis zwischen zur Verfügung stehenden Daten und theoretischem Anspruch. Die Analyse der Wohnungsnachfrage basiert auf der 1-v.H.-Wohnungsstichprobe von 1978, dem einzigen der Fragestellung entsprechenden Datenmaterial. Fehlende Daten, z.B. zu den Kosten von Wohneigentum, wurden ergänzt. Die Erhebung stand den Bearbeitern in Form der originalen Einzeldaten zur Verfügung, was für die geplante Schätzung auf Mikrobasis unerläßlich war.

Im Rahmen der Datenaufbereitung wurden zunächst die Wohnungsteilmärkte ausgegrenzt, auf denen die Belegung der Wohnungen von anderen als rein vom Wohnungsmarkt bestimmten Gesichtspunkten beeinflußt wird:

- soziale Mietwohnungen
- Werks-, Dienst- und Stiftswohnungen
- landwirtschaftliche Wohnungen
- Freizeit- und Ferienwohnungen.

Analyse und Prognose der Wohnungsnachfrage beziehen sich also nur auf das Marktsegment freifinanzierter "Dauer"-Wohnungen.

Um im Rahmen einer multiplen Regression, zumal als Simultanfunktion über eine bestimmte Anzahl von Wohnungstypen angelegt, die Anzahl der Einflußfaktoren zu begrenzen - aber auch aufgrund einer Reihe theoretisch-methodischer Überlegungen - wurden zunächst regionale Strata gebildet. Als Kompromiß zwischen dem Wissen einerseits, daß nur eine möglichst kleinräumige Gliederung dem Homogenitätsanspruch an das Nachfrageverhalten gerecht werden kann, und dem Problem andererseits, die Repräsentativität der Daten zu erhalten, erfolgte die regionale Differenzierung in Anlehnung an die von der Bundesanstalt für Landeskunde und Raumordnung erarbeiteten siedlungsstrukturellen Kreistypen (in Klammern - hier wie im folgenden - die im Bericht benutzten Abkürzungen):

- Regionen mit großen Verdichtungsräumen
  (1) Kernstädte (BAKE)
  (2) Hochverdichtetes Umland (BAHV)
  (3) Sonstiges Umland (BAUM)
  (1)-(3) (BALL)
- Regionen mit Verdichtungsansätzen
  (4) Kernstädte (KERN)
  (5) Umland (UMLA)
  (4)-(5) (KEUM)
- (6) Ländlich geprägte Regionen (LAND).

In einem zweiten Stratifikations-Schritt wurden Haushalts-Strata nach der Anzahl der erwachsenen Haushaltsmitglieder und der Nationalität des Haushaltsvorstands gebildet, Merkmalen, die wesentlich ein unterschiedliches Nachfrageverhalten bewirken:

- deutsche Haushalte und ausländische Nicht-"Gastarbeiter" Haushalte mit
  (1) einem männlichen Erwachsenen (SM)
  (2) einem weiblichen Erwachsenen (SW)
  (1)-(2) (SI)
  (3) zwei Erwachsenen (EH)
  (4) drei und mehr Erwachsenen (WG)
- (5) Gastarbeiter-Haushalte mit zwei und mehr Erwachsenen (GA).

Die allen Modell-Rechnungen zugrundeliegenden zwanzig Strata sind eine Kombination von regionaler und personaler Gliederung. (Bezüglich dieser Gliederungen und auch aller verwendeten Abkürzungen vgl. Faltblatt nach Kapitel 4 des Berichts).

5. Operationalisierung der Schätzmodelle

Für die Schätzung der Nachfrage-Funktionen (Einzugsmodell) wurden nach vielfältigen Experimenten - dem theoretischen Konzept und den daraus entwickelten Hypothesen entsprechend - folgende Variablen definiert:

- die abhängige Variable (=Zielgröße)
  - - relative Häufigkeiten ausgewählter Wohnungsalternativen
- die unabhängigen Variablen (=Erklärungsgrößen)
  - - Kosten der Wohnungsnutzung
  - - Heizkosten
  - - Wertsteigerung der Wohnung
  - - Haushalts- im Verhältnis zur Wohnungsgröße

- - Kinderzahl
- - Alter des Haushaltsvorstands
- - Haushaltseinkommen.

Die Zielgröße des Aufbruchmodells beinhaltet die relativen Häufigkeiten von Aufbruch bzw. Seßhaftigkeit, die Einflußgrößen setzen sich aus einem Teil der auch im Zielmodell verwendeten Variablen zusammen.

Nachgefragter Wohnungstyp

Im Spannungsfeld zwischen der Notwendigkeit, die Anzahl der Alternativen aus methodischen Gründen nicht zu groß werden zu lassen, und dem konzeptionellen Anspruch, alle nachfragerelevanten Wohnungsmerkmale in die Alternativenabgrenzung einzubeziehen, wurden folgende 10 Wohnungstypen (WT) bestimmt (in Klammern die nachfolgend verwendete Numerierung):

kleine Wohnungen:
(1) Eigentum, Einfamilienhaus, 1-4 Zimmer
(2) Eigentum, Zweifamilienhaus, 1-3 Zimmer
(3) Eigentumswohnung, Mehrfamilienhaus, 1-3 Zimmer
(4) Miete, 1-2 Zimmer
(5) Miete, 3 Zimmer

große Wohnungen:
(6) Eigentum, Einfamilienhaus, 5 und mehr Zimmer
(7) Eigentum, Zweifamilienhaus, 4 und mehr Zimmer
(8) Eigentumswohnung, Mehrfamilienhaus, 4 und mehr Zimmer
(9) Miete, 4 Zimmer
(10) Miete, 5 und mehr Zimmer.

Wohnkosten

Als Kosten der Mietwohnung wurden definiert die hedonischen Mieten abzüglich Wohngeld. Die hedonischen Mieten sind Ergebnis einer Berechnung, die über eine multiple Regression die Einzelpreise der preisbestimmenden Merkmale einer Wohnung ermittelt und so eine Bereinigung um nicht marktrelevante und/oder eher zufällige Einflüsse erlaubt. Dadurch wird eine Vergleichbarkeit der Mietpreise für die nachfragenden Haushalte hergestellt.

Die Kosten des (selbstgenutzten) Wohneigentums sind definiert als Zins- und Tilgungskosten zuzüglich Betriebskosten und abzüglich Steuerersparnis und Wohngeld.

Heizkosten

Diese Variable gibt die nach Wohnungsgröße, Baualter des Hauses, Heizungsart und Heizmaterial differenzierten Heizkosten pro qm Wohnfläche an.

Wertsteigerung

Die Wertsteigerung betrifft als "Vermögensbildungs"merkmal nur die Wohneigentumsalternativen. Diese Variable ist als Kaufpreis mal Wertsteigerungsrate, die wiederum in enger Anlehnung an die Preissteigerungsraten für Grundstücke bestimmt wurde, definiert.

Haushalts- im Verhältnis zur Wohnungsgröße

Diese Variable versucht in einer komplizierten Konstruktion, den Anspruch der Haushalte an ihre "ideale" Wohnungsgröße in die Nachfragefunktionen einzubringen.

Alter, Kinderzahl

Kinderzahl (Kinder unter 18 Jahren) und Alter des Haushaltsvorstands gingen mit ihren absoluten Werten in die Schätzung ein.

Haushaltseinkommen

Das Haushaltseinkommen wurde als permanentes Einkommen definiert, das - ganz ähnlich wie die hedonischen Mieten - das Einkommen mittels multipler Regression in von Haushaltsmerkmalen abhängige Einkommensbestandteile zerlegt und so eine Bereinigung um transitorische Komponenten erlaubt.

Für das Aufbruchmodell wurden ganz ähnlich konstruierte Variablen spezifiziert: Anzahl der Haushaltsmitglieder, Alter des Haushaltsvorstands, Einkommen und Wohnkosten.

6. Aufbruch- und Nachfrageverhalten der Haushalte im Jahr 1978

Wohnsituation 1978

Im Jahre 1978 waren 45 % der Modell-Haushalte selbstnutzende Eigentümer ihrer Wohnung. Die Eigentümerquote ist je nach Haushalts- und Regionsstratum sehr unterschiedlich:

	Eigentümerquote	Anteil an allen Modellhaushalten
Stratum		
EHBRD	51	48
SIBRD	27	33
WGBRD	76	15
GABRD	4	4
Regionstyp		
BALL[1]	39	56
KEUM[1]	55	29
LAND[1]	60	15

1 ohne Gastarbeiter-Haushalte

Innerhalb der drei zusammengefaßten Regionstypen schwankt die Eigentümerquote noch einmal zwischen sehr niedrigen Quoten in den Verdichtungskernen (BAKE, KERN) und einer wesentlich höheren in den Umlandregionen.

Bezogen auf die Verteilung auf alle Wohnungstypen konzentrieren sich EH-Haushalte mit weiteren gut 20 % in Drei-Zimmer-Mietwohnungen, SI-Haushalte mit knapp 50 % in den kleinsten Mietwohnungen, während WG-Haushalte, sofern überhaupt in Mietwohnungen lebend, ganz überwiegend in der Drei-Zimmer-Wohnung zu finden sind. Gastarbeiter-Haushalte belegen zu knapp 80 % Mietwohnungen mit bis zu drei Zimmern.

Bei einer weiteren Differenzierung der Haushalte innerhalb der Strata nach Kinderzahl, Alter des Haushaltsvorstands und Einkommen nimmt die Verschiedenartigkeit der Wohnungsversorgung noch einmal zu; einige Beispiele sollen dies erläutern:

- EH-Haushalte der niedrigsten Einkommenskategorie sind zwar zu 64 % Eigentümer der bewohnten Wohnung, bewohnen aber ganz überwiegend kleines Eigentum. In den Kernstädten (BAKE, KERN) können sie sich sogar zu rund einem Drittel nur die kleinste Mietwohnung leisten.

- In der Gruppe der EH-Haushalte der höchsten Einkommenskategorie findet sich zwar eine sogar leicht niedrigere Eigentümerquote (61 %), die sich aber auf große Wohnungseigentumseinheiten, insbesondere Eigenheime, konzentriert. Vor allem in den Kernstädten weicht die Eigentümerquote höchst verdienender EH-Haushalte erheblich von der der am wenigsten verdienenden nach oben ab (BAKE: 44 % zu 27 %; KERN: 58 % zu 32 %). Auch wenn EH-Haushalte der höchsten Einkommenskategorie zur Miete wohnen, belegen sie mit Vorliebe große Wohnungen.

Durch diesen Vergleich wird einerseits deutlich, daß die Qualität der Wohnsituation zwar in relativ hohem Maße vom Einkommen abhängt - aber auch noch andere Einflüsse wesentlich werden - , andererseits zeigt die Versorgung der obersten Einkommensschichten an, welche Zielrichtung der Wunsch nach einer "besseren" Wohnsituation nimmt. Im Fall der EH-Haushalte - wie auch in anderen Strata nachweisbar - ist die Zielrichtung der Nachfrage, mit dem Vorhandensein oder Entstehen großzügigerer Rahmenbedingungen Eigentum zu erwerben, vor allem ein Eigenheim, und größere Wohnungen zu bewohnen.

Bei der Differenzierung nach dem Alter zeigt sich, daß

- junge EH-Haushalte (Haushaltsvorstand bis zu 25 Jahren) zu 8 % Eigentümer der bewohnten Wohnung sind. Im übrigen konzentriert sich ihre Wohnungsversorgung auf Mietwohnungen mit bis zu drei Zimmern (75 %). Die regionalen Abweichungen von diesem Durchschnitt entsprechen der im Durchschnitt gültigen Staffelung der Versorgung zwischen den Regionstypen: In den Kernstädten bewohnen junge EH-Haushalte kleinere Wohnungen und seltener Wohneigentum als in Umlandgemeinden.

- Alte EH-Haushalte mit einem Vorstand von 55 und mehr Jahren bewohnen dagegen zu 56 % die eigenen vier Wände, zum größten Teil kleines Wohneigentum; ihre Wohnungsversorgung mit kleinen Mietwohnungen (33 %) ist dementsprechend geringer als die junger Haushalte. Die regionalen Unterschiede entsprechen denen in der Wohnsituation der jungen Haushalte, jedoch auf einem insgesamt "besseren" Niveau.

Die Wohnungsversorgung, nach dem Alter des Haushaltsvorstands differenziert, korrespondiert eng mit den Belegungsunterschieden nach dem Einkommen - dieser Zusammenhang leuchtet unmittelbar ein, weil Alter und Einkommen in gewisser Weise korrelieren. Durchbrochen wird der Zusammenhang zwischen Einkommen, Alter einerseits und Wohneigentumsquote andererseits durch die relativ hohe Quote bei alten Haushalten mit niedrigem Einkommen. Diese Haushalte können sich diese Wohnform - nach langer Seßhaftigkeit im frühzeitig erworbenen Eigentum - nach der Entschuldung immer noch leisten.

Der Einfluß der Kinderzahl läßt sich wie folgt aufzeigen:

- EH-Haushalte mit 3 und mehr Kindern leben zu 52 % in großen Eigenheimen und sind mit noch einmal 26 % in großen Mietwohnungen offenbar recht angemessen versorgt. In den Kernstädten wird diese Versorgung jedoch bei weitem nicht erreicht.

- EH-Haushalte ohne Kinder sind zu einem weit geringeren Anteil Eigentümer der von ihnen bewohnten Wohnung; sie leben zu 50 % in kleinen Mietwohnungen.

Das Vorhandensein von Kindern hat ganz offensichtlich einen Einfluß auf den Erwerb von Wohneigentum.

Umzugsverhalten 1978

1978 sind aus wohnungsspezifischen Gründen innerregional 7,2 % der Modell-Haushalte umgezogen. Die höchste Mobilitätsrate findet sich bei SM-Haushalten, die niedrigste in der WG-Gruppe. In Ballungszentren wird häufiger umgezogen als in Umland- und Landgemeinden. Alte Haushalte ziehen weitaus seltener um als junge Haushalte, kinderlose Haushalte sind mobiler als kinderreiche.

Aus Eigentum wird weniger ausgezogen - aus Eigenheimen praktisch überhaupt nicht - als aus Mietwohnungen. Es gibt Wohnungstypen mit einer insgesamt hohen Fluktuation - Auszug und Einzug -, wie den Wohnungstyp 4, und andere Typen, bei denen die Fluktuation niedrig ist, wie die großen Mietwohnungen (WT 9 und WT 10).

Bei Gegenüberstellung von Auszugsstrukturen zu denen des Einzugs lassen sich relative Attraktivitäten der einzelnen Wohnungstypen ermitteln, sofern man Auszug als Maßstab für Unzufriedenheit und Einzug als bewußte Entscheidung für eine verbesserte Wohnsituation setzt.

Relative Attraktivität der Wohnungstypen 1978
- Differenz der Auszugs- und Einzugsanteile in Prozentpunkten -

Wohnungstyp									
1	2	3	4	5	6	7	8	9	10
+ 5	+ 2	0	- 9	- 3	+ 6	+ 3	- 1	- 2	- 1

Unter den für den Wohnungsmarkt relevanten Konstellationen der Einflußgrößen des Jahres 1978 sind demnach Eigenheime am beliebtesten, und zwar mit Vorsprung die Einfamilienhäuser und danach erst die Zweifamilienhäuser. Kleine Mietwohnungen sind eher unattraktiv; bei Eigentumswohnungen und großen Mietwohnungen halten sich Ablehnung und Zustimmung in etwa die Waage.

Die angesprochenen durchschnittlichen Attraktivitäten sehen natürlich für die einzelnen Haushaltsstrata sehr unterschiedlich aus. Auch regional weicht die Beliebtheit bzw. Ablehnung bestimmter Wohnungstypen vom Durchschnitt ab: Im Regionstyp LAND schlägt die Unbeliebtheit des Wohnungstyps 5 noch die des Wohnungstyps 4; auch Geschoßeigentum wird hier im Gegensatz zu den Ballungsgebieten weniger gesucht. In den Ballungsgebieten sind demgegenüber die Unterschiede zwischen den Wohnungstypen nicht so kraß, selbst die Attraktivität des Einfamilienhauses bleibt hinter dem Durchschnitt über das Gesamt-Modell zurück, und die Ablehnung der kleinen Mietwohnung ist relativ gering.

7. Bestimmungsgrößen der Wohnungsnachfrage

Die Schätzungen der Parameter für die Einflußfaktoren in den Nachfragefunktionen führten zu statistisch abgesicherten signifikanten Ergebnissen, die auch die in den Daten beschriebene Realität zu einem hohen Prozentsatz richtig abbildeten. Eine Betrachtung der geschätzten Parameter gibt Auskunft über Gewicht und Wirkungsrichtung der einzelnen Einflußfaktoren auf die Einzugsentscheidung einerseits, und auf die Entscheidung für einen Aufbruch aus der bisher bewohnten Wohnung andererseits.

Die Beurteilung der Wirkungsrichtung wird allerdings - wegen der verwendeten Modellansätze - dadurch erschwert, daß sich die Auswahlwahrscheinlichkeiten immer zu eins ergänzen. Damit hat die Veränderung einer Variablen auf die zur Auswahl stehenden Wohnungstypen immer eine mehrfache Wirkung: Sie erhöht die Vorliebe für bestimmte Typen und senkt sie für andere. Diese Zusammenhänge sind je nach betrachtetem Haushalts- und Regionsstratum für jeden einzelnen Einflußfaktor sehr unterschiedlich. Steigende Wohnkosten bewirken allerdings in jedem Fall tendenziell eine relative Bevorzugung der kleinen Mietwohungen. Wegen der Vielfalt von Einflußgrößen und Strata beschränken wir uns hier auf eine knappe Darstellung der relativen Wirkungsstärke der Einflußfaktoren.

Relatives Gewicht der Einflußfaktoren in %

Wohnkosten	16
Wertsteigerung	1
Haushalts- im Verhältnis zur Wohnungsgröße	3
Einkommen	20
Alter	55
Kinderzahl	5

Im Durchschnitt aller Modell-Haushalte hat das Alter des Haushaltsvorstands mit Abstand den höchsten Einfluß auf die Auswahl einer neu zu beziehenden Wohnung. (Bei der Entscheidung für oder gegen den Auszug aus einer Wohnung ist ebenfalls das Alter die gewichtigste Einflußgröße.) Setzt man hypothetisch für alle Einflußfaktoren eine gleichmäßige Erhöhung um einen bestimmten Prozentsatz an, so bedeutet der hohe Alterseinfluß nichts anderes, als daß die vom Alter determinierte Vorliebe für bestimmte Wohnungstypen (Wirkungsrichtung) alle anderen, z.T. auch gegenläufigen Tendenzen im Durchschnitt aller Modell-Haushalte überkompensiert. Allerdings wird diese Wirkung auf die Einzugswahrscheinlichkeiten dadurch stark abgeschwächt, daß mit zunehmendem Alter die Umzugshäufigkeit rapide abnimmt.

Neben dem Alter haben die Wohnkosten und das Einkommen einen starken Einfluß auf die Wohnungswahl. Da beide aber ein etwa gleichhohes Gewicht haben und tendenziell gegensätzlich wirken, heben sich die Wirkungen bei ungefähr gleichmäßiger Entwicklung gegenseitig auf.

Die Einflußgrößen Wertsteigerung, Haushalts- im Verhältnis zur Wohnungsgröße und Kinderzahl spielen bei der Wohnungswahl zwar eine beachtenswerte, aber doch vergleichsweise untergeordnete Rolle.

Rechnet man nun zum Einfluß des Alters die Wirkung der Kinderzahl und die der Haushaltsgröße angemessene Wohnungsgröße als weitere demographische Faktoren hinzu, so läßt sich festhalten, daß bei der Entscheidung der Haushalte für eine bestimmte Wohnungsalternative die demographischen Strukturen bestimmend sind.

Die angesprochenen durchschnittlichen Gewichte der Einflußgrößen variieren über die einzelnen Haushalts- und Regionsstrata. Beispielsweise ist der Einkommenseinfluß bei EH-Haushalten höher, bei WG-Haushalten niedriger als im Durchschnitt. Für SI-Haushalte gewinnt die Wertsteigerung an Relevanz, für EH- und WG-Haushalte spielt die Anzahl der Kinder eine größere Rolle. In Ballungsgebieten sind die Wohnkosten von höherer Bedeutung, auf dem Land ist der Einfluß des Einkommens größer. Für die weitere Entwicklung der Wohnungsnachfrage und für Ansatzpunkte zur Beeinflussung lassen sich daraus einige wichtige Erkenntnisse gewinnen:

- In Kernstädten (BAKE, KERN) wirken die Wohnkosten so restriktiv, daß eine Verbesserung der Wohnungsversorgung nur in kleinen Schritten möglich zu sein scheint.
- Einkommensspielräume zur Erhöhung des Wohnkonsums haben eine umso größere Bedeutung, je dichter besiedelt eine Region ist.
- Ökonomische Faktoren dominieren die Wohnungswahl nur in den Zentren der großen Verdichtungsräume.

Prognose der Wohnungsnachfrage bis 1995

8. Prognosemodell

Zur Prognose der Wohnungsnachfrage wurden die Aufbruch- und Zielfunktionen in einen Ablaufrahmen integriert, der den Prozeß des Quasi-Übergangs modelliert. Dieses Rahmen-Modell produziert pro Jahresperiode schrittweise folgende Ergebnisse:

- Wohnungsnachfrage (= Belegung am Anfang der Periode)
- Umzüge, Wanderungen, neue Haushalte
- Wohnungsnachfrage (= Belegung am Ende der Periode und gleichzeitig Anfang der nächsten Periode).

Die folgende Abbildung verdeutlicht die Abläufe, Prozesse und Ergebnisse pro Periode.

PROGNOSEMODELL WOHNUNGSNACHFRAGE

– Ablaufschema für eine Periode –

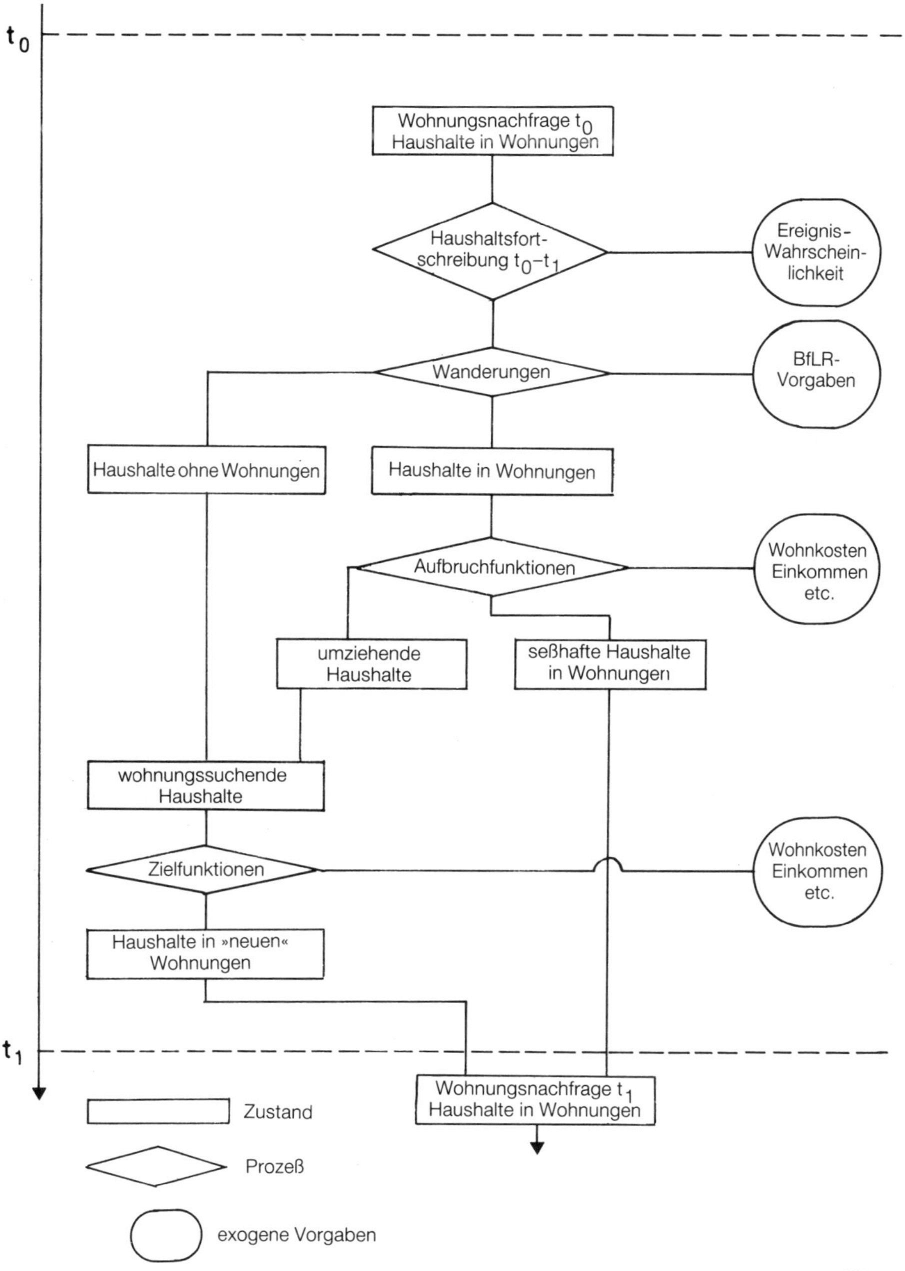

IFO-INSTITUT für Wirtschaftsforschung München 320/88

Veränderungen der Wohnungsnachfrage werden pro Periode durch drei verschiedene Ereignisse verursacht:

- Haushalte verändern sich in den von ihnen bewohnten Wohnungen (kein Umzug),
- Haushalte ziehen in eine andere Wohnungsalternative um,
- Haushalte ohne Wohnung (neugegründet, zugewandert) wählen eine erste Wohnung aus.

Die Gesamtzahl der nachgefragten Wohnungen ist direktes Ergebnis der im Modell exogen berücksichtigten Anzahl der Haushalte: Jeder Modell-Haushalt fragt eine Wohnung nach. Eine Erhöhung dieser Anzahl der insgesamt nachgefragten Wohnungen kann im Modell, da Zweitwohnungen, Ferienwohnungen etc. unbeachtet bleiben, nur Folge einer Zunahme der Haushaltszahlen sein. Aufbauend auf dem konzeptionellen Ansatz des discrete choice ist das Ziel einer Nachfrageprognose mit diesem Modell, die Struktur der Wohnungsnachfrage nach den typenbildenden Wohnungsmerkmalen bzw. deren Entwicklung in der Zukunft vorauszusagen.

Die Veränderung der Haushalte im Prognosezeitraum spielt für diese Art von Prognose eine ausschlaggebende Rolle, weil erstens die Haushaltsanzahl direkt die Anzahl der nachgefragten Wohnungen determiniert und weil zweitens demographische Determinanten ein hohes Gewicht bei der Wohnungswahl haben. Im Prognose-Modell wird die Entwicklung der Haushalte entsprechend realitätsnah in einem umfangreichen Unter-Modell geführt.

Da das Modell-Konzept eine Veränderung der Haushalte in den von ihnen bewohnten Wohnungen voraussetzt, mußte eine Haushaltsfortschreibung über Ereigniswahrscheinlichkeiten pro Periode erarbeitet werden. Die Ereigniswahrscheinlichkeiten geben an, mit welcher Wahrscheinlichkeit Haushalte mit bestimmten Charakteristika von einem Haushaltsstruktur-relevanten Ereignis wie Tod, Geburt, Scheidung etc. getroffen werden und damit einer Änderung ihrer Charakteristika unterliegen. So veränderte Haushalte wechseln innerhalb des Modell-Differenzierungsrasters ihre Gruppen- (Einkommen, Alter, Kinder) bzw. sogar ihre Stratumszugehörigkeit. Bleiben die betreffenden Haushalte trotzdem in der bisher bewohnten Wohnung, so verändert sich die Zahl der Haushalte in dem Stratum, in das die Haushalte hineinwechseln, und in dem Stratum, dem sie verloren gehen.

Verschiebungen dieser Art, die nur in der nach Haushalten differenzierten Nachfragestruktur sichtbar werden, nicht aber in der Gesamtnachfrage des Modells, finden pro Periode relativ häufig statt. Diese speziellen Änderungen der Nachfragestruktur durch Seßhaftigkeit sind strikt von den Änderungen durch Umzug zu trennen.

Ein Beispiel soll den dargestellten Zusammenhang noch einmal verdeutlichen: Stirbt einer der Partner eines in einem Einfamilienhaus wohnenden EH-Haushalts und bleibt der entstehende SI-Haushalt weiter in diesem Eigenheim wohnen, so wird die Eigentümerquote der EH-Haushalte sinken und die der SI-Haushalte steigen, obwohl kein Umzug stattgefunden hat.

Die Entwicklung der Wohnungsnachfrage von einer Periode zur nächsten wird im Prognose-Rahmenmodell von drei unterschiedlichen Gruppen der exogenen Variablen gesteuert:

- die ökonomischen Variablen der Aufbruch- und Zielfunktionen,

- die Ereigniswahrscheinlichkeiten der Haushaltsfortschreibung und

- die Zunahme der Haushalte aus der Schrumpfung der ausgegrenzten Segmente landwirtschaftlicher Haushalte und von Haushalten in sozialen Mietwohnungen, die in den freifinanzierten Wohnungsmarktbereich und damit in das Modell hineinwechseln (ebenfalls exogen vorgegeben).

9. Exogene Vorgaben für die Prognose

Die mit Hilfe des Modells produzierten Prognoseergebnisse basieren auf ganz bestimmten Annahmen über die Entwicklung der Einflußgrößen in der Zukunft. Andere Annahmen über die Entwicklung dieses Datenkranzes führen auch zu anderen Prognoseergebnissen. Bei der Verwendung der Ergebnisse ist es deshalb notwendig, genau darauf zu achten, welche spezifischen Annahmen in die Berechnung eingegangen sind.

Da der Prognosestartzeitpunkt in Abhängigkeit von den zur Verfügung stehenden Daten relativ weit in der Vergangenheit liegt, wurden für den ex post-Zeitraum bis 1984/85 die in amtlichen Statistiken ausgewiesenen Daten für die Entwicklung der Einflußfaktoren herangezogen. Erst für den ex ante-Zeitraum bis 1995 wurden prognostische exogene Vorgaben bereitgestellt, die in Zusammenarbeit mit dem Auftraggeber erarbeitet und von den Projektbearbeitern den Variablen-Definitionen gemäß abgewandelt wurden.

Für die Prognose der Wohnkosten wurden, so weit wie möglich, alle relevanten Details berücksichtigt, beispielsweise:

- Die hedonischen Mieten sind nicht nur mit einem regional differenzierten Aufschlag versehen, sondern auch anhand der wesentlichen Mietpreis-bestimmenden Merkmale (z.B. Wohnfläche) jeweils neu berechnet.

- Die Vorgaben für die Eigenkapitalanteile der Eigentumserwerber sind im Zeitablauf zwecks Berücksichtigung steigender Vermögensansammlungen und -übertragungen im Familienverbund angehoben.

- Die die jeweilige Steuerersparnis bei Eigentumserwerb betreffenden Regelungen im Einkommenssteuergesetz sind mit ihren spezifischen Änderungen modellhaft abgebildet.

- Für den Eigentumserwerb ist eine Ausweitung des Anteils der Gebrauchtwohnungen berücksichtigt.

- Wohngeldänderungen und Änderungen des Lohn- und Einkommensteuertarifs sind erfaßt.

- Weitere Vorgaben beziehen sich auf Grundstücks- und Baupreise und Zinsen.

Die permanenten Einkommen wurden mit einem relativ moderaten realen Steigerungssatz von jährlich rd. 2 % für den ex ante-Zeitraum fortgeschrieben.

Die für die Haushaltsfortschreibung benötigten Ereigniswahrscheinlichkeiten standen aus anderen Quellen nicht zur Verfügung. Sie wurden auf der Grundlage der verschiedensten Informationen, z.T. unter Zuhilfenahme plausibler Annahmen, erarbeitet und in ihrer Konsistenz über eine Reihe von Experimenten überprüft.

10. Veränderung der Rahmenbedingungen im Prognosezeitraum

Nach den exogenen Vorgaben verändern sich die Faktoren, die die Wohnungsnachfrage bestimmen, zwischen 1978 und 1995 ganz erheblich.

Die Haushaltszahl im Modell steigt - aufgrund der unterschiedlichen Vorgaben - zwischen 1978 und 1995 um 21 % an. Mehr als ein Drittel dieser Steigerung wird durch den Zugang von Haushalten aus den Bereichen Landwirtschaft und soziale Mietwohnungen verursacht.

Die Verteilung der Haushalte nach der Anzahl der Erwachsenen verändert sich nur marginal, allein der Anteil der WG-Haushalte geht zurück. Nach wie vor gehören knapp 50 % der Haushalte der Gruppe der EH-Haushalte zu.

Der Schwerpunkt steigender Haushaltszahlen liegt in den Kernstädten der Regionen mit Verdichtungsansätzen (KERN). Die Zunahme erfolgt über ein kräftiges Wachstum der Kleinhaushalte.

Der Anteil alter Haushalte (55 und mehr Jahre) steigt leicht, in erster Linie auf Kosten der mittleren Jahrgänge und insbesondere in den Straten der SW-Haushalte: 1995 sind 70 % dieser Gruppe 55 und mehr Jahre alt.

Die durchschnittliche Kinderzahl geht im Prognosezeitraum zurück; der Anteil der kinderlosen Haushalte erhöht sich von 65 auf 72 %. In den großstädtischen Zentren werden 1995 ca. drei Viertel aller Haushalte ohne Kinder sein.

Die permanenten Einkommen der Modell-Haushalte sinken zwischen 1978 und 1985 real um durchschnittlich 5 % und steigen bis 1995 um 24 %. die Entwicklung in den einzelnen Haushaltsstrata weicht von diesem Durchschnitt nicht unerheblich ab (Steigerung 1978-1995 in %):

EH		13	
SI		23	
	SW		19
	SM		25
WG		31	
GA		36	

Die durchschnittlichen Wohnkosten steigen zwischen 1978 und 1995 um 38 % und damit wesentlich stärker als die Einkommen. Das gilt bei einer Differenzierung zwischen Eigentum und Miete vor allem für die Kosten des Wohneigentums, die sich um knapp 47 % erhöhen, während die Mietwohnungskosten nur um 29 % steigen. In dieser durchschnittlichen Steigerung der Wohnkosten schlägt sich natürlich schon die veränderte Nachfragestruktur - Tendenz zu größeren Wohnungen - nieder. Im Durchschnitt wird also der Kosten-Abstand zwischen den beiden Wohnformen größer und damit muß beim Umstieg von Miete auf Eigentum 1995 eine höhere Schwelle überwunden werden als 1978.

Im Prognosezeitraum verläuft die Entwicklung der Mietkosten - den exogenen Vorgaben entsprechend - relativ kontinuierlich. Die Wohneigentumskosten dagegen sind im Zeitraum 1990 bis 1995 eher rückläufig (niedrige Zinsen, steigender Eigenkapitalanteil), während 1987 mit Einführung des § 10e EStG eine verteuernde Wirkung dieser politischen Maßnahme zu beobachten ist.

Für die Wohnungsnachfrage sind die Einflußgrößen Einkommen und Wohnkosten jede für sich bedeutsam. Sie wirken aber entgegengesetzt:

- steigende Wohnkosten verschieben die Nachfrage zugunsten von Mietwohnungen und kleineren Wohnungen,
- steigende Einkommen kommen der Nachfrage nach Wohneigentum und größeren Wohnungen zugute.

Dem Verhältnis zwischen der Einkommens- und der Wohnkostenentwicklung kommt also eine besondere Bedeutung zu. Da sich die Einkommen pro Haushaltsstratum und die Wohnkosten pro Regionstyp sehr unterschiedlich entwickeln, ergeben sich - per Saldo - stark abweichende Wirkungen für die Wohnungsnachfrage; die folgende Tabelle enthält für einzelne Strata Beispiele zur Einkommensbelastung durch Wohnkosten.

Veränderung der Einkommensbelastung durch Wohnkosten
1978 - 1995 in %

	Wohnungstyp									
Stratum	1	2	3	4	5	6	7	8	9	10
EHBAKE	48	47	0	13	9	41	43	4	8	6
EHUMLA	11	- 4	- 7	0	0	10	0	- 5	0	0
SWBAKE	23	15	- 8	9	6	21	12	- 8	5	- 4
WGKEUM	- 8	-35	-25	-17	-11	- 3	-32	-19	- 9	-14

Im Gegensatz zum Stratum EHBAKE, in dem die Belastung des Einkommens durch Wohnkosten überdurchschnittlich ansteigt, sinkt die Belastung der Einkommen im Stratum WGKEUM bei allen Wohnungstypen. Die Rahmenbedingungen für die Wohnungsnachfrage werden sich also sehr differenziert entwickeln.

11. Entwicklung der Wohnungsnachfrage bis 1995

Im Durchschnitt aller Modell-Haushalte verändert sich die Wohnungsnachfrage zwischen 1978 und 1995 nicht sehr auffällig. Die Anteile nachgefragter großer Mietwohnungen bleiben sogar konstant, ebenfalls die Anteile großer Eigentumswohnungen und Zweifamilienhäuser. Die "Verbesserung" der Wohnungsversorgung über die Zimmerzahl findet also ausschließlich über den Erwerb von großen Einfamilienhäusern statt, deren Anteil an der Gesamtnachfrage um rund 20 % steigt.

Der Zunahme der Nachfrage nach Eigenheimen (auch die anteilige Nachfrage nach kleinen Einfamilienhäusern wächst um 17 %) steht ein nachlassendes Interesse der Haushalte an kleinen Mietwohnungen gegenüber.

Die Eigentümerquote der Modell-Haushalte steigt mit 6 Prozentpunkten über einen Zeitraum von immerhin 17 Jahren recht moderat.

Diese - aufs Ganze gesehen - geringe Dynamik der Wohnungsnachfrage geht auf mehrere Ursachen zurück:

- Raschere Veränderungen werden gehemmt durch einen hohen Anteil seßhafter Haushalte (im Durchschnitt über 90 %).

- Von der Entwicklung der demographischen Einflußgrößen geht eine gegenläufige Wirkung aus (z.B. weniger Kinder, mehr alte Haushalte).

- Auch die ökonomischen Faktoren wirken sich in entgegengesetzter Richtung und heben sich dadurch weitgehend auf.

Bei einer Betrachtung der differenzierten Nachfrageentwicklung werden dann aber doch erhebliche Veränderungen der Nachfragestruktur sichtbar. Das liegt u.a. an dem oben beschriebenen Phänomen, daß trotz Seßhaftigkeit eine Veränderung der Nachfrage bei Wechsel der Gruppen- bzw. Stratumszugehörigkeit eines Haushalts entstehen kann. Ob Nachfrageveränderungen durch Umzüge oder durch Änderung der Haushaltszugehörigkeit entstehen, läßt sich im folgenden nicht trennen.

Veränderung der Eigentümerquote 1978 - 1995 in %

Demographischer Typ	
EH	+ 20
SI	+ 41
WG	- 9
GA	- 25
BRD	+ 13

Erstaunlicherweise geht die Eigentümerquote der WG-Haushalte trotz der für diese Strata verbesserten ökonomischen Rahmenbedingungen zurück; demgegenüber steigt die entsprechende Quote der SI-Haushalte außerordentlich stark an. Auch der zusätzliche Eigentumserwerb der EH-Haushalte liegt noch erheblich über dem Durchschnitt aller Haushalte.

Die Eigentumsnachfrage der SI-Haushalte konzentriert sich dabei eher auf kleine Wohnformen und - mit einem beachtenswerten Anteil von ca. einem Drittel - sogar auf Wohnungen in Mehrfamilienhäusern. Demgegenüber drängen EH-Haushalte in große Eigenheime, und sie interessieren sich nur ausnahmsweise für Geschoßeigentum.

Darüberhinaus verschiebt sich für alle Haushaltsstrata die Nachfrage hin zu größeren Wohnungen. Differenziert nach Regionstypen sind die relativen "Verbesserungen" in der Wohnsituation am stärksten im Typ KERN, in dem sich die Nachfragestruktur tendenziell der schon 1978 in den Umlandgemeinden zu beobachtenden annähert. Im Regionstyp BAKE lassen sich zwar auch Veränderungen der Nachfragestruktur hin zu Eigentum und größeren Wohnungen ausmachen, jedoch bleibt in diesem Regionstyp - bei schon ungünstiger Ausgangslage - die Entwicklung hinter der in anderen Regionen zurück.

Eine weitere Differenzierung innerhalb der Haushaltsstrata nach Alter, Einkommen und Kinderzahl zeigt auch hier deutliche Nachfrage-Unterschiede. Die folgenden Beispiele beziehen sich auf EH-Strata:

- Haushalte mit niedrigstem Einkommen können ihre Nachfrage nur minimal auf größere Wohnungen und Wohneigentum richten, während Haushalte der höchsten Einkommenskategorie eine Eigentümerquote von bis zu 75 % erreichen und auch ihre Versorgung mit Zimmern verbessern können. Der schon 1978 bestehende Versorgungsunterschied zwischen wenig und hoch verdienenden Haushalten verstärkt sich bis 1995.

- Kinderreiche Haushalte schränken in der Zukunft ihre Nachfrage nach großen Wohnungen ein, und zwar, trotz des hohen Raumbedarfs, vermutlich wegen der ungünstigen Entwicklung ihres Einkommens-Wohnkosten-Verhältnisses. Kinderlose Haushalte dagegen weiten ihre Nachfrage nach großen Wohnformen erheblich aus. Die Nachfrage nach Wohneigentum steigt zwar in beiden Gruppen, jedoch in der Gruppe der Kinderreichen in nur vernachlässigbar geringem Umfang - obwohl gerade das Vorhandensein von Kindern die Wahl von Eigentum günstig beeinflußt. Die - an sozialpolitischen Normen gemessene - ohnehin nicht sehr gute Wohnungsversorgung kinderreicher Haushalte wird sich also in Zukunft eher noch verschlechtern.

- Die Nachfragestruktur junger und alter EH-Haushalte verändert sich hin zu größeren Wohnungen und mehr Eigentum. Alte Haushalte können jedoch ihre Nachfrage nach großen Wohnformen, insbesondere Eigentum, wesentlich stärker erhöhen als junge Haushalte. Alte Haushalte verbessern offensichtlich insbesondere durch Verbleib in großen Wohnungen ihre Wohnsituation, eine Möglichkeit, die jungen Haushalten als "neuen" Marktteilnehmern nicht offen steht. Junge Haushalte konzentrieren sich deshalb auch 1995 auf kleine Mietwohnungen.

Aus den Auszugs- und Einzugsstrukturen lassen sich - analog zur Berechnung für das Jahr 1978 - auch für 1995 relative Attraktivitäten der einzelnen Wohnungstypen ermitteln. Durch einen Vergleich der Attraktivitäten des Jahres 1978 mit denen des Jahres 1995 können weitere wichtige Hinweise auf Tendenzen der Nachfrageentwicklung auch über das Jahr 1995 hinaus gewonnen werden.

Relative Attraktivitäten der Wohnungstypen 1978 und 1995
- Differenz der Auszugs- und Einzugsanteile in Prozentpunkten -

	Wohnungstyp									
	1	2	3	4	5	6	7	8	9	10
1978	+ 5	+ 2	0	- 9	- 3	+ 6	+ 3	- 1	- 2	- 1
1995	+ 4	+ 2	+ 2	-11	0	+ 3	+ 2	0	- 1	- 1

Die kleinste Mietwohnung (WT 4) verliert bei den Haushalten zwischen 1978 und 1995 noch weiter an Attraktivität. Die Eigenheime sind zwar auch 1995 im Vergleich zu allen anderen Wohnungstypen für nachfragende Haushalte von höchster Attraktivität, aber ihre Anziehungskraft hat doch etwas nachgelassen. Demgegenüber steigt die relative Bevorzugung der kleinen Eigentumswohnung (WT 3), und die Ablehnung der großen Eigentumswohnung (WT 8) wird praktisch aufgegeben.

Die Eigentümerquote des Ifo-Modells, die sich ausschließlich auf das Marktsegment freifinanzierter Wohnungen bezieht, läßt sich auf alle Haushalte der Bundesrepublik Deutschland überschlagsweise umrechnen (in %):

1978	36,1
1985	40,1
1990	42,0
1995	44,1

Die Ergebnisse dieser Überschlagsrechnung zeigen einen weit weniger "spektakulären" Anstieg, als vielfach vorausgesagt bzw. politisch angestrebt wird.

12. Gegenüberstellung von Wohnungsnachfrage und Wohnungsangebot

Trotz einer ganzen Reihe von - z.T. nur mit "Daumenschätzungen" lösbaren - Problemen, wurde versucht, für den ex post-Zeitraum der Modell-Prognose, also für 1978 bis 1984/85, eine Art von Wohnungsmarkt-"Bilanz" zu erstellen. Dabei kann es sich nicht um einen Vergleich der absoluten Zahlen von nachgefragten und angebotenen Wohnungen handeln, sondern - der Modell-Konzeption entsprechend - um eine Gegenüberstellung des relatien Anteils verschiedener Wohnungsypen.

Als Angebotsdaten stand der in der amtlichen Statistik ausgewiesene fortgeschriebene Wohnungsbestand zur Verfügung. Eine dem Nachfrage-Modell adäquate Differenzierung von angebotenen Wohnungstypen, erwies sich jedoch als unmöglich. Daher konnte hinsichtlich der Wohnungsmerkmale nur auf die Wohnungsgröße als differenzierendes Merkmal zurückgegriffen werden. Die dort als "Zahl der Räume" gemessene Wohnungsgröße wurde auf das im Nachfrage-Modell verwendete Zimmermerkmal umgerechnet. Weitere z.T. sehr schwer abwägbare Einschränkungen der Vergleichbarkeit der Angebotsdaten mit denen des Nachfrage-Modells entstanden durch die verschiedenen Abgrenzungen des Wohnungsbestands. Abweichend von der Abgrenzung der Modell-Nachfrage enthält der hier als Wohnungsangebot definierte amtliche Wohnungsbestand:

- soziale Mietwohnungen,
- Dienst-, Werks-, Stifts- und landwirtschaftliche Wohnungen,
- Zweit-, Ferien- und sonstige Wohnungen.

Diese in der amtlichen Bestandsstatistik enthaltenen, im Nachfrage-Modell jedoch ausgegrenzten Wohnungen, die zwar nicht nach Wohnungsgröße differenziert, aber in ihrer Gesamtzahl überschlägig erfaßt werden können, sollen in der folgenden Tabelle als "definitorische Differenz" bezeichnet werden. Zusätzlich enthält die Fortschreibung der amtlichen Wohnungsbestandsstatistik jedoch noch Wohnungen, die aufgrund mangelnder Erfassung der Abgänge tatsächlich gar nicht mehr zur Verfügung stehen und deren Zahl nicht quantifiziert werden kann. Daher entsteht auch nach Korrektur der ausgegrenzten Wohnungen durch die definitorische Differenz noch eine (positive) Gesamtdifferenz zwischen amtlichem Wohnungsbestand und Modell-Nachfrage.

Differenz zwischen Wohnungsangebot und Wohnungsnachfrage nach Wohnungsgröße (+ Angebotsüberschuß, - Nachfrageüberschuß)
- in Tausend-

	Wohnungsangebot[1] 1984 minus Wohnungsnachfrage[2] im Jahr		
	1984	1990	1995
1) Wohnungen mit 1 und 2 Zimmern	+ 4.359	+ 4.424	+ 4.313
2) Wohnungen mit 3 Zimmern	+ 2.659	+ 2.431	+ 1.891
3) Wohnungen mit 4 Zimmern	+ 393	+ 45	- 402
4) Wohnungen mit 5 u. m. Zimmern	- 31	- 508	- 970
5) alle Wohnungsgrößen	+ 7.381	+ 6.392	+ 4.832
6) definitorische Differenz	- 5.411	- 5.024	- 3.906
7) Gesamtdifferenz	+ 1.970	+1.368	+ 926

1 Statistisches Bundesamt (Hrsg.), Statistisches Jahrbuch 1986, Wiesbaden 1986: Wohnungsbestand inklusive definitorische Differenz.
2 Wohnungsnachfrage nach den IFO-Modellrechnungen ohne definitorische Differenz.

Unterstellt man nun bei Betrachtung der obigen Tabelle, daß im Jahr 1984 der Wohnungsmarkt ausgeglichen war - d.h. der Wohnungsbestand einerseits zur Unterbringung der Haushalte reichte und andererseits auch keine großen Leerstände auf ein Überangebot hingewiesen haben - so läßt die von 1984 bis 1995 schrumpfende Gesamtdifferenz auf eine zunehmende Übernachfrage schließen. Betrug die durch die Abgrenzungsprobleme der verschiedenen Statistiken entstandene Gesamtdifferenz im Jahr 1984 noch 1.970 Tsd. Wohneinheiten, sind es im Jahr 1995 nur noch 926 Tsd. Wohneinheiten. Daraus läßt sich die Notwendigkeit einer Vergrößerung des Wohnungsbestands um ca. 1 Mio. Wohneinheiten (Nettozugang) von 1984 bis 1995 ableiten.

Betrachtet man weiter die Diskrepanz in der Wohnungsgrößenstruktur zwischen Angebot und Nachfrage, so zeigt sich, daß diese - teilweise schon 1984 vorhandenen - Diskrepanzen bis 1995 deutlich zunehmen. Die Nachfrage tendiert zu großen Wohnungen, während die Nachfrage nach kleinen Wohnungen eher rückläufig ist. Das Resultat ist umso bemerkenswerter, als die Haushaltsgröße zwischen 1984 und 1995 weiter abnehmen wird. Dieser Effekt wird jedoch vor allem durch die steigenden Anteile alter Haushalte mehr als kompensiert.

Unter Berücksichtigung aller Unwägbarkeiten und Einschränkungen, die dieser Abgleich zwischen Angebots- und Nachfragedaten mit sich bringt, lassen sich daher drei wichtige Aussagen machen:

- Alterseffekte und - mit einigem Abstand - Preis- und Einkommenseffekte sind wichtige Bestandteile der Wohnungsmarktanalyse.

- Sie bewirken, daß trotz fallender Haushaltsgröße eher größere Wohnungen nachgefragt werden.

- Insgesamt werden im Jahr 1995 netto ca. 1 Mio. neue Wohneinheiten benötigt, um die Gesamtnachfrage wie im Jahr 1984 zu befriedigen.

B. ANALYSE DER WOHNUNGSNACHFRAGE

1. EINFÜHRUNG

1.1 Zielsetzung des Forschungsprojekts

Schon ausgangs der siebziger und verstärkt zu Beginn der achtziger Jahre häuften sich die Hinweise darauf, daß sich der Wohnungsmarkt der Bundesrepublik Deutschland im Umbruch befindet. Zu diesem Zeitpunkt konnte man davon ausgehen, daß zum erstenmal in der Nachkriegszeit global die Anzahl der Wohnungen die Zahl der Haushalte überstieg. Das Bekanntwerden dieses Ausgleichs verschreckte gleichermaßen Investoren - wegen der Gefahr von Fehlinvestitionen in weitere Neubauwohnungen - wie auch Politiker - wegen der Möglichkeit einer unangemessenen Wohnungspolitik.

In der Folgezeit nahm die allgemeine Verunsicherung über die zukünftige Wohnungsmarktentwicklung infolge total widersprüchlicher Informationen eher noch weiter zu. Meldungen vor allem aus den Großstädten über die sogenannte "neue Wohnungsnot" trafen mit Meldungen der Wohnungsbaugesellschaften über zunehmende Wohnungsleerstände zusammen. Globale Prognosen, insbesondere auf der Grundlage von Wohnungsbedarfsschätzungen, reichten immer weniger aus, um Klärung in die Widersprüche zu bringen.

Nur langsam setzte sich die Erkenntis durch, daß global zwar die Anzahl der Haushalte die Anzahl der benötigten Wohnungen determiniert, und zwar allein dadurch, daß jeder Haushalt ein "Dach über dem Kopf" haben will und sollte, daß aber die Strukturen von Haushalten und Wohnungen ebenfalls eine hohe Bedeutung haben und daß darüber hinaus die "Angemessenheit" einer Wohnung für einen Haushalt von Preis und Zahlungsfähigkeit bestimmt wird.

Eine einheitliche Entwicklung des Wohnungsmarkts der Bundesrepublik Deutschland wird es wohl auch in Zukunft nicht geben. Vielmehr entwickeln sich regionale und sachliche Teilmärkte in Abhängigkeit von bestimmten Rahmenbedingungen vermutlich recht unterschiedlich. Damit sind die angesprochenen Widersprüche und die daraus entstandenen Unsicherheiten nicht geklärt, sondern ihre Lösung ist nur viel komplexer geworden. Politiker, Investoren, Wohnungsmarkt-Beteiligte und kommunale Verwaltungen sind nach wie vor auf Entscheidungshilfen angewiesen.

Das Ziel dieses Forschungsprojekts war es deshalb, quantifizierte, empirisch zuverlässig abgestützte Informationen über die zukünftige Wohnungsmarktentwicklung zu erhalten. Um dieses Ziel zu erreichen, wurde nach aktuellem Kenntnisstand eine adäquate regionale und sachliche Differenzierung des Wohnungsmarkts vorgesehen. Geplant war ursprünglich eine Marktanalyse und -prognose, d.h. die Berücksichtigung von Wohnungsangebot und Wohnungsnachfrage sowie spezieller Marktmechanismen.

Der letztendlich dem Projekt zugrundegelegte Auftrag ist in Abweichung von dieser Zielsetzung als Kompromiß zwischen angestrebten Ergebnissen und Datenlage zu verstehen: Da Datenlage und auch wissenschaftlicher Kenntnisstand eine Angebotsanalyse und -prognose - unter Einbeziehung der Investoren, aber auch der Bestandseigentümer mit ihrem Einfluß auf die Mietpreisbildung und ihren Entscheidungen über Modernisierung, Umgestaltung und Abriß - nur auf Kosten der Zuverlässigkeit der Ergebnisse und nur unter erheblichem Aufwand zugelassen hätten, wurde dieser Teil des geplanten Projekts frühzeitig fallengelassen. Ohne Einbezug des Wohnungsangebots wurde die Wohnungsmarktanalyse obsolet.

Als Ergebnis dieser Überlegungen wurde als neue Fragestellung für das geplante Projekt allein die Wohnungsnachfrage festgelegt, wobei allen Beteiligten von vornherein die Einschränkungen der Aussagefähigkeit eines Partialmodells voll bewußt waren. Ersatzweise für die bei einer Nachfrageprognose unbedingt zu beachtenden Angebotseinflüsse wurde den exogen vorgegebenen Preisen der Wohnungen als Spiegel für die Mengenverhältnisse am Markt eine besondere Bedeutung zugemessen.

Wesentliche Grundlagen der Wohnungsnachfrage sind die privaten Haushalte. Anzahl und Struktur dieser Haushalte hängen - außer von der demographischen Entwicklung - in starkem Maße vom Haushaltsbildungsverhalten der Bevölkerung ab. Und dieses Verhalten wiederum wird u.a. von den Gegebenheiten des Wohnungsmarkts bzw. den Angebotsbedingungen beeinflußt. So ist beispielsweise leicht einsichtig, daß erwachsene Kinder je nachdem, ob sie sich mit ihrem Einkommen eine eigene Wohnung leisten können - was auch vom Preis der Wohnung bestimmt wird -, den elterlichen Haushalt verlassen oder nicht. Im ersteren Fall entstünde auf diese Weise ein neuer Ein-Personen-Haushalt. Die von amerikanischen Wissenschaftlern zur Abbildung dieser Wahlentscheidung entwickelte Methode, die das Nachfrage-Modell ohne größeren Aufwand hätte erweitern können, konnte aus Gründen der Datenlage nicht in das Untersuchungsprogramm einbezogen werden.

Zielsetzung des so reduzierten Modells wurde also eine Analyse und Prognose der Wohnungsnachfrage, und zwar regional und nach Wohnungsarten differenziert. Zur Erreichung dieses Ziels sollten hochentwickelte ökonometrische Ansätze und Methoden eingesetzt werden. Mit der Entwicklung eines EDV-gestützten Prognose-Modells sollte ein Instrumentarium geschaffen werden, das nicht nur eine einmalige Prognose erlaubt, sondern über die Möglicheit der Simulation mit unterschiedlichen Vorgaben ständig als Entscheidungshilfe zur Verfügung steht.

1.2 Durchführung der Untersuchung

Die Arbeiten am Projekt lassen sich in mehrere, weitgehend eigenständige Blöcke unterteilen. Zumindest die Analyse der Wohnungsnachfrage enthält eine Reihe von auch isoliert vom Gesamtprojekt verwertbaren Untersuchungen, die durchgeführt wurden, um dem hohen Anspruch an die Wohnungsnachfrageprognose gerecht zu werden.

Der nachfolgende Bericht gliedert sich in die angesprochenen Blöcke, die ihr Pendant in der Gliederung des Gesamt-Forschungsberichts finden. Für den interessierten Leser bietet diese überblickartige Einführung möglicherweise einige Schwierigkeiten, da ihm vielleicht noch unbekannte bzw. nicht an Ort und Stelle definierte Begriffe verwendet werden. Die zum Verständnis eventuell notwendigen Details finden sich in den einzelnen Kapiteln des Untersuchungsberichts und sollten die Einführung nicht unnütz erweitern. Ein Streifzug durch die Schwerpunkte der Projektarbeiten soll an dieser Stelle einen Eindruck von der Vielfalt der aufgegriffenen Probleme und ihrer Lösungen vermitteln.

1.2.1 Untersuchungskonzeption

Die ersten Schritte der Projektarbeiten dienten - wie bei allen Forschungsprojekten, besonders intensiv aber bei diesem der Grundlagenforschung zuzurechnenden Projekt - der Entwicklung eines Konzepts, das auf einem der Fragestellung adäquaten theoretischen Hintergrund die Vorgehensweise umschreibt.

Die Auswahl der passenden Methode zur Bestimmung prognosefähiger Nachfragefunktionen konzentrierte sich sehr schnell auf eine Verfeinerung des vom Ifo-Institut bereits früher für eine regionale Wohnungsmarktstudie herangezogenen, in den USA häufig verwendeten discrete choice-Ansatzes. Dieser Ansatz versucht, das Wahlverhalten von Haushalten, d.h. die Entscheidung für eine bestimmte Wohnung unter vielen alternativen Angeboten, modellhaft abzubilden.

Zur bestmöglichen Bestimmung der Parameter dieses Modells wurde entschieden, auf der Basis von Mikrodaten, d.h. Daten einzelner Haushalte, zu schätzen. Damit stand fest, daß nur die - leider etwas veralteten - Originaldaten der 1-v.H.-Wohnungsstichprobe von 1978 diesen Anforderungen genügten. Diese Einzeldaten wurden für die Projektarbeiten vom Statistischen Bundesamt unter strengen Datenschutzauflagen zur Verfügung gestellt.

1.2.2 Operationalisierung des Ansatzes

Die Operationalisierungsarbeiten befaßten sich in einem ersten Schritt mit der Abgrenzung der Modell-Haushalte gegenüber solchen Haushalten, die ihre Wohnung über ein Zuteilungssystem aufgrund beruflicher Privilegien, politischer Eingriffe oder ähnlicher Besonderheiten bewohnen (Bewohner von sozialen Mietwohnungen, Dienstwohnungen usw.), die also keine "reguläre" Marktnachfrage entfalten.

Die so abgegrenzten Modell-Haushalte wurden aufgrund theoretischer und methodischer Überlegungen durch Stratifizierung nach Haushaltsgröße und Regionstyp in Gruppen mit vermutlich differierender Nachfrage zusammengefaßt und damit vorstrukturiert. Um die Vielzahl von Wohnungsarten überblickbar und für die Berechnungen handhabbar zu machen, wurden die Wohnungen nach den wesentlichen nachfragerelevanten Merkmalen (Rechtsstatus, Gebäudegröße und Wohnungsgröße) in 10 Wohnungstypen gegliedert.

Die Operationalisierung der Einflußgrößen des Modells mußte zwei wichtigen Ansprüchen genügen:

- Die jeweils benötigten Daten mußten zur Verfügung stehen; die Datenlage war für sämtliche Modell-Arbeiten ein eher begrenzendes Moment; Daten, die in der 1-v.H.-Wohnungsstichprobe nicht enthalten waren (z.B. Kaufpreis für Wohneigentum), mußten, soweit möglich, aus anderen Quellen zugeordnet werden.

- Die Variablen-Spezifikation sollte alle relevanten Einflußgrößen berücksichtigen, um eine möglichst realistische Abbildung des Auswahlverhaltens der Haushalte zu erreichen.

Unter den Einschränkungen durch die Datenlage wurden komplex konstruierte Variablen definiert, die teilweise eigene Untersuchungen erforderlich machten: Die Berechnung

- der hedonischen Mieten, die die in der Wohnungsstichprobe erhobenen Mietpreise in ihre wesentlichen, von Wohnungsmerkmalen abhängigen Bestandteile zerlegt und so eine "Bereinigung" um nicht nachfragerelevante Einflüsse erlaubt und die Mietpreise untereinander vergleichbar macht, und

- der permanenten Einkommen der Haushalte, die die in der Stichprobe erfragten Einkommen um nur "vorübergehende" Bestandteile bereinigt, mittels regressionsanalytischer Methoden erbrachte statistisch gut abgesicherte Ergebnisse.

Der Einfluß der so bereinigten Variablen auf die Wohnungsnachfrage erwies sich als signifikant. Komplexe Konstrukte entstanden daraus, daß beispielsweise die Nettokaltmiete einer Wohnung je nach nachfragendem Haushalt durch Wohngeld gesenkt werden kann bzw. die Steuerersparnis und auch der Eigenkapitalanteil die monatlichen Zahlungen beim Erwerb von Eigentum erheblich beeinflussen. Wegen dieser Zusammenhänge wurden nicht nur einfach Mietpreise oder Belastungen aus Wohneigentumserwerb als Einflußvariablen auf die Wohnungsnachfrage berücksichtigt, sondern die entsprechenden Variablen unter Einbezug kostensenkender oder -erhöhender Wirkungen staatlicher Regelungen oder haushaltsspezifischer Eigenarten konstruiert. Die im Modell detailliert nachvollzogenen steuerlichen und sonstigen Regelungen haben gerade in einer Mikroanalyse wie der hiermit vorgelegten einen hohen Stellenwert.

1.2.3 Schätzung der Nachfragefunktionen

Die Schätzung der Parameter der Nachfragefunktionen nahm einen breiten Raum im Projektablauf ein. Die Schätzmodelle sind so angelegt, daß die Auswahl zwischen den zehn Wohnungstypen bzw. zwischen den Merkmalen dieser Typen in einem simultanen Prozeß nachvollzogen wird. Erst im Rahmen einer umfangreichen Experimentierphase konnte das endgültige Aussehen der einzelnen "erklärenden" Variablen bestimmt werden.

Nicht alle der auch in der fachlichen Diskussion immer wieder vertretenen Hypothesen ließen sich verifizieren; so konnte u.a. der postulierte Einfluß der Wohngeldzahlungen auf die Wohnungswahl nicht durchgängig nachgewiesen werden. Andere Hypothesen gelten offensichtlich nur für bestimmte Regionen und/oder bestimmte Haushaltsgruppen; beispielsweise spielt beim Eigentumerwerb nur bei Single-Haushalten die Wertsteigerung des Eigentums eine beachtliche Rolle.

Als wesentliche Einflußgrößen schälten sich allerdings die üblicherweise angenommenen Determinanten der Wohnungsnachfrage heraus (die Haushaltsgröße fällt als Variable durch Vorabstratifizierung aus):

- die demographischen Variablen: Alter des Haushaltsvorstands und Kinderzahl,
- die ökonomischen Faktoren: Einkommen und Kosten der Wohnung.

Jedoch ist ihr Gewicht bzw. ihre Bedeutung für die Nachfrage der einzelnen Haushaltsgruppen in den verschiedenen Regionstypen recht unterschiedlich, und auch die Wirkungsrichtung ist nicht einheitlich. Die Schätzungen der Nachfragefunktionen erbrachten gute Ergebnisse: Die Koeffizienten sind hoch abgesichert und haben "plausible" Vorzeichen.

Mit diesen Schätzergebnissen standen prognosefähige Nachfragefunktionen zur Verfügung.

1.2.4 Wohnungsnachfrageprognose

Zur Prognose der Wohnungsnachfrage mittels dieser Funktionen wurde ein Rahmenmodell entwickelt, das exogene prognostische Vorgaben in die Funktionen einbringt und über einen periodischen Prozeß Seßhafte von Umzüglern trennt und nach vollzogenem Umzug wieder zusammenführt. Dieses Rahmenmodell ermöglicht die Darstellung der nach Haushalten, Regionen und Wohnungstypen gegliederten Nachfrage in Jahresperioden bis zum Prognosezieljahr 1995.

Die benötigten exogenen Vorgaben, beispielsweise zur zukünftigen Entwicklung der Wohnkosten, wurden in der Regel vom Auftraggeber bereitgestellt und mit den Projektbearbeitern abgestimmt. Die aufwendigste prognostische Vorgabe bezog sich auf die Entwicklung der Haushalte nach Anzahl und Struktur sowie regionaler Zugehörigkeit. Die Modell-Konzeption machte es erforderlich, daß diese Vorgabe in Form einer Fortschreibung mittels Übergangswahrscheinlichkeiten von einem Haushaltstyp in einen anderen erfolgt. Die dazu benötigten Ereigniswahrscheinlichkeiten wurden auf der Basis der verschiedensten Quellen in intensiver Kleinarbeit ermittelt und der Haushaltsfortschreibung zugrundegelegt. Zur Kontrolle dieser notgedrungen auf einer Reihe sehr restriktiver Annahmen basierenden, als Grundlage für die Prognose der Wohnungsnachfrage zentral wichtigen Arbeiten stand die Haushaltsprognose der Bundesanstalt für Landeskunde und Raumordnung zur Verfügung.

Ein großer Teil der im Rahmen der Projektdurchführung gewonnenen und erarbeiteten Daten sind nicht in diesem Forschungsbericht enthalten, sondern in drei Materialbänden zur Untersuchung zusammengefaßt. Im folgenden Text finden sich immer wieder Hinweise auf Detail-Daten in den einzelnen Materialbänden. Diese Materialien können gegen Kostenerstattung im IFO-Institut, Abteilung Bau- und Wohnungswirtschaft, bezogen werden.

1.3 Leistungsfähigkeit und Grenzen des Wohnungsnachfrage-Modells

Das hiermit vorgelegte Modell der Wohnungsnachfrage erfüllt - abgesehen von einigen Einschränkungen, die insbesondere aus seiner Partialität herrühren - mit guten Ergebnissen die ihm zugedachte Aufgabe. Der Zielsetzung des zugrundeliegenden Auftrags entsprechend besteht diese Aufgabe darin, die Wohnungsnachfrageentwicklung - in einer der Realität möglichst nahekommenden Differenzierung - in Abhängigkeit von den wesentlichen Determinanten der Wohnungsnachfrage simulieren bzw. prognostizieren zu können.

Das Wohnungsnachfrage-Modell stellt innerhalb der Forschungslandschaft der Bundesrepublik Deutschland bezüglich seiner ökonometrischen Konzeption und seiner Anwendung für Fragestellungen des Wohnungsmarkts einen deutlichen Fortschritt dar. Vorläufer in der Bundesrepublik Deutschland, insbesondere das Ifo-Modell eines regionalen Wohnungsmarkts (Düsseldorf 1978), wurden durch das hiermit vorgelegte Modell hinsichtlich ihrer Aussagefähigkeit zur Wohnungsnachfrage eindeutig verbessert.

Natürlich kann auch dieses Modell, wie alle formalisierten Modelle, nicht sämtliche Nachfrage-strukturierenden Merkmale der verschiedenen Wohnmöglichkeiten berücksichtigen. In Absprache zwischen allen an der Entwicklung des theoretischen Ansatzes Beteiligten wurden unter dem Zwang der Beschränkung eine Reihe von Wohnungscharakteristika außer acht gelassen, beispielsweise Qualitätsmerkmale, teilweise die Gebäudegröße. Implizit sind aber alle diese Faktoren in der Zielgröße enthalten. Die implizite Berücksichtigung erlaubt es allerdings nicht, die Wirkung der verschiedenen Einflußfaktoren auf gerade diese Nachfragegrößen zu analysieren. So läßt sich z. B. keine Aussage dazu machen, inwieweit das Einkommen die Wahl einer bestimmten Wohnungsausstattung beeinflußt.

In der Prognose mußten die impliziten Charakteristika, die als Durchschnittswerte aus der Erhebung 1978 ermittelt wurden, konstant gehalten werden. Insofern ist es nur begrenzt möglich, Änderungen der Nachfrage im Bereich der nicht explizit berücksichtigten Wohnungsmerkmale zu prognostizieren bzw. zu simulieren.

1.3.1 Qualitäten des Modells

Die Güte einer Modell-Prognose ist immer abhängig von der Güte der zugrundeliegenden Analyse. Die Besonderheit des Ifo-Wohnungsnachfrage-Modells besteht in erster Linie in der außerordentlich hohen Qualität prognosefähiger Nachfragefunktionen. Diese hohe Qualität ist auf mehrere, z. T. neuartige Eigenheiten des Konzepts zurückzuführen, die die Realitätsnähe des Modells erhöhen:

- Um den komplexen Entscheidungsvorgang der Haushalte hinsichtlich ihrer Wohnungswahl abzubilden, wurde die Parameterschätzung auf Mikroebene, d.h. unter Berücksichtigung der speziellen demographischen und ökonomischen Gegebenheiten jedes einzelnen Haushalts, durchgeführt.
  Die aus einer Mikroschätzung gewonnenen Parameter sind zuverlässiger als solche aus Makroschätzungen, weil der

Zusammenhang zwischen individuellen Merkmalen und individueller Entscheidung größer ist als zwischen den entsprechenden Durchschnittsgrößen einer Gruppe.

- Der gewählte discrete choice-Ansatz bildet, statt - wie bisher üblich - Wohnungsnachfrage an einem oder wenigen Wohnungsmerkmalen zu messen, direkt die Auswahlentscheidung zwischen unterschiedlichen Wohnungsalternativen ab.

- Als Einflußgrößen wurden alle wohnungsnachfragerelevanten Faktoren einbezogen, und zwar unter Berücksichtigung ihrer "gleichzeitigen" Wirkung in einer multiplen Regression. Dabei werden die bei isolierter Betrachtung einzelner Einflüsse möglichen Fehlanalysen vermieden.

- Bei der Abbildung des Wohnungsauswahlverhaltens der Haushalte wurde die Abhängigkeit zwischen den verschiedenen Wohnungsalternativen (Simultanschätzung) mitberücksichtigt. Dieser Nested Multinomial Logit-Ansatz wurde erstmalig in der Bundesrepublik Deutschland angewendet.

- Das ebenfalls neuartige Konzept des Quasi-Übergangs, das speziell wegen der begrenzten Datenlage für dieses Modell entwickelt wurde, bietet die Möglichkeit, die gegebenen Daten voll auszunutzen. Auf seiner Grundlage wurden die Schätzungen der Parameter der Nachfragefunktionen auf der Datenbasis umziehender Haushalte durchgeführt. Auch dieses Konzept dient der Realitätsnähe dadurch, daß ausschließlich tatsächliche Marktergebnisse nach aktuell abgeschlossenem Marktvorgang Berücksichtigung finden. Vor allem für die Prognose bringt die dadurch eingefangene Dynamik, d.h. sich aus sich heraus entwickelnde Prozesse, eine neuartige Qualität des Modells.

Die Prognosefähigkeit der aus der Analyse gewonnenen funktionalen Zusammenhänge wird nicht zuletzt durch die hohe Qualität (statistische Absicherung) der Parameterschätzungen garantiert.

1.3.2 Grenzen der Qualität der Prognoseergebnisse

Vor allem vier Unwägbarkeiten müssen in die Einschätzung der Qualität der auf der Analyse aufbauenden Prognose eingehen:

- Die Prognose basiert auf der Analyse einer Querschnittserhebung, was einige relativ rigorose Annahmen notwendig macht (vgl. Kapitel 2). Vor allem für die Annahme eines längerfristig konstanten Nachfrageverhaltens der Haushalte, das durch eine Reihe von plausiblen Überlegungen gestützt wird, fehlen die empirischen Belege. Zwar wurde in der hier durchgeführten Querschnittsanalyse versucht, durch die spezielle Verwendung des permanenten Einkommens und der hedonischen Mieten den Einfluß historischer Besonderheiten des Querschnittserhebungszeitpunkts zu reduzieren - und damit Längsschnitt-ähnliche Ausgangsbedingungen für die Prognose zu schaffen -, aber eine Verifizierung der grundlegenden Annahmen steht trotzdem an. Eine Überprüfung dieser Annahmen anhand der Analyse einer späteren Querschnittserhebung könnte eine genauere Beurteilung der Prognose-Qualität ermöglichen.

- In engem Zusammenhang mit der Frage nach der Konstanz des Nachfrageverhaltens steht die Qualitätseinschränkung, die sich möglicherweise aus dem weit zurückliegenden Zeitpunkt der verwendeten Querschnittserhebung ergibt. Diese Einschränkung kommt jedoch nur dann zum Tragen, wenn sich die Annahme der langfristigen Konstanz des Nachfrageverhaltens nach einer eingehenden empirischen Überprüfung als unzutreffend herausstellen sollte.

- Eine weitere Einschränkung der Zuverlässigkeit der Prognoseergebnisse ergibt sich mit hoher Wahrscheinlichkeit aus der Partialität des Nachfragemodells im Hinblick auf das Fehlen des Wohnungsangebots. Der unbestreitbar starke Einfluß der Angebotsseite auf die Nachfrage ist im vorliegenden Modell nur unzureichend berücksichtigt. Dieser Einfluß ist in der Analyse implizit über die für das Jahr 1978 festgestellten Angebotsverhältnisse enthalten und muß als solcher in der Prognose konstant bleiben (vgl. Kapitel 1). Darüberhinaus verlangt das Nachfrage-Modell für die Prognose die Vorgabe von Angebotspreisen - für die zugehörige Periode fest vorgegeben -, an die sich die Nachfrage anpaßt, und zwar ohne selbst entsprechende Preis- und/oder Mengenreaktionen des Angebots zu induzieren.

Ohne explizite Aufnahme der Angebotsseite und auch der Marktmechanismen in das Modell fehlt eine wesentliche dynamische Komponente. Insofern sind die Prognoseergebnisse als "isolierte" Nachfrage zu interpretieren, die ein völlig mengenelastisches Angebot (bei totaler Preisunelastizität) voraussetzt. Auch dieser Qualitätsmangel der Nachfrageprognose könnte beseitigt werden, und zwar durch eine Erweiterung des Modells um die angesprochene Angebotsseite und eine Abbildung der Marktprozesse.

- Die Form der Haushaltsfortschreibung über Ereigniswahrscheinlichkeiten beinhaltet, da sie auf einer ganzen Reihe von Annahmen beruht, gewisse Zuverlässigkeitseinschränkungen. Diese Einschränkungen entstehen insbesondere aus der Nicht-Berücksichtigung des Wohnungsmarkteinflusses auf das Haushaltsbildungsverhalten und aus dem unzulänglichen Einbezug der Wanderungen über die Grenzen der Regionstypen. Durch weitere Arbeiten, differenzierte Daten und Informationen könnte auch diese mögliche Qualitätseinbuße der Prognoseergebnisse beseitigt werden.

Alle aufgezählten, im Rahmen der vorliegenden Untersuchung nicht gelösten bzw. nicht lösbaren Probleme, die die Zuverlässigkeit der vorlegten Prognoseergebnisse einschränken, müssen bei der Verwendung dieser Ergebnisse mitbedacht werden. Ihre Wirkung auf die Qualität der Ergebnisse ist zum gegebenen Zeitpunkt nicht abschätzbar, dürfte aber nach den umfassenden Überlegungen der Bearbeiter nicht allzu gravierend sein. Ein Teil dieser Einschränkungen läßt sich durch ergänzende und weiterführende Arbeiten beheben.

2. MODELLHAFTE ABBILDUNG DER WOHNUNGSNACHFRAGE

2.1 Theoretische Überlegungen

Wohnungsnachfrage läßt sich definieren als (Konsum-)Nachfrage von privaten Haushalten nach der Nutzung eines langlebigen Produkts, nämlich nach der periodenbezogenen Leistungsabgabe aus dem Investitionsgut Wohnung. Die Leistungsabgabe wird in jeder Konsumperiode nachgefragt, die Nachfrage richtet sich also auch auf die weitere Nutzung der schon bewohnten Wohnung. Für diese Nutzung ist ein entsprechender Preis zu entrichten: Mieterhaushalte zahlen (meist monatlich) Miete an den Vermieter; für selbstnutzende Wohnungseigentümer kann als "Miet-Äquivalent" definiert werden, was der Eigentümer als Miete für die gleiche Wohnung bezahlen würde, wenn er diese mieten müßte.

Auf dem "Markt für Wohnungsnutzungen" sind Wohnungseigentümer gleichzeitig Anbieter und Nachfrager; im ökonomischen Sinne kann hier insofern kaum von einem "Markt" gesprochen werden, als es zu keinem Zusammentreffen unabhängig voneinander agierender Marktpartner mit unterschiedlichen Zielfunktionen kommt.[1)] Beim selbstnutzenden Wohnungseigentümer sind die monatlich tatsächlich zu zahlenden Beträge (Kapitaldienste und Betriebskosten) mit den Mietzahlungen nur bedingt vergleichbar. Erstens belasten sie zwar für einen entsprechenden Verwendungszweck das monatliche Haushaltsbudget analog und verringern dadurch das für sonstige Konsumzwecke verfügbare Einkommen. Und zweitens entspricht der Barwert aller Mietzahlungen eines Mieters dem Wert der Wohnung plus Barwert aller Betriebskosten - unterstellt man den gleichen internen Zinsfuß für Mieter und Vermieter und ideale Marktverhältnisse, müssen monatliche Zahlungen für Mieter und Selbstnutzer übereinstimmen. Aber tatsächlich ist dies nur näherungsweise der Fall, da die Finanzierungspraktiken von Woh-

---

1) Dieser unechte "Markt für Wohnungsnutzungen" ist streng zu unterscheiden von dem tatsächlich existierenden Markt, auf dem Anbieter Eigenheime bzw. Eigentumswohnungen (also ökonomisch betrachtet Investitionsgüter) zum Kauf anbieten und auch Privathaushalte durch den Erwerb und die einmalige Zahlung des Kaufpreises ihre Nachfrage nach einer Wohnung decken. Hier treten die Privathaushalte als nachfragende Investoren auf.

nungseigentümern (Bausparverträge) und differentielle Steuervorteile sowohl den Barwert als auch die zeitliche Struktur der Zahlungen verändern.

In der laufenden Untersuchung werden die monatlichen Kosten der selbstnutzenden Eigentümer (Kapitaldienste und Betriebskosten) als monetäres Äquivalent für die von ihnen selbst angebotene und nachgefragte Wohnungsnutzung herangezogen, um "Nachfragefunktionen" im Wohneigentumsbereich schätzen zu können. Den Abweichungen zwischen dem Preiskonzept für Mieter und dem für selbstnutzende Eigentümer wird durch zusätzliche Variablen Rechnung getragen (siehe Abschnitt 5.1.2).

Unterschieden werden muß ferner die hypothetische von der realisierten Nachfrage. Erstere entspricht der Nachfragefunktion im strengen mikroökonomischen Sinn: Wohnungskonsum als Funktion alternativer (hypothetischer) exogener Preise. Die realisierte Nachfrage hingegen entspricht dem tatsächlichen Auskommen, d.h. der Nachfrage bei einem durch Angebot und Nachfrage entstandenen tatsächlichen Wohnungspreis.

Die bei alternativen Preisen von einem Haushalt nachgefragten alternativen Wohnungsnutzungen[1] können nicht beobachtet und auch nur bedingt "abgefragt" werden. Empirische Daten stehen vielmehr nur über Preis-Mengen-Kombinationen tatsächlich genutzter Wohnungen zur Verfügung - und dies in der Regel nur aus Querschnittserhebungen. In der empirischen Literatur zur Wohnungsnachfrage wird daher - abweichend von der oben verwendeten strengen ökonomischen Definition - die jeweils realisierte Belegung von Wohnungen durch Haushalte, die weitgehend der Absorbtion der angebotenen Bestandswohnungen bei den herrschenden Preisen entspricht, als Wohnungsnachfrage bezeichnet bzw. dieser gleichgesetzt.

Diese Vorgehensweise erleichtert die - weiterhin durchaus problematische - Schätzung von Wohnungsnachfrage-Funktionen aus

1) Auf die Problematik der Bestimmung der Menge von Wohnungsnutzung soll hier nicht näher eingegangen werden. Vergleiche Abschnitt 5.1.1.

Querschnittserhebungen der Wohnungsversorgung, wie sie auch in der laufenden Untersuchung vorgenommen werden soll. Problematisch bleibt diese Analogisierung von realisierter und hypothetischer Nachfrage insbesondere aus zwei Gründen:

- Die Angebotsseite des Wohnungsmarktes, die die "Versorgungssituation" zum Untersuchungszeitpunkt stark mitbeeinflußt hat, ist in den Daten der 1-v.H.-Wohnungsstichprobe nur implizit enthalten; der Angebotseinfluß auf die vorgefundene Wohnungsversorgung läßt sich also nicht von der (einzig gewünschten) Wohnungsnachfrage isolieren. Für die Analyse und Prognose der Wohnungsnachfrage bringt dies mit sich, daß unidentifizierte Angebotseinflüsse, da implizit in der Nachfrageschätzung enthalten, konstant in den gesamten Prognosezeitraum übernommen werden. Ein wichtiger bzw. der wichtigste Angebotsparameter, nämlich der Preis, wird allerdings explizit in die Analyse miteinbezogen und ist damit in der Prognose exogen variierbar (siehe auch unten "Partialmodell", Abschnitt 2.2.1).

- Die Reaktionsgeschwindigkeit der Nachfrager auf Änderungen der eigenen Situation oder der Angebotsbedingungen ist aus Kosten- und Mühegründen (Umzüge) stark eingeschränkt. Das bedeutet, daß sich im Datenmaterial einer Querschnittserhebung aus einem an sich dynamischen Prozeß eine ganze Reihe von Wohnungsnachfragern befindet, die eine bestimmte Wohnung nutzen und dafür bezahlen, aber eigentlich die Nutzung einer anderen Wohnung anstreben. In diesem Fall besteht eine Diskrepanz zwischen potentieller Nachfrage und Belegung, die sich aber lediglich in einem zu geringen Umzugsvolumen äußert. Hier muß also auch von einem konstanten Einfluß der Umzugshemmnisse im Prognosezeitraum ausgegangen werden - eventuell vorübergehende - (siehe auch unten "Quasi-Übergangsmodell", Abschnitt 2.2.2).

Über die Größenordnung und über die Struktur dieser Abweichungen von der "Nachfrage" sind keine Anhaltspunkte vorhanden. In der laufenden Untersuchung wird die zum Erhebungszeitpunkt realisierte Nachfrage (Nutzung der tatsächlich bewohnten Wohnung) in Analyse und Prognose aufgenommen.

Der Grundgedanke der ökonometrischen Wohnungsnachfrageanalyse und -prognose besagt, daß die durch private Haushalte jeweils nachgefragte Wohnungsnutzung durch Charakteristika der Haushalte und der Wohnungen so eindeutig erklärbar ist, daß mit diesem Erklärungszusammenhang, der sich in Funktionen abbilden läßt, Prognosen erstellt werden können. Die Prognose basiert darüberhinaus auf der Hypothese, daß Haushalte mit im Zeitablauf veränderten Charakteristika sich so verhalten werden wie Haushalte, die diese Charakteristika im Basiszeitpunkt (Zeitpunkt der Querschnittserhebung) aufgewiesen haben, daß also der festgestellte Erklärungszusammenhang im Zeitraum der Prognose keiner Änderung unterworfen sein wird ("Parameterkonstanz").

Die vorliegende Untersuchung hat daher mittelfristigen Charakter: Für die Analyse kurzfristiger, insbesondere transitorischer Phänomene ist sie ungeeignet wegen der oben erwähnten (übergangsweisen) Diskrepanz zwischen potentieller Nachfrage und Belegung. Das Modell unterstellt, daß die Proportion von Haushalten, die die Nutzung einer anderen Wohnung anstreben, im Prognosezeitraum mit der im Basiszeitraum übereinstimmt. Ebenso ist das Modell ungeeignet für sehr langfristige Prognosen, in denen die Parameterkonstanz nicht mehr gewährleistet ist.

Der Wohnungsmarkt der Bundesrepublik Deutschland ist ein äußerst komplexes Gebilde. Er muß, will man ihn analysieren, zumindest in seine groben Bestandteile zerlegt werden. Da sowohl Wohnungen als auch Haushalte lokal gebunden sind, ist der gesamte Wohnungsmarkt in eine große Anzahl lokaler bzw. regionaler Teilmärkte aufgespalten, zwischen denen nur ein relativ geringer Austausch besteht. Nachfrageverhalten, Angebotsstruktur und Preisniveau differieren zwischen diesen regionalen Märkten.

Auf jedem einzelnen regionalen Markt ist darüberhinaus das Wohnungsangebot äußerst heterogen. Wohnungen unterscheiden sich nach ihrer Rechtsform, ihrer Größe, nach der Art des Gebäudes, in dem sie liegen, nach Ausstattungsqualität (Bad, WC, Küche, Balkon, Grundriß etc.), nach Lagequalität usw.. Die Nachfrage eines einzelnen Haushalts ist auf eine Wohnung mit ganz bestimmten Ausprägungen dieser Merkmale gerichtet. Es erscheint daher angemessen, die Wohnungsnachfrage als Entscheidungsprozeß zwischen diskreten Alternativen aufzufassen (z.B.: eine Vierzimmerwohnung im eigenen Einfamilienhaus oder eine Dreizimmerwohnung zur Miete in einem Appartmentkomplex). Damit werden auch die kaum lösbaren Probleme umgangen, die sich bei der Definition der Menge von nachgefragten Wohnungsnutzungseinheiten als Kontinuum ergeben.

Den ökonomischen Rahmen für die Wohnungswahl bilden das Haushaltseinkommen und der Preis der einzelnen Wohnungsalternativen. Unter diesen ökonomischen Bedingungen ist der einzelne Haushalt bestrebt, die Wohnung mit dem für ihn höchstmöglichen Nutzen zu wählen. Die Schätzung von Nachfragefunktionen basiert deshalb auf der Theorie des Wahlverhaltens. Die grundlegenden Hypothesen des auf dieser Theorie aufbauenden Ansatzes besagen, daß der wesentliche Einfluß auf die Wohnungswahl der Haushalte von

- den Merkmalen der Haushalte
  -- Anzahl der Haushaltsmitglieder
  -- Alter des Haushaltsvorstands
  -- Haushaltseinkommen
  -- Nationalität des Haushaltsvorstands

und von

- den Merkmalen der Wohnungsalternativen
  -- Kosten der Wohnnutzung
  -- Qualität der Wohnung
  -- Entwicklung des Wohnungswertes

ausgeht.

2.2 Verwendeter Modelltyp

Auf der Grundlage der skizzierten Wohnungsnachfrage-Theorie und des zur Verfügung stehenden Datenmaterials wurde die grundsätzliche Entscheidung für den Typ des im Projekt anzuwendenden Modells getroffen. Dieses Modell ist ein ökonometrisches Prognose- bzw. Simulationsmodell. Es ist in der Lage, mit Hilfe der aus der Analyse gewonnenen funktionalen Zusammenhänge und durch exogene Veränderungen der unabhängigen Variablen Vorausschätzungen der zu erwartenden Wohnungsnachfrage zu erstellen. Die Qualität dieser Vorausschätzung hängt davon ab, wie gut das Modell an die Realität angepaßt ist. Darüberhinaus müssen die Annahmen bezüglich des konstanten Verhaltens der Haushalte gültig und die exogenen Vorgaben realistisch und konsistent sein. Das zur Anwendung kommende Modell ist, weitgehend aufgrund der begrenzenden Datenlage, als Partial- und als Quasi-Übergangsmodell zu kennzeichnen.

2.2.1 Partialmodell

Der Wohnungsmarkt ist ein wichtiger Sektor der Gesamtwirtschaft und mit ihr in vielfältiger Weise verflochten. Die Nachfrageseite des Wohnungsmarktes ist z.B. abhängig von der allgemeinen Einkommensentwicklung. Umgekehrt übt die Angebotsseite über Neubau, Modernisierung, Instandhaltung usw. starke Einflüsse auf die gesamtwirtschaftliche Konjunktur aus. Es ist nicht Aufgabe dieses Projekts, diese Verflechtungen zu modellieren. Vielmehr soll ein Modell des Wohnungssektors erstellt werden, in dem die Einflüsse der gesamtwirtschaftlichen Rahmenbedingungen als exogen angenommen werden. Damit ist das verwendete Modell partiell im Sinne einer Beschränkung auf einen einzigen Teilmarkt.

Der Wohnungsmarkt selbst wiederum kann in drei Komponenten untergliedert werden: Die Angebotsseite, die Nachfrageseite und einen Ausgleichsmechanismus zwischen den beiden Seiten des Marktes.

Die Angebotsseite kann im verwendeten Modell mangels ausreichender Daten über Vermietercharakteristika nicht beschrieben werden. Mit der Beschränkung auf den Nachfragesektor wird das Modell daher in einem zweiten Sinne partiell, indem lediglich eine Seite des Wohnungsmarktes modelliert wird.

Um die Auswirkung der Partialisierung auf Schätzung und Prognose studieren zu können,[1] ist es sinnvoll, zwei verschiedene Effekte zu isolieren:

- erstens den Effekt der Variablen, die als unwesentlich eingeschätzt und deswegen im Partialmodell weggelassen werden, und

- zweitens den Effekt der Variablen, die im Modell als exogen betrachtet werden, obwohl sie ihrerseits von der Nachfrageseite des Wohnungsmarktes beeinflußt sind.

Der erste Effekt ist "gutartig": Haben weggelassene Variablen tatsächlich nur einen verschwindend kleinen Einfluß auf das Partialmodell, so ist auch der Fehler in Schätzung und Prognose nur klein. Ferner ist auch die Identifikation der Parameter des Partialmodells gewährleistet. Es ist nur wichtig, im Auge zu behalten, daß alle Prognosen bedingt sind hinsichtlich der Vorgaben aller exogenen Variablen, d.h. auch bedingt hinsichtlich des Nicht-Einflusses (bzw. der nur implizit einbezogenen Einflüsse) der weggelassenen Variablen. Unbedingte Prognosen sind mit einem Partialmodell nicht möglich.

Der zweite Effekt ist problematisch: Im hier verwendeten reinen Nachfragemodell werden die Preise der verschiedenen Wohnungstypen als exogen angenommen. Sie werden also nicht als Ergebnis des Aufeinandertreffens von Angebot und Nachfrage innerhalb jeder Periode betrachtet, sondern sie sind für jeden einzelnen Nachfrager wie für die Gesamtheit der Nachfrager unbeeinflußbar. Es kann daher im Rahmen dieses Partialmodells z.B. nicht modelliert werden, wie die Nachfrage mittels der Preise Druck auf das Angebot ausübt. Genau diese Rückkoppelung wird durch die Nicht-Endogenisierung der Preise ignoriert.

---

1) Boersch-Supan, A., Die Nachfrage nach Wohnungen: Ökonometrische und konzeptionelle Probleme: Qualitative Aspekte und Partialanalyse, Workung Papers in Economic Theory and Urban Economics No. 8303, Dortmund 1983; Fisher, F.M., On the Cost of Approximate Specification in Simultaneous Equation Estimation, Econometrica 29, 1961; Liu, Ta-Chung, Underidentification, Structural Estimation and Forecasting, Econometrica 28, 1960.

Sowohl eine qualitative als auch eine quantitative Analyse des Fehlers, der durch die Ignorierung dieser Rückkoppelung gemacht wird, hängt von der prinzipiellen Natur des Ausgleichsmechanismus am Wohnungsmarkt ab.

Das hier bewußt sehr allgemein gehaltene Konzept eines Marktausgleichsmechanismus beinhaltet alle Mechanismen, die zu einer "Markträumung", d.h. alle Haushalte wohnen in Wohnungen, führen. Eingeschlossen ist ein "Marktgleichgewicht" im Sinne der reinen volkswirtschaftlichen Theorie als Ergebnis eines hypothetischen Optimierungsverhaltens der beiden Marktseiten mit einem Marktausgleich über flexible Preise. Eingeschlossen sind jedoch auch Rationierungsvorschriften staatlich gelenkter Wohnungsversorgung (sozialer Wohnungsbau) oder Mengenanpassung bei starren Preisen.[1] Ferner kann sich der Ausgleich zwischen den Marktseiten über mehrere Perioden hinziehen und dynamischer Natur sein (vgl. Abschnitt 2.2.2). Die prinzipielle Natur und Wirkungsweise des Ausgleichsmechanismus ist umstritten und Gegenstand umfangreicher, noch nicht abgeschlossener Forschung.

Mit der Beschränkung dieses Modells auf die Nachfrageseite des Wohnungsmarktes ist es einerseits nicht notwendig, diesen Ausgleichsprozeß strukturell abzubilden.[2] Andererseits hängt die in den historischen Daten beobachtete Wohnungsversorgung, d.h. die effektive, realisierte Nachfrage, von diesem ab. Ein Nachfragemodell, das aus dieser beobachteten Wohnungsversorgungssituation geschätzt wird, wird daher im allgemeinen implizit Elemente der Angebotsseite und des Ausgleichsmechanismus enthalten und identifiziert nicht die hypothetischen Nachfragefunktionen der mikroökonomischen Theorie.

Für das hier vorliegende Modell wird angenommen, daß der Marktausgleichsmechanismus sequentiell wirkt. Diese Hypothese besagt,

---

1) Wiesmeth, H., Fixprice Equilibria in a Rental Housing Market, in: Stahl, K. (Hrsg.), Microeconomic Models of Housing Market, Berlin, Heidelberg, New York, Tokyo 1985.
2) Beispiele für verschiedene Abbildungen eines Wohnungsmarktausgleichsmechanismus finden sich in: Bundesminister für Raumordnung, Bauwesen und Städtebau (Hrsg.), Wohnungsmarktsimulationsmodelle, Bonn 1981.

daß das Angebot erst eine Periode später auf die Nachfrage reagiert, d.h. kurzfristig völlig unelastisch ist. Erst nach einer solchen Rechtfertigung können die Parameter des Partialmodells identifiziert und konsistent geschätzt werden. Das Modell beschreibt dann zunächst eine bei einem bestimmten exogen gesetzten Preis (Niveau und Struktur) bedingte (hypothetische) Nachfrage.

Durch Variation dieses Preises kann die hypothetische Nachfrage dann so gesetzt werden, daß sie mit dem Angebot übereinstimmt. Zu diesem Preis stimmt folglich die hypothetische mit der realisierten Nachfrage überein.[1)]

Jeder Preisvorgabe entspricht somit implizit eine Angebotsvorgabe und umgekehrt, was sich formal durch die folgenden äquivalenten Gleichgewichtsbedingungen

(1) $A^* = N^* = N\,(p^*)$ bzw.

(2) $p^* = N^{-1}(A^*)$

ausdrücken läßt.

Die erste Gleichung beschreibt die Markträumung zwischen realisiertem Angebot A^* und realisierter Nachfrage N^*, wobei letztere der hypothetischen Nachfrage $N(p)$ zum "Räumungs"-Preis p^* entspricht. Äquivalent kann die Fixierung dieses Räumungspreises p^* durch ein gegebenes Angebot A^* in der zweiten Gleichung beschrieben werden, in der N^{-1} die mathematische Umkehrfunktion der hypothetischen Nachfragefunktion N bezeichnet.

Wesentlich für die Interpretation der Partialanalyse ist die Tatsache, daß diese Funktionen vom Marktausgleichsmechanismus abhängen und daher Elemente des Marktausgleichsmechanismus enthalten, dessen Parameter in den Nachfragegleichungen des Partialmodells nicht identifiziert worden sind. Das Partialmodell hat daher den Charakter einer reduzierten Form. Da solche Para-

1) Die zur Verwendung kommenden Nachfragefunktionen garantieren Eindeutigkeit, vgl. Kapitel 3.

meter nur implizit im Modell enthalten sind, muß ihre Konstanz im Prognosezeitraum als gegeben angenommen werden.

Beispiele für Paramter, die nicht explizit abgebildet werden, aber den Ausgleich zwischen Angebot und Nachfrage mitbestimmen, sind Kreditbedingungen (Bauspar- und Hypothekenkonditionen), die Bestimmungen des sozialen Wohnungsbaus, substitutionseinschränkende regionale Wohnungsmarktengpässe oder - mehr konventionell - die Angebotselastizität der Vermieter.

Da das Modell aus den Daten der 1-v.H.-Wohnungsstichprobe 1978 geschätzt wird, das heißt aus dem realisierten Zustand 1978 nach Einwirkungen der Angebotsseite, muß bei einer Prognose unterstellt werden, daß die Konstellation dieser unbekannten Parameter in 1978 auch repräsentativ für den Prognosezeitraum ist, vor allem auch bezüglich der Angebotsseite.

Insbesondere ist es also wichtig, daß für die Prognose der effektiven Nachfrage die Preise in einem Rahmen vorgegeben werden, der der Angebotsentwicklung im Prognosezeitraum Rechnung trägt. Divergiert die Preisvorgabe bzw. die implizit dazugehörende Angebotsvorgabe vom tatsächlichen Angebot, prognostiziert das Modell nur noch die hypothetische Nachfrage. Dies ergibt zwei Probleme: Erstens wird eine Größe prognostiziert, deren praktische Aussagekraft unklar ist. Zweitens ist unklar, inwieweit die hypothetische Nachfrage losgelöst vom Angebot korrekt prognostiziert wird, da die Paramter des Modells mit Hilfe der effektiven Nachfrage 1978 kalibriert worden sind.

Es läßt sich zeigen,[1)] daß hieraus für kleine Abweichungen keine Probleme entstehen. Die Antwort des Modells auf drastische Diskrepanzen zwischen inplizitem und realisiertem Angebot, etwa durch drastische Preissprünge, sollte jedoch mit Vorsicht betrachtet werden.

Ein Beispiel für eine drastische Änderung, die den Kranz wirtschaftlicher Rahmenbedingungen im Wohnungsmarkt verändert und

1) Mathematisch gesprochen muß N als stetig vorausgesetzt werden.

deswegen wahrscheinlich nicht korrekt prognostiziert werden kann, wäre die Umstellung der derzeitigen staatlichen Förderung auf das amerikanische System ohne jegliche Übergangsregelung.[1] Dies liegt z.B. daran, daß in der Bundesrepublik das dazu nötige Angebot nicht bzw. nicht so kurzfristig bereitgestellt werden kann.

Festzuhalten bleibt in diesem Zusammenhang die große Bedeutung, die der Festsetzung der exogenen Vorgabe: Preise nach Struktur und Niveau im Prognosezeitraum zukommt.

Die fehlende Simultaneität zwischen Angebot und Nachfrage kann auch dadurch modelliert werden, daß bei hoher Nachfrage und periodenverschoben elastischem Angebot die Preise relativ niedriger angesetzt werden als bei dem Nachfragedruck, der durch ein langfristig unelastisches Angebot entstehen würde, und vica versa.

Dies zeigt, daß die exogene Preissetzung die fehlende Rückkopplung im Partialmodell ersetzt und implizite, d.h. nicht geschätzte, Parameter - in diesem Fall die Angebotselastizität - enthält.

Das Problem der nichtidentifizierten Angebotsseite und Marktausgleichsmechanismen ist wegen deren potentieller dynamischer Natur (Angebot und Nachfrage reagieren periodenverschoben aufeinander) eng verbunden mit den Eigenheiten eines Modells, das auf Querschnittsdaten basiert, weil Querschnittsdaten diese Dynamik nicht einfangen können. Und es wird sich im folgenden Abschnitt zeigen, daß das Modell in einem dritten, dynamischen Sinne partiell ist.

---

1) Vgl. Börsch-Supan, A., Tenure Choice and Housing Demand, in: Stahl and Struyk (eds.) U.S. and West German Housing Markets: Analytic Comparisons, Washington D.C. 1985, der eine Steigerung der Eigentümerquote auf 85 % bei Einführung des US-amerikanischen Schuldzinsenabzuges "prognostiziert".

2.2.2 Quasi-Übergangsmodell

Die vorliegende Analyse der Wohnungsnachfrage basiert auf der einzigen bundesweit verfügbaren Erhebung von Haushalten in Wohnungen, der 1-v.H.-Wohnungsstichprobe 1978. Die Beschränkung der Analyse auf diejenigen Verhaltensweisen der Haushalte, die sich aus diesem einzigen Querschnitt identifizieren lassen, ist jedoch restriktiv, da der Wohnungsmarkt viele verschiedene Prozesse umfaßt:

- Der Ausgleich zwischen Angebot und Nachfrage findet nach unserer oben aufgeführten Hypothese periodenverschoben statt (siehe Abschnitt 2.2.1),

- die effektive Nachfrage selbst ist Ergebnis eines dynamischen Prozesses, der sich zum Beispiel im Beharren in einer zu großen Wohnung nach dem Wegziehen der Kinder oder in Mietabschlägen für Mieter, die bereits lange in ein und derselben Wohnung wohnen, ausdrückt,

- zu diesen mit dem Lebenszyklus verbundenen Beharrungseffekten kommen schließlich noch Kohorteneffekte, zum Beispiel die Reaktion ganzer Kohorten auf bestimmte gesamtwirtschaftliche Rahmenbedingungen,[1]

- schließlich haben einige Effekte lag-Charakter (Gewöhnung an komfortable Wohnbedingungen), andere lead-Charakter (Antizipation von Wertzuwächsen im Eigentumssektor).

Dynamische Prozesse lassen sich einerseits durch die Beschreibung der Zustände in jeder Periode oder durch die Beschreibung der Übergänge zwischen den Perioden und einer Anfangsvorgabe erfassen. Im allgemeinen ist zu der vollständigen ökonometrischen Erfassung beider Beschreibungen ein Panel aus mehreren verbundenen Querschnitten nötig. Da in der Bundesrepublik Deutschland zur Zeit kein solches kombiniertes Zeitreihen-Querschnittsmaterial vorliegt, bleibt auch hier nur eine partielle

---

1) Es läßt sich z.B. vorstellen, daß bestimmte Jahrgänge der Vorkriegsgenerationen auf hohe Inflationsraten hinsichtlich des Wohneigentumserwerbs ganz anders reagieren als andere Altersgruppen.

Beschreibung möglich, die die dynamische Struktur der Angebots- und Nachfrageprozesse einschränkt.

Die wesentliche Beschränkung des vorhandenen Datenmaterials liegt darin, daß die Wohnsituation individueller Haushalte nur für den Untersuchungszeitpunkt 1978 erfaßt ist, jedoch weder Informationen über Veränderungen der Haushaltscharakteristika noch in ausreichender Weise über die Wohnsituation vor einem Umzug erhoben wurden.[1] Es ist daher prinzipiell nicht möglich, den Übergang von einem Wohnungstyp zu einem anderen als Funktion von geänderten Preisen oder Veränderungen in den Haushaltscharakteristika (Kinderzahl, Einkommen) abzubilden (Übergangsmodell). Lediglich der Zustand des Jahres 1978 kann beschrieben werden (Zustandsmodell). Die einzige Größe im vorhandenen Datenmaterial, die die dynamische Dimension der Wohnungsnachfrage erfaßt, ist der Einzugstermin in die beobachtete Wohnung. Hinzukommen einige Informationen über die Art der vorher bewohnten Wohnung.

Im folgenden werden die restriktiven Annahmen diskutiert, auf deren Basis die Schätzungen von Zustands- und Übergangsmodellen möglich sind, sowie deren Relevanz für das in dieser Untersuchung zur Anwendung kommende "Hybrid"-Modell und dessen Schätzung aus den Daten eines einzigen Querschnitts.

Dem Zustandsmodell liegt die Annahme zugrunde, daß sich der Wohnungsmarkt in der Schätzperiode in einem dynamischen Gleichgewicht[2] befindet. Die ökonometrische Schätzung aus einer

---

1) Da eine Mikroschätzung auf der Basis einzelner Haushalte durchgeführt werden soll, können auch globale Anhaltspunkte, die z.B. aus der 1-v.H.-Wohnungsstichprobe 1972 oder aus den Wirtschaftsrechnungen der Haushalte gewonnen werden könnten, diese Informationslücke nicht schließen. Ein "probabilistic match approach" (Zuweisung der einzelnen Variablenwerte mit einem Zufallsgenerator) würde gerade die entscheidenden erklärenden Variablen mit erheblichen Fehlern unbekannter Art und Größe behaften.

2) Dynamisches Gleichgewicht im Sinne eines stationären Zustandes: Bei konstanten exogenen Größen (z.B. Preisen) verändern sich die endogenen Größen (z.B. Eigentumsquoten) nicht mehr. Alle Anpassungsprozesse an dieses dynamische Gleichgewicht sind abgeklungen. Der Begriff ist streng zu trennen von dem des Marktgleichgewichts.

Querschnittsstichprobe hat daher den Charakter einer reduzierten Form: Aus einer Folge sich überlappender dynamischer Prozesse wird ein Endergebnis erfaßt, ohne daß die strukturellen Parameter der Anpassungsprozesse, die zu diesem Ergebnis geführt haben, identifiziert werden können. Mit einem Statusmodell kann ein neues dynamisches Gleichgewicht prognostiziert werden (komparative Statik), etwa eine Reaktion auf veränderte Preise nach Abklingen der Anpassungsprozesse. Prognose und Simulation setzen die Konstanz der Anpassungsprozesse voraus, z.B. die fortbestehende gleiche Wirkung von Beharrungseffekten der Marktteilnehmer oder von staatlichen Eingriffen.

Ein Übergangsmodell wiederum setzt den Anfangszustand nur als ein wie auch immer entstandenes Zwischenergebnis voraus; Veränderungen innerhalb des Stützzeitraums werden dann als typisch und in der Prognose konstant angenommen. Prognostizierte Veränderungen außerhalb des Stützzeitraums können, müssen aber nicht notwendigerweise ein dynamisches Gleichgewicht darstellen.

Der wesentliche Unterschied zwischen Zustands- und Übergangsmodell ist demnach die zeitliche Komponente der Wohnungsnachfrage, die im Zustandsmodell "eingefroren" ist. Dies ermöglicht die ökonometrische Schätzung des Konsumentenverhaltens aus einem einzigen Querschnitt von Daten. Hingegen benötigt ein Übergangsmodell als minimale Zeitkomponente zwei Querschnitte. Mehrere Querschnitte sind nötig, um Lebenszykluseffekte von Kohorteneffekten zu trennen.[1)]

Der Unterschied in der zeitlichen Dimension überträgt sich auch auf die Prognose- und Simulationsfähigkeit der Modelle: Das Zustandsmodell kann naturgemäß lediglich den Endzustand nach einer exogenen "Störung" des bestehenden Gleichgewichts[2)] simulieren, nicht aber den unter Umständen langwierigen Anpassungsprozeß, den ein Übergangsmodell modellieren kann.

---

1) Lebenszykluseffekte sind alterstypisch, Kohorteneffekte sind datumstypisch. Zur Trennung von Alters- und Datumszeit sind mindestens drei Beobachtungspunkte nötig.

2) In der Prognose werden die Preise, Einkommen etc. neu gesetzt; in der Simulation können verschiedene Steuergesetzgebungsvorschläge "Störungen" darstellen.

Angewandt auf die laufende Untersuchung ergibt sich das folgende Dilemma: Die theoretischen Annahmen und die sich ergebende Prognose- und Simulationsfähigkeit eines Statusmodells erscheinen recht restriktiv, für die Verwendung eines vollen Übergangsmodells fehlt aber das zum konsistenten Schätzen notwendige Datenmaterial.

Im hier vorliegenden Modell wird daher ein neuer Weg begangen, indem versucht wird, das dynamische Verhalten der Haushalte soweit partiell abzubilden, wie es sich aus der Information über einen stattgefundenen Umzug einschließlich der groben Anhaltspunkte über den Typ der verlassenen Wohnung (plus den übrigen Daten eines einzigen Querschnitts) schätzen läßt. Dieses Quasi-Übergangsmodell besteht aus zwei Komponenten: einem Aufbruchmodell, das den Auszug aus einer gegebenen Wohnung modelliert, und einem Einzugsmodell, das die Entscheidung für eine neue Wohnungsalternative abbildet, gegeben, daß der Haushalt ausgezogen ist. Die partielle Abbildung besteht darin, daß beide Modelle zwar von den gleichen demographischen oder ökonomischen Größen abhängen können, aber ansonsten, insbesondere stochastisch, völlig unabhängig voneinander sind. Das Aufbruchmodell beinhaltet als dynamische Komponente den kürzlich stattgefundenen Umzug in die derzeitige Wohnung, während das Zielmodell völlig statisch ist.[1)]

Das Quasi-Übergangsmodell hat die Prognose- und Simulationseigenschaften eines Übergangsmodells, indem es Periode für Periode den Prozentsatz der Auszügler sowie deren Verteilung auf Wohnungsalternativen (vgl. Abschnitt 3.1) prognostiziert. Letztere Verteilung aber wird aus der tatsächlichen Verteilung des gegebenen Querschnitts und dessen Datenkranz geschätzt - wie das Zustandsmodell. Dies ist restriktiv, da einmal ausgezogen, die Zielentscheidung nicht vom vorhergehenden Wohnungstyp abhängt. So mag zwar die Aufbruchwahrscheinlichkeit der Eigentümer kleiner geschätzt werden als die der Mieter, in der Zielentscheidung aber kann zwischen "ehemaligen" Eigentümern und Mietern nicht

1) Zur Operationalisierung vgl. Abschnitt 5.

mehr unterschieden werden, und sie haben folglich die gleiche Wahrscheinlichkeit, z.B. Eigentum zu wählen.

Bildlich und zur Darstellung, worin sich die durch die Datenlage notwendige Einschränkung des zeitlichen Haushaltsverhaltens ausdrückt, läßt sich das Quasi-Übergangsmodell wie folgt beschreiben: ein im Aufbruchmodell geschätzter Anteil von Haushalten (verschieden je nach Wohnungstyp) zieht in einer Modellperiode in ein Hotel, die übrigen Haushalte verbleiben in ihren Wohnungen. Die Haushalte im Hotel werden dann nach den vom Zielmodell errechneten Proportionen in derselben Modellperiode auf ihre neuen Wohnungen verteilt. Die Verteilung von Haushalten im Hotel auf neue Wohnungen ist unabhängig davon, aus welchen Wohnungstypen die Haushalte aufgebrochen sind - die Haushalte im Hotel haben sozusagen ihre Erinnerung verloren.[1)]

Die Trennung von Aufbruch- und Zielmodell macht die Schätzung eines Quasi-Übergangs-Modells aus den begrenzten Daten der 1-v.H.-Wohnungsstichprobe möglich. Allerdings ist die "Dynamik" des Modells auf die Relation zwischen Auszug aus/ Verbleiben in der Wohnung als Funktion von relevanten Wohnungs- und Haushaltsmerkmalen beschränkt und verbietet die explizite Modellierung von Beharrungseffekten, Kohorteneigenarten oder anderen lags und leads erzeugenden dynamischen Prozessen. Wie im Zustandsmodell sind die Parameter dieser Prozesse implizit in den geschätzten Verhaltensparamtern des Ziel- und Aufbruchmodells enthalten, da die ökonometrische Schätzung auf Daten über realisierte Aufbrüche bzw. Einzüge der Wohnungsstichprobe 1978 basiert. Wie schon im vorhergehenden Abschnitt bezüglich der Angebotsseite argumentiert, müssen bei der Prognose die Wirkungsweise dieser nichtmodellierten Prozesse als konstant und gleich zum Schätzzeitpunkt angenommen werden. Das Quasi-Übergangsmodell hat daher in geringerem Ausmaß, aber qualitativ ähnlich dem Zustandsmodell den Charakter einer reduzierten Form eines komplexen dynamischen Systems.

---

1) Eine präzise mathematische Beschreibung des Quasi-Übergangsmodells ist im Materialband I enthalten.

Wegen dieser dynamischen Reduziertheit ist das Quasi-Übergangsmodell nicht geeignet, kurzfristige Reaktionen zu prognostizieren.[1)]

Das Modell ist jedoch fähig, mittel- bis längerfristige Prognosen zu produzieren, bei denen einerseits die Konstanz der zugrundeliegenden nichtidentifizierten Parameter und andererseits das Abklingen aller Übergangserscheinungen gewährleistet ist. Der für dieses Projekt vorgesehene Prognosehorizont (von 1978 auf 1985, 1990, 1995) erscheint dafür geeignet. Ebenfalls ist ein solches Modell geeignet, Auswirkungen einer mittelfristig angelegten Politik abzuschätzen, etwa das neue Gleichgewicht, das sich einstellt, nachdem das Gefüge der existierenden Subventionen auf dem Wohnungsmarkt durch ein neues, anders gewichtetes System ersetzt worden ist.

---

1) Etwa die Auswirkungen eines Konjunkturprogramms sechs Monate nach dessen Einsetzung.

3. METHODE ZUR SCHÄTZUNG DER NACHFRAGEFUNKTIONEN

Sowohl im Aufbruch- als auch im Zielmodell werden ökonometrische Methoden zur Schätzung von Verhaltensgleichungen verwendet, deren Zielgröße (abhängige Variable) nicht kontinuierlich (DM-Beträge, Alter), sondern qualitativ (ja, nein) oder diskret (wenige, verschiedene Ausprägungen) variiert. Im Aufbruchmodell ist die Entscheidungs- oder Zielvariable binär: Der Haushalt zieht entweder aus oder bleibt. Aber auch das Verhalten der Haushalte bei der Zielentscheidung für eine neue Wohnung ist bezüglich der meisten einzelnen Wohnungsmerkmale als Wahl zwischen diskreten Alternativen (z.B. Ein-, Zwei- oder Dreizimmerwohnung, Eigentum oder Miete) zu interpretieren. Jede Wohnung ist durch eine Anzahl von Merkmalsausprägungen identifizierbar. Deshalb liegt es nahe, auch die Nachfrage nach dem inhomogenen Komposit-Gut Wohnung in der Zielentscheidung als die Wahl zwischen endlich vielen diskreten Wohnungsalternativen zu modellieren.

3.1 Wahl zwischen diskreten Alternativen: Diskrete Nutzenmaximierung

Aufbauend auf dieser grundsätzlichen Entscheidung, die Wohnungsnachfrage der privaten Haushalte als Wahlentscheidung zwischen einer kleinen Anzahl von verschiedenen Wohnungstypen zu interpretieren, läßt sich das Wohnungsangebot (Angebot an Wohnungsnutzungen aus dem Wohnungsbestand) in I diskrete Alternativen unterteilen, gegliedert etwa nach der Rechtsform, Gebäudegröße, Zimmerzahl etc.

Jeder dieser Wohnungsalternativen wird ein Nutzen zugeordnet, der alle relevanten Vor- und Nachteile dieser Alternative für den einzelnen Haushalt in einer einzigen Größe zusammenfaßt. Positiv hängt dieser Nutzen z.B. von der Qualität der Wohnung ab, negativ z.B. von deren Preis. Ebenso wird der (subjektive) Nutzen einer Wohnung von Haushaltscharakteristika abhängen, z.B.

Status des Haushalts in der Einkommensverteilung, Kinderzahl etc.[1)]

Ein sich wirtschaftlich rational verhaltender Haushalt wird sich bei gegebenen Preisen der verschiedenen Wohnungsalternativen, gegebenem Einkommen etc. für diejenige Alternative entscheiden, die ihm den höchsten Nutzen bringt.

Damit ist die Wahrscheinlichkeit, mit der sich ein Haushalt für eine Wohnungsalternative entscheidet, gleich der Wahrscheinlichkeit, mit der der Nutzen dieser Wohnungsalternative größer ist als der Nutzen jeder anderen Wohnungsalternative. Das Wahlverhalten des Haushalts ist daher mit I-1 Nutzendifferenzen vollständig charakterisiert.

Im binären Aufbruchmodell bezieht sich die Nutzendefinition auf einerseits den "Nutzen" durch Verbleib in der bisher bewohnten Wohnung und andererseits den "Nutzen", den allein der Aufbruch aus dieser Wohnung - als Funktion von Einkommen, Preisen und Haushaltsmerkmalen - erbringt. Die Wahl des betrachteten Haushalts ist im Aufbruchmodell durch die Differenz dieser beiden Nutzen charakterisiert. Eine weitergehende Interpretation könnte folgendermaßen lauten: Ein Haushalt verläßt dann die bisher bewohnte Wohnung, wenn die Unzufriedenheit mit der bestehenden Wohnsituation so groß wird, daß ein Aufbruch eine Verbesserung bringen kann.

Wie der Nutzen selbst sind auch die Nutzendifferenzen eines Haushalts unbeobachtbar. Im vorliegenden Zielmodell werden sie als Funktionen der Preisdifferenzen der verschiedenen Wohnungsalternativen, Differenzen in Besteuerungsmodus, Qualität etc. spezifiziert. Zusätzlich sind sie Funktionen haushaltstypischer Charakteristika (vgl. Anhang 1 für eine detaillierte Beschreibung). Da diese deterministische, begrenzte Beschreibung in der Regel nicht der komplexen und vielfältigen Bewertung eines jeden

---

1) Damit entspricht dieser Nutzenbegriff dem der "indirekten Nutzenfunktion" der mikroökonomischen Konsumententheorie. Während der "direkte Nutzen" Funktion der konsumierten Quantität ist, ist ersterer Funktion des Preises und des Einkommens.

Haushalts in der Stichprobe gerecht wird, beinhaltet der Nutzen noch eine letzte stochastische Komponente - eine unbeobachtete Kunstvariable ("Störterm"), die die Diskrepanz zwischen dem Nutzen, den der Ökonometriker mit Hilfe der Daten beschreiben kann, und dem tatsächlichen Nutzen, auf dessen Basis der Haushalt entscheidet, ausfüllt.

Die Wahrscheinlichkeit, mit der ein Haushaltstyp einen Wohnungstyp auswählt, ist nach dem oben Ausgeführten also ebenso eine Funktion der erklärenden Variablen bzw. deren Differenzen zwischen Wohnungstypen wie eine Funktion der unbeobachteten Störterme. Wie im Anhang 1 gezeigt wird, haben die wahrscheinlichkeitstheoretischen Annahmen über diese Störterme entscheidenden Einfluß auf den funktionalen Zusammenhang zwischen erklärenden Variablen und Wahlwahrscheinlichkeiten und können daher nicht ignoriert werden. Unglücklicherweise haben einfache und naheliegende Annahmen über die Störterme (z.B. unabhängig und/oder normalverteilt) weitreichende Konsequenzen für die Prognose- und Simulationsfähigkeit des Modells. Neben rein technischen Problemen (insbesondere der Normalverteilung, vgl. Anhang 1) liegt dies in der Natur der Entscheidung für genau eine aus wenigen diskreten Alternativen. Da sich die Wahlwahrscheinlichkeiten aller Alternativen zu Eins aufaddieren müssen, hat jede Mißspezifikation des Nutzens einer Alternative, d.h. ein großer Störterm in dieser Alternative, Rückwirkungen auf die Wahlwahrscheinlichkeiten der anderen Alternativen. Daher können nicht alle Störterme unabhängig voneinander sein. Ebenso werden auch die Störterme - d.h. unbeobachtete und von den Daten nicht ausreichend erfaßte Eigenschaften - von ähnlichen Wohnungsalternativen ähnlich sein; wahrscheinlich werden ja ähnliche Komponenten des Nutzens nicht ausreichend beschrieben.

Eine Reihe von ökonometrischen Ansätzen stellt Kompromisse im Dilemma zwischen ökonomisch nicht vertretbaren und unpraktikabel komplizierten Annahmen über die Störterme dar. Das lineare Wahrscheinlichkeitsmodell ist das einfachste Modell, ist aber für die meisten Prognose- und Simulationszwecke unbrauchbar, da der Ansatz weder garantiert, daß die vorhergesagten Wahlwahrscheinlichkeiten positiv sind, noch, daß sie sich zu Eins aufsummieren. Das auf der Normalverteilung basierende Probit-Modell erfüllt alle theoretischen Ansprüche, führt aber zu rechentechnischen Problemen, die die technischen und ökonomischen Grenzen heutiger Groß-EDV-Anlagen sprengen, sobald die Anzahl der Alternativen vier übersteigt.[1]

Schließlich produziert der Logit-Ansatz einfach zu errechnende Wahlwahrscheinlichkeiten, die einigen, aber nicht allen theoretischen Ansprüchen genügen. Außer in der binären Wahl, in der auch der Probit-Ansatz praktikabel ist, findet sich daher in der Literatur fast ausschließlich die Logit-Analyse.

In der laufenden Untersuchung wird eine Weiterentwicklung der Logit-Analyse angewandt, deren Vorzüge gegenüber dem Logit-Modell im folgenden beschrieben werden.

3.2 Hierarchische Struktur der Alternativen: Nested Multinomial Logit-Ansatz (NMNL)

Der von McFadden entwickelte Logit-Ansatz[2] produziert Wahlwahrscheinlichkeiten, die leicht zu errechnen sind, sich automatisch zu Eins aufsummieren und positiv sind, auch in der Prognose und Simulation. Andererseits liegt dem Ansatz die Unabhängigkeit nicht aller, aber I-1 verschiedener Störterme zugrunde (I bezeichnet die Anzahl der diskreten Wohnungsalternativen).

Die sich ergebenden expliziten Wahlwahrscheinlichkeiten haben die folgende simple Funktionsform (Multinomial Logit, MNL):

$$P_n(i) = \exp(v_{ni}) \;/ \sum_{k=1}^{I} \exp(v_{nk})$$

Hier bezeichnet

---

1) Dies liegt an dem exponentiell mit der Anzahl der Alternativen anwachsenden Rechenaufwand zur Auswertung mehrdimensionaler Wahrscheinlichkeitsintegrale.

2) Vgl.: McFadden, D., Conditional Logit Analysis of Qualitative Choice Behavior, in: Zarembka, P., Frontiers in Econometrics, New York 1973.

$P_n(i)$ die Wahrscheinlichkeit, mit der Haushalt n den Wohnungstyp i wählt,

v_{ni} den vom Modell erklärten Nutzen, den Haushalt n vom Wohnungstyp i erhält,

exp Exponentation.

Die Annahme der Unabhängigkeit der Störterme voneinander und damit die der Wohnungsalternativen (Independence of Irrelevant Alternatives) hat jedoch weitreichende Konsequenzen:

- Die Wahrscheinlichkeit, daß die Alternative i der Alternative j vorgezogen wird, hängt weder von den Eigenschaften aller übrigen Alternativen ab, noch davon, ob weitere Alternativen zur Wahlmenge dazukommen.

- Die Elastizität der abhängigen Variablen $P_n(i)$, d.h. der relativen Häufigkeit von Alternative i, bezüglich der Eigenschaften einer anderen Alternative j_1 ist genauso hoch wie die bezüglich der Eigenschaften jeder dritten Alternative j_2.

Beide Konsequenzen folgen unmittelbar, wenn $P_n(i)$ durch $P_n(j)$ dividiert wird - es kürzen sich die übereinstimmenden Nenner, die die Anzahl der Alternativen I und die Eigenschaften v_{ik} aller übrigen Alternativen enthalten.

Die Unanbhängigkeitsannahme ist demnach und nach den Ausführungen in Abschnitt 3.1 nur dann vertretbar, wenn die Alternativen untereinander "gleich verschieden" sind, aber nicht, wenn sich Gruppen von Alternativen bilden lassen, die untereinander relativ verschieden, intern aber relativ homogen sind. Das bedeutet nichts anderes, als daß die Unabhängigkeitsannahme die Bildung voneinander unabhängiger Alternativen voraussetzt. Wird diese Voraussetzung nicht eingehalten, so führt der Modellansatz zu unplausiblen Ergebnissen, wie das folgende (hypothetische) Beispiel illustriert.

Wir nehmen vereinfacht an, daß Haushalte die Wahl zwischen Ein- und Mehrfamilienhäusern haben, und beide Gebäudeformen mit gleicher Wahrscheinlichkeit wählen. Wenn wir nun eine dritte Gebäudeform einführen, die von der Alternative Einfamilienhaus für alle praktischen Belange nicht zu unterscheiden ist, z.B. das berühmte unechte Zweifamilienhaus, sagt die Intuition, daß Mehrfamilienhäuser nach wie vor mit 50 v.H. gewählt werden. Die Unabhängigkeitsannahme verlangt jedoch, daß die relativen Wahlwahrscheinlichkeiten der ursprünglichen Gebäudeformen konstant, d.h. 1:1 bleiben müssen, so daß die neue Aufteilung nur 33-33-33 v.H. sein kann.

Ebenso unplausibel sind die Elastizitäten, die in diesem einfachen Modell erzeugt werden. Wird zum Beispiel der Steuervorteil des unechten Zweifamilienhauses aufgehoben, so daß der Preis dieser Alternative steigt, sagt das Logit-Modell voraus, daß der Anteil an echten Einfamilienhäusern prozentual exakt genausoviel zunimmt wie der Anteil an Mehrfamilienhäusern - anstatt daß bei einem im wesentlichen konstanten Anteil von Mehrfamilienhäusern lediglich der Anteil echter Einfamilienhäuser wächst.

Der Grund, weswegen die Unabhängigkeitsannahme zu solch absurden Prognose-Ergebnissen führt, ist, daß sie alle Alternativen als gleich verschieden annimmt, anstatt die beiden Formen des Einfamilienhauses als ideale Substitute zu berücksichtigen und in einer Gruppe zusammenzufassen. Im Falle der Abhängigkeit von Wohnungsalternativen untereinander zwingt also diese Verfahrenskonsequenz dazu, abhängige Alternativen zusammenzufassen.

Nun ist es bei der Vielzahl wohnungsunterscheidender Merkmale sehr unwahrscheinlich, daß alle denkbaren Wohnungsalternativen in gleichem Maße verschieden voneinander sind, so daß die vereinfachende Unabhängigkeitsannahme unplausibel ist. Wird sie trotzdem postuliert, sind die Schätzergebnisse inkonsistent und führen insofern möglicherweise zu falschen Prognosen, als tatsächlich bestehende Abhängigkeiten zwischen einzelnen Alternativen konstant in die Zukunft projiziert werden. Diese Konstanz kann aber für die Prognose nicht ohne weiteres unterstellt werden und ist logisch widersprüchlich in der Simulation.

Die Möglichkeit der Gruppenbildung innerhalb der Alternativen öffnet aber den Weg zu einem naheliegenden Kompromiß, indem stufenweise zunächst zwischen Gruppen, dann innerhalb der Gruppen gewählt wird. Die Alternativenwahl kann in einem hierarchischen Prozeß beliebig geschachtelt werden, so daß die Wahl in jeder Ebene zwischen gleich verschiedenen Alternativen stattfindet. Auf jeder Entscheidungsebene kann daher die Unabhängigkeitsannahme postuliert werden, ohne daß sie bezüglich der Liste aller Alternativen gelten muß.

Ein einfaches Beispiel eines solchen hierarchischen Entscheidungsprozesses für den Wohnungsmarkt kann anhand der folgenden "Baumstruktur" verdeutlicht werden:

<u>erste Ebene:</u>
Wahl zwischen Eigentum und Miete

<u>zweite Ebene:</u>
Wahl der Gebäudeform (Ein-, Mehrfamilienhaus)

<u>dritte Ebene:</u>
Wahl der Wohnungsgröße (klein, mittel, groß)

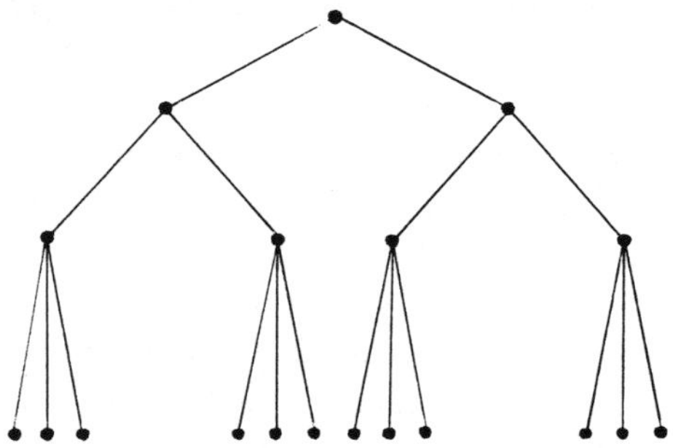

Die Auswahl auf den verschiedenen Entscheidungsebenen müssen nun miteinander verknüpft werden. Dazu bieten sich drei Wege an:

(1) Der Entscheidungsbaum wird sequentiell von oben nach unten durchlaufen, alle Ebenen werden getrennt voneinander geschätzt.[1)] Dies ist der naheliegendste Ansatz, bei dem die jeweils vorangegangene Entscheidung durch eine Stratifi-

1) Vgl. z.B.: Behring, K., Goldrian, G., Das Wohnungsmarktmodell des Ifo-Instituts, in: Bundesminister für Raumordnung, Bauwesen und Städtebau (Hrsg.), Wohnungsmarktsimulationsmodelle, a.a.O., sowie:
Case, K., Walls, D., Kresge, D., Housing Market Modelling to Assist in Planning for Residential Photovoltaic Systems, Joint Center of Urban Studies, Working Paper, 1981.

zierung nach deren Alternativen in die nachfolgende Entscheidung miteinbezogen wird (einseitig gerichtete Abhängigkeit).

(2) Wieder wird der Entscheidungsbaum sequentiell durchlaufen, bei der Schätzung ist jedoch jede Entscheidungsebene rekursiv mit der nächst tieferen Entscheidungsebene verbunden.[1)]

(3) Schließlich kann man alle Ebenen simultan schätzen.[2)]

Im ersten Verfahren werden alle Ebenen der Entscheidung getrennt geschätzt. Das Modell zerfällt damit in mehrere einfache Schätzprobleme, die sozusagen bündelweise, wie aus dem Entscheidungsbaum ersichtlich, gelöst werden können. Das Verfahren unterstellt damit, daß die Entscheidung für eine bestimmte Rechtsform (z.B. Eigentum) unabhängig davon ist, wie die Entscheidung für die Wohnungsgröße ausfallen wird (z.B. sieben Zimmer). Ferner setzt dieses Verfahren die Kreuzelastizitäten zwischen Wahlwahrscheinlichkeiten der Eigentumsalternativen bezüglich der Variablen in den Mietzweigen a priori auf Null. Wenn allerdings diese Voraussetzung nicht der Realität entspricht (z.B. wenn Haushalte ihre Wohnungsgrößenentscheidung in Abhängigkeit von den Bedingungen des Miet- und Eigentumsmarktes treffen), wirkt dieses Verfahren ähnlich restriktiv wie die Unabhängigkeitsannahme: die Elastizitäten haben ebensowenig Freiheitsgrade wie unter der Unabhängigkeitsannahme.

---

1) Vgl.: Domencich, T.A., McFadden, D., Urban Travel Demand, North-Holland, Amsterdam 1975;
Anas, A., Residential Location Markets and Urban Transportation, New York 1982.

2) Vgl.: Coslett, S.R., Efficient Estimation of Discrete Choice Models from Choice Based Samples, Ph.D. Dissertation, University of California at Berkeley 1978;
Börsch-Supan, A., Econometric Analysis of Discrete Choice. With Applications on the Demand for Housing in the United States and West Germany, Heidelberg, Berlin, Tokyo 1987.

Die These, daß es sich bei diesen beiden Restriktionen um realitätsnahe Annahmen handelt, läßt sich empirisch widerlegen,[1] indem der Erklärungsgrad[2] eines Modells mit den Restriktionen mit denen eines Modells ohne diese verglichen wird. Die Hypothese, daß der Erklärungsgrad statistisch der gleiche ist, läßt sich in keiner der zitierten Anwendungen auf den deutschen wie den amerikanischen Wohnungsmarkt aufrechterhalten. Das Verfahren kann damit ebenso wenig konsistente Parameterschätzungen liefern wie ein auf der Unabhängigkeitsannahme basierendes Verfahren. Prognosen mit dieser Methode unterliegen also der Restriktion, daß konstante Abhängigkeiten zwischen den Alternativen unterstellt werden müssen (siehe oben):

Während sich das erste Verfahren in seiner prinzipiellen ökonomischen Natur von dem zweiten und dritten unterscheidet, ist der Unterschied zwischen den beiden letzteren schätztechnischer Natur. Beide Verfahren (2) und (3) sind bezüglich der Kreuzelastizitäten äquivalent, und beide garantieren konstistente Schätzergebnisse. Das dritte Verfahren liefert darüberhinaus effiziente Schätzungen, d.h. Schätzungen mit der größtmöglichen statistischen Präzision im Rahmen des gegebenen Modells. In dieser Untersuchung wird daher das dritte Verfahren verwendet.

Um sich die Verknüpfung der Entscheidungsebenen in diesen Verfahren zu verdeutlichen, ist es nützlich, sich an die Annahmen über die Nutzenmaximierung zu erinnern, die dem diskreten Entscheidungsmodell zugrundeliegen. Durch Aggregation des Nutzens aller Wohnungsgrößenalternativen (dritte Entscheidungsebene) läßt sich eine Variable konstruieren, die in die zweite Entscheidungsebene Informationen der dritten Ebene überträgt. Diese Variable stellt somit den "Nutzen" einer Gebäudeform dar, und die Aggregierung über alle Wohnungsgrößen hebt die Unabhängigkeitsannahme auf. Im Vergleich zu anderen möglichen Konstrukten

---

1) Siehe etwa: Börsch-Supan, A., Pitkin, J., a.a.O; oder: McFadden, D., Qualitative Choice Models in: Griliches, Z., Handbook of Econometrics, Amsterdam 1983 und insbesondere: Börsch-Supan, A., Tenure Choice and Housing Demand, a.a.O..

2) Gemessen am Wert der Likelihood-Funktion; auf Maßzahlen der Erklärungsgüte wird im Anhang 2 eingegangen.

(z.B. gewichteten Preisen) ist diese aggregierte Nutzenvariable[1] optimal, da sie - nach der Definition des Nutzens - sämtliche zur Entscheidungsbildung relevanten Attribute (nicht nur die Preise) beinhaltet. Ein ähnlicher Nutzen-Index faßt dann die Gebäudeformen (zweite Entscheidungsebene) zusammen und geht in die Wahl der Rechtsform (erste Entscheidungsebene) ein. Diese rekursive Bildung der aggregierten Nutzenindices hat den Vorteil, daß bei der Bündelung der mittleren Ebene die Nutzenindices der unteren Ebene eingeschlossen sind und somit auch in die weiteren Ebenen gelangen.

Aus diesem Entscheidungsprozeß mit drei Entscheidungsebenen ergeben sich damit die folgenden Wahlwahrscheinlichkeiten $P_n(i)$, mit der Haushalt n Wohnungsalternative i auswählt:

$$P_n(i) = R_n(i) \cdot G_n(i) \cdot W_n(i)$$

wobei:

$R_n(i)$ die Wahlwahrscheinlichkeit der Rechtsform der Alternative i für Haushalt n,

$G_n(i)$ die Wahlwahrscheinlichkeit der Gebäudeform der Alternative i für Haushalt n,

$W_n(i)$ die Wahlwahrscheinlichkeit der Wohnungsgröße der Alternative i für Haushalt n bezeichnet.

Auf jeder Ebene wird ein Logit-Ansatz verwendet mit Wahlwahrscheinlichkeiten der Form

$$p(i) = \exp(x_i) \Big/ \sum_{k=1}^{I} \exp(x_k)$$

In dieser Formel entspricht im Falle der Wohnungsgrößenwahl auf der untersten Ebene die Wahrscheinlichkeit p(i) der Wahlwahrscheinlichkeit $W_n(i)$ der Wohnungsgröße und der aggregierte Nutzen x_i dem einfachen Nutzen der i-ten Alternative v_{in}. In der Gebäudeformentscheidung auf der mittleren Ebene gilt p(i) =

1) Für eine exakte Definition und Ableitung siehe Anhang 1.

$G_n(i)$, und x_i stellt nun den aggregierten Nutzen aller Wohnungsgrößen dar.[1] In der Wahl der Rechtsform schließlich (oberste Ebene, $p(i) = R_n(i))$ wird für x_i der aggregierte Nutzen aller Gebäudeformen eingesetzt.

Wegen der Verwendung des Logit-Ansatzes in jeder Ebene und da alle Ebenen in ein simultanes Modell hierarchisch geschachtelt werden, heißt dieser Schätzansatz in der englisch-sprachigen Literatur Nested Multinomial Logit (NMNL).

Die rekursiven Verknüpfungen der unteren Entscheidungsebenen mit den oberen verbinden sich mit dem sequentiellen Aufbau des Entscheidungsbaums von der Spitze bis in die Bündel der Zimmeranzahl hinunter zu einem Modell der simultanen Wahl. Im obigen Beispiel sind so alle drei Dimensionen Rechtsform, Gebäudeform und Wohnungsgröße verknüpft, ohne die eben angeführten schwerwiegenden Restriktionen in den Kreuzelastizitäten[2] zur Folge zu haben.

Die Struktur des Entscheidungsbaums und damit die Korrelationsstruktur der Störterme müssen a priori vorgegeben werden, etwa, welche Ebenen "oben" oder "unten" liegen und welche Alternativen von welchem "Entscheidungsknoten" abzweigen. Mit Hilfe der Likelihood-Funktion, die den Erklärungsgrad des Modells beschreibt,[3] lassen sich mögliche verschiedene Baumkonstruktionen hinsichtlich ihrer Relevanz vergleichen. Theoretisch kann beim Auswerten aller möglichen Bäume das Maximum Maximorum gefunden werden. Praktisch bleiben aus a priori-Gründen nur einige wenige Bäume als sinnvoll übrig, zwischen denen dann der erreichte Erklärungsgrad entscheiden hilft. Der vorhergehende Abschnitt suggeriert die Methode, mit der geeignete Entscheidungsbäume konstruiert werden können: Ähnliche Alternativen

---

1) Für eine mathematische Definition des aggregierten Nutzens vgl. Anhang 1. Die Einzel-Nutzen auf einer Ebene des Entscheidungsbaums werden zu einem jeweils gemeinsamen Nutzen der betreffenden Gruppe aggregiert (siehe Baumschema in Abschnitt 3.2).
2) Vgl. Abschnitt 3.3 über verbleibende Restriktionen.
3) Vgl. Anhang.

werden gebündelt, unähnliche zweigen von verschiedenen Knoten ab.

Wie bereits oben erwähnt, kann das einfache Logit-Modell (MNL) als Spezialfall des Nested Multinomial Logit-Modells (NMNL) interpretiert und von diesem statistisch unterschieden werden. Erstens kann der Erklärungsgrad verglichen werden, zweitens fallen bei der Bildung der aggregierten Nutzenindices der höheren Ebenen "Zusammengehörigkeitsparameter" an.[1]

Diese "Zusammengehörigkeitsparameter" drücken die Zusammengehörigkeit der Alternativen in dem zugehörigen Bündel der Ebene aus und geben dem Modell die Freiheitsgrade für eine reichere Korrelationsstruktur der Störterme. Die Parameter sind null, falls die Alternativen ideale Substitute sind, und eins, falls sie untereinander genauso verschieden sind wie hinsichtlich aller übrigen Alternativen. Ist letzteres der Fall, kollabiert der Baum wieder zu dem einfachen Logit-Modell, das der anfänglich diskutierten Unabhängigkeitsannahme genügt. Diese Parameter haben daher auch eine Art Kontrollfunktion, da sie zeigen, inwieweit der Ansatz eines Entscheidungsbaums vernünftig ist. Ein Test, ob diese Parameter statistisch von Eins nicht zu unterscheiden sind, entspricht daher einem statistischen Test der Unabhängigkeitsannahme. Darüber hinaus lassen sie sich aber nicht inhaltlich interpretieren, z.B. in der Prognose.

3.3 Grenzen und Probleme von Nested Multinomial Logit (NMNL)

Von seiner Konstruktion her ist der NMNL-Ansatz ein Kompromiß zwischen Ansätzen mit allzu restriktiven Annahmen und allzu kostspieligen Schätzverfahren.[2] Wie jeder Kompromiß hat auch dieser seine Schwächen: Innerhalb jedes Bündels, auf jeder Entscheidungsebene, gilt auch im NMNL-Modell die Unabhängigkeitsannahme mit allen - nun etwas abgeschwächten - unerwünschten Konsequenzen, wie ein starres Verhältnis der Wahlwahrscheinlichkeiten und Elastizitäten innerhalb jedes Bündels. Umgekehrt impli-

1) Vgl. Anhang 1.
2) Vgl. Anhang 1.

ziert schon diese begrenzte zusätzliche Freiheit der Parameter einen erheblich komplexeren Ablauf der Schätzung.

Die Schätzung basiert auf der "Maximum-Likelihood"-Methode, in der die Summe der Logarithmen der Wahlwahrscheinlichkeiten (Likelihood-Funktion) maximiert wird. Diese Maximierung verhält sich "gutartig" in den Preis- und Einkommensparametern, aber hochgradig nichtlinear in den neu hinzugekommenen "Zusammengehörigkeits-Parametern". Dies bedeutet, daß leistungsstarke und ausgeklügelte Algorithmen zur Optimierung benutzt und die Startparameter sehr sorgfältig ausgewählt werden müssen.

Dies ist kein unlösbares Problem, macht aber die Schätzarbeit knifflig und verlangt eine einwandfreie Spezifizierung der erklärenden Variablen und der Entscheidungsbäume. Ist die Spezifizierung nicht in Ordnung, können die Zusammengehörigkeits-Parameter aus dem Einheitsintervall hinauslaufen, was zu Konvergenzproblemen und zur Inkonsistenz mit der zugrundeliegenden Hypothese der Nutzenmaximierung führen kann. Erfahrungen in der einschlägigen Literatur[1)] zeigen, daß bei guter Spezifikation das Verfahren robust ist und schnell konvergiert, auf Spezifikationsfehler aber empfindlicher reagiert als die naiveren Modelle.

Diese Eigenschaft zeigt auch die Grenzen auf, die dem Experimentieren mit dem Modell gesetzt sind. Wenn ökonomisch unvernünftige Baumstrukturen oder exogene Vorgaben eingegeben werden, kann das Modell versagen. Krasse Abweichungen vom status quo der Schätzperiode können sich demnach unter Umständen nicht prognostizieren lassen.

Erfahrungen mit einem ähnlichen Modell,[2)] das U.S.-Steuergesetze für die Bundesrepublik simuliert, haben jedoch keinerlei technische Probleme in der Simulationsfähigkeit gezeigt. Eher

---

1) Vgl. z.B. Coslett, S.R., a.a.O.; Börsch-Supan, A. und Pitkin, J., a.a.O.; McFadden, D., Qualitative Choice Models, a.a.O..
2) Börsch-Supan, A., Tenure Choice and Housing Demand, a.a.O.,

schränken die in Abschnitt 3.2 ausführlich diskutierten Eigenschaften eines Partialmodells die Abweichungen von ökonomisch vernünftigen exogenen Vorgaben ein, so daß die Technik des Schätzverfahrens keine zusätzlichen Einschränkungen der Prognose- und Simulationsfähigkeit des Modells mit sich bringt.

4. BESTIMMUNG DER MODELLELEMENTE (STRATIFIZIERUNG)

Die Operationalisierung der dargestellten Fragestellung und des beschriebenen Modellansatzes ist in dem Spannungsverhältnis zwischen theoretischen Überlegungen und Datenlage erfolgt, wobei immer wieder Kompromisse geschlossen werden mußten, die hauptsächlich durch die enge Begrenzung aus den zur Verfügung stehenden Informationen verursacht sind.

4.1 Datengrundlage

Wie schon mehrmals erwähnt, basiert die Wohnungsnachfrageanalyse und -prognose auf dem einzigen zur Zeit zur Verfügung stehenden, relevanten amtlich-statistischen Material, der 1-v.H.-Wohnungsstichprobe 1978. Die gesetzte Fragestellung benötigt Daten, die Wohnsituationen - bundesweit und regional gliederbar - d.h. private Haushalte mit ihren Charakteristika in von ihnen benutzten Wohnungen mit den wesentlichen Merkmalen, beschreiben. Zusätzlich braucht gewählte Quasi-Übergangsmodell Umzugsdaten, und zwar auch bezüglich der "verlassenen" Situation. Der größte Teil der benötigten Informationen findet sich in der angesprochenen Wohnungsstichprobe. Fehlende Daten, wie z.B. Kaufpreise für Wohneigentum, mußten gesondert bereitgestellt und den Wohnungsstichproben-Informationen zugespielt werden.

Die Daten der 1-v.H.-Wohnungsstichprobe standen für die Untersuchung als originale Einzeldaten zur Verfügung. Sie wurden nach Kriterien der Unwahrscheinlichkeit und Unvollständigkeit bereinigt. Des weiteren wurde ein Daten-Extrakt hergestellt, der nur noch die für die Schätzungen der Nachfragefunktionen relevanten Haushalte umfaßt (siehe unten "Stratifikation nach Wohnungsteilmärkten").

Der schon weit zurückliegende Zeitpunkt der Erhebung brachte einige Unsicherheit in der Frage mit sich, ob nicht möglicherweise die Prognose auf veralteten Verhaltensweisen aufbaut. Da wir aber davon ausgehen - und das läßt sich vielfältig begründen

- , daß sich das Wohnungsnachfrageverhalten privater Haushalte, wenn überhaupt, nur langsam und über große Zeiträume verändert, haben wir die veralteten Daten verwendet und damit diese Untersuchung überhaupt ermöglicht. Natürlich wäre es insbesondere unter diesem Aspekt interessant, die (auf 1978 basierenden) Nachfragefunktionen mit jüngerem Material nachzuschätzen, um dadurch auch Aufschlüsse über möglicherweise doch verändertes Verhalten zu gewinnen.

4.2 Stratifizierung

Vor der Operationalisierung des in Kapitel 3 beschriebenen Ansatzes zur Schätzung von Aufbruch- und (Ziel-Funktionen stellt sich die grundsätzliche Frage:

- Sollen alle Einflußfaktoren in einem multiplen Ansatz berücksichtigt werden, oder

- ist es sinnvoller, durch Stratifikationen einzelne Einflußfaktoren aus dem Ansatz herauszulösen und gesonderte Nachfragefunktionen für jedes Stratum mit nur noch wenigen Variablen zu schätzen?

Bei der Verwendung multipler Regressionsansätze lassen sich die Einflüsse der erklärenden Variablen statistisch desto besser voneinander trennen, je größer die unabhängige Variation in jeder Variablen ist. Eine solche Unabhängigkeit ist bei den haushaltsbezogenen Einflußfaktoren der Wohnungsnachfrage (z.B. Alter und Haushaltsgröße) nicht durchgängig gegeben. Unzulässig ist ein linearer multipler Ansatz auch dann, wenn eine Variable über die unterschiedlichen Werte, die sie annehmen kann, nicht gleichmäßig wirkt. So ließe sich in der laufenden Untersuchung z.B. der Einfluß unterschiedlicher regionaler Wohnungsmärkte nur unter Zuhilfenahme von Dummy-Konstrukten in einem multiplen Ansatz abbilden.

Aus diesen Gründen wurde für die Wohnungsnachfrageanalyse vorgesehen, einige wichtige Einflußfaktoren nicht über Variable in multiplen Ansätzen, sondern über eine Vorab-Stratifizierung zu berücksichtigen. Ein weiterer nicht unerheblicher Grund für die Vorab-Stratifizierung ergibt sich aus der Wahl der Schätzmethode. Dadurch, daß eine "Simultan"-Schätzung zur Anwendung kommt, erhöht sich in den Nachfragefunktionen die Anzahl der unabhängigen Variablen. Die Anzahl dieser Variablen wiederum sollte nicht zu groß werden, um die Identifikation der Parameter einer Funktion in der Schätzung nicht zu rechenkostenintensiv werden zu lassen.

In Kauf genommen werden muß bei einer Vorab-Stratifizierung nach bestimmten Einflußfaktoren der Wohnungsnachfrage, daß die zur Verfügung stehende Datenmenge im vorhinein auf die verschiedenen Strata aufgeteilt wird. Für die Schätzung der Aufbruch- und Nachfragefunktionen steht pro Stratum also nur noch eine ungleich geringere Datenmenge zur Verfügung.

Es hat sich herausgestellt, daß trotz starker Differenzierung die jeweils benötigte Haushalts- bzw. Wohnungsanzahl für die ökonometrische Analyse ausreicht, obwohl die ursprünglich vorhandenen Daten der 1-v.H.-Wohnungsstichprobe von ca. 250.000 Haushalten/Wohnungen für die Zwecke der laufenden Untersuchung zunächst "bereinigt" werden mußten.

4.2.1 Stratifikation nach Wohnungsteilmärkten

Zur Abgrenzung der für die laufende Untersuchung relevanten Stichprobe (und der entsprechenden Grundgesamtheit) müssen einige Wohnungsteilmärkte bzw. die sie betreffenden Haushalts-Wohnungsdaten aus dem 1-v.H.-Wohnungsstichproben-Material herausgefiltert werden. In die Nachfrageschätzungen gehen nicht ein:

- soziale Mietwohnungen (1. Förderungsweg),
- Werkswohnungen sowie Dienst- und Stiftswohnungen,
- verbilligte oder kostenlos überlassene Mietwohnungen,
- landwirtschaftliche Wohngebäude,
- Freizeit- und Ferienwohnungen.

Alle diese Miet- bzw. Wohneigentumsverhältnisse gehen nicht in die Schätzung der Aufbruch- und Nachfragefunktionen ein, weil ein Einzug in eine dieser Wohnungsarten nicht den zu schätzenden marktbestimmten Verhaltensweisen der Wohnungsnachfrager zuzuordnen ist. Die Belegung landwirtschaftlicher Wohngebäude ist Folge einer beruflichen Entscheidung, Freizeit- und Ferienwohnungen werden als Zweitwohnungen aus anderen Gründen nachgefragt als die Hauptwohnung, soziale Mietwohnungen, Werks- und Dienstwohnungen können nur unter bestimmten, nur z. T. wohnungsmarktrelevanten Voraussetzungen bezogen werden. Im Falle verbilligter oder kostenlos überlassener Mietwohnungen gilt wegen der Besonderheit der Mieter-Vermieter-Beziehung ähnliches.

Auszug aus einer Wohnung dieser Teilmärkte (Aufbruchentscheidung) und Einzug in eine derartige Wohnung (Nachfrageentscheidung) unterliegen also regelmäßig nicht den - unter anderen - ökonomischen Zusammenhängen, die die Nachfrage im freifinanzierten Wohnungsteilmarkt bestimmen. Alle Umzugsbewegungen in die genannten Bereiche werden deshalb durch Vorab-Stratifizierung von der Schätzung der Aufbruch- und Zielfunktionen ausgenommen.

Für die Prognose müssen allerdings insofern andere Regelungen getroffen werden, als zwischen den verschiedenen Teilmärkten ein Austausch stattfindet. Den tatsächlichen Austausch über entsprechende, geschätzte Wirkungszusammenhänge nachzuvollziehen, ist nicht möglich, weil keine Informationen bzw. Daten in ausreichender Differenzierung vorliegen. In der Prognose müssen wir uns deshalb darauf beschränken, den zu erwartenden Zugang von Haushalten aus Nichtmarktbereichen in den untersuchten Marktbereich zu berücksichtigen. Dieser Zugang von Haushalten wird aus dem Rückgang des Bestands an sozialen Mietwohnungen und aus dem Rückgang von Haushalten, die einen landwirtschaftlichen Vollerwerbsbetrieb betreiben, angenähert berechnet. Anzahl und Struktur von Dienst-, Werks- und Stiftswohnungen und die sie belegenden Haushalte wurden in der Prognose in Ermangelung von diesbezüglichen Informationen und Daten konstant gehalten.[1] Haushalte in verbilligten Mietwohnungen oder in Freizeit- und Fe-

1) Zur Prognose der modell-relevanten Haushalte nach Anzahl und Struktur siehe Materialband II.

rienwohnungen wurden demgegenüber in der Prognose den modell-relevanten Haushalten zugerechnet. Die zugehörige Hypothese besagt, daß sich Haushalte in diesen Wohnungsgruppen nur vorübergehend aufhalten und demnach über kurz oder lang, zu einem nicht näher bestimmbaren zukünftigen Zeitpunkt als Nachfrager im freifinanzierten Wohnungsmarkt auftauchen - was auch durch Veränderung der Wohnungscharakteristika geschehen kann.

4.2.2 Regionale Strata

Wohnungsmärkte sind in besonders ausgeprägter Form regionale, sogar lokale Märkte mit unterschiedlichen Angebots- und Nachfragestrukturen und auch mit unterschiedlichen Ausgleichsmechanismen. Das ist deshalb so, weil Wohnungen (=Angebot) und in gewisser Weise auch die eine Wohnung nachfragenden Menschen lokal gebunden sind. Ausgleichsmechanismen wirken nicht bundesweit, sondern auf einem relativ eng begrenzten Wohnungsmarkt (vgl. auch Kapitel 2).

Da, wie oben ausführlich dargestellt, Nachfrageverhalten, Angebotseinflüsse und Marktausgleichsmechanismen entweder in der Prognose explizit konstant gehalten oder, da nur implizit einbezogen, als konstant vorausgesetzt werden, ist es notwendig, regional soweit zu differenzieren, daß möglichst homogene Märkte bezüglich dieser drei Marktkomponenten gebildet werden. Um die Konstanz der jeweiligen Eigenarten in der Prognose gewährleisten zu können, wird deshalb in der laufenden Untersuchung nach regionalen Märkten stratifiziert und dann erst die Nachfrage je Region analysiert und prognostiziert.

Der theoretisch sehr hohe Anspruch an die regionale Gliederung, nämlich die Erfassung homogener regionaler Märkte, unterliegt allerdings in Abhängigkeit von dem zur Verfügung stehenden Datenmaterial einer Einschränkung: Die regionalen Wohnungsmärkte müssen so gebildet werden, daß die Ergebnisse der 1-v.H.-Wohnungsstichprobe für die ausgewählte regionale Ebene noch repräsentativ und die erfaßten Fallzahlen für die Schätzung der Nachfragefunktionen ausreichend groß sind.

Außerdem muß eine weitere Restriktion beachtet werden: Für jedes der gebildeten regionalen Strata müssen alle für die Prognose notwendigen exogenen Daten gesondert vorgegeben werden, was bei einer starken regionalen Differenzierung zu einem kaum lösbaren Problem werden kann (z.B. wegen der Prognoseprobleme kleinsträumiger interregionaler Bevölkerungswanderungen).

Zwischen der Idealvorstellung einer möglichst kleinräumigen Unterteilung und der von den Daten diktierten Notwendigkeit einer relativ großräumigen Regionalisierung wurde für die laufende Untersuchung ein Kompromiß gewählt, der zwar kleinräumig differenziert, aber über die Zuordnung der Kleinräume zu Typen großräumige Aggregate schafft. Die von der Bundesanstalt für Landeskunde und Raumordnung (BfLR) erarbeiteten "siedlungsstrukturellen Kreistypen"[1] entsprechen diesem Kompromiß. Sie werden der laufenden Untersuchung als regionale Strata zugrundegelegt. Siedlungsstrukturelle Kreistypen sind aus Kreisen (Landkreis und kreisfreie Städte) zuammengesetzt, und zwar nach den Typisierungsmerkmalen: großräumige siedlungsstrukturelle Lage und Verdichtung (Typisierungskriterien), sowie regionaler Grundtyp, Siedlungsdichte, Wohnungsdichte und Arbeitsplatzdichte (Typisierungsindikatoren).

Die BfLR hat nach diesen Kriterien die folgenden sechs Regionstypen gebildet(in Klammern die in diesem Untersuchungsbericht benutzten Abkürzungen):[2]

- Regionen mit großen Verdichtungsräumen
  (1) Kernstädte (BAKE)
  (2) Hochverdichtetes Umland (BAHV)
  (3) Sonstiges Umland (BAUM)

---

1) Vgl.: Bundesforschungsanstalt für Landeskunde und Raumordnung, Regionalstatistische Informationen aus der laufenden Raumbeobachtung, in: Informationen zur Raumentwicklung, Heft 11/12, 1982 , S. 860 und 861.

2) ebenda

- Regionen mit Verdichtungsansätzen
  (4) Kernstädte (KERN)
  (5) Umland (UMLA)
- (6) ländlich geprägte Regionen (LAND).

Gegen diese Gliederung bzw. deren Übernahme in die Wohnungsnachfrage-Untersuchung lassen sich eine Reihe von kritischen Einwänden vorbringen, die die Wohnungsmarktrelevanz dieser Regionstypen in Frage stellen. Dazu gehört u.a. die auf Kreisbasis häufig nur unzulänglich mögliche Abgrenzung zwischen Ballungsgebiet und Umland, die eine jeweils andere Wohnungsmarktsituation aufweisen, oder die Zusammenfassung nord- und süddeutscher Ballungsgebiete in einen Typ trotz gegenläufiger Bevölkerungsentwicklung. Trotzdem entsprechen diese siedlungsstrukturellen Kreistypen - verglichen mit anderen regionalen Gliederungen - noch am ehesten den unterschiedlichen Wohnungsmarkttypen. Beispielsweise schwankt das je Typ ermittelte durchschnittliche Preisniveau zwischen den Regionstypen deutlich, was auf einen unterschiedlichen Grad der Anspannung der Wohnungsmärkte schließen läßt. Die Ergebnisse der hedonischen Preis-Schätzungen (siehe unten Abschnitt 5.1.2.1) haben diesen Zusammenhang eindeutig bestätigt.

4.2.3 Haushaltsstrata

Die Gründe, die eine Stratifizierung der Haushalte nach demographischen Merkmalen erforderlich erscheinen lassen, weichen von denen für die Bildung von Regionstypen ab. Bezüglich der Haushalte geht es in erster Linie darum, die Nachteile, die aus der Nachfrageschätzung aus nur einer Querschnittserhebung für die Prognose entstehen, möglichst weitgehend auszugleichen.

So bestand die Überlegung, daß Strata jeweils über die Haushaltsmerkmale gebildet werden, von denen ein spezifisches Wohnungsnachfrageverhalten erwartet wird. Die Abgrenzung zwischen den Strata bezüglich eines Haushaltsmerkmals muß nach dieser Vorstellung genau da liegen, wo das Merkmal eine sprunghafte Veränderung des Wohnungsnachfrageverhaltens bewirkt. Nach den grundlegenden Hypothesen zur Wirkung der Einflußfaktoren gilt dieses für alle demographischen Haushaltsmerkmale, die wesentlichen Einfluß auf die Wohnungsnachfrage nehmen: die Haushaltsgröße, das Alter und das Geschlecht des Haushaltsvorstands und die Staatszugehörigkeit.

Da aller Erfahrung nach die Anzahl erwachsener Personen im Haushalt grundsätzlich andere Auswirkungen auf die Wohnungswahl hat als die Anzahl der Kinder, wurde in der Stratifizierung die Haushaltsgröße noch einmal nach diesen zwei Variablen untergliedert. Die Grenzen zwischen den Strata wurden nach grundlegenden Hypothesen zur Abhängigkeit der Wohnungsnachfrage vom Lebenszyklus des Haushaltsvorstands gesetzt.

Ursprünglich sollte deshalb stratifiziert werden nach:

- der Anzahl der erwachsenen Personen,
- der Kinderzahl,
- dem Geschlecht des Haushaltsvorstands,
- den Altersklassen des Haushaltsvorstands und
- der Nationalität des Haushaltsvorstands.

Nach dieser an den Hypothesen über das Nachfrageverhalten angelehnten Feinstratifizierung kommen pro Stratum für die unabhängigen Variablen nur noch die rein ökonomischen Einflußgrößen in Frage: Einkommen der Haushalte und Preis der Wohnung. Bei ersten Schätzversuchen erwiesen sich diese Variablen als zu wenig aussagekräftig zur Erklärung der Wahl der Haushalte zwischen den Wohnungsalternativen. Aus diesem Grund wurde die ursprünglich vorgesehene Feinstratifizierung fallengelassen.

Nach dieser aus dem Experimentieren mit dem Schätzmodell resultierenden Änderung der Haushaltsstratifizierung blieben als Stratifizierungsmerkmale die Anzahl der Erwachsenen im Haushalt und die Nationalität des Haushaltsvortands. Als Haushaltsstrata pro Regionstyp gingen in die Schätzung ein (in Klammern die in diesem Untersuchungsbericht benutzten Abkürzungen):

- deutsche Haushalte mit
  (1) einem männlichen Erwachsenen (SM),
  (2) einem weiblichen Erwachsenen (SW),
  (3) zwei Erwachsenen (EH),
  (4) drei Erwachsenen,
  (5) vier und mehr Erwachsenen, (WG)
- (6) Gastarbeiter-Haushalte mit zwei und mehr Erwachsenen (GA).

Kinder über 18 Jahre gelten jeweils als Erwachsene, so daß z.B. ein aus zwei Erwachsenen bestehender Haushalt (ohne Kinder unter 18 Jahren) sowohl aus einem kinderlosen (Ehe-)Paar, als auch aus einem alleinstehenden Elternteil mit erwachsenem Kind bestehen kann.

Unter "deutsche Haushalte" sind die Haushalte von Ausländern subsummiert, die nicht typische Gastarbeiter sind. Diese Differenzierung der Ausländerhaushalte geht auf die Hypothese zurück, daß sich Nicht-Gastarbeiter-Ausländer - als Folge ihrer beruflichen Qualifikation, ihres Einkommens und auch ihrer Mentalität - in der Wohnungsnachfrage ähnlich wie deutsche Haushalte verhalten.

Gastarbeiter-Haushalte sind Haushalte mit einem Vorstand aus folgenden Staaten: Algerien, Tunesien, Marokko, Türkei, Griechenland, Jugoslawien, Italien, Spanien, Portugal. Die vorgenommene Differenzierung ist mangels ausreichender Informationen ziemlich schematisch, denn "deutsches" Wohnungsnachfrageverhalten ist sicherlich auch innerhalb der so definierten Gastarbeiter-Gruppe feststellbar und umgekehrt. Da es sich dabei aber eher um Ausnahmen handelt, kann für die Zwecke der Nachfrageschätzung eine nicht völlig korrekte Zuordnung in Kauf genommen werden.

Ein-Personen-Gastarbeiter-Haushalte bleiben in der Nachfrage-Analyse unberücksichtigt. Diese Vorgehensweise geht auf die Hypothese zurück, daß die Wohnungsnachfrage der Gastarbeiter in direktem Zusammenhang mit ihrem Integrationswillen in die Gesellschaft der Bundesrepublik Deutschland steht, d.h. daß erst,

Legende zu den in diesem Untersuchungsbericht

benutzten Abkürzungen

(Zur Vereinfachung der Lektüre des Berichts ausklappbar)

wenn ein langdauernder Aufenthalt geplant und damit eine gewisse Integrationsabsicht deutlich wird, überhaupt eine relevante Wohnungsnachfrage entsteht. Aufenthaltsdauer und Integrationswille lassen sich wiederum direkt aus der Haushaltsgröße ablesen, z.B. aus dem Nachzug der Familie in die Bundesrepublik Deutschland. Ein-Personen-Haushalte bewohnen in der weitaus überwiegenden Zahl der Fälle möblierte Zimmer, deren Belegung für die Nachfrageanalyse irrelevant ist.

5. OPERATIONALISIERUNG DER SCHÄTZMODELLE

Das Quasi-Übergangsmodell besteht aus einem Aufbruchmodell und einem Zielmodell. Im Aufbruchmodell wird die Wahrscheinlichkeit, mit der ein Haushalt aus seiner Wohnung auszieht, abgebildet; das Zielmodell beschreibt die Auswahl einer neuen Wohnung.

5.1 Zielmodell

Die oben erläuterte Schätzmethode bzw. der daraus entwickelte Ansatz für die Analyse der Wohnungsnachfrage führen im Fall des Zielmodells zu einer Gleichung folgenden Typs (vgl. Kapitel 3):

$$F_i = \frac{\exp\,(aP_i + bQ_i + c_iY + d_iA + \ldots)}{\sum_{j=i}^{I-1} \exp\,(aP_j + bQ_j + c_jY + d_jA + \ldots) + \exp\,(aP_I + bQ_I)}$$

Diese logistische Funktion, die für alle Haushalts- und Regionsstrata verwendet wird, setzt die relative Häufigkeit der Wahl einer Wohnungs-Alternative i (F_i) unter insgesamt I Alternativen in Abhängigkeit zu den über Hypothesen gewonnenen Einflußfaktoren. In der dargestellten Funktion stehen als unabhängige Variablen:

- P_i für den Preis (Miete, Kosten) der Alternative i,
- Q_i für die Vermögensbildung bei Alternative i,
- Y für das Haushaltseinkommen,
- A für das Alter des Haushaltsvorstands,
- a,b,c,d zu schätzende Parameter,
- I Anzahl der Wohnungsalternativen.

Für den Laufindex j gilt: j = (1,.., i, ..., I-1,I).

In dieser Entscheidungsfunktion werden die unabhängigen Variablen für die gewählte Alternative i (im Zähler) den entsprechenden Variablen sämtlicher Alternativen j (im Nenner) gegenübergestellt. Die haushaltsbezogenen Variablen, die nicht mit Wohnungsalternativen verbunden sind, wie z.B. das Alter des Haushaltsvorstands oder das Haushaltseinkommen, werden, damit eine Unterscheidung zwischen den Alternativen möglich wird, für (I-1) Alternativen in Dummy-Variable umgewandelt. Eine Alternative fehlt, weil sonst lineare Abhängigkeiten auftreten. (Näheres vgl. Anhang 1).

Aus dieser regressionstechnischen Notwendigkeit erklärt sich in der dargestellten Funktion die Aufspaltung der Summe im Nenner: Alle Variablen, haushalts- und wohnungsbezogene, werden über (I-1) Alternativen summiert; die wohnungsbezogenen Variablen für die I-te Alternative müssen gesondert dazu addiert werden.

Die Haushaltsmerkmale: Anzahl der Erwachsenen, Nationalität und Geschlecht des Haushaltsvorstands gehen lediglich mittelbar durch die Stratifikation nach Haushaltstypen in die Schätzung der Nachfragefunktionen ein.

Um es noch einmal zusammenfassend zu wiederholen, es stehen folgende Variablen in den Schätzgleichungen für das Zielmodell zur Definition an:

- die abhängige Variable:
  - - relative Häufigkeiten der Wohnungsalternativen,
- die unabhängigen Variablen:
  - - Kosten der Wohnnutzung,
  - - Wertsteigerung der Wohnung,
  - - Haushaltsgröße,
  - - Alter des Haushaltsvorstands,
  - - Haushaltseinkommen.

Die Definition dieser Variablen muß auf der einen Seite den grundlegenden Hypothesen über die Determinanten der Wohnungsnachfrage entsprechen, andererseits an dem zur Verfügung stehenden empirischen Material orientiert sein, um eine Auffüllung der Schätzgleichungen mit Daten und akzeptable Schätzungen zu ermöglichen.

5.1.1 Nachgefragter Wohnungstyp

In einem ersten Schritt der Analyse muß ein Maßstab zur Erfassung und Quantifizierung der nachgefragten Wohnungsnutzung[1)] ermittelt werden, der eine eindeutige Unterscheidung zwischen den verschiedenen Wohnungsalternativen erlaubt. Die für die nachgefragten Wohnungen auszuwählenden Merkmale müssen, anders gesagt, durch die gewählten Einflußfaktoren untereinander eindeutig abgrenzbar sein.

Nun gibt es eine Vielzahl von Wohnungsmerkmalen, die Haushalte veranlassen, bestimmte Wohnungen nachzufragen. Hierzu gehören inbesondere die Rechtsform und die Größe der Wohnung, die nach einer Reihe empirischer Untersuchungen mit Abstand die in den Augen der Haushalte wichtigsten Kriterien sind. Von der großen Anzahl weiterer wichtiger Merkmale, die die Entscheidung der Haushalte beeinflussen, seien hier nur einige herausgehoben:

- die Lage der Wohnung, an die viele psychosoziale (Nachbarn, Prestige der Gegend, Ruhe) und ökonomische (Arbeitsweg) Überlegungen der Haushalte geknüpft sind;

- der Grundriß der Wohnung, der für die Gestaltung des Lebens- bzw. Tagesablauf von Bedeutung ist;

- die Anzahl der Wohnungen im Gebäude, die u.a. Auswirkungen auf die Kommunikationsmöglichkeiten des Haushalts hat;

- das Vorhandensein von Aufenthaltsräumen im Haus, die Balkone der Wohnung, die zweite Toilette usw..

---

1) Für die Schätzung der Nachfragefunktionen aus einer Querschnittserhebung der Wohnungsversorgung der Haushalte können zur Abbildung der Leistungsabgabe einer Wohnung an den konsumierenden Haushalt nur die Wohnungscharakteristika herangezogen werden, die die Art und Menge der Leistungsabgabe bestimmen. Im vorliegenden Text wird deshalb in vereinfachter Form von der Nachfrage nach Wohnungen gesprochen.

5.1.1.1 Definition der Wohnungsalternativen

Die Auswahl der eine Wohnung charakterisierenden Merkmale ist für die Nachfrageschätzung unter zwei wesentlichen Gesichtspunkten vorgenommen worden: Einerseits mußte eine Beschränkung auf die wichtigsten nachfragerelevanten Merkmale erfolgen, da vom methodischen Ansatz her die Anzahl der Wohnungsalternativen nicht zu groß werden darf; andererseits können in die Definition der Variablen der Schätzgleichung überhaupt nur die Merkmale eingehen, über die Informationen in der 1-v.H.-Wohnungsstichprobe enthalten sind.

Auf der Grundlage dieser Beschränkung wurde festgelegt, daß als wichtigste Zielgrößen der Nachfrage die Rechtsform und die Wohnungsgröße zur Alternativen-Konstruktion herangezogen werden. Als drittes Merkmal wurde - einerseits wegen der unmittelbar benutzbaren Information in der 1-v.H.-Wohnungsstichprobe, andererseits aufgrund eines Auftraggeber-Wunsches - die Gebäudegröße miteinbezogen. Die Anzahl der Wohnungen im Gebäude nimmt in neuerer Zeit einen immer größeren Einfluß auf die Wohn-Entscheidung der Haushalte. Dieser Zusammenhang, der aus Einzelfällen belegt und aus eigener Erfahrung plausibel ist, hat bislang noch keine umfassende empirische Abstützung erfahren.

Die für die Schätzung relevanten Wohnungsalternativen wurden aus einer Kombination von Ausprägungen der ausgewählten Merkmale gebildet:

- Rechtsform mit den Ausprägungen:
  Eigentum, Miete und Untermiete,

- Wohnungsgröße mit den Ausprägungen:
  1,2,3,4,5,6 und mehr Zimmer[1],

---

1) Wohn- und Schlafzimmer ohne Küche.

- Gebäudegröße mit den Ausprägungen:
  Einfamilienhaus, Zweifamilienhaus, Drei-bis-Vierfamilienhaus, Fünf-und-Mehrfamilienhaus mit bis zu vier Geschossen und Fünf-und-Mehrfamilienhaus mit fünf und mehr Geschossen.

Bei der Definition der Merkmale und ihrer Ausprägungen war die Bestimmung der Rechtsform mit den Varianten Eigentum, Miete und Untermiete einfach, weil andere Möglichkeiten praktisch ohne Bedeutung sind. Schwierigkeiten bereitete dagegen schon die Entscheidung über die Definition der Wohnungsgröße. Prinzipiell bieten sich dazu zwei verschiedene Wohnungsmerkmale an, die beide sicherlich nachfragerelevant sind: die in Quadratmetern angegebene Wohnfläche[1)] oder die Anzahl der Zimmer.

Eine ganze Reihe von empirischen Untersuchungen hat gezeigt, daß die Zimmerzahl, allerdings in Verbindung mit gewissen Mindestanforderungen an die Fläche, im Kalkül der Haushalte Priorität hat. Das hat insbesondere psychologische Gründe, denn der häusliche Bereich soll für alle Personen des Haushalts Rückzugsmöglichkeiten bieten. Im Wohnungsangebot existiert zwar ein Zusammenhang zwischen Zimmerzahl und Wohnfläche, allerdings ist dieser Zusammenhang nicht sehr eng. So gibt es z.B. im Extrem durchaus sehr große Zwei-Zimmerwohnungen und gleichzeitig Drei- oder sogar Vier-Zimmerwohnungen mit einer kleineren Wohnfläche. Die Verwendung eines aus Wohnfläche und Zimmerzahl kombinierten Merkmals hätte zu viele Ausprägungen erhalten und mußte deshalb außer Betracht bleiben.

Wegen des hohen Einflusses der Zimmerzahl auf die Wohnungsentscheidung der Haushalte geht in den Ansatz zur Schätzung der Nachfragefunktionen die Anzahl der Zimmer als Merkmal der Wohnungsalternativen ein.

Bezüglich der Gebäudegröße als wohnungsunterscheidendem Merkmal lautet die Hypothese, daß nachfragende Haushalte in Abhängigkeit

---

1) Mit der Wahl des Schätzmodells - Entscheidung zwischen diskreten Alternativen - hätten bei einer Verwendung der Wohnfläche entsprechende Kategorien vorgegeben werden müssen.

von ihrer demographischen und ökonomischen Situation möglichst kleine, überschaubare Gebäudeeinheiten wählen, die die Störung durch Mitbewohner begrenzen und die Kommunikation fördern. Die Wahl einer "Hochhaus"-Wohnung müßte nach dieser Hypothese sozusagen unter ökonomischem Zwang erfolgen. Die recht niedrig erscheinende Grenze in der Merkmalsausprägung zwischen Häusern mit vier und fünf Geschossen mußte deshalb so gesetzt werden, weil erstens zu wenig Daten zu vielgeschossigen Wohnhäusern vorliegen und zweitens in der Hypothese ein Hochhauseffekt auch für breite Wohnkomplexe (in Blockbebauung) angenommen wird. Da die Gebäudegrößeneinteilung aufgrund des gewählten Ansatzes für Eigentümer und Mieter gleichermaßen relevant sein muß, wurde die vor allem die Eigentümer betreffende Unterteilung in Ein- und Zweifamilienhaus in die Merkmalsausprägungen miteinbezogen.

Eine besondere Behandlung erfuhr die Wohnungsalternative Untermiete: Allein schon wegen der kleinen Zahl der erfaßten Untermieter mußte eine Untergliederung nach Zimmerzahl und Gebäudegröße unterbleiben.

Die Anzahl der für die Schätzung vorgesehenen Wohnungsalternativen bestimmt sich aus der Kombination der ausgewählten Merkmale mit ihren Ausprägungen: 2 Rechtsformen x 6 Wohnungsgrößen x 5 Gebäudegrößen führen zu der beachtlichen Zahl von 60 Wohnungsalternativen, die den nachfragenden Haushalten zur Auswahl zur Verfügung stehen. Als 61ste Alternative kommt die Untermiete hinzu (Definition der Wohnungsalternativen; vgl. die folgende Übersicht).

Diese relativ große Zahl von Wohnungsalternativen mußte im Verlauf der Schätzarbeiten reduziert werden, weil auf der einen Seite viele Alternativen nicht ausreichend besetzt waren, auf der anderen Seite durch die unabhängigen Variablen kein genügend diskriminierender Einfluß auf die unterschiedlichen Wahlwahrscheinlichkeiten ausging.

	Eigentum					Miete					Unter-
	1FAM	2FAM	3FAM	5FLO	5FHI	1FAM	2FAM	3FAM	5FLO	5FHI	miete
1 Zimmer	1	7	13	19	25	31	37	43	49	55	
2 Zimmer	2	8	14	20	26	32	38	44	50	56	
3 Zimmer	3	9	15	21	27	33	39	45	51	57	61
4 Zimmer	4	10	16	22	28	34	40	46	52	58	
5 Zimmer	5	11	17	23	29	35	41	47	53	59	
6 Zimmer	6	12	18	24	30	36	42	48	54	60	

wobei: 1FAM = Einfamilienhaus,
2FAM = Zweifamilienhaus,
3FAM = Gebäude mit 3 bis 4 Wohnungen,
5FLO = Gebäude mit 5 und mehr Wohnungen bis zu 4 Geschossen,
5FHI = Gebäude mit 5 und mehr Wohnungen mit mehr als 4 Geschossen.

Schon bei der Berechnung der hedonischen Mietpreise (siehe Abschnitt 5.1.2.1) hat sich gezeigt, daß sich die vermutete Relevanz der Gebäudegröße zumindest im Mietpreis nicht in der erwarteten Form niederschlägt. Im Gegenteil: die Miete für Einfamilienhäuser liegt in der weitaus überwiegenden Zahl der Fälle unter sonst gleichen Wohnbedingungen (gemessen an den Informationen aus der Wohnungsstichprobe) unter dem Mietpreis für Wohnungen in großen Gebäuden. Auch in den Parameterschätzungen der Nachfragefunktionen ließ sich die Wahl zwischen den Gebäudeformen nicht abbilden. Da ohnehin zum Zwecke einer relativ kostengünstigen Schätzung die Anzahl der Wohnungsalternativen eher klein gehalten werden sollte, wurde das Merkmal Gebäudegröße asymmetrisch zwischen Eigentum und Miete reduziert: Beim Wohneigentum wurde die Unterscheidung weitgehend beibehalten, bei Mietwohnungen dagegen völlig fallengelassen (dies schlägt sich in einer Verkürzung der folgenden Übersicht für Mietwohnungen nieder).

Je nach Stratum, für das die Nachfragefunktion geschätzt wurde, mußte eine Konsolidierung der Alternativen über die Belegungszahlen erfolgen, damit eine für eine Schätzung ausreichende Fallzahl pro Alternative erreicht wurde. Nach einigem Experimentieren mit unterschiedlichen Zusammenfassungen der Wohnungsalternativen wurde für sämtliche Strata eine einheitliche Konsolidierung gewählt. Diese Zusammenfassung erfolgt über die ursprünglich 61 Alternativen unter Berücksichtigung plausibler nachfragerelevanter Schwerpunkte und der Besetzung der Felder. Dabei wurden niedrig besetzte Alternativen der jeweils höchstbesetzten Alternative innerhalb einer vorher abgegrenzten Alternativen-Kategorie zugeordnet.

In den nachfolgenden Übersichten wird die vorgenommene Konsolidierung der Wohnungsalternativen dargestellt, zunächst für die Eigentümerwohnungen, dann für die Mietwohnungen, wobei - wie bereits erwähnt - die Zusammenfassung bei den Mietwohnungen über alle Gebäudeformen hinweg erfolgte.

Die der Schätzung zugehörigen Programme sehen eine Rückverteilung der geschätzten Ergebnisse auf die ursprünglich 61 Alternativen, d.h. auch unter Wiedereinschluß aller Ausprägungen des Merkmals Gebäudeform, vor. Diese Rückverteilung kann allerdings nur unter Verwendung der im Jahr 1978 tatsächlich beobachteten Verteilung erfolgen. Für die Prognose wird demnach die Rückverteilung irrelevant, denn eine Verteilungskonstanz der Situation des Jahres 1978 kann nicht unterstellt werden.

Die Zusammenfassung der Alternativen reduziert deren Anzahl auf zehn. Sie sind in den beiden Übersichten unter der Spalte "Zuordnung zu" mit ihrer in den Schätzungen verwendeten Numerierung aufgeführt. Unter der Rubrik "kumulierte Belegung" sind die Belegungszahlen der aggregierten Alternativen des Stratums: Haushalt mit zwei Erwachsenen in Kernstädten in Regionen mit Verdichtungsansätzen (Regionstyp KERN) aufgeführt. Aus diesen Zahlen kann man erkennen, daß das Ziel, möglichst unterschiedliche Wohnungstypen zu definieren, mit der schätztechnisch begründeten Notwendigkeit einer gleichmäßigen Besetzung der Alternativen kollidiert.

Eigentümerwohnungen

lfd. Nr.		Alternative	Belegungszahl	konsolidierter Wohnungstyp	Zuordnung zu	(kumulierte Belegung)
(1)	1-Fam.-H.	1 Zi.	2			
(2)		2 Zi.	18			
(3)		3 Zi.	64			
(4)		4 Zi.	179	(1)	1-Fam.-H. 4 Zi.	(263)
(5)	1-Fam.-H.	5 Zi.	196	(6)	1-Fam.-H. 5 Zi.	(349)
(6)		6+Zi.	153			
(7)	2-Fam.-H.	1 Zi.	6			
(8)		2 Zi.	48			
(9)		3 Zi.	146	(2)	2-Fam.-H. 3 Zi.	(200)
(10)	2-Fam.-H.	4 Zi.	130	(7)	2-Fam.-H. 4 Zi.	(235)
(11)		5 Zi.	60			
(12)		6+Zi.	45			
(13)	3-4-Fam.-H.	1 Zi.	0			
(14)		2 Zi.	0			
(15)		3 Zi.	5			
(19)	5+Fam.-H.	1 Zi.	1			
(20)	4 Gesch.	2 Zi.	12			
(21)		3 Zi.	68			
(25)	5+Fam.-H.	1 Zi.	1			
(26)	4 Gesch.	2 Zi.	9			
(27)		3 Zi.	92	(3)	Mehrfam.-H.3 Zi.	(183)
(16)	3-4-Fam.-H.	4 Zi.	2			
(17)		5 Zi.	1			
(18)		6+Zi.	0			
(22)	5+Fam.-H.	4 Zi.	50	(8)	Mehrfam.-H.4 Zi.	(134)
(23)	4 Gesch.	5 Zi.	15			
(24)		6+Zi.	2			
(28)	5+Fam.-H.	4 Zi.	47			
(29)	4 Gesch.	5 Zi.	10			
(30)		6+Zi.	7			

Stratum EHKERN

Tabelle 5.2

Mietwohnungen

lfd. Nr.	Alternative	Belegungszahl	konsolidierter Wohnungstyp	Zuordnung zu	(kumulierte Belegung)
(31)(37) (43)(49) (55)(61)	1 Zi.	39			
(32)(38) (44)(50) (56)	2 Zi.	378	(4)	2 Zimmer	(417)
(33)(39) (45)(51) (57)	3 Zi.	1.101	(5)	3 Zimmer	(1.101)
(34)(40) (46)(52) (58)	4 Zi.	571	(9)	4 Zimmer	(571)
(35)(41) (47)(53) (59)	5 Zi.	156	(10)	5 Zimmer	(248)
(36)(42) (48)(54) (60)	6+Zi.	92			

5.1.1.2 Konstruktion des Entscheidungsbaums

In Abschnitt 3.2 wurde exemplarisch eine theoretisch mögliche Hierarchie der von den nachfolgenden Haushalten im Rahmen ihrer Wohnungswahl zu treffenden Entscheidungen vorgestellt. Die Aufteilung in die drei Entscheidungsebenen

- Rechtsform (obere Ebene),
- Gebäudeform (mittlere Ebene),
- Wohnungsgröße (untere Ebene)

entsprach einer dem Modell zugrundeliegenden Hypothese, die besagt, daß Haushalte grundsätzlich zuerst entscheiden, ob sie eine Wohnung mieten oder kaufen wollen, und erst nach dieser Grundsatzentscheidung ihre Wahl bezüglich der Gebäudeform und der Wohnungsgröße treffen.

Diese einfache und relativ naheliegende Hypothese über die a priori zu wählende Struktur des Entscheidungsbaums hat sich, im Gegensatz zu US-amerikanischen Erfahrungen[1)], als nicht korrekt erwiesen.

Die Ergebnisse der ersten experimentellen Schätzungen wiesen darauf hin, daß erstens die gewählte Hierarchie noch nicht optimal sein konnte und daß zweitens die Unabhängigkeitsannahme auf der untersten Ebene nicht voll zutraf. Offensichtlich sind die unterschiedenen Wohnungsgrößen in den Augen nachfragender Haushalte doch nicht gleich verschieden. Bei zu diesem Problem angestellten Überlegungen wird deutlich, daß für Haushalte des Stratums "zwei Erwachsene" z.B. eine Ein-Zimmerwohnung durchaus nicht den gleichen Nutzenabstand zur Drei-Zimmerwohnung haben kann wie eine Vier-Zimmerwohnung.

Außerdem läuft anscheinend der Entscheidungsprozeß der Haushalte häufig so ab, daß sie zuerst die gewünschte Wohnungsgröße festlegen und erst danach klären, ob die entwickelte Nachfrage eher

---

1) Siehe etwa: Börsch-Supan, A., Pitkin, J., a.a.O.; oder: McFadden, D., Qualitative Choice Models, a.a.O., und Börsch-Supan, A., Tenure Choice and Housing Demand, a.a.O..

durch Wohneigentum oder durch eine Mietwohnung gedeckt werden kann.

Aus diesen Überlegungen heraus wurde ein neuer Entscheidungsbaum zugrundegelegt. In der neuen Hierarchie wird auf der ersten Entscheidungsebene die Wahl zwischen kleiner und großer Wohnung getroffen, auf der zweiten Ebene die Rechtsform entschieden und erst in letzter Instanz die Zimmerzahl in Kombination mit der Gebäudeform festgelegt. Der schematisch dargestellte Entscheidungsbaum verdeutlicht den hierarchischen Zusammenhang.

Struktur des Entscheidungsbaums

1. Entscheidungsebene
kleine Wohnung/
große Wohnung

2. Entscheidungsebene
Eigentum/Miete

3. Entscheidungsebene
Gebäudeform/
Zimmerzahl

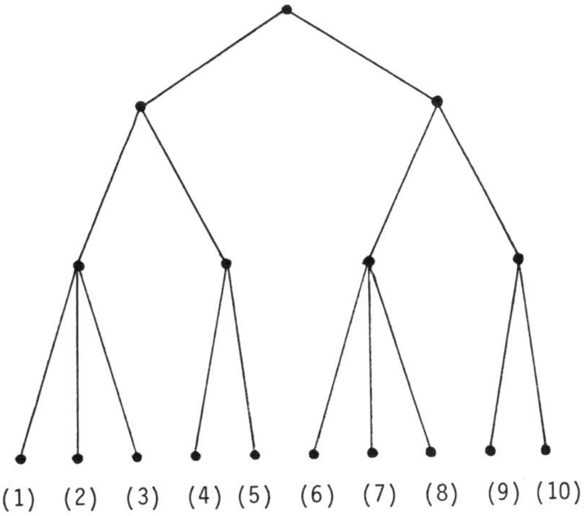

Damit stehen also insgesamt zehn Alternativen zur Auswahl, die sich kurz wie folgt charakterisieren lassen (in Klammern die in diesem Untersuchungsbericht benutzte Numerierung der Wohnungstypen):

(1) Eigentum, Einfamilienhaus, 1-4 Zimmer,
(2) Eigentum, Zweifamilienhaus, 1-3 Zimmer,
(3) Eigentumswohnung (im Mehrfamilienhaus), 1-3 Zimmer,
(4) Miete, 1-2 Zimmer,

(5) Miete, 3 Zimmer,
(6) Eigentum, Einfamilienhaus, 5+ Zimmer,
(7) Eigentum, Zweifamilienhaus, 4+ Zimmer,
(8) Eigentumswohnung (im Mehrfamilienhaus), 4+ Zimmer,
(9) Miete, 4 Zimmer,
(10) Miete, 5+ Zimmer.

Mit dem umstrukturierten Entscheidungsbaum ließen sich bessere Schätzergebnisse erzielen als mit dem in Abschnitt 3.2 vorgestellten Entscheidungsbaum.

5.1.2 Einflußgröße: Wohnkosten[1)]

Eine der wichtigsten Einflußgrößen (unabhängige Variable) für die Wohnungswahl der Haushalte ist der Preis für die Wohnungsnutzung. Dieser Preis schränkt in Kombination mit den vom Haushaltsbudget gesetzten Möglichkeiten die Verwirklichung der Wohnwünsche der nachfragenden Haushalte ein. In die Entscheidung der Haushalte für eine bestimmte Wohnung gehen die Preise aller alternativen Wohnmöglichkeiten mit ein. Die Preise aller Wohnungsalternativen gilt es also, für die Schätzarbeiten zu definieren.

Wie schon in Abschnitt 2.1 ausgeführt, ist das monetäre Äquivalent für die Nutzung einer Mietwohnung die zu zahlende Miete. Die tatsächlich gezahlte Miete pro Wohnung und Haushalt ist in der 1-v.H.-Wohnungsstichprobe als Information enthalten (Absolutbetrag in D-Mark). Die dort angegebenen Kaltmieten variieren sehr stark über die verschiedenen Wohnungstypen, und zwar nicht nur mit den in die Wohnungsalternativen aufgenommenen Merkmalen. Um aber den Einfluß der Miete auf die Alternativenwahl schätzen zu können, muß die Miete um andere, nicht explizit aufgenommene Wohnungsmerkmale bereinigt werden, damit sie die Unterschiede zwischen den Alternativen korrekt wiedergibt.

---

1) Die exakte Definition der einzelnen Einflußgrößen siehe Variablen-Übersicht in Abschnitt 7.1.

Für die Nutzung von Wohneigentum muß als Miet-Äquivalent aus den periodisch anfallenden, das Haushaltsbudget regelmäßig belastenden Aufwendungen eine Variable "Wohnkosten" konstruiert werden. Die Konstruktion dieser unabhängigen Variablen wird unten in Abschnitt 5.1.2.2 dargestellt.

Die Kosten einer Mietwohnung bestehen aus:

- hedonischem Mietwert und
- Wohngeld.

Als Kosten des Wohneigentums sind im einzelnen berücksichtigt:

- Fremdkapitaldienst,
- Betriebskosten,
- Wohngeld,
- Einkommensteuerersparnis.

Wohngeld

Für die Miete wie auch für das Wohneigentum wird von den laufenden Kosten das Wohngeld, das ja ebenfalls wohnungsspezifisch ist, abgezogen. Soweit möglich wurden zur Berechnung des Wohngeldabzugs die amtlichen Kriterien sowohl für den Haushalt (Haushaltsgröße und Einkommen) als auch für den Wohnungstyp (Baujahr, Zimmerzahl, Miete, Ausstattung) verwendet, um annäherungsweise die tatsächliche Höhe der für eine von einem bestimmten Haushalt belegte Wohnung gezahlten Subvention zu berechnen. Diese Wohngeldberechnung erfolgt in einem eigens dazu entwickelten Unterprogramm.

5.1.2.1 Kaltkosten der Mietwohnung

Die Mietpreise freifinanzierter Wohnungen in der Bundesrepublik Deutschland sind Ergebnis des Zusammenwirkens dreier Einflußbereiche:

- der jeweiligen regionalen bzw. lokalen Marktsituation: Das Mietpreis-Niveau liegt auf relativ angespannten Wohnungsmärkten insgesamt höher als auf solchen mit ausreichendem Angebot bzw. Angebotsüberhang;

- der spezifischen Wohnungsqualität: Aus diesem Bereich kommt eine Vielzahl mietpreisbildender Einzeleinflüsse der verschiedensten Merkmale der Wohnung, des Gebäudes und des näheren und weiteren Wohnumfeldes;

- der Vermieter-Mieter-Beziehung: Die Einflüsse aus diesem Bereich sind teilweise sozioökonomischer Art, z.B. relativ niedrige Miete zur Vermeidung häufigen Mieterwechsels, teilweise aber auch ganz unökonomischer Art, z.B. relativ niedrige Miete aus Sympathie bzw. engen (verwandtschaftlichen) Beziehungen zum Mieter oder aus Bequemlichkeit.

Aus dieser Vielzahl von Einflüssen ergeben sich in hohem Maße unterschiedliche Mietpreise, z.T. sogar für nahezu identische Wohnungen.

Um nun die Wahl der Nachfrager zwischen verschiedenen Mietwohnungsalternativen einigermaßen korrekt abbilden zu könen, müssen entweder alle den beobachteten Mietpreis bestimmenden Einflüsse erfaßt werden oder der beobachtete Mietpreis muß um alle nicht in den Nachfragefunktionen explizit erscheinenden Merkmale bereinigt werden. Das kann man aber nur dann tun, wenn der Preis jedes einzelnen preisbestimmenden Einflusses bzw. Merkmals bekannt ist.

5.1.2.1.1 Methode zur Schätzung der hedonischen Miete

Die Preise einzelner qualitätsbestimmender Wohnungsmerkmale sind als implizite Preise nur im Gesamtpreis enthalten, also nicht direkt beobachtbar. In den USA wurde jedoch eine Verfahren entwickelt und auch schon häufig erfolgreich angewendet, das es erlaubt, den "Preis" jedes einzelnen mietpreisbildenden Merkmals zu bestimmen. Mit dieser Methode zur Bestimmung der "hedonischen

Preise" wird es möglich, die Preise einzelner qualitätsbestimmender Wohnungsmerkmale mit Hilfe des Verfahrens der multiplen Regression zu schätzen.

Die Methode der Schätzung von hedonischen Funktionen mit dem Wohnungspreis als abhängiger Variablen bietet eine Möglichkeit, den Gesamtpreis in implizite Preise der einzelnen preisbildenden Merkmale aufzuteilen. Unter diesen impliziten Preisen versteht man Preisänderungen (Zu- oder Abschläge), die daraus resultieren, daß bestimmte Merkmale - im Durchschnitt der der Regressionsanalyse zugrundeliegenden Stichprobe - vorhanden sind oder nicht. So erfahren beispielsweise alle Wohnungen mit eigenem Bad oder eigener Küche einen bestimmten Preis-"Aufschlag" gegenüber einer Wohnung, die diese Merkmale nicht aufweist. Der implizite Preis für die Wohnungsgröße wiederum sagt aus, wieviel im Durchschnitt für "mehr" Wohnung in der Form eines zusätzlichen Zimmers zu zahlen ist.

Es ist darüber hinaus unmittelbar einleuchtend, daß die statistische Absicherung der Preiswirksamkeit der einzelnen Merkmale etwas darüber aussagt, inwieweit sich die geschätzten impliziten Merkmalspreise als eine die Nachfrage nach Wohnungen erklärende Variable eignen. Wegen dieses direkten Zusammenhangs zur Nachfrageanalyse wurden zunächst die für die Nachfrage nach Wohnungen a priori als entscheidend angesehenen Wohnungsmerkmale in die hedonischen Regressions-Funktionen einbezogen.

Formal läßt sich eine hedonische Regression folgendermaßen darstellen:

$$R = f(W,M,V,N) + U, \quad \text{wobei}$$

R = beobachtete Nettokaltmiete,
W = Merkmale der Wohnung,
M = Merkmale des Mieters bzw. Vermieters,
N = Merkmale der Nachbarschaft, der Lage der Wohnung,
U = nicht durch die Merkmale W, M, V und N erklärte Preisreste.

Die theoretische Basis des Ansatzes, die über die oben angesprochenen, eher intuitiven Erklärungen hinausgeht, ist durch eine Reihe von amerikanischen Untersuchungen belegt oder zumindest begründet worden[1]. Ein wichtiges Problem bei der Anwendung dieser Methode besteht allerdings darin, daß der beobachtete Wohnungspreis - daher auch die impliziten Preise der qualitätsbestimmenden Wohnungsmerkmale - nicht allein Ergebnis der Produktionskosten bzw. der Angebotsbedingungen, sondern auch der Nachfragebedingungen ist[2]. Eine hinreichende Bedingung für die Interpretation der Regressionskoeffizienten in der obigen Gleichung als implizite Preise ist dadurch gegeben, daß in der Stichprobe, mit deren Hilfe diese Regression geschätzt wird, die Wohnungsmerkmale auch tatsächlich verschieden bewertet werden.[3]

Dies ist zum Beispiel dann der Fall, wenn in der Stichprobe Kommunen enthalten sind, die sich in den Präferenzen für bestimmte Wohnungsmerkmale unterscheiden (etwa eine höhere Präferenz für ältere Gebäude auf dem flachen Land als in Kernstädten der Ballungsgebiete). Dies wird in dieser Untersuchung dadurch erreicht, daß eine einheitliche Regressionsfunktion für geographisch getrennte Wohnungsmärkte geschätzt wird - den Vorgaben des Nachfragemodells entsprechend für die sechs Regionstypen.

Die durch die hedonische Regression nicht erklärten Preisreste U beinhalten zufällige Abweichungen vom eigentlichen Mietpreis durch Merkmale, die in der der Analyse zugrundeliegenden Daten-

---

1) Eine kurze Diskussion dieser Überlegungen findet sich z.B. in: Malpazzi, Stephen u.a., Characteristic Prices of Housing in Fifty-nine Metropolitan Areas, The Urban Institute, Washington D.C. 1980.

2) Dieses Problem wurde am deutlichsten dargestellt in: Rosen, Sherwin, Hedonic Prices and Implicit Markets, Journal of Political Economy 82, 1974.

3) Die allgemeine Theorie ist enthalten in: Brown, J.N., Rosen, H.S., On the Estimation of Structural Hedonic Price Models, Econometrica, 1982. Endgültig wurde das Problem der Identifizierung von Angebots- und Nachfragedeterminanten in zwei im gleichen Band erschienenen Arbeiten gelöst: Bartik, T.J., The Estimation of Demand Parameters in Hedonic Price Models; und: Epple, D., Hedonic Prices and Implicit Markets: Estimating Demand and Supply Functions for Differentiated Products; beide in: Journal of Political Economy 95, 1987.

basis nicht oder nicht ausreichend erfaßt sind (z.B. den Grundriß einer Wohnung oder das Stockwerk, in dem eine Wohnung liegt), sowie durch spezifische Marktverhältnisse (etwa den unabhängig von den Wohnungsmerkmalen überdurchschnittlich teuren Wohnungen in München).

Solange die Komponenten dieser Preisreste entweder klein oder mit den in der hedonischen Mietfunktion explizit enthaltenen Wohnungsmerkmalen unkorreliert sind, wird die relative Preisstruktur der enthaltenen Merkmale korrekt geschätzt. Besonderer Wert liegt dabei auf der Erfassung der impliziten Preise der in die Wohnungstypen-Definition einbezogenen Merkmale. Aus der Sicht der Wohnungsnachfrager ist es beispielsweise besonders relevant, wie groß die Preisdifferenz zu einer um ein Zimmer größeren Wohnung ist.

Die empirische Basis der hedonischen Analyse ist die 1-v.H.-Wohnungsstichprobe 1978. Wie bereits erwähnt, sind in dieser Stichprobe nicht alle preiswirksamen Merkmale erfaßt worden. Das übliche Ziel jeder Regressionsanalyse, die abhängige Variable möglichst gut zu erklären, muß daher darauf beschränkt werden, den Zusammenhang zwischen Mietpreis und den in der Stichprobe vorhandenen Merkmalen realitätsgerecht abzubilden. Infolgedessen verlagert sich der Schwerpunkt des Interesses bei der Beurteilung der Güte der Schätzergebnisse auf die statistische Absicherung der einzelnen Variablen (Merkmale) sowie auf die Größe und das Vorzeichen der impliziten Preise (Regressionskoeffizienten).

Da es in der Analyse darum geht, die Preise bestimmter Wohnungsattribute zu ermitteln, muß der Plausibilität der geschätzten Preise eine besonders große Bedeutung zukommen. Diese Forderung impliziert, daß die betreffenden Merkmale möglichst unkorreliert zueinander in die Analyse eingehen. Es muß, anders ausgedrückt, verhindert werden, daß durch Multikollinearität die Zuweisung von Regressionskoeffizienten zu den miteinander hochkorrelierten Einflußgrößen zufällig wird. Um dieser Gefahr zu begegnen, wurden die erklärenden Merkmale, die als abhängige Variable für das Modell der Wohnungsnachfrage benötigt werden, so ausgewählt, daß sie weitgehend unabhängig voneinander sind.

Zu lösen bleibt dagegen das Problem der Auswahl eines geeigneten Funktionstyps für die hedonische Regression. In der Regel wird entweder ein linearer oder ein halblogarithmischer Ansatz gewählt. Im ersten Fall wird unterstellt, daß der absolute Preisaufschlag für ein Merkmal unabhängig von dem Vorhandensein anderer Merkmale ist. So bleibt z.B. der Preisaufschlag für eine mit einer Zentralheizung ausgestattete Wohnung konstant, unabhängig davon, wieviele Zimmer die Wohnung besitzt. Dagegen impliziert der halblogarithmische Ansatz eine Abhängigkeit der absoluten Preisauf- oder -abschläge von den sonstigen vorhandenen Merkmalen. In diesem Fall erhält man prozentuale Veränderungen im Preis, wenn die erklärende Variable sich um eine Einheit ändert. Für das erwähnte Beispiel bedeutet das, daß der absolute Preisaufschlag für eine mit einer Zentralheizung ausgestattete Wohnung mit steigender Zahl der Zimmer proportional zunimmt.

Die Annahme von prozentualen Preisauf- und abschlägen erscheint plausibler als die Annahme von absoluten Preisveränderungen. Da in der Literatur auch noch andere Vorzüge des halblogarithmischen Ansatzes angeführt werden - auf die hier jedoch nicht näher eingegangen werden soll -, wird er in der laufenden Untersuchung verwendet.

Die erklärenden Variablen, mit denen in der hedonischen Analyse gearbeitet werden soll, sind mit großer Sorgfalt auszuwählen und zu gestalten. Der spezielle Zweck der Gleichungen erfordert in der Regel eine Umformung der Merkmale in sogenannte Dummyvariablen. Dabei wird lediglich das Vorhandensein eines bestimmten Merkmals in einer Wohnung (durch den Wert "eins") bzw. sein Fehlen (durch "null") angezeigt. Dummyvariablen werden aber auch für die Darstellung von Merkmalen verwendet, die mit mehr als zwei Ausprägungen erfaßt sind, wenn davon ausgegangen werden muß, daß die Ausprägungen nicht linear mit ihren Preisaufschlägen variieren. So ist der Aufschlag von der Ein- zur Zweizimmerwohnung ein anderer als der von der Vier- zur Fünfzimmerwohnung.

Als Grundlage der Konstruktion der Dummyvariablen wird zunächst eine Basis- bzw. Standard-Wohnung über die Vorgabe ihrer Merkmalsausprägungen definiert. Den Merkmalsausprägungen der Basiswohnung werden dann Dummyvariablen zugeordnet, die mit dem Wert "eins" bestimmte Abweichungen von der Standard-Ausprägung anzeigen. Wenn beispielsweise die Basiswohnung eine Küche aufweist, erhält die Dummyvariable, die den Preiseinfluß einer Küche repräsentiert, dann den Wert "eins", wenn eine Wohnung mit keiner Küche ausgestattet ist, und sonst den Wert "null".

Für Merkmale mit mehr als zwei (n) Ausprägungen werden n-1 Dummyvariablen benötigt, das heißt jede von der Basiswohnung abweichende Ausprägung wird durch eine eigene Dummyvariable repräsentiert, die mit dem Wert "eins" das Vorhandensein ihrer spezifischen Ausprägung anzeigt. Ist beispielsweise die Basiswohnung durch zwei Zimmer charakterisiert, dann hat man die abweichenden Ausprägungen ein, drei, vier usw. Zimmer mit Dummyvariablen zu belegen.

Um die Anzahl der erklärenden Variablen möglichst klein zu halten, werden Merkmale, die in der Realität relativ selten auftreten, durch eine kontinuierliche Variable erfaßt. Im obigen Beispiel gehen die Zimmerzahlen von Wohnungen mit fünf und mehr Zimmern in die Gleichung mittels einer einzigen Variablen ein, die für ein bis vier Zimmer null ist und für fünf und mehr Zimmer jeweils den Wert der Zimmerzahl erhält.

Das Alter des Gebäudes und die Dauer des Mietverhältnisses bleiben insoweit als kontinuierliche Größen erhalten, als die Ausprägungen in der zugrundeliegenden Stichprobe kontinuierlich erfaßt sind, während die Ausprägung "älter als oder länger als soundsoviel Jahre", d.h. dort, wo die Angaben über die kontinuierliche Erfassung hinaus nur in Kategorien erfolgen, durch eine (zweite) Dummyvariable wiedergegeben wird.

5.1.2.1.2 Ergebnisse und Interpretation der Schätzungen

Für die vorliegenden Berechnungen wurde als Standardwohnung eine "übliche" Wohnung gewählt. Diese sollte weder in Ausstattung noch in Wohnumfeld Besonderheiten aufweisen. Bei der Wahl einer relativ kleinen und schlecht ausgestatteten Wohnung als Standardwohnung hätten sich für fast alle Wohnungen mehr oder weniger große Zuschläge ergeben. Umgekehrt wäre es bei einer relativ großen und komfortablen Standardwohnung für fast alle Wohnungen zu entsprechenden Abschlägen gekommen. Eventuelle Ungenauigkeiten der Koeffizienten hätten sich dadurch stärker auswirken können.

Die ausgewählte Standardwohnung mit 2 Wohn- und Schlafräumen befindet sich in einem Mehrfamilienhaus mit 3 - 5 Wohnungen, wurde im Jahr 1978 fertiggestellt und auch in diesem Jahr bezogen. Bei einer Fläche von 45 qm ist die Wohnung mit Küche, Bad und Toilette ausgestattet. Für diese Standardwohnung ergeben sich in den sechs Regionstypen folgende Mietpreise (in DM/Monat):

	Regionstyp					
	BAKE	BAHV	BAUM	KERN	UMLA	LAND
Miete	233	233	195	199	175	160

Die Preise für diese Standardwohnung geben das erwartete Gefälle von den Regionstypen mit starken Verdichtungsräumen (BALL) über die Regionstypen mit Verdichtungsansätzen (KEUM) bis hin zu den ländlich geprägten Regionen (LAND) gut wieder. So liegt beispielsweise der Preis im Regionstyp LAND rund ein Drittel unter dem des Regionstyps BAKE.

In der Regressionsanalyse konnten 29 preisbildende Attribute der Wohnung, der Mieter-Vermieter-Beziehung und des Wohnumfeldes herausgearbeitet werden, die sich als erklärende Variablen für die Größe "Marktmiete" als geeignet erwiesen (vgl. die folgende Übersicht). Bei der Überprüfung der Relevanz der verschiedenen Variablen wurden folgende Kriterien berücksichtigt:

- Vorzeichen und ausreichendes Signifikanzniveau,
- Multikollinearität zu anderen Variablen,
- Güte des Bestimmtheitsmaßes (R^2-Wert).

Tabelle 5.3

Hedonische Preise

Übersicht über die in die Schätzung eingehenden Variablen

lfd. Nr.	Beschreibung der Variablen	Kurzbezeichnung
1	1 Wohn- und Schlafraum: vorhanden (1), sonst (o)	1 ZIMMER
2	3 Wohn- und Schlafräume: vorhanden (1), sonst (o)	3 ZIMMER
3	4 Wohn- und Schlafräume: vorhanden (1), sonst (o)	4 ZIMMER
4	5 und mehr Wohn- und Schlafräume: vorh. (1), sonst (o)	5+ ZIMMER
5	Durchschnittliche qm pro Raum[1]	QM PR RAUM
6	Küche in der Wohnung: vorhanden (o), sonst (1)	KÜCHE
7	Eigenes Bad: vorhanden (o), sonst (1)	BAD
8	Toilette in der Wohnung: keine (-1), eine (o), mehrere (1)	TOILETTE
9	Balkon: nicht vorh.(o), bis unter 6 qm (1), 6 qm u.mehr (2)	BALKON
10	Zentral- oder Sammelheizung: vorhanden (1), sonst (o)	ZENTRALHEI
11	Warmwasserversorgung: vorhanden (1), sonst (o)	WARMWASSER
12	Überwiegend Schallschutzfenster: vorhanden (1), sonst (o)	FENSTER
13	Gebäude mit 1 Wohnung: ja (1), sonst (o)	1 FAM HAUS
14	Gebäude mit 2 Wohnungen: ja (1), sonst (o)	2 FAM HAUS
15	Geb. mit 5u.mehr W., weniger als 5 Geschosse: ja (1), sonst (o)	5+FMHS <5GS
16	Geb. mit 5u.mehr W., mehr als 4 Geschosse: ja (1), sonst (o)	5+FMHS > 4GS
17	Alter des Gebäudes: (x= Anzahl der Jahre)	GEB.ALTER
18	Alter des Gebäudes: älter als 29 Jahre (1), sonst (o)	G.ALTER >29
19	Modernisierung auf eigene Kosten: nein (o), ja (1,2,3,4,5)	MODERNISG.
20	Vermieter: privater Einzeleigent. (o), gewerbl. Einzeleigent. (1)	VERMIETER
21	Werkswohnung: ja (1), nein (o)	WERKSWOHNG
22	Dauer des Mietverhältnisses (x= Anzahl der Jahre)	VERM.DAUER
23	Dauer des Mietverhältnisses (x= $[\text{Anzahl der Jahre}]^2$)	VERM.D.** 2
24	Mietverhältnis: länger als 14 Jahre (1), sonst (o)	VERM.D. >14
25	Haushaltsvorstand Ausländer: ja (1), nein (o)[2]	AUSLÄNDER
26	Lärmbelastung: gering (1), mittelmäßig (o), groß (-1)	LÄRM
27	Anbindung an öffentl.Verkehrsnetz: gut (1), mittelm. (o), schl. (-1)	VERK.ANBIN
28	Ausstattung mit Läden: gut (1), mittelm. (o), schlecht (-1)	LÄDEN
29	Versorgung m. Grün-u. Freifl.: gut (1), mittelm. (o), schl. (-1)	GRÜNFLÄC

1 (Gesamtfläche der Wohnung - 15m²)/Anzahl der Räume

2 "Ausländer": Algerier, Tunesier, Marokkaner, Türken, Griechen, Jugoslawen, Italiener, Spanier, Portugiesen.

Wohnungsmerkmale

Bei den vorgenommenen Berechnungen stellte sich heraus, daß die Wohnungsmerkmale erwartungsgemäß die höchsten Erklärungsanteile zur Bestimmung der hedonischen Preise aufweisen. Das findet seine Ursache darin, daß der Preis einer Wohnung in hohem Maße von deren Größe und den Ausstattungsmerkmalen abhängt. Anzahl der Zimmer und Wohnfläche pro Raum (lfd. Nr. 1-5) sind darüber hinaus statistisch hoch abgesichert (gemessen an t-Werten).

Da als Standardwohnung eine Wohnung mit 2 Zimmern gewählt wurde, gibt es nur Koeffizienten und damit prozentuale Auf- oder Abschläge für Wohnungen mit 1,3,4 bzw. 5 und mehr Zimmern. Im Durchschnitt der sechs Regionstypen wurden folgende prozentuale Auf- bzw. Abschläge ermittelt:

Wohnungsgröße	Ab-/Aufschläge - in % -
1 Zimmer	- 0,30
2 Zimmer	0
3 Zimmer	+ 0,21
4 Zimmer	+ 0,38
5+ Zimmer	+ 0,10 pro Zimmer

Die prozentualen Aufschläge für ein zusätzliches Zimmer nehmen spürbar mit der Anzahl der Zimmer ab. Beträgt der Zuschlag einer Wohnung mit drei Zimmern gegenüber einer mit zwei Zimmern noch 21 %, so reduziert sich dieser Zuschlag auf 10 % zwischen dem fünften und sechsten Zimmer.

Die Schwankungsbreite der Zuschläge bezüglich der Variablen "qm pro Raum" zwischen den einzelnen Regionstypen ist relativ gering (Koeffizienten: 0,0275 bis 0,0325). Im Durchschnitt liegt der Koeffizient bei 0,03, also bei 3 % je qm. Sind die Räume der Wohnung beispielsweise im Durchschnitt 25 qm groß, so ergibt sich ein Aufschlag von 30 % zur Standardwohnung, deren Räume durchschnittlich 15 qm groß sind.[1)]

Die eigentlichen Ausstattungsmerkmale (lfd. Nr. 6-12): Küche, Bad, Toilette, Balkon, die Heizungsart, die Warmwasserversorgung sowie Schallschutzfenster haben ebenfalls einen hohen Einfluß auf den Mietpreis. Auch hier konnten sehr gute Ergebnisse erzielt werden, wenngleich das Signifikanzniveau deutlich unter dem der Variablen Zimmerzahl und Größe liegt.

Da die Standardwohnung mit Küche und Bad ausgestattet ist, ergeben sich bei der Berechnung der Koeffizienten nur negative Vorzeichen, die den Preisabschlag bei Minderausstattung signalisieren. Im Durchschnitt erfährt der Mietpreis einer Wohnung ohne Küche bzw. ohne Bad einen Abschlag von rund 27 % bzw. 13 %.

Da in vielen Wohnungen bereits mehr als eine Toilette vorhanden ist, wurde die Dummyvariable für die Toilette so konzipiert, daß sie den Wert - 1 annimmt, wenn keine Toilette in der Wohnung ist, und den Wert + 1, wenn mehrere Toiletten vorhanden sind. Der Mietaufschlag für mehrere Toiletten, der im Durchschnitt der Regionstypen etwa 13 % beträgt, ist in Regionstyp BAKE mit 11 % am niedrigsten. Dies dürfte daran liegen, daß Wohnungen mit mehreren Toiletten in den Großstädten nicht so ungewöhnlich sind wie in den umliegenden Regionen.

Der Aufschlag für eine Wohnung, die mit einer Zentralheizung ausgestattet ist, beträgt durchschnittlich 21 % und ist damit

---

1) Bei der Berechnung der durchschnittlichen Raumgröße wird die Gesamtfläche der Wohnung durch die Anzahl der Räume dividiert, wobei die Küche ebenfalls als Raum gezählt wird. Um die Multiplikatoren für den errechneten Koeffizienten nicht zu groß werden zu lassen, werden von dem Quotienten aus Gesamtfläche und Anzahl der Räume jeweils 15 qm abgezogen. Diese Größe entspricht in etwa der beobachteten durchschnittlichen Raumgröße.

nur etwas geringer als der für eine Küche (27 %). In etwa vergleichbar mit der Bedeutung von Bad bzw. Toilette ist dagegen der Einfluß der Warmwasserversorgung (13 %).

Eine weitere Variablen-Gruppe, die analysiert wurde, betrifft die Gebäudegröße (lfd. Nr. 13-16). Entgegen den Erwartungen konnte hier für die Annahme eines Preisaufschlags für Einfamilienhäuser keine hinreichende statistische Absicherung erreicht werden. Dies liegt vor allem daran, daß es gerade bei Wohnungen in dieser Gebäudeart zu umfangreichen Mietpreisverzerrungen kommt, die eine Vielzahl von nicht immer voll erfaßbaren Gründen haben. Dies betrifft nicht nur Ausschläge nach unten - z.B. bedingt durch die Vermietung an Verwandte -, sondern auch Ausschläge nach oben - z.B. aufgrund weit überdurchschnittlicher Ausstattung und/oder Lage. (Beides ist durch die Charakteristika, die in der 1-v.H.-Wohnungsstichprobe erhoben wurden, nicht oder nur grob abgedeckt.) Sehr gut kommt in allen Regionstypen zum Ausdruck, daß in Gebäuden mit zwei Wohnungen ein Mietpreisabschlag zu verzeichnen ist. Demgegenüber findet sich in großen Gebäuden mit mehreren Geschossen der relativ höchste Aufschlag.

Die letzten Variablen der Wohnungsmerkmale (lfd. Nr. 17-19) sind ebenfalls statistisch recht gut abgesichert. Dies war insbesondere bei der Variablen "Modernisierung auf eigene Kosten" nicht von vornherein zu vermuten. In der Wohnungsstichprobe wurde nämlich nur allgemein gefragt, ob in den Jahren 1973 oder später durch den Einbau von

- Bad, Dusche,
- Toilette (WC),
- Warmwasserversorgung,
- Heizung oder
- Doppel-, Verbund- oder isolierverglasten Fenstern

eine Modernisierung der Wohnung stattgefunden habe. Die Dummyvariable konnte daher nur so gewählt werden, daß sie die Zahlen 1 bis 5 annahm. Der Variablenwert ergibt sich aus der Anzahl der durchgeführten Modernisierungsmaßnahmen.

Das Gebäudealter hat einen deutlichen Einfluß auf die Miethöhe: Der Mietpreis nimmt mit dem Alter des Gebäudes ab. Diese Abnahme erfolgt jedoch nicht linear. Um dem beobachteten Zusammenhang möglichst nahezukommen, wurden neben dem linearen auch ein quadratischer und ein Ansatz dritten Grades getestet, sowie eine Dummyvariable mit der Vorgabe "Gebäudealter größer als 29 Jahre" (vor 1948 errichtet) und eine andere für "Gebäudealter größer als 78 Jahre" (vor 1900 errichtet). Es zeigte sich, daß nicht die komplizierteren, sondern der lineare Ansatz, verknüpft mit der Dummyvariablen "Gebäudealter größer als 29 Jahre", die mit Abstand besten Ergebnisse lieferte. Dies bedeutet, daß die Mietpreisbildung für die nach dem 2. Weltkrieg errichteten Wohnungen in Abhängigkeit vom Gebäudealter in etwa linear verläuft, während die Mieten in vor 1948 errichteten Gebäuden im Durchschnitt nochmals niedriger liegen als der errechnete Wert für das Jahr 1948. Für die sechs Regionstypen ergeben sich dabei folgende Abschläge (in %):

	Regionstyp					
	BAKE	BAHV	BAUM	KERN	UMLA	LAND
Baujahr						
1948	-0,24	-0,22	-0,16	-0,22	-0,14	-0,17
vor 1948	-0,33	-0,24	-0,22	-0,26	-0,17	-0,18

Die Mietabschläge, die für Wohnungen in älteren Gebäuden (Baujahr vor 1948) vorgenommen werden müssen, sind insbesondere in den Kernstädten (BAKE und KERN) relativ hoch (33 % bzw. 26 %); mit 17 % bzw. 18 % sind sie in den Regionen UMLA und LAND vergleichsweise gering.

Mieter-Vermieter-Verhältnis

Obwohl zu erwarten war, daß die Attribute der Wohnung entscheidend für die Mietpreisbildung verantwortlich sind (im allgemeinen zu über 90 %), wurde eine Reihe weiterer Variablen getestet.

Einen gegenüber der entsprechenden Hypothese überraschend hohen Einfluß auf den Mietpreis brachte die Variable "Vermieter" (lfd. Nr. 20). In allen sechs Regionstypen konnten Abschläge für die Wohnungen errechnet werden, deren Vermieter nicht (wie für die Standardwohnung angenommen) ein privater, sondern ein gewerblicher Eigentümer ist. Für den Durchschnitt der sechs verschiedenen Regionstypen ergab sich ein Mietabschlag von 13 %.

Ähnliche Varianten wie beim Gebäudealter wurden für die Variable "Dauer des Mietverhältnisses" (lfd. Nr. 22-24) getestet. Auch hier konnte davon ausgegangen werden, daß der Mietpreis umso niedriger liegt, je länger das Mietverhältnis bereits existiert. Obwohl sich in den Regionstypen BAUM und UMLA (dünn besiedelte Gebiete) keine hinreichend abgesicherten t-Werte für die Einflußgröße "Vermietdauer im Quadrat" ergaben, wurde neben dem linearen Ansatz sowie der Dummyvariablen "Vermietdauer größer als 14 Jahre" der quadratische Ansatz beibehalten. Eine Gegenüberstellung der Wirkung der verschiedenen Mietdauern zeigt den enormen Einfluß auf die Miethöhe insbesondere in ländlichen Regionen:

	Regionstyp					
	BAKE	BAHV	BAUM	KERN	UMLA	LAND
Dauer des Mietverhältnisses						
1 Jahr	-0,02	-0,02	-0,02	-0,02	-0,02	-0,02
5 Jahre	-0,08	-0,09	-0,11	-0,10	-0,10	-0,10
10 Jahre	-0,13	-0,15	-0,20	-0,16	-0,19	-0,17
14 Jahre	-0,19	-0,25	-0,27	-0,19	-0,25	-0,26

Mit relativ geringen Schwankungen von Regionstyp zu Regionstyp konnte die Hypothese, daß neu bezogene Wohnungen teurer sind als vergleichbare Wohnungen mit einem bereits lange bestehenden Mietverhältnis, quantifiziert werden. Bezogen auf die gewählte Standardwohnung liegt der errechnete Mietabschlag für Wohnungen mit einem Mietverhältnis von mehr als 14 Jahren Dauer bei durchschnittlich 24 %.

Tabelle 5.4

Regionstyp BAKE Hedonic Index

	$R^2 = 0.692$ N = 31 207		
	Kurzbezeichnung	Koeffizient	t-Statistik
Wohnungs-merkmale	1 ZIMMER	- 0.289	47.08
	3 ZIMMER	0.215	51.06
	4 ZIMMER	0.389	69.60
	5+ ZIMMER	0.103	79.98
	Qm PR RAUM	0.0325	79.68
	KUECHE	- 0.261	40.14
	BAD	- 0.172	29.56
	TOILETTE	0.114	20.00
	BALKON	0.073	24.81
	ZENTRALHEI	0.216	54.62
	WARMWASSER	0.137	17.81
	FENSTER	0.007	1.81
	1 FAM HAUS	0.005	0.49
	2 FAM HAUS	- 0.082	10.11
	5+ FMHS < 5GS	0.029	5.58
	5+ FMHS > 4GS	0.059	10.29
	GEB.ALTER	- 0.0082	21.81
	G.ALTER > 29	- 0.330	41.93
	MODERNISG.	- 0.046	17.86
Mieter/ Vermieter	VERMIETER	- 0.127	31.99
	WERKSWOHNG	- 0.083	10.20
	VERM.DAUER	- 0.020	8.20
	VERM.D.** 2	0.0007	3.32
	VERM.D. > 14	- 0.189	30.70
	AUSLAENDER	0.008	1.14
Nachbar-schafts-merkmale	LAERM	- 0.005	2.10
	VERK.ANBIN	0.022	5.95
	LAEDEN	0.003	1.28
	GRUENFLAEC	0.015	6.56
	Konstante	5.451	402.90

Tabelle 5.5

Regionstyp BAHV Hedonic Index

R^2 = 0.665 N = 11 952			
	Kurzbezeichnung	Koeffizient	t-Statistik
Wohnungs-merkmale	1 ZIMMER	- 0.320	24.24
	3 ZIMMER	0.212	27.41
	4 ZIMMER	0.367	38.85
	5+ ZIMMER	0.094	44.52
	Qm PR RAUM	0.0317	43.94
	KUECHE	- 0.320	27.02
	BAD	- 0.129	13.12
	TOILETTE	0.184	20.69
	BALKON	0.065	14.39
	ZENTRALHEI	0.163	22.72
	WARMWASSER	0.045	3.13
	FENSTER	0.031	4.64
	1 FAM HAUS	0.071	5.45
	2 FAM HAUS	- 0.065	7.99
	5+ FMHS<5GS	0.070	8.79
	5+ FMHS>4GS	0.150	11.68
	GEB.ALTER	- 0.0075	12.54
	G.ALTER>29	- 0.239	19.13
	MODERNISG.	- 0.039	6.22
Mieter/ Vermieter	VERMIETER	- 0.139	15.85
	WERKSWOHNG	- 0.062	4.51
	VERM.DAUER	- 0.022	5.59
	VERM.D.** 2	0.0007	2.06
	VERM.D.>14	- 0.249	21.44
	AUSLAENDER	- 0.011	0.98
Nachbar-schafts-merkmale	LAERM	- 0.018	4.51
	VERK.ANBIN	0.016	3.76
	LAEDEN	- 0.002	0.57
	GRUENFLAEC	0.009	2.11
	Konstante	5.451	248.93

Tabelle 5.6

Regionstyp BAUM Hedonic Index

	$R^2 = 0.650$ N = 3 586		
	Kurzbezeichnung	Koeffizient	t-Statistik
Wohnungs-merkmale	1 ZIMMER	- 0.287	10.95
	3 ZIMMER	0.213	13.78
	4 ZIMMER	0.343	19.16
	5+ ZIMMER	0.093	24.59
	Qm PR RAUM	0.0286	21.81
	KUECHE	- 0.323	12.41
	BAD	- 0.176	8.00
	TOILETTE	0.161	9.20
	BALKON	0.068	7.70
	ZENTRALHEI	0.199	13.74
	WARMWASSER	0.131	4.10
	FENSTER	0.052	3.87
	1 FAM HAUS	0.054	2.44
	2 FAM HAUS	- 0.041	2.62
	5+ FMHS<5GS	0.134	8.25
	5+ FMHS>4GS	0.195	6.37
	GEB.ALTER	- 0.0054	4.56
	G.ALTER>29	- 0.225	9.84
	MODERNISG.	- 0.027	2.22
Mieter/ Vermieter	VERMIETER	- 0.097	5.54
	WERKSWOHNG	- 0.016	0.49
	VERM.DAUER	- 0.024	3.30
	VERM.D.** 2	0.0004	0.63
	VERM.D.> 14	- 0.271	12.40
	AUSLAENDER	0.073	2.49
Nachbar-schafts-merkmale	LAERM	- 0.010	1.36
	VERK.ANBIN	0.024	3.10
	LAEDEN	- 0.012	1.59
	GRUENFLAEC	- 0.028	3.34
	Konstante	5.273	121.92

Tabelle 5.7

Regionstyp KERN Hedonic Index

	R^2 = 0.708 N = 5 418		
	Kurzbezeichnung	Koeffizient	t-Statistik
Wohnungs-merkmale	1 ZIMMER	- 0.261	17.09
	3 ZIMMER	0.224	23.23
	4 ZIMMER	0.378	30.96
	5+ ZIMMER	0.099	34.41
	Qm PR RAUM	0.0275	31.27
	KUECHE	- 0.216	15.08
	BAD	- 0.093	6.93
	TOILETTE	0.124	9.83
	BALKON	0.078	12.55
	ZENTRALHEI	0.232	25.74
	WARMWASSER	0.157	8.99
	FENSTER	- 0.009	1.10
	1 FAM HAUS	- 0.007	0.28
	2 FAM HAUS	- 0.062	4.11
	5+ FMHS<5GS	0.059	5.64
	5+ FMHS>4GS	0.157	12.19
	GEB.ALTER	- 0.0077	9.69
	G.ALTER>29	- 0.259	16.13
	MODERNISG.	- 0.056	8.62
Mieter/ Vermieter	VERMIETER	- 0.144	16.06
	WERKSWOHNG	0.009	0.50
	VERM.DAUER	- 0.025	4.86
	VERM.D.** 2	0.0009	2.08
	VERM.D.> 14	- 191	14.26
	AUSLAENDER	- 0.021	1.22
Nachbar-schafts-merkmale	LAERM	0.008	1.54
	VERK.ANBIN	- 0.010	1.26
	LAEDEN	0.008	1.37
	GRUENFLAEC	0.017	3.42
	Konstante	5.295	187.71

Tabelle 5.8

Regionstyp UMLA

Hedonic Index

	Kurzbezeichnung	Koeffizient	t-Statistik
	$R^2 = 0.635$	N = 10 675	
Wohnungs-merkmale	1 ZIMMER	- 0.301	18.48
	3 ZIMMER	0.208	23.76
	4 ZIMMER	0.383	36.87
	5+ ZIMMER	0.101	45.97
	Qm PR RAUM	0.0304	39.99
	KUECHE	- 0.274	18.83
	BAD	- 0.112	9.53
	TOILETTE	0.148	15.58
	BALKON	0.060	11.66
	ZENTRALHEI	0.216	28.00
	WARMWASSER	0.119	7.84
	FENSTER	0.046	6.50
	1 FAM HAUS	0.002	0.14
	2 FAM HAUS	- 0.066	7.61
	5+ FMHS < 5GS	0.093	10.16
	5+ FMHS > 4GS	0.183	9.68
	GEB.ALTER	- 0.0047	7.26
	G.ALTER > 29	- 0.168	12.68
	MODERNISG.	- 0.033	4.84
Mieter/ Vermieter	VERMIETER	- 0.084	8.27
	WERKSWOHNG	- 0.016	1.02
	VERM.DAUER	- 0.021	4.81
	VERM.D.** 2	0.0002	0.42
	VERM.D. > 14	- 0.247	19.87
	AUSLAENDER	0.008	0.61
Nachbar-schafts-merkmale	LAERM	- 0.009	2.04
	VERK.ANBIN	0.025	5.45
	LAEDEN	- 0.004	0.87
	GRUENFLAEC	- 0.009	1.86
	Konstante	5.166	217.41

Tabelle 5.9

Regionstyp LAND

Hedonic Index

	$R^2 = 0.667$ N = 7 652		
	Kurzbezeichnung	Koeffizient	t-Statistik
Wohnungs-merkmale	1 ZIMMER	- 0.343	19.84
	3 ZIMMER	0.241	23.46
	4 ZIMMER	0.403	32.66
	5+ ZIMMER	0.093	34.58
	Qm PR RAUM	0.0292	31.86
	KUECHE	- 0.241	14.96
	BAD	- 0.112	8.49
	TOILETTE	0.124	10.55
	BALKON	0.059	9.69
	ZENTRALHEI	0.247	26.74
	WARMWASSER	0.191	11.21
	FENSTER	0.018	2.12
	1 FAM HAUS	0.011	0.72
	2 FAM HAUS	- 0.096	9.00
	5+ FMHS< 5GS	0.079	7.28
	5+ FMHS>4GS	0.088	4.16
	GEB.ALTER	- 0.0057	6.93
	G.ALTER> 29	- 0.184	11.02
	MODERNISG.	- 0.026	3.11
Mieter/ Vermieter	VERMIETER	- 0.174	15.41
	WERKSWOHNG	0.024	1.28
	VERM.DAUER	- 0.023	4.41
	VERM.D.** 2	0.0006	1.30
	VERM.D.> 14	- 0.263	17.45
	AUSLAENDER	- 0.031	1.57
Nachbar-schafts-merkmale	LAERM	0.009	1.62
	VERK.ANBIN	0.013	2.35
	LAEDEN	0.016	2.92
	GRUENFLAEC	- 0.014	2.19
	Konstante	5.078	180.56

Durch die Hinzunahme des quadratischen Terms als zweite Variable wird erreicht, daß die Abschläge gerade in den ersten Jahren stärker sind, als es allein mit einem linearen Ansatz der Fall gewesen wäre. Das bedeutet, daß vergleichbare Wohnungen bereits nach wenigen Jahren Mietdauer eine geringere Miete aufweisen als eine neu bezogene Wohnung. Während dieser Effekt insbesondere in den ersten Jahren recht hoch ist, verflacht er nach einer Mietdauer von 10-15 Jahren zusehends.

Eine Reihe von Variablen wurde eliminiert, weil ihr Einfluß deutlich unter einem Prozent lag und das Bestimmtheitsmaß des Gesamtansatzes nur unwesentlich verbessert werden konnte. Häufig ergaben sich darüberhinaus auch noch unplausible Vorzeichen der Ergebnisse für einzelne Regionstypen. In diese Gruppe gehört beispielsweise das Wohnungsmerkmal "Stockwerk im Gebäude". Auch eine Überprüfung der Variablen "Geschoßzahl größer als 4" für die Gebäudeform ergab keine hinreichend abgesicherten Koeffizienten. Dagegen wurde die Variable "Haushaltsvorstand Ausländer" (lfd. Nr. 25) trotz zum Teil ungenügender statistischer Absicherung beibehalten.

Nachbarschaftsmerkmale

Die meisten Wohnumfeld- bzw. Nachbarschaftsmerkmale (lfd. Nr. 26-29) erreichten in allen Regionstypen eine nur knapp ausreichende Absicherung. Als Ursachen dafür kommen in Betracht, daß Wohnumfeldmerkmale einerseits nur in Kleinstregionen eine Rolle spielen, bei einer Zusammenfassung zu Regionstypen also an Bedeutung verlieren, andererseits aber auch untereinander widersprüchlich sein können - z.B. ist eine gute Verkehrsanbindung häufig mit einem hohen Lärmpegel verbunden. Eine weitere Schwierigkeit bei der Berücksichtigung von Wohnumfeldmerkmalen rührt daher, daß diese Merkmale für verschiedene Haushaltsgruppen von unterschiedlicher Bedeutung sind. So legen z.B. kinderlose, ältere Ehepaare wenig Wert auf eine Ausstattung mit Spielplätzen und Grundschulen. Da zur Spezifikation der Umfeld-Variablen die jeweils subjektive Einschätzung des Befragten herangezogen wurde, erhält die unterschiedliche Interessenlage der Haushalte bezüglich der Variablen-Relevanz eine hohe Bedeutung. Die "ärztliche Versorgung" sowie die "Ausstattung mit Grundschulen" oder "Kinderspielplätzen" erwiesen sich daher als nicht ausreichend abgesicherte Einflußgrößen.

Verworfen wurden einige personen- bzw. haushaltsbezogene Variablen. Um eine eventuelle Diskriminierung von Familien mit kleinen Kindern über höhere Mieten zu testen, wurde die Variable "Haushalt mit zwei oder mehr Kindern unter 10 Jahren" gebildet. Es zeigten sich, wie bei der Variablen für Großfamilien mit "mehr als 5 Personen in der Wohnung", keine ausreichenden Signifikanzwerte. Auch mit einer Variablen "Personen je Zimmer" konnten nur unwesentliche Verbesserungen erzielt werden.

Die Schätzergebnisse der hedonischen Preise sind in den Tabellen 5.4 bis 5.9, getrennt für jeden der sechs Regionstypen, zusammengestellt. Für den Bestimmtheitsgrad R^2 ergeben sich in den sechs Regionen Werte zwischen 0,64 und 0,71,[1] das sind im Vergleich zu anderen, ähnlichen Analysen außerordentlich hohe und damit zufriedenstellende Werte.

5.1.2.1.3 Verwendung der hedonischen Mieten in den Schätzgleichungen

In die Schätzgleichungen für die Wohnungsnachfrage gehen als unabhängige Variablen die hedonischen Mieten aller Mietwohnungsalternativen ein. Diese Schätzung ist, wie schon erwähnt, eine Mikroschätzung in dem Sinne, daß die Nachfrage jedes einzelnen Haushalts "nach" geschätzt wird. Das bedeutet, daß alle eingehenden Informationen entweder individuelle Haushalts- bzw. Wohnungsdaten sein müssen, oder, soweit das nicht möglich ist, durch Durchschnittsbildung auf kleinster regionaler Ebene ermittelt werden. In den hier angesprochenen Schätzgleichungen ist diese kleinste regionale Ebene für die Durchschnittsbildung die

1) Die Kopfzeilen der Tabellen 5.4 bis 5.9 enthalten für jeden Regionstyp die Angaben zum Bestimmtheitsmaß (R^2) und zu den Fallzahlen (N).

Kreis-Ebene, sofern sich Daten in der entsprechenden Differenzierung beschaffen lassen.

Für die auf Regionstypen bezogenen hedonischen Mieten wurden deshalb - zwecks weiterer regionaler Differenzierung - kreisweise Auf- und Abschläge ermittelt, die immer den hedonischen Mieten zugerechnet werden, je nach dem Kreis, in dem der gerade betrachtete Haushalt wohnt. Dieser kreistypische Auf- bzw. Abschlag errechnet sich aus der Differenz der Durchschnittsmiete eines Kreises zur Durchschnittsmiete des zugehörigen Regionstyps. Durch die entstehenden Preisniveau-Unterschiede sollen zusätzliche Auswirkungen der jeweiligen Marktsituation auf die Wohnungsnachfrage abgebildet werden.

Die Vergleichbarkeit zwischen den Mietwohnungsalternativen wird dadurch hergestellt, daß die hedonischen Mietpreise pro Alternative ausschließlich vergleichbare Bestandteile enthalten, beispielsweise wird die Mietdauer für alle zur Auswahl stehenden Wohnungen gleich "null Jahre" gesetzt.

In der Mikroschätzung steht jeweils die ausgewählte Wohnung allen Wohnungsalternativen gegenüber. Bezüglich der Verwendung der hedonischen Mietpreise bedeutet das, daß der hedonische Preis der gerade bezogenen Wohnung p_i aus den in der Wohnungsstichprobe für diese Wohnung angegebenen Charakteristika sozusagen individuell berechnet wird. Demgegenüber erhalten alle anderen Mietwohnungsalternativen einen hedonischen Preis $p_j (j = 1, \ldots, I; j \neq i)$, der sich aus dem für die jeweilige Region errechneten Durchschnitt der Charakteristika der betreffenden Alternative ergibt. Auf diese regionsdurchschnittlichen Mieten erfolgt dann noch der kreistypische Auf- bzw. Abschlag.

Die Variable "Wohnkosten" ist für die Mietwohnungsalternativen folgendermaßen konstruiert:

Kaltkosten (Mietwohnung) = hedonische Miete - Wohngeld.

Diese Kaltmiete ist zusammen mit den Kosten des Wohneigentums in den durchgeführten Schätzungen hoch abgesichert. Das heißt einerseits, daß die Variable für die Wohnungsnachfrage von hoher Bedeutung ist, andererseits, daß die Variable realitätsnah definiert ist.

5.1.2.2 Kaltkosten des Wohneigentums

Die Konstruktion eines Miet-Äquivalents für die Nutzung von Wohneigentum ist sowohl im Hinblick auf die Definition dieser laufenden Kosten, als auch unter dem Aspekt der Datenlage außerordentlich schwierig. In der 1-v.H.-Wohnungsstichprobe sind außer den monatlich anfallenden Betriebskosten für Wohngebäude keinerlei Informationen über Kaufpreise, Finanzierung, Belastung aus der Fremdkapital-Bedienung o.ä. enthalten. Damit stand von Anfang an fest, daß exogen bereitgestellte Daten den Wohnungs- und Haushaltsinformationen der Wohnungsstichprobe zugespielt werden mußten.

Die theoretischen Vorüberlegungen bezogen sich auf die Fragen:

- Welche Art von laufenden Kosten können als Miet-Äquivalent herangezogen werden?

- Sind diese laufenden Kosten tatsächlich in der Lage, die Besonderheit des Wohneigentums abzubilden, oder anders ausgedrückt: Reicht eine entsprechende unabhängige Variable aus, zwischen den Miet- und Eigentums-Alternativen in der Schätzung der Nachfragefunktionen genügend deutlich zu diskriminieren?

Anders als bei Mietwohnungen, deren Anmietung eine feste monatliche Zahlung der Miete durch den Mieter nach sich zieht, wird Wohneigentum einmalig zu einem bestimmten Preis erworben; die Zahlung des Kaufpreises setzt in aller Regel die Aufnahme eines Kredits voraus. Die laufenden Kosten des Wohneigentums-Nutzers setzen sich aus Steuern, kommunalen Gebühren und sonstigen Betriebskosten zusammen und zusätzlich aus einem je nach Finanzierungsweise und zeitlichem Abstand zum Erwerbszeitpunkt variierenden Zins- und Tilgungsaufkommen. Insbesondere wegen dieser variablen Zins- und Tilgungsleistungen läßt sich nicht ohne weiteres ein Zusammenhang zwischen den laufenden Kosten und dem Wohnkonsum herstellen.

Um die Schwierigkeiten der Ersatz-Konstruktion einer Kostenvariablen für Wohneigentum zu umgehen, wurde zu Beginn der Spezifikationsarbeiten an den Schätzgleichungen versucht, die hedonischen Mietpreise auf die verschiedenen Eigentumsalternativen je nach Merkmalen zu übertragen. Schätzversuche mit dieser "Kosten"-Definition erwiesen sich als völlig unzureichend, erstens weil die Diskriminierung zwischen den Eigentumsalternativen nicht ausreichend war - im Eigentumsbereich spielt z.B. die in den Schätzungen für die hedonischen Mieten nicht abgesicherte Preisrelevanz der Gebäudeformen doch eine erhebliche Rolle -, zweitens aber auch, weil der Unterschied zwischen den beiden Rechtsformen nicht realitätsnah berücksichtigt wurde. Die laufenden Kosten der Wohneigentumsnutzung sind doch erheblich höher als die Kosten einer Mietwohnung und zusätzlich geht offensichtlich eine bis dahin nicht identifizierte Bestimmungsgröße in die Eigentumsentscheidung mit ein.

Die auf dieser Grundlage entwickelten Hypothesen besagen, daß der Erwerb von Wohneigentum zur Eigennutzung neben dem Effekt des Konsums der Leistungsabgabe dieser Wohnung noch einen weiteren Aspekt, nämlich den der Vermögensbildung, aufweist. Deshalb wurden bei allen weiteren Spezifikationsarbeiten die monetären Aspekte des Wohneigentums in zwei Variablen aufgespalten:

- die laufenden, budgetbelastenden Kosten, die wie bei Mietwohnungen als Kaltkosten bezeichnet werden, und
- die erwartete Wertsteigerung der Immobilie, im folgenden "Return" genannt.

Ein Teil der monatlich von selbstnutzenden Eigentümern zu leistenden Zahlungen setzt sich, wie oben schon dargelegt, aus der Grundsteuer, den an die Kommune abzuführenden Gebühren, Versicherungsbeiträgen und sonstigen Betriebskosten zusammen. Diese Kosten sind einzeln in der 1-v.H.-Wohnungsstichprobe für Wohngebäude erhoben. Unproblematisch ist die direkte Übernahme der im Material der Wohnungsstichprobe ausgewiesenen Daten bei den

Eigentümern von Ein- und Zweifamilienhäusern - bei Zweifamilienhäusern nur dann, wenn die zweite Wohnung keine Eigentumswohnung ist. Für den Fall von Eigentumswohnungen in Mehrfamilienhäusern wurden alle ausgewiesenen Beträge der Einfachheit halber und mangels zusätzlicher Informationen durch die Anzahl der Wohnungen im Gebäude geteilt. Die dadurch entstehende Unschärfe - z.B. sind die Wohnungen nicht gleich groß und ihren Eigentümern deshalb unterschiedlich hohe Anteile an der Gebäude-Belastung zugewiesen - wurde für diesen Teil der laufenden Kosten, zumal er sowieso der kleinere Teil der Gesamtkosten ist, in Kauf genommen.

Nach Überlegungen zu zahlreichen Ersatz-Konstruktionen wurde dann trotz fehlender Daten beschlossen, die Zins- und Tilgungszahlungen des Eigentümers in die Kaltkosten aufzunehmen, weil ihre Höhe in der Realität die ausschlaggebende Rolle bei der Entscheidung der Haushalte für oder gegen den Eigentumserwerb spielen dürfte.

Zur Berechnung der Höhe des monatlichen Zins- und Tilgungsaufkommens pro Wohnung mußten eine ganze Reihe von Daten exogen ermittelt und den jeweiligen Wohnungsalternativen zugespielt werden:

- der Kaufpreis,
- der eingebrachte Eigenkapital-Anteil,
- die Aufteilung des Fremdkapitals auf die üblichen Finanzierungsarten,
- die Zinshöhe,
- die Tilgungshöhe.

Mangels Daten in der 1-v.H.-Wohnungsstichprobe wurden alle diese Informationen relativ schematisch, d.h. immer orientiert an dem "Normalfall", zusammengestellt. Sie sind deshalb auch nur dort individualisiert, wo Wohnungsdaten aus der Stichprobe mitverwendet werden konnten, bzw. nur dort vom Normalfall differenziert, wo andere empirische Erhebungen bzw. Kenntnis und Erfahrung von Fachleuten Strukturen einbringen konnten.

Kaufpreis

Der Kaufpreis eines Ein- oder Zweifamilienhauses setzt sich zusammen aus dem Preis des Grundstücks und dem Preis für das Gebäude. In der amtlichen Statistik werden die Baupreise pro qm Wohnfläche differenziert nach Ein- und Zweifamilien- sowie Mehrfamilienhäusern und nach Bundesländern ausgewiesen. Eine weitere regionale Differenzierung auf die Ebene der Regionstypen wurde im IFO-Institut vorgenommen. Diese strukturierten Baupreise wurden mit den in der 1-v.H.-Wohnungsstichprobe für jede Wohnung angegebenen qm Wohnfläche multipliziert und ergeben den Preis des Gebäudes.[1)]

Die Baulandpreise sind in der amtlichen Statistik kreisweise angegeben. Da sie aber je nach Zahl der stattgefundenen Verkäufe außerordentlich starken Schwankungen unterliegen, wurde ein Drei-Jahres-Durchschnitt aus den Jahren 1977 bis 1979 ermittelt und kreisweise der Grundstückspreisberechnung zugrundegelegt. Durch Multiplikation mit den in der Wohnungsstichprobe angegebenen Grundstücksflächen wurde damit der jeweils gezahlte Grundstückspreis berechnet.

Ein ähnliches Verfahren zur Ermittlung des Preises von Eigentumswohnungen in Mehrfamilienhäusern konnte nur für die Berechnung des Wohnungsanteils über die zur Verfügung stehenden qm-Angaben durchgeführt werden. Die Größe des zur Wohnung gehörenden Grundstücks auch in diesem Fall, wie zur Ermittlung der Betriebskosten, einfach durch Division des Gebäudegrundstücks durch die Anzahl der Wohnungen zu ermitteln, schien im Hinblick auf das Gewicht der zugehörigen Variablen doch zu gewagt. Deshalb wurde ein anderer Weg eingeschlagen: In erster Linie mittels Auskünften von Experten aus Banken und Bausparkassen, in zweiter Linie durch interne Plausibilitätsüberlegungen wurde ein wohnungsalternativen- und regionsspezifischer Aufschlag für den Preis des Grundstücks auf den vorher berechneten Baupreis festgelegt.

---

1) Alle die hier und im folgenden angegebenen exogen ermittelten Daten sind ausführlich in Tabellen im Materialband I ausgewiesen.

Eigenkapital-Anteil

Eigenkapital-Anteile am Kaufpreis des Wohneigentums wurden unter Verwendung der von Infratest Wirtschaftsforschung[1] in einer Stichprobe ermittelten Finanzierungsstruktur von Eigentum erwerbenden Haushalten festgesetzt. Sie sind differenziert nach:

- Regionstypen,
- Alter des Haushaltsvorstands,
- Haushaltsgröße,
- Sozialstatus des Haushaltsvorstands,
- Gebäudeform.

Diese differenzierten Eigenkapitalanteile erlauben eine Bestimmung des Absolut-Betrages des jeweils aufgenommenen Fremdkapitals.

Zins- und Tilgungskosten

Für die weitere Berechnung von Zins- und Tilgungsleistungen der selbstnutzenden Eigentümer wurde der "Normalfall" zugrundegelegt. Nach Auskünften von Experten teilt sich das aufgenommene Fremdkapital üblicherweise auf in

- 40 % Bauspardarlehen,
- 60 % Hypotheken.

Bauspardarlehen werden mit 5 % verzinst und mit 7 % getilgt, Hypotheken wurden im Jahr 1978 mit 7,88 % verzinst und mit 1 % getilgt.

---

1) Infratest Wirtschaftsforschung, Struktur der Eigentümer eigengenutzten Wohnraums, als Manuskript, München 1980.

Steuerersparnis

Eine nicht unwichtige Rolle in der Kalkulation der Haushalte zur Ermittlung der ihnen durch den Wohneigentumserwerb entstehenden monatlichen Kosten spielt die erzielbare Steuerersparnis, die durch Absetzen der Gebäudeabschreibung - im Jahr 1978 - nach § 7b EStG (Einfamilienhaus, Eigentumswohnung), § 7,4 EStG (gebrauchte Zweifamilienhäuser) oder § 7,5 EStG (neugebaute Zweifamilienhäuser) entstehen. Zur Berechnung der Steuerersparnis wurde ein spezielles EDV-Unterprogramm geschrieben, das die gesetzlichen Bestimmungen so differenziert wie möglich nachzuvollziehen versucht. Danach variiert die Steuerersparnis mit dem Haushaltseinkommen, dem Familienstand, der Anzahl der Kinder, dem Sozialstatus des Haushaltsvorstands sowie mit dem Kaufpreis und der Größe des Eigentumsobjekts.

Die Variable Kaltkosten des Wohneigentums, wie sie für die Eigentumsalternativen in die Gleichungen zur Schätzung der Nachfragefunktionen eingegangen ist, ist also folgendermaßen konstruiert:

Kaltkosten (Wohneigentum) = Betriebskosten im weitesten Sinne + Zins- und Tilgungskosten - Wohngeld - Steuerersparnis.

Schätzungen mit der so spezifizierten Variablen (in Verbindung mit den Wohnkosten der Mieter) zeigen eine gute Absicherung der Kaltkosten des Wohneigentums. Es kann also davon ausgegangen werden, daß diese Variable der realen Wirkung dieser Kosten entsprechend definiert ist und daß ihr Einfluß auf die Wohnungsnachfrage von erheblicher Bedeutung ist.

5.1.3 Einflußgröße: Return

Diese Vermögensvariable soll, wie oben schon dargelegt, den über die Wohnungsnutzung hinausgehenden Aspekt des Wohneigentumserwerbs erfassen. Die Einbeziehung dieser zusätzlichen Variablen in die Schätzgleichung für die Nachfragefunktionen basiert auf der Hypothese, daß Wohneigentumsbildung zur Eigennutzung auch immer einen Vermögensbildungsaspekt hat.

Die Variable Return beinhaltet den realisierbaren Gewinn (bei Verkauf) aus der Wertsteigerung der Wohnung. Die in die Schätzgleichungen eingegangene Variable ist demnach folgendermaßen konstruiert:

Return = Kaufpreis x Wertsteigerungsfaktor.[1)]

Daten zur Konstruktion dieser Variablen stehen aus der Wohnungsstichprobe nicht zur Verfügung. Der Kaufpreis zur Ermittlung der Wertsteigerung wurde schon zur Berechnung der Zins- und Tilgungskosten festgelegt. Datenmaterial zur Erfassung der prozentualen Wertsteigerung von Immobilien wurde exogen wie folgt bereitgestellt:

- Als Wertsteigerungsrate der Ein- und Zweifamilienhäuser wurde die Preissteigerungsrate für Bauland herangezogen. Auf Kreisbasis wurden dazu aus den in der amtlichen Statistik ausgewiesenen Daten aus zwei Drei-Jahres-Durchschnitten (1974-1976 und 1977-1979) Preissteigerungsraten ermittelt.

- Die Wertsteigerungsrate für Eigentumswohnungen wurde unter Einbezug von Expertenauskünften und des jeweiligen Grundstücksanteils dieser Wohnungen in Anlehnung an die Baulandpreissteigerung für sechs Regionstypen mit einigen kreisweisen Auf- und Abschlägen geschätzt.

Die Variable Return hat in den Schätzungen der Nachfragefunktionen keine sehr deutliche Absicherung erfahren. Bedingt wohl

---

1) Ursprünglich war geplant, diese Variable mit dem entgangenen Gewinn aus der Bindung des Eigenkapitals in der eigenen Wohnung (Opportunitätskosten) zu bilanzieren. Diese Maßnahme war aber mit einem erheblichen Verlust an Erklärungswert der Variablen verbunden, so daß auf die Berücksichtigung der Opportunitätskosten verzichtet wurde. Eine derartige Variable trifft doch wohl eher für die Entscheidung von "Kapitalanlegern" im Wohnungsmarkt zu.

durch die Korrelation der Wertsteigerung mit den Kaltkosten weist der zugehörige Parameter vereinzelt auch ein unplausibles negatives Vorzeichen auf.

5.1.4 Einflußgröße: Heizkosten

Seit Mitte der 70er Jahre spielen die monatlich vom Bewohner aufzubringenden Heizkosten im jeweiligen Haushaltsbudget eine fast den Kaltkosten gleichkommende Rolle. Die Heizkosten variieren mit der Größe der Wohnung und Art und Alter des Gebäudes und haben somit einen bedeutenden Einfluß auf die Wahl einer bestimmten Alternative. Darum werden die Heizkosten als eigenständige, unabhängige Variable in die Schätzung der Nachfragefunktionen aufgenommen. Um die über die Größe der Wohnung verursachte Korrelation zwischen den Kalt- und Heizkosten zu mildern, wurden die Heizkosten durch die Quadratmeter der Wohnfläche dividiert.

Daten über die Höhe der Heizkosten sind in der 1-v.H.-Wohnungsstichprobe nicht enthalten, wohl aber eine Anzahl von Informationen über Faktoren, die deren Höhe bestimmen: das Baujahr des Gebäudes, die Wohnungsgröße, die Heizungsart und das verwendete Heizmaterial. Aus diesen Informationen wurden im IFO-Institut die Heizkosten ermittelt.[1)]

5.1.5 Einflußgröße: Haushaltsgröße

Durch die Vorab-Stratifizierung der Haushalte nach der Anzahl der Erwachsenen im Haushalt ist ein wesentlicher Teil des Einflußfaktors Haushaltsgröße in den für jedes einzelne Stratum zu schätzenden Nachfragefunktionen bereits berücksichtigt. Wie oben in Abschnitt 4.2.3 schon erwähnt, liegt der Aufteilung der Haushaltsgröße in zwei Einflußfaktoren auf die Wohnungsnachfrage die Hypothese zugrunde, daß die Anzahl der gewünschten Zimmer eher proportional mit der Anzahl der Erwachsenen steigt, während die Anzahl der Kinder wegen der verschärften Budgetbeschränkung,

1) Die Tabelle der im IFO-Institut errechneten Heizkosten findet sich im Materialband I.

unter der Haushalte mit großer Kinderzahl entscheiden müssen, eine eher unterproportionale Wirkung ausübt. Es wird aber der Einfluß der Kinderzahl nicht nur auf die Wohnungsgröße allein, sondern auch auf die generelle Entscheidung über den nachgefragten Wohnungstyp modelliert.

Im Laufe des Experimentierens bildete sich die Überlegung heraus, daß die obenstehenden Hypothesen weniger nachfragerelevant, als vielmehr bedarfsorientiert sind. Der Zusammenhang zwischen Haushaltsgröße und nachgefragter Zimmerzahl sollte aber nicht über die normabhängige Vorstellung: pro Person ein Zimmer, abgebildet werden, sondern über die explizite Entscheidung des Haushalts, in Abhängigkeit von seiner Präferenzstruktur z.B. eine zu kleine Wohnung (gemessen an üblichen Normen) auszuwählen. Nur mit einer Variablen, die diese Entscheidungsmöglichkeiten berücksichtigt, kann der Einfluß der Kinderzahl auf die Wohnungsnachfrage richtig abgebildet werden.

Auf der Grundlage dieser Überlegungen wurde eine zusammengesetzte Variable konstruiert, die die Zahl der tatsächlich verfügbaren Zimmer bzw. die in den Alternativen verfügbaren Zimmer einer "idealen Wohnungsgröße" gegenüberstellt. Die Differenz zwischen diesen Größen mißt die bewußte Abweichung der Nachfrage des Haushalts von einem ihm unterstellten Bedarf. Das zur Vermeidung von Kollinearitäten gewählte Quadrat dieser Differenz findet seine inhaltliche Rechtfertigung darin, daß einerseits Abweichungen von der Idealwohnung in beiden Richtungen (zu klein/zu groß) die gleiche Wirkung haben und andererseits mit zunehmender Differenz die Wirkung überproportional steigt.

Die Konstruktion bzw. Bestimmung der idealen Wohnung wird in einem komplizierten Verfahren vorgenommen, das der empirisch ermittelten Tatsache Rechnung tragen soll, daß für mehrere Kinder in einem Haushalt nicht jeweils ein eigenes Zimmer zur Verfügung steht und auch nicht stehen soll. Insofern weicht die hier festgelegte Ideal- oder Bedarfswohnung von der üblichen sozialpolitischen Norm "pro Person ein Zimmer"in Richtung auf höhere Realitätsnähe ab. Für das Stratum von zwei Erwachsenen ergeben sich folgende "Idealwohnungen":

Anzahl der Kinder	Anzahl der Zimmer
0	3
1	3
2	3,5
3	4
4	4,5

Wohnt also z.B. ein Haushalt dieses Stratums mit drei Kindern in einer Vier-Zimmerwohnung, so ergibt sich keine Differenz zwischen belegter und Idealwohnung, während sich gegenüber den Wohnungsalternativen mit drei oder fünf Zimmern eine - weil quadriert - gleich hohe Differenz von 1 errechnen läßt. Wohnt dieser Haushalt dagegen in einer Zwei-Zimmerwohnung, also nach üblichen Maßstäben zu beengt, geht die Variable mit dem Wert 2^2 in die Schätzgleichung ein.

Diese so relativierte Wohnungsgröße weist in ihrer Konstruktion noch eine Schwäche insofern auf, als das in der Größe der Wohnung zum Ausdruck kommende Anspruchsniveau ("Idealwohnung") mit dem Einkommen des Haushalts variiert. Um dieser Vorstellung näherzukommen, wurde die Idealzahl der Zimmer um einen einkommensabhängigen Zuschlag erhöht (zur exakten Definition siehe Übersicht in Kapitel 7).

5.1.6 Einflußgröße: Kinderzahl

Die Kinderzahl als solche wirkt zusätzlich auf die Auswahl einer geeigneten Wohnung ein. Es wird ein Zusammenhang zwischen der Zahl der Kinder und dem Wunsch nach Wohneigentum bzw. nach kleinen Gebäuden postuliert. In einem Fall geht es z.B. um die Vererbung von Vermögen, im anderen Fall um die Entlastung von Wohnrestriktionen. Die Kinderzahl erwies sich als gewichtiger Einflußfaktor.

5.1.7 Einflußgröße: Alter des Haushaltsvorstands

Es ist unbestritten, daß das Alter des Haushaltsvorstands bzw. der mit dem Alter gekoppelte Lebenszyklus einen Einfluß auf die von Haushalten gewählte Wohnung hat. Die diesbezüglichen Hypothesen besagen, daß junge Haushalte geringere Ansprüche an ihren Wohnkonsum-Standard stellen als ältere Haushalte. Hier werden also über die Variable Alter Präferenzunterschiede in die Schätzung miteinbezogen. Weiter gehen über diese Variable unterschiedliches Verhalten der Generationen aufgrund unterschiedlicher Erfahrungsstrukturen und auch die im Alter zunehmenden Mobilitätshemmnisse ein.

Das Alter des Haushaltsvorstands wird als kontinuierliche Variable verwendet. Da aber die Vermutung besteht, daß zwischen Alter und Wohnungswahl kein linearer Zusammenhang besteht, wird zusätzlich zum Alter in Jahren noch dessen jeweiliges Quadrat in die Variable einbezogen. Diese Form der Kombination erlaubt eine flexiblere Anpassung der geschätzten an die beobachteten Werte.

In den Schätzungen zeigt sich der vermutete Einfluß der Variablen bei guter Absicherung bestätigt.

5.1.8 Einflußgröße: Permanentes Einkommen[1)]

Je dauerhafter ein Gut ist, desto mehr hängt die Erwerbsentscheidung der Konsumenten für dieses Gut von einer langfristigen Einkommenserwartung ab, und desto weniger beeinflussen kurzfristige Einkommensschwankungen die Konsumentscheidung. Diese Einsicht gilt besonders für das Gut "Wohnung", das ein Extrembeispiel für ein dauerhaftes Gut ist.

Zudem ist Wohnung auch ein "Investitionsgut", dessen Erwerb durch eine langfristige Einkommensanlage bestimmt wird. Für den

---

1) Näheres und weitere Details vgl. Schneider, Stahl, Struyk, Estimates of Households' Permanent Income: West Germany 1978, Urban Institute Project Report 3171-1, Washington, D.C. 1983

Eigentümersektor ist dies offensichtlich, da das in einer Eigentümerwohnung gebundene Kapital einen überaus hohen Anteil am Gesamtvermögen eines Haushalts darstellt. Der Investitionsgutcharakter gilt im übertragenen Sinne aber auch für den Mietsektor. Die extrem niedrige Mobilität deutscher Haushalte im Vergleich zu der in anderen Ländern, etwa den Vereinigten Staaten, spricht dafür, daß in der Bundesrepublik auch die Entscheidung für eine bestimmte Mietwohnung eine "Investitionsentscheidung" ist, bei der ein zukünftiger Einkommensstrom langfristig verplant wird.

In diesem Modell soll daher keine kurzfristige, sondern eine langfristige Einkommenskonzeption zur Anwendung kommen. Theoretisch läßt sich das beobachtete Einkommen in zwei Komponenten aufteilen: eine normale oder permanente Komponente, die den Teil des Einkommens erfaßt, den man aufgrund der Qualifikation, Ausbildung und Arbeitserfahrung (das sogenannte Humankapital) und des Ausmaßes der Erwerbstätigkeit der Haushaltsmitglieder, sowie aufgrund des Kapitalvermögens (d.h. Zinsen und Dividenden) langfristig erwarten würde. Tatsächlich wird sich dieses normale oder permanente Einkommen aber nur im Mittelwert einstellen.[1)] Die zweite Einkommenskomponente ist daher die kurzfristige Abweichung nach oben oder unten von diesem Mittelwert, die sogenannte transitorische Einkommenskomponente.

Die Wichtigkeit der Verwendung eines permanenten Einkommenskonzepts kann in neueren amerikanischen Untersuchungen auch empirisch belegt werden. So kommt eine Studie der Wohnungsnachfrage

---

1) Der Begriff des permanenten Einkommens wird hier im gleichen Sinne verwendet, in dem Friedman ihn ursprünglich entwickelte: "Die permanente Komponente soll den Einfluß solcher Variablen widerspiegeln, die von dem Einkommensbezieher als Bestimmungsfaktoren seines Kapitalwerts oder Vermögens betrachtet werden: sein Vermögen (außer Humankapital), seine persönlichen Eigenschaften, wie Ausbildung, Fähigkeit, Persönlichkeit, die Charakteristiken seiner Beschäftigung, wie Beruf, Ort seiner Tätigkeit, etc.. Es ist gleichzusetzen mit dem erwarteten Wert einer Wahrscheinlichkeitsverteilung." Friedman, M., A Theory of the Consumption Function, National Bureau of Economic Research, New York 1957.

in den USA von Goodman and Kawai[1] zu dem Ergebnis, daß die Elastizität der Wohnungsnachfrage bezüglich des permanenten Einkommens ungleich höher ist als die bezüglich des transitorischen Einkommens. Da auch den meisten wirtschaftspolitischen Überlegungen implizit ein langfristiger Einkommensbegriff zugrundeliegt, ist dieses Ergebnis wichtig. Analysen, in denen vom transitorischen Einkommen nicht bereinigt wurde, geben der Wirtschaftspolitik zu niedrige Elastizitäten vor.

Im folgenden wird die Schätzung permanenter Einkommen für nichtlandwirtschaftliche Haushalte im Jahre 1978 in der Bundesrepublik Deutschland mit Haushaltsdaten aus der 1-v.H.-Wohnungsstichprobe beschrieben, die in diesem Jahr erhoben wurde. Bis auf eine Ausnahme ist dies die erste Schätzung des permanenten Einkommens in der Bundesrepublik Deutschland. Lediglich Stevens (1979)[2] untersuchte den Einfluß des Unterschieds zwischen beobachtetem und permanentem Einkommen türkischer Familien in Berlin auf ihre Wohnungsnachfrage, wobei das permanente Einkommen als gewichteter Durchschnitt aus dem in Deutschland bezogenen Einkommen und einer groben Schätzung des wahrscheinlichen

---

1) Goodman, A.C., Kawai, M., Permanent Income, Hedonic Prices, and the Demand for Housing: New Evidence, in: Journal of Urban Economics, Vol. 12, 1982.
Für die Vereinigten Staaten gibt es schon frühere Schätzungen der Wohnungsnachfrage und der Wahl zwischen einer Eigentums- oder einer Mietwohnung unter Verwendung des permanenten Einkommens. Vgl. Lee, Th., Housing and Permanent Income: Tests Based on a Threeyear Reinterview Survey, in: Review of Economics and Statistics, Vol. 50, 1968; Carliner, G., An Income Elasticity of Housing Demand, Madison, University of Wisconsin, Discussion Paper 144-72, 1972; Struyk, R., The Economic Determinants of Homeownership, Lexington (Mass.) 1976; Friedman, J., Weinberg, D., Housing Consumption Under a Constrained Income Transfer: Evidence from a Housing Gap Housing Allowance, Cambridge (Mass.) 1986. Die hier angewendete Verfahrensweise entspricht weitgehend der von Kalacheck, E., Raines, F., Labor Supply of Low Income Workers, Technical Studies of the President's Commission on Income Maintenance Programs, Washington, D.C. 1970; Struyk, R., Estimates of Permanent Household Income using the 1970 Census User's File, in: Journal of Economics and Business, Vol. 27, 1974/75. Für andere Ansätze vgl. Ramanathan, R., Measuring Permanent Income of a Household, in: Journal of Political Economy, Vol. 79, 1971.

2) Stevens, B. J., Employment, Permanent Income, and the Demand for Housing, in: Journal of Urban Economics, Vol. 6, 1979.

Einkommens in der Türkei vor und nach dem Deutschlandaufenthalt berechnet wurde. Als Gewichte dienten die erwarteten Arbeitsjahre in den beiden Ländern.

5.1.8.1 Definition des permanenten Einkommens

Die Zerlegung des Einkommens in eine systematische, deterministisch vorhersagbare permanente Komponente und transitorische Einkommensreste entspricht der Zerlegung der Mietpreise in einen von beobachteten Merkmalen abhängigen hedonischen Mietpreis plus unbeobachtete Preisreste, wie in Abschnitt 5.1.2.1.1 ausgeführt. Formal läßt sich die Zerlegung in permanentes Einkommen und transitorisches Einkommen folgendermaßen darstellen:

$$Y = YP + YT$$
$$= g\ (HK,\ EW,\ A,\ V) + YT, \text{ wobei}$$

Y = beobachtetes, um Steuervorteile korrigiertes Nettoeinkommen,
YP = permanentes Einkommen,
HK = Merkmale des Humankapitals,
EW = Merkmale der Erwerbstätigkeit,
A = Alter,
V = Vermögensstand,
YT = transitorisches Einkommen.

Die wichtigste Annahme für die Schätzung des permanenten oder normalen Einkommens ist, daß die zu einem bestimmten Zeitpunkt bestehenden Unterschiede zwischen Familieneinkommen hauptsächlich auf unterschiedliche persönliche Produktivität und Erwerbstätigkeit der Familienmitglieder zurückzuführen sind. In einem ersten Schritt wird gewöhnlich eine multivariate Regressionsanalyse durchgeführt, in der das gesamte Familieneinkommen die abhängige Variable ist und in die als unabhängige Variablen die Merkmale der Familienmitglieder eingehen. Diese spiegeln Unterschiede in Produktivität und Erwerbstätigkeit wider, sowie bestimmte Kontrollfaktoren, wie die Landesregion. Bei Gleichhaltung anderer Faktoren zeigen die geschätzten Regressionskoeffizienten den durchschnittlichen Einkommenseffekt einer Veränderung der Merkmale (z.B. ein zusätzliches Jahr Berufserfahrung) unter normalen Umständen. Setzt man die Werte der unabhängigen Variablen für eine bestimmte Familie in das Regressionsmodell ein, so ergibt sich die Höhe des normalen oder permanenten Einkommens, d.h. des Einkommens, das die Familie aufgrund ihrer marktwirksamen Fähigkeiten und ihrer Bereitschaft, am Erwerbsleben teilzunehmen, erwarten kann.

Die Regressionsreste entsprechen dann dem transitorischen Einkommen YT. Per Definition hat daher das permanente oder normale Einkommen eine deutlich niedrigere Varianz als das beobachtete Gesamteinkommen. Ebenso ist das transitorische Einkommen als Regressionsrest per Definition unabhängig vom permanenten Einkommen.

5.1.8.2 Spezifikation der Variablen und Modellansätze

5.1.8.2.1 Variablen-Spezifikation

Abhängige Variable

In der 1-v.H.-Wohnungsstichprobe wurden die Haushalte nach ihrem Nettoeinkommen im März 1978 gefragt; die Antworten sind in 18 Einkommensklassen eingeteilt. Aus dieser Verfahrensweise ergeben sich drei Fragen bezüglich der Genauigkeit der Daten. Weil die Frage nicht nach einzelnen Einkommensquellen unterschied - wodurch die Teilnehmer veranlaßt worden wären, Einkommen aus allen Quellen einzubeziehen - , könnten erstens fehlerhafte Antworten gegeben worden sein. Insbesondere unregelmäßige und weniger augenfällige Einkommen, z.B. Anlagenerträge, Sparzinsen oder Einkommen, die nicht auf dem Lohnzettel aufgeführt sind, wie z.B. Beamtenbeihilfe, sind wichtige Beispiele möglicherweise "vergessener" Einkommen. In dem Maße, in dem solche unerwähnten Einkommen systematisch mit dem angegebenen Einkommen oder mit der Ausstattung mit Humankapital variieren, sind die geschätzten Modelle der Einkommensbestimmung verzerrt.

Zweitens ist es wahrscheinlich, daß das Weihnachtsgeld nicht korrekt in den Antworten enthalten ist, so daß die angegebenen Einkommen im Vergleich zum durchschnittlichen Monatseinkommen allgemein zu niedrig sind und somit die Schätzergebnisse von daher nicht "sauber" sind.

Drittens bedeutet die Klassifizierung der Daten nach Einkommensklassen notwendigerweise einen Informationsverlust. Für diese Analyse wurde für alle Einkommensstufen, mit Ausnahme der niedrigsten und der höchsten, der Mittelwert gewählt. Den Familien in den offenen Einkommenskategorien wurden durch Durchschnittswerte begrenzte Intervalle zugeordnet, die sich auf andere Analysen der Einkommensverteilung in Deutschland stützen.[1)]

Die Einkommensdaten mußten außerdem noch weiter bereinigt werden, um sie auf eine vergleichbare Nettobasis (d.h. nach Abzug von Steuern) zu bringen. Wie bereits erwähnt, ist das von den befragten Haushalten angegebene Einkommen das Nettoeinkommen im März 1978, d.h. grundsätzlich das Einkommen nach Abzug von Steuern einschließlich der (steuerfreien) staatlichen Transfereinkommen. Um Wohnungseigentümer und Mieter vergleichbar zu machen, mußte das angegebene Nettoeinkommen der Wohnungseigentümer um die Steuerbegünstigungen bereinigt werden, die für selbstgenutztes Wohneigentum gewährt werden. Obwohl man für alle Haushalte Bruttoeinkommen hätte berechnen können, wurde zum Zweck der Vergleichbarbeit einer einmaligen Korrektur der Nettoeinkommen der Vorzug gegeben: Die Nettoeinkommen der Wohnungseigentümer wurden um die mit Wohneigentum verbundenen Steuervergünstigungen reduziert. Da die Datenbasis außer der selbstgenutzten Immobilie keine Informationen über Haushaltsvermögenswerte enthält, sind diese Bereinigungen notwendigerweise grob.

Die Bereinigungen wurden in drei Schritten durchgeführt. Zuerst wurden die Steuervergünstigungen für selbstgenutztes Wohneigentum berechnet. Dann wurde für diese Haushalte eine Bruttoeinkommensgröße konstruiert. Letztlich wurde das (deflationierte)

---

1) Deutsches Institut für Wirtschaftsforschung, Das Einkommen der Familien in der Bundesrepublik Deutschland im Jahr 1979, DIW Wochenbericht 38/80, Berlin 1980.

Nettoeinkommen berechnet, das diese Haushalte als Mieter erhalten hätten. Der erste Schritt wurde für Bewohner von Ein- und Mehrfamilienhäusern getrennt durchgeführt. Für Bewohner von Einfamilienhäusern wurde für jedes Jahr ein Steuerabzug gemäß § 7b EStG angenommen, demzufolge in den ersten 8 Jahren jährlich ein Betrag von maximal 7.500 DM vom zu versteuernden Einkommen abgezogen werden darf. Für die Eigentümer von Mehrfamilienhäusern wurde der historische Anschaffungswert des Gebäudes geschätzt und ein Steuerabzug nach § 7, 5 EStG berechnet, demzufolge in den ersten 12 Jahren 3,5 % des Gebäudewerts, in den nächsten 20 Jahren 2 % und in den letzten 8 Jahren 1,5 % abzugsfähig sind. Weitere Abzüge, z.B. für Hypothekenzinsen und Versicherungsprämien, sowie prozentuale Instandhaltungs- und Reparaturaufwendungen wurden gegen die Mieterträge aus den Wohnungen aufgerechnet (einschließlich einer Schattenmiete für die selbstgenutzte Wohnung).

Der zweite Schritt wurde mit Hilfe von Steuertabellen für 12 Modellhaushalte durchgeführt, die vom Bundesministerium für Finanzen bereitgestellt worden waren. Mit Polynomialfunktionen wurde das angegebene Nettoeinkommen zu dem Jahresbruttoeinkommen in Beziehung gesetzt. Die Steuerabzüge ähnlicher Mieterhaushalte wurden dann im letzten Schritt der Bereinigung von dem geschätzten Bruttoeinkommen der Wohnungseigentümer abgezogen, so daß man vergleichbare Einkommen für beide Besitzstandsgruppen erhielt.

Unabhängige Variablen

Die in unserem Modell enthaltenen Bestimmungsgrößen für das permanente Einkommen entfallen auf vier Gruppen: Humankapital, Erwerbstätigkeit, Vermögen und gewisse Variablen, die systematische - nicht mit Humankapital und Arbeitsleistung zusammenhängende - Einkommensveränderungen erklären sollen (Kontrollvariablen). In Tabelle 5.10 sind die im Datensatz enthaltenen Variablen in der für unsere Untersuchung gewählten Form aufgeführt. Die meisten bedürfen keiner Erklärung und wurden bereits in früheren Analysen amerikanischer Daten verwendet. So soll z.B. die Einbeziehung des Alters des Haushaltsvorstands sowie des

Quadrats dieser Variablen die bekannte Beschleunigung des Verdiensts in den frühen Arbeitsjahren und sein Abflachen in späteren Jahren widerspiegeln.

Dennoch müssen einige Variablen näher erklärt werden. Zunächst sind die "Staatsangehörigkeits"-Variablen (in der Tabelle unter A.9 aufgeführt) so definiert, daß sie nur Personen aus solchen Ländern einbeziehen, aus denen vorwiegend unqualifizierte Arbeiter nach Deutschland kommen.[1] Mit der anderen Variablen für "Gastarbeiter", die mit der Länge der Zeit zu tun hat, die solche Familien schon in Deutschland sind, soll getestet werden, ob sich im Laufe der Zeit das Einkommensgefälle zwischen anderen und diesen Gruppen verringert.

Weiter befindet sich unter den Variablen für Humankapital die Variable, die für einen Arbeiter-Haushaltsvorstand steht (BLUE unter 4 in Abschnitt A). Diese Variable ist durch die soziale Stellung "Arbeiter" des Haushaltsvorstands definiert, sofern sein Alter kleiner als 50 Jahre ist. Ist der Haushaltsvorstand älter, so tritt an die Stelle des Sozialstatus die Alterszahl. Diese sogenannte Kodierung mit dem Alter erwies sich als notwendig, weil in nach dem Alter stratifizierten Modellen eine systematische Verringerung des Koeffizienten dieser Variablen gefunden wurde. Die hier vorgeschlagene Kodierung reflektiert diesen Umstand. Für Frauen wurde kein vergleichbares Verhaltensmuster gefunden.

Der einzige Indikator für das Haushaltsvermögen bezieht sich darauf, ob der Haushalt Eigentümer der von ihm belegten Wohnung ist. Das erscheint nicht allzu restriktiv, da Wohneigentum ein sehr guter Indikator für die lebenslange Vermögensakkumulation ist. Dennoch ist die wirkliche Rolle dieser Variablen im Modell wegen der Bereinigung der Einkommen von Wohnungseigentümern

1) Wir betrachteten Tabellen von 25 nicht-deutschen Nationalitäten nach gesellschaftlicher Stellung und Berufsausbildung, um festzustellen, welche Nationalitäten in diese Variable aufgenommen werden sollten. Beachtet werden sollte außerdem, daß nur fest ansässige Arbeiter - so definiert, weil sie ihre Familien bei sich haben und ihre Wohnungen nicht mit anderen Familien teilen - in diese Analyse aufgenommen wurden.

nicht eindeutig. Die das Rechtsverhältnis charakterisierenden Variablen können entweder Einkommensabweichungen widerspiegeln, die eine systematische Differenz zwischen den Einkommen dieser Gruppe und allen anderen beinhalten, oder den Einfluß des Vermögens auf das Einkommen bzw. eine Kombination dieser beiden Faktoren.

Eine der Kontrollvariablen bezieht sich auf eine Verminderung der Wohnkosten, die nicht auf Wohngeld oder andere Subventionen zurückzuführen ist. Hier erhält die Familie Einkommen in Naturalien, welches ihr tatsächliches Einkommen entsprechend reduziert. Für diese Fälle wird daher eine grobe Kontrollvariable eingeführt, um eine Verzerrung des Zusammenhangs zwischen der Ausstattung mit Humankapital und dem Einkommen zu verhindern.

Die Wohngeldvariable[1] (D.2 in der Tabelle 5.10) wurde hingegen aus einem anderen Grund aufgenommen. Das Ziel dieser Schätzungen besteht darin, das permanente Einkommen zu bestimmen. Variablen, die eine permanente Abweichung des Haushaltseinkommens von dem Niveau anzeigen, das man aufgrund der Humankapitalausstattung erwartet hätte, sind daher wichtig. Die Wohngeldvariable hat einen von null verschiedenen Wert, wenn der Haushalt zunächst aus einem von drei bestimmten Gründen eine Zulage erhält, die auf die Möglichkeit einer langfristigen Verdienstminderung hinweisen: Krankheit, Pensionierung oder Arbeitslosigkeit. Schließlich wurde der Kreistyp, in dem die Familie ansässig ist, einbezogen, um geographisch bedingte systematische Lohnniveau-Unterschiede für ähnliche Arbeit erfassen zu können. Neben den in der Tabelle aufgelisteten Variablen wurden eine Reihe von Wechselwirkungsvariablen spezifiziert und getestet, insbesondere jene, die Wechselwirkungen zwischen Alter oder Staatsbürgerschaft und dem beruflichen oder gesellschaftlichen Status betreffen. Diese waren im allgemeinen ziemlich hoch mit anderen Variablen korreliert und verbesserten daher die Aussagefähigkeit der Modelle nur wenig. Sie werden deshalb auch in dieser Arbeit nicht weiter behandelt.

---

1) Hier wird das Wohngeld im Gegensatz zu den Wohnungsnachfragefunktionen als Einkommenskomponente behandelt. Im Nachfragemodell senkt das Wohngeld die Wohnkosten.

Tabelle 5.10

Übersicht über die in der Analyse verwendeten unabhängigen Variablen

Kurztitel	Definiert für	Beschreibung
A. Variablen für Humankapital		
1. Geschlecht des Vorstandes	HV	Dummy Variable. 0 = weiblicher, 1 = männlicher Haushaltsvorstand
MALE		
2. Alter	HV,EH	
AGE		Alter in Jahren
AGE 2		(Alter in Jahren) zum Quadrat
3. Familienstand	HH	Dummy Variable. 0 = verheiratet
NEVER		1 = unverheiratet
WIDOW		1 = verwitwet
MDIVOR		1 = männlich, geschieden
FDIVOR		1 = weiblich, geschieden
4. Gesellschaftl. Stellung	HV	Dummy Variablen. 0 = pensioniert und missing value
SELF		1 = selbständig
WHTCOl		1 = Angestellter oder Beamter
BLUE		1 = Arbeiter, sofern unter 50 Jahre wenn über 50, gleich dem Alter
SOCREC		1 = Rentner, Pensionär
STUDT		1 = Student oder arbeitslos
SSELF	EH	1 = selbständig
SWHTCL		1 = Angestellter
SBLUE		1 = Arbeiter
SSOCREC		1 = Rentner oder Pensionär
SSTUDT		1 = Student oder arbeitslos
5. Schulausbildung	HV	Dummy Variablen. 0 = Volksschule
EDQUE		1 = keine Schulbildung oder keine Antwort
MIDED		1 = Mittelschulabschluß
ABITUR		1 = Abitur
6. Berufsausbildung	HV	Dummy Variablen. 0 = keine oder nicht angegeben
APRENT		1 = Lehre; Praktikum
REGMST		1 = Handwerksmeister
BACHLR		1 = Fachhochschulabschluß
MASTER		1 = Hochschulabschluß

7.	Schulbildung SEDQUE SMIDED SABITUR	EH	Definiert wie für den Haushaltsvorstand (in 5), außer daß die Variable nur dann einen von Null verschiedenen Wert annimmt, wenn der Ehepartner beschäftigt ist
8.	Berufsausbildung SAPRENT SRGMST SBCHLR SMASTR	EH	Definiert wie für den Haushaltsvorstand (in 6), außer daß die Variable nur dann einen von Null verschiedenen Wert annimmt, wenn der Ehepartner beschäftigt ist
9.	Nationalität		Diese Variablen nehmen einen von Null verschiedene Wert für Personen aus solchen Ländern an, aus denen hauptsächlich unqualifizierte Arbeiter kommen
	GUEST	HV,EH	1 = Griechen, Italiener, Jugoslawen, Algerier, Portugiesen, Spanier, Marokkaner Türken, Tunesier
	YEARS	HV	1 = Personen aus diesen Ländern leben schon 10 oder mehr Jahre in der Bundesrepublik Deutschland

B. Variablen, die die Erwerbstätigkeit messen

1.	Beschäftigungsstatus UNEMP	HV,EH	Dummy-Variablen. 0 = regelmäßig beschäftigt 1 = zeitweise oder saisonal beschäftigt, oder arbeitslos
2.	Zweitjob JOB 2	HV	1 = Nebenerwerbslandwirt
3.	Zahl der Verdiener EARNER	HH	Zahl der Einkommensbezieher im Haushalt neben Haushaltsvorstand und Ehepartner (sofern sie Einkommen angeben)

C. Vermögen

1.	Hausbesitz		
	OWNER1		1 = Eigentümer eines selbstgenutzten Einfamilienhauses
	OWNER2		1 = Eigentümer eines Zwei- oder Mehrfamilienhauses, in dem der Eigentümer selbst wohnt

D. Kontrollvariablen			
1.	Verminderte Wohnkosten HSECHP	HH	1 = Mit dem Arbeitsplatz verbundene verminderte Wohnkosten (keine Sozialwohnung)
2.	Wohngeld	HH	Grund für den Bezug von Wohngeld. Dummy-Variable: 0 = alle Gründe außer den unten angegebenen
	ALLOW		Variable = Anzahl der Jahre, während denen Wohngeld bezogen wurde, wenn Wohngeld ursprünglich wegen Pensionierung, Krankheit oder Arbeitslosigkeit bezogen wurde.
3.	Kreistyp	HH	Dummy-Variablen. 0 = ländlich
	KREIS1		1 = Städte mit 100 000 Einwohnern, hohe Bevölkerungsdichte
	KREIS2		1 = Vorstadt-Kreise, hohe Bevölkerungsdichte
	KREIS3		1 = Vorstadt-Kreise, niedrige Bevölkerungsdichte
	KREIS4		1 = Großstädte mit mehr als 100 000 Einwohnern

HV bezieht sich auf den Haushaltsvorstand,
EH den Ehepartner des Haushaltsvorstandes und
HH den Haushalt insgesamt.

Obwohl die Marge der für das Modell zur Verfügung stehenden unabhängigen Variablen sehr umfassend ist, verbleiben doch gewisse Schwachpunkte. So weiß man z.B. nur, daß neben den Ehepartnern noch andere Geldverdiener existieren; man weiß jedoch nichts über ihr Humankapital oder das Ausmaß ihrer Tätigkeit. In dieser Beziehung sind die Meßgrößen für die Erwerbstätigkeit doch sehr schwach, gearbeitete Wochen pro Jahr bzw. Stunden pro Woche wären vorzuziehen. Gleichermaßen weiß man sehr wenig über Zweitjobs. Was die Information über das Humankapital angeht, liegt wenig Auskunft über die Jahre der Berufserfahrung oder die Jahre am gegenwärtigen Arbeitsplatz vor, obwohl beide großen Einfluß auf den Verdienst haben. Wegen der Meßprobleme bei den abhängigen und unabhängigen Variablen sollten die geschätzten Koeffizienten mit Vorsicht interpretiert werden.

5.1.8.2.2 Modellspezifizierung

Die Spezifizierung des allgemeinen Modellansatzes bestand aus der Wahl der Funktionsform, in der die in Tabelle 5.10 aufgeführten Variablen in das Modell eingebracht werden, aus einigen geringfügigen Modifikationen an den unabhängigen Variablen und aus der Wahl geeigneter Stratifizierungen der Gesamtstichprobe. Bei der Wahl der Funktionsform wurde mit linearen und semilogarithmischen Formen experimentiert. In alternativen Modellansätzen wurden verschiedene 20prozentige Zufalls-Unterstichproben verwendet, um Relationen ausschließen zu können, die nur in bestimmten Unterstichproben gelten. Zudem wurde systematisch stratifiziert, um Relationen erfassen zu können, die in der Gesamtstichprobe nicht mehr erkennbar waren.

In diesen Experimenten zeigte sich die semilogarithmische Funktionsform als überlegen. Dies war zu erwarten, da diese nicht additive, sondern multiplikative Funktionsform die Wechselwirkung zwischen den unabhängigen Variablen besser abbilden kann. Bei den Stratifizierungen ist die nach Mietern und Eigentümern die für das Wohnungsnachfragemodell am meisten relevante. Nur auf diese und auf die semilogarithmischen Schätzungen soll im folgenden näher eingegangen werden.

5.1.8.3 Ergebnisse der Einkommens-Schätzungen

Tabelle 5.11 stellt die Ergebnisse der Schätzung zum Einfluss der Komponenten auf das permanente Einkommen dar. Die Tabelle beinhaltet drei Modelle, die alle den Logarithmus des um Steuervorteile bereinigten permanenten Einkommens als abhängige Variable verwenden. Das erste Modell bezieht sich auf die Gesamtstichprobe, während das zweite Modell nur das permanente Einkommen der Eigentümer beschreibt.

Die Modelle erklären zwischen 50 und 60 % der Varianz der Haushaltseinkommen. Die Vorzeichen entsprechen im allgemeinen den Erwartungen, und die Ergebnisse, d.h. Größe und Vorzeichen der Koeffizienten, sind in allen drei Ansätzen ähnlich. Im folgenden charakterisieren wir kurz einige wichtige Aspekte der Schätzungen.

Bezüglich der Variablen für Humankapital zeigt sich, daß die Ergebnisse für Haushaltsvorstände den Erwartungen entsprechen: Haushalte mit einem Vorstand mit besserer Schulbildung und mit einer höheren sozialen Stellung haben höhere Einkommen als andere. Darüberhinaus entspricht die Rangfolge der Einkommen der unterschiedlichen Humankapitalausstattung.[1] Im Gegensatz hierzu sind die Ergebnisse für die Ehepartner eher gemischt. Wegen der hohen Korrelation zwischen dem Beschäftigungsstatus und den Variablen der Humankapitalausstattung wurde die Beschäftigungsvariable in den endgültigen Ansätzen weggelassen.

---

1) Erstaunlich ist der geringfügige Einfluß der Arbeiter-Dummy im Vergleich zu der Variablen der Rentner (der Basisgruppe für die Definition dieser Dummyvariablen). Wenn man sich die Regressionen für verschiedene Altersgruppen ansieht, so zeigt sich, daß Arbeiter zu sein in jungen Jahren eine Prämie nach sich zieht, aber daß diese Prämie mit zunehmendem Alter abnimmt und im hohen Alter sogar negativ wird. Deshalb erfassen in dem hier verwendeten Modell die Altersvariablen zumindest einige der Alterseffekte auf das Einkommen dieser Arbeiter.

Tabelle 5.11

Ergebnisse der Einkommens-Schätzung
Abhängige Variable: Logarithmus der bereinigten Nettoeinkommen

Unabhängige Variablen	Alle Haushalte	Mieter	Wohnungs-eigentümer
Humankapital			
Haushaltsvorstand:			
MALE	.189	.185	.200
AGE	.016	.017	.009
AGE2	-.0002	-.0002	-.0001
SELF	.237	.197	.305
WETCOL	.141	.122	.187
BLUE	-.001	-.002	-.003
SOCREC	-.378	-.445	.019
STUDT	-.234	-.343	.012
EDQUE	.085	.085	.086
MIDED	.194	.163	.241
ABITUR	.268	.222	.376
APRENT	.109	.112	.099
REGMST	.137	.222	.113
BACHLR	.237	.250	.195
MASTER	.353	.346	.322
GUEST	.051	.023	-.093
Ehepartner:			
AGE	.002	.002	.003
SSELF	.020	.019	.028
SWHTCL	.290	.287	.289
SBLUE	.228	.230	.225
SSOCREC	-.087	.118	-.575
SSTUDT	.006	-.016	.028
SEDQUE	.048	.016	.107
SMIDED	.036	.042	.026
SABITUR	.031	.057	-.007
SAPRENT	.050	.049	.046
SRGMST	.035	.022	.045
SBCHLR	.048	a	.150
SMASTR	.128	.106	.154
Haushalt:			
NEVER	-.179	-.189	-.104
WIDOW	-.008	-.052	.101
MDIKVOR	-.117	-.156	.046
FDIVOR	-.122	-.149	-.042

Erwerbstätigkeit			
UNEMPF	-.177	-.189	-.111
JOB2	-.404	-.242	-.333
EARNER	.303	.351	.283
Vermögen			
OWNER1	.035	b	b
OWNER2	-.048	b	-.091
Kontrollen			
HSECHP	-.087	-.093	b
ALLOW	-.046	-.043	-.119
KREIS1	.120	.104	.145
KREIS2	.084	.079	.085
KREIS3	.051	.033	.067
KREIS4	.063	.039	.109
Konstante	6.58	6.62	6.715
Güte der Anpassung			
$\bar{R}^2$	.592	.619	.542
SEE	.381	.355	.412
F	960	718	310
$\bar{Y}$	7.48	7.40	7.61
df	10,017	18,054	10,923

a keine Beobachtung mit diesem Merkmal
b entfällt

Deshalb enthalten die Ausstattungsvariablen sowohl den Einfluß des Beschäftigungsstatus als auch den der Kapitalausstattung.

Noch eine weitere Ausstattungsvariable sollte angesprochen werden, nämlich GUEST. Die Ergebnisse geben keinerlei Hinweis darauf, daß Gastarbeiter niedrigere Einkommen erzielen als vergleichbare deutsche Haushalte.[1)] Die Dummyvariablen, welche die Zeit charakterisieren, die diese Haushalte in Deutschland verbrachten, waren durchweg insignifikant.

Die Koeffizienten für das Beschäftigungspotential unterstreichen die Bedeutung von Vollzeitbeschäftigung (UNEMP) des Haushaltsvorstands und weiterer Verdiener (EARNER) in der Bestimmung der Einkommenshöhe des Haushalts. Weniger klar ist der Grund für den hohen negativen Koeffizienten der Nebenbeschäftigung als Landwirt (JOB 2). Zu den möglichen Erklärungen gehören ein niedrigeres Geldeinkommen (im Gegensatz zu Naturalien), das für Haushalte mit dem gleichen Gesamteinkommen angegeben wurde, die Ablenkung, die die Nebentätigkeit als Landwirt für den Erfolg im Hauptberuf darstellt, und gewisse Steuervorteile für Landwirte, welche zu einem geringeren berichteten Nettoeinkommen führen. Jedenfalls scheint die Höhe der Verringerung außerordentlich groß zu sein.

Nach der Kontrolle aller anderen Faktoren deuten die Ergebnisse schließlich an, daß Eigentümer von Einfamilienhäusern höhere Einkommen haben als Mieter. Dies trifft jedoch nicht für Eigentümer von Zwei- und Mehrfamilienhäusern zu. Diese Ergebnisse sind jedoch problematisch, weil sie den bereits angesprochenen Einfluß der Einkommenskorrekturen für Hausbesitzer einschließen.

Anhand der geschätzten Regressionsmodelle kann man die permanenten Einkommen berechnen, indem man für jeden Haushalt die Werte der unabhängigen Variablen in das entsprechende Modell einsetzt. Diese Einkommen wurden für eine neue 20prozentige Stichprobe

---

1) GUEST wird nur für den Haushaltsvorstand eingeführt, weil mit hoher Wahrscheinlichkeit der Ehepartner eines Gastarbeiters ebenfalls Gastarbeiter ist. Man beachte außerdem, daß im Mietermodell der Koeffizient für GUEST mit einem Niveau von .10 aussagekräftig ist.

(etwa 30.000 Fälle) berechnet. Tabelle 5.12 stellt die Verteilung des beobachteten und um Steuervorteile bereinigten Nettoeinkommens (Spalte 1) der Verteilung des permanenten Einkommens (Spalte 2) gegenüber. Dabei wurden die geschätzten Koeffizienten des ersten Modells aus Tabelle 5.11 (unstratifiziert für alle Haushalte) verwendet.

Ein Vergleich dieser Verteilungen zeigt deutlich, daß die Varianz des geschätzten permanenten Einkommens erheblich niedriger ist als die des beobachteten bereinigten Nettoeinkommens. In der Verteilung der permanenten Einkommen ergibt sich z.B. eine viel größere Häufung im mittleren Teil der Verteilung (12,1 % aller Haushalte haben ein permanentes Einkommen zwischen DM 1.400 und 1.600, während nur 9,1 % aller Haushalte ein beobachtetes Einkommen in diesem Bereich haben). Dagegen sind die oberen und unteren Einkommensklassen weit weniger häufig vertreten (6,7 % aller Haushalte haben ein beobachtetes Einkommen über DM 4.000, nur 4,2 % ein so hohes permanentes Einkommen; 4,2 % aller Haushalte haben ein beobachtetes Einkommen unter DM 600, nur 0,4 % ein so niedriges permanentes Einkommen). Tatsächlich ist die Standardabweichung des geschätzten permanenten Einkommens um etwa 25 % niedriger als die des beobachteten Netooeinkommens.

Die dritte Spalte in Tabelle 5.12 verdeutlicht die Konzentration der Verteilung um den Mittelwert. Die Abweichungen in den einzelnen Einkommensklassen addieren sich zu null, da der Mittelwert des permanenten Einkommens nach Definition dem Mittelwert des beobachteten Einkommens entspricht, d.h. das erwartete transitorische Einkommen gleich null ist. Durch die Eigenschaften einer linearen Regression ist dies in der Stichprobe, die zur Schätzung verwendet wird, immer der Fall. Daß dies aber auch für eine andere Stichprobe gilt, z.B. der der Tabelle 5.12 zugrundeliegenden, ist ein Zeichen für die Robustheit der geschätzten Relation. Auch Vergleiche mit anderen Spezifikationen, die in Abschnitt 5.1.8.2.2 erwähnt wurden, zeigen die Robustheit der gewählten Modellspezifikation[1].

1) Die Resultate dieser Vergleiche finden sich in: Schneider, Stahl, Struyk (1978), a.a.O..

Tabelle 5.12

Verteilung der bereinigten angegebenen Einkommen und der geschätzten Normaleinkommen
- prozentuale Verteilung -

Einkommens-intervalle	Bereinigte angegebene	Geschätzte normale[a]	Unterschied (bereinigte normale)
unter 300 DM	.5	-	.5
300 - 450	1.1	-	1.1
450 - 600	2.6	.4	2.2
600 - 800	5.0	2.1	2.9
800 - 1.000	6.5	9.6	-3.1
1.000 - 1.200	7.5	8.7	-1.2
1.200 - 1.400	9.0	9.9	-0.9
1.400 - 1.600	9.1	12.1	-3.0
1.600 - 1.800	7.8	9.5	-1.7
1.800 - 2.000	7.1	8.4	-1.3
2.000 - 2.200	7.1	7.5	-0.4
2.200 - 2.500	8.6	8.6	-
2.500 - 3.000	10.0	9.6	.4
3.000 - 3.500	7.2	5.9	1.3
3.000 - 4.000	4.3	3.4	0.9
4.000 - 4.500	2.3	1.7	0.6
4.500 - 5.000	1.2	1.0	0.2
over 5.000	3.2	1.5	1.7

a Geschätzt mit dem Gesamtmodell aus Tabelle 5.11.

Abschließend zeigen die hier vorgestellten Ergebnisse, daß Bestimmungsgleichungen für das permanente Einkommen, welche Humankapitalausstattung, Beschäftigung und Vermögen enthalten, geschätzt werden können und Ergebnisse ausweisen, die den auf der ökonomischen Theorie gegründeten Erwartungen entsprechen. Bei Berechnungen des einzelnen Haushalten zuzuordnenden Normaleinkommens muß man jedoch die Abhängigkeit des berechneten Einkommens von den Besonderheiten des zur Berechnung herangezogenen Modells beachten.

5.1.8.4 Verwendung des permanenten Einkommens in den Schätzgleichungen

Für jeden Haushalt, der in die Wohnungsnachfrage-Schätzungen einging, wurde das permanente Einkommen wie oben beschrieben berechnet. Dabei wurden die Koeffizienten der ersten Spalte in Tabelle 5.11 verwendet[1]. Wie erwartet, erweist sich das permanente Einkommen als eine gesicherte Einflußgröße auf die Auswahl der Wohnung. Noch eine weitere Zunahme des Erklärungswertes der Variablen konnte erreicht werden, indem das permanente Einkommen durch die Zahl der Haushaltsmitglieder dividiert wurde, um die höhere Belastung durch den Nichtwohnkonsum in größeren Haushalten mitzuberücksichtigen.

5.2 Aufbruchmodell

5.2.1 Schätzmodell

Das Schätzmodell für die Aufbruchentscheidung ist eine einfache Variante des NMNL-Modells für die Zielentscheidung. Da nur zwei Alternativen zur Auswahl stehen, nämlich umzuziehen oder in der

---

1) Der numerisch kleine und statistisch insignifikante Koeffizient von OWNER = OWNER1 + OWNER2 wurde auf null gesetzt, um eine potentielle Simultaneitätsverzerrung im Nachfragemodell zu vermeiden.

bisherigen Wohnung zu bleiben, reduziert sich die Schätzfunktion auf den - in Anhang 1 näher beschriebenen - binären MNL-Ansatz:

$$\log \frac{M_n(j)}{1-M_n(j)} = W'_{nj}a_j + q_{nj}$$

In diesem einfachen logistischen Ansatz wird die Wahrscheinlichkeit $M_n(j)$, daß der Haushalt n aus dem Wohnungstyp j auszieht, mit einem Vektor der aufbruchbestimmenden Variablen W_{nj} zusammen mit den zugehörigen zu schätzenden Einflußgrößen a_j und unabhängigen Störgrößen q_{nj} erklärt.

5.2.2 Einflußgrößen

Die den Aufbruch beeinflussenden Variablen W_{nj} sind a priori die gleichen, die die Auswahl einer Wohnung determinieren. Lediglich die Konstellation dieser Einflußgrößen sollte beim Auszügler eine Unzufriedenheit mit der bisherigen Wohnung signalisieren, während sie beim Einzügler eine optimale Situation in der neuen Wohnung erkennen lassen müßte.

Von den möglichen plausiblen Einflußgrößen erwiesen sich der Platz(Raum)bedarf des Haushalts, das Alter des Haushaltsvorstands und ein Indikator für die Belastung des Budgets durch die Wohnung, die die Unterhaltskosten mit dem Einkommen des Haushalts verbindet, als statistisch relevant.

Interessanterweise zeigte es sich, daß die drei Einflußgrößen in Abhängigkeit vom Typ der bisherigen Wohnung unterschiedlich fein spezifiziert werden müssen, um mit dem Modell das Aufbruchverhalten möglichst gut abzubilden. Die dadurch ausgelöste Stratifizierung nach dem belegten Wohnungstyp führt dazu, daß kein wohnungstypisches Aufbruchmodell einem anderen genau gleicht. So werden für den Platzbedarf des Haushalts entweder die Zahl der Haushaltsmitglieder (Köpfe) allein verwendet - die Zahl der

Zimmer wird über die Stratifizierung indirekt berücksichtigt - oder der Platzbedarf wird durch die Differenz aus der Zahl der Zimmer und der Zahl der Köpfe ausgedrückt, falls diese Differenz kleiner als eins ist, im anderen Fall wird der Platzbedarfsvariablen eine Eins zugeordnet. Das Alter geht entweder nominal oder logarithmiert in das Schätzmodell ein. Auch für den Belastungsindikator gibt es zwei Varianten: erstens das permanente Einkommen, vermindert um die Unterhaltskosten (Wohnkosten laut 5.1.2.1 plus Heizkosten) und zweitens die Unterhaltskosten dividiert durch das permanente Einkommen.

Ein weiterer deutlicher Unterschied im Aufbruchverhalten aus den einzelnen Wohnungstypen liegt in der Größe des Anteils der Auszügler. Aus den Mietwohnungen wird häufiger ausgezogen als aus den Eigentumswohnungen, aus den kleinen Mietwohnungen häufiger als aus den großen. Bei den Eigenheimen ist der Anteil der Auszügler sogar so klein, daß aus statistischen Gründen eine Schätzung des Modells unterbleiben mußte.

Die folgende Übersicht verdeutlich noch einmal die Schätzmodelle:

		1.Einflußgröße	2.Einflußgröße	3.Einflußgröße
Wohnungstyp				
3 Eig.Wohnung	1-3 Zi	Anzahl der Pers.	Logarithmus des Alters	Unterhaltskosten/ Einkommen
4 Mietwohnung	1-2 Zi	Anzahl der Pers.	Alter	Einkommen./. Unterhaltskosten/
5 Mietwohnung	3 Zi	Anzahl der Pers.	Alter	Unterhaltskosten/ Einkommen
8 Eig.Wohnung	4 + Zi	Anzahl der Pers.	Logarithmus des Alters	Einkommen ./. Unterhaltskosten
9 Mietwohnung	4 Zi	Zimmer./. Pers.-zahl	Alter	Einkommen ./. Unterhaltskosten
10 Mietwohnung	5 + Zi	Zimmer./. Pers.-zahl	Alter	Unterhaltskosten Einkommen

6. AUFBRUCH- UND NACHFRAGEVERHALTEN DER HAUSHALTE IM JAHR 1978

Wie schon erwähnt, entstammen die der Wohnungsnachfrageprognose zugrundeliegenden Daten der 1-v.H.-Wohnungsstichprobe 1978. Neuere Daten in derart differenzierter Form und bundesweit erhoben existieren zur Zeit nicht. Dieser notwendige Datenbezug zwingt u.a. dazu, die Prognose auch im Jahr 1978, also relativ weit ex post, zu starten. Damit wird eine Analyse der Wohnsituation der Haushalte und ihres Umzugsverhaltens im Jahr 1978 als Anfangsbasis für die in der Prognose ermittelte Entwicklung notwendig.

Die folgende Analyse weicht von den meisten der das 78er Material verwendenden Veröffentlichungen ab, weil

- ausschließlich der "freie" Wohnungsmarkt betrachtet wird,
- Aggregation und Differenzierung nach den wesentlichen wohnungsnachfragerelevanten Größen erfolgen.

Es sei an dieser Stelle daran erinnert (ausführlich in Kapitel 4), daß dieser freie Wohnungsmarkt gegenüber den Bereichen der sozialen Mietwohnungen, der Werks-, Stifts- und Dienstwohnungen, gegenüber den Vollerwerbslandwirten in ihren Wohnungen und den Ein-Personen-Gastarbeiter-Haushalten mit ihrer Wohnungsversorgung abgegrenzt ist. Für 1978 wurde dadurch die Anzahl der Haushalte um 5,932 Mio. reduziert.

6.1 Wohnsituation der Haushalte 1978

Das Ifo-Wohnungsnachfragemodell arbeitet mit nach Typen und/oder Gruppen gegliederten Haushalten und Wohnungen (siehe Abschnitte 4.2.2, 4.2.3 und 5.1.1).

Um im folgenden schwer verständliche und umständliche Satzgebilde zu vermeiden, werden die oben dargestellten Haushaltsstrata und Wohnungsalternativen vorwiegend mit ihren Abkürzungen verwendet.[1)]

Die Wohnsituation der Haushalte ist im Jahr 1978 je nach Einkommen, Alter des Haushaltsvorstands, Haushaltsgröße und regionalem Standort sehr unterschiedlich.[2)]

Schlaglichterartig werden wir auf diese Unterschiede aufmerksam machen. Aus ihnen lassen sich Hinweise auf die Faktoren ableiten, die eine "andere, bessere" Wohnungsversorgung verhindern. Wird im folgenden die Wertung "bessere" Versorgung getroffen, so liegen dem als Maßstab die Wohnwünsche zugrunde, die aus vielen diesbezüglichen empirischen Erhebungen ermittelt wurden:

- Eigentum,
- Einfamilienhaus,
- viel Wohnfläche bzw. viele Zimmer.

Die ausführlichen, detaillierten Tabellen zur Wohnungsversorgung der Haushalte im Jahr 1978 finden sich im Materialband III, die für diese Analyse bearbeiteten Daten in einem Anhang zu diesem Kapitel 6. Eine Interpretation aller dort zur Verfügung stehenden Daten würde hier zu weit führen. Je nach Interessenlage des Lesers dürften dabei die Schwerpunkte auch sehr unterschiedlich zu setzen sein. Da eine gute bzw. relativ ausgeglichene Wohnungsversorgung der Bevölkerung erklärtes politisches Ziel ist, beschränken sich die folgenden Schlaglichter auf einige gravierende Abweichungen vom Durchschnitt.

Alle Modell-Haushalte verteilen sich wie folgt auf die verwendeten 10 Wohnungstypen:

---

1) Am Ende des 4. Kapitels befindet sich ein Faltblatt, das durch Herausklappen beim Lesen jederzeit eingesehen werden kann; es enthält alle benutzten Abkürzungen.
2) Die für die Wohnsituation und das Umzugsverhalten relevanten Rahmendaten (Haushaltsstrukturen, Einkommen, Kosten etc.) des Jahres 1978 sind unten in Abschnitt 6.4 knapp zusammengestellt.

Abb. 6.1

Wohnungsversorgung der Haushalte 1978

Haushalte in den Wohnungstypen (in Mill.)

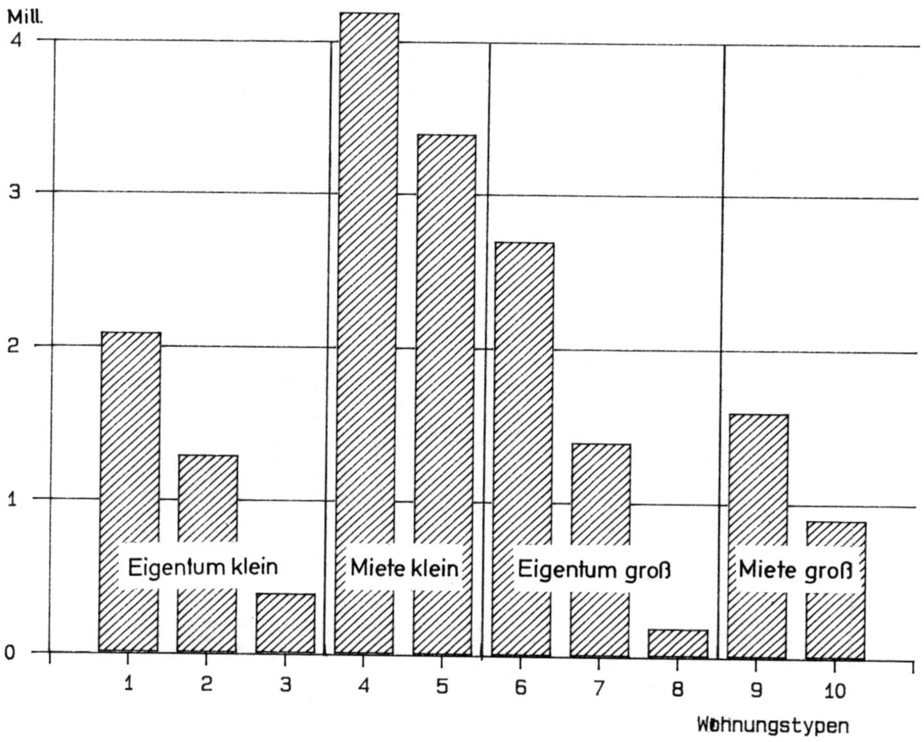

IFO-INSTITUT für Wirtschaftsforschung München

123/87

Unterteilt man grob in große (Wohnungstypen 6-10) und kleine (Wohnungstypen 1-5) Wohneinheiten, bewohnen 63 % der Haushalte kleine Wohnungen. 45 % sind selbstnutzende Eigentümer ihrer Wohnung.[1] Diese Eigentümerquote schwankt stark über die nach Anzahl der erwachsenen Mitglieder unterschiedenen Haushaltsgruppen. Haushalte mit einem Erwachsenen sind nur zu 27 % Eigentümer ihrer Wohnung, während im anderen Extrem Haushalte mit drei und mehr Erwachsenen einen Eigentümeranteil von 76 % aufweisen. Die Verteilung dieser umfassenden, großen Gruppen auf große und kleine Wohnungen entspricht auf den ersten Blick - und in dieser undifferenzierten Darstellung - den Platzbedürfnissen der Haushalte[2]. Allerdings trifft das nicht für die Gastarbeiter-Haushalte zu, bei denen wir uns auf die Haushalte mit zwei und mehr erwachsenen Mitgliedern beschränkt haben:

	Anteil in kleinen Wohnungen	Eigentümerquote (EQ)
Stratum		
EHBRD	57	51
SIBRD	86	27
WGBRD	33	76
GABRD	80	4

Neben diesen haushaltstypischen Unterschieden in der Wohnungsversorgung 1978 gibt es auch ebenso gravierende Unterschiede in der regionaltypischen Versorgung.

In den Ballungsgebieten mit starker Verdichtung (Regionstypen BAKE, BAHV und BAUM) wohnen nur 39 % der Haushalte in der eigenen Wohnung, während der Anteil der Eigentümer in Gebieten mit Verdichtungsansätzen (Regionstypen KERN und UMLA) schon bei 55 %

---

1) Diese Eigentümerquote des Modells ist nur über einige Umrechungen mit der in der amtlichen Statistik ausgewiesenen zu vergleichen. Vgl. Abschnitt 11.6.

2) Die grundsätzliche Stratifizierung der Haushalte richtet sich - das sei hier noch einmal in Erinnerung gerufen - nach der Anzahl der erwachsenen Haushaltsmitglieder. Die Anzahl der Kinder ist kein Stratifikationsmerkmal, sondern direkte Einflußgröße.

liegt. Im flachen Land (Regionstyp LAND) schließlich erreicht die Eigentümerquote knapp 60 %.

Durch die Erfordernisse der Schätzung der Nachfragefunktionen bedingt, läßt sich die regionale Gliederung nicht über alle Haushalte auf die 6 einzelnen Regionstypen durchführen - die Wohngemeinschaften (WG) mußten wegen ihrer geringen Häufigkeit regional zusammengefaßt werden. Allerdings gibt auch schon die Analyse der Wohnungsversorgung der Haushalte mit einem bis zwei Erwachsenen (SI und EH) wichtige Hinweise auf hohe regionale Diskrepanzen zwischen Ballungskernen und ihrem Umland:

	Anteile in kleinen Wohnungen	EQ
Stratum		
EH/SIBAKE	79	19
EH/SIBAHV	65	48
EH/SIBAUM	59	58
EH/SIKERN	75	27
EH/SIUMLA	59	56
EH/SILAND	62	53

Bei dem Vergleich der Eigentümerquoten ist zu beachten, daß die landwirtschaftliche Bevölkerung (Haushalte mit Vollerwerbslandwirtschaft) aus der Modell-Bevölkerung herausgenommen wurde; die Vollerwerbslandwirte sind aber fast ausnahmslos Eigentümer der von ihnen bewohnten Wohneinheiten. Dadurch wird die Eigentümerquote im Modell, insbesondere in der dünnbesiedelten Region LAND, heruntergedrückt.

Die sich in den hier vorgelegten Tabellen darstellende Wohnsituation der Haushalte ist natürlich nicht nur durch die explizit auch im Modell verwendeten Einflußfaktoren: Preise, Einkommen, Kinderzahl usw., wie erwartet, geprägt, sondern auch durch das im Jahr 1978 tatsächlich vorhandene materielle Angebot an Wohnungen in den einzelnen Regionstypen. So gibt es in der Region BAKE mehr kleine Wohnungen als in den anderen Regionstypen und sehr viel weniger Ein- und Zweifamilienhäuser (Wohnungstypen 1, 2, 6 und 7): BAKE ca. 15 %, im Bundesdurchschnitt 42 %.

Eine andere Betrachtungsweise, nämlich die Verteilung der Wohnungstypen auf die Haushalte, macht die Konzentration der Haushaltsgruppen auf bestimmte Wohnungstypen noch deutlicher. Die nach Anzahl der erwachsenen Mitglieder differenzierten Haushalte haben im Verhältnis zu allen Haushalten folgendes Gewicht:

	Aufteilung der Haushalte
Stratum	
EHBRD	48
SIBRD	33
WGBRD	15
GABRD	4

In den einzelnen Wohnungstypen sieht diese Verteilung dann z.T. wesentlich anders aus:

	Wohnungstyp									
	1	2	3	4	5	6	7	8	9	10
Stratum										
EHBRD	56	52	56	23	54	52	59	72	61	62
SIBRD	22	38	37	69	30	7	12	12	19	15
WGBRD	22	10	6	1	8	41	29	15	14	19
GABRD	0	0	1	7	8	0	0	1	6	4

Erwartungsgemäß besetzen die Single-Haushalte mit und ohne Kinder fast 70 % der kleinsten Mietwohnungen (WT4), während ihr Anteil in großen Häusern und Eigentumswohnungen gering ist. EH-Haushalte bewohnen den ganz überwiegenden Teil aller großen Eigentumswohnungen, während die "Wohngemeinschaften" überdurchschnittlich zu ihrem Vorkommen in der Gesamtbevölkerung die großen Eigenheime besetzen.

Differenziert man in den Haushalts-Strata weiter nach Alter des Haushaltsvorstands, der Anzahl der Kinder unter 18 Jahren bzw.

der Höhe des verfügbaren Haushaltseinkommens, ergeben sich weitere interessante Aspekte der Wohnungsversorgung.

EH-Haushalte mit einem Haushaltsnettoeinkommen bis zu DM 800 monatlich - das sind 2 % aller EH-Haushalte - weisen gegenüber der durchschnittlichen Eigentümerquote aller EH-Strata von 51 % eine Quote von 64 % auf. Allerdings konzentrieren sich die Haushalte der untersten Einkommenschichten zu knapp 70 % auf kleine Eigenheime (vgl. auch Abbildung 6.2). Anzunehmen ist, daß diese kleinen Ein- und Zweifamilienhäuser eher alt und daher in der weitaus überwiegenden Zahl der Fälle voll bezahlt sind. Das bedeutet, daß hier die zusätzliche Altersversorgung über lasten- und mietfreies Wohnen zutage tritt.

	Verteilung der EH-Haushalte mit Einkommen bis zu DM 800 auf die Wohnungstypen										
	1	2	3	4	5	6	7	8	9	10	EQ
Stratum											
EHBAKE	12	7	2	29	28	4	2	0	13	3	27
EHBAHV	19	24	1	17	12	10	7	0	8	2	61
EHBAUM	23	21	0	7	9	21	11	0	6	2	76
EHKERN	12	10	2	33	17	0	6	2	15	3	32
EHUMLA	31	21	0	10	10	15	7	0	3	3	74
EHLAND	34	17	1	10	9	16	7	0	4	2	75
EHBRD	25	18	1	15	13	13	7	0	6	2	64

Die Unterschiede in der Eigentümerquote zwischen Kernstädten und ihrem näheren und weiteren Umland sind bei diesen EH-Haushalten weitaus gravierender als in den Strata aller EH-Haushalte. In den Kernstädten (Regionstypen BAKE und KERN) wohnen ca. ein Drittel dieser Haushalte mit niedrigem Einkommen in kleinen Mietwohnungen.

Der Einfluß der Einkommen auf die Wohnungsversorgung wird deutlich, wenn man EH-Haushalte mit hohem Einkommen von DM 4.000 und mehr im Monat - das sind 8 % aller EH-Haushalte - in die Betrachtung miteinbezieht.

Abb. 6.2

Verteilung der EH-Haushalte mit monatlichem Einkommen auf die Wohnungstypen 1978 (in %)

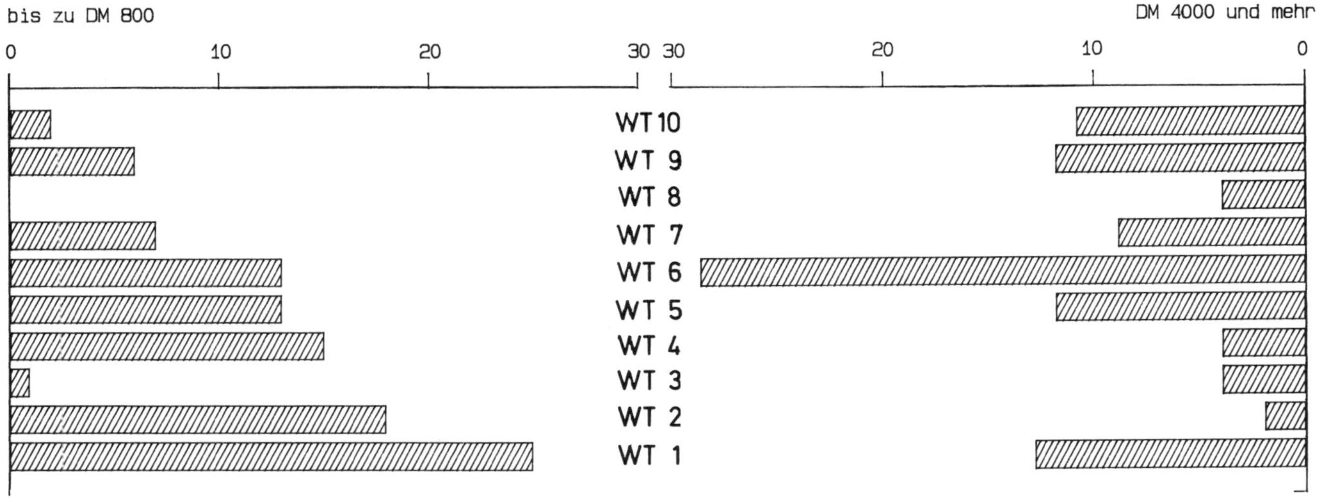

IFO-INSTITUT für Wirtschaftsforschung München

124/87

Während im Durchschnitt aller EH-Haushalte ein Drittel der Haushalte in 1- bis 3-Zimmer-Mietwohnungen lebt, wohnen die Haushalte mit einem hohen Monatseinkommen zu weit weniger als einem Drittel in diesen Wohnungsalternativen (16 %). Von den EH-Haushalten mit niedrigem Einkommen können sich nur 8 % eine große Mietwohnung leisten (Durchschnitt aller EH: 17 %), von den Haushalten mit hohem Einkommen sind es demgegenüber 23 %. Deutlich wird bei diesem Vergleich, wie stark die Befriedigung der oben angeführten Wohnwünsche (Eigentum, viele Zimmer) und damit die Wohnungsnachfrage vom Einkommen der nachfragenden Haushalte abhängt.

In der regionalen Differenzierung zeigen sich ganz ähnliche Unterschiede wie bei EH-Haushalten mit niedrigem Einkommen: In den Kernstädten ist die Eigentümerquote niedriger als in Umlandgemeinden oder auf dem flachen Land; der Anteil der EH-Haushalte in kleinen Mietwohnungen ist relativ hoch (26 % in BAKE gegenüber 8 % in BAUM) und unter den selbstnutzenden Eigentümern ist der Prozentsatz derer, die in Mehrfamilienhäusern eine Eigentumswohnung besitzen, höher als in Umland- oder Landgemeinden. Offensichtlich einkommensabhängige Versorgungsunterschiede lassen sich auch bei einer Analyse der Wohnungsversorgung der Haushalte mit einem Erwachsenen feststellen, allerdings auf einem niedrigeren Versorgungsniveau. SI-Haushalte in der Bundesrepublik sind zu ca. zwei Dritteln alte Haushalte von 55 und mehr Jahren bzw. zu weiteren knapp 10 % sehr junge Haushalte von bis zu 25 Jahren. Genau diese Haushaltsgruppen sind, von Ausnahmen abgesehen, auch diejenigen mit dem relativ geringsten Einkommen, sei es als Rentner oder als Berufsanfänger. Dazu trägt auch bei, daß der Frauenanteil in der Gruppe der SI-Haushalte mehr als doppelt so hoch ist als der der Männer.

SI-Haushalte mit einem monatlichen Nettoeinkommen bis zu 800 DM, das sind immerhin 27 % der gesamten SI-Haushalte, sind verhältnismäßig selten selbstnutzende Wohnungseigentümer. Sie wohnen zum überwiegenden Teil in kleinsten Mietwohnungen; in Kernstädten leben drei Viertel dieser Gruppe in dem genannten Wohnungstyp. In Umlandgemeinden und auf dem Land ist dieser Anteil geringer. Hier steigt die Eigentümerquote, vor allem in kleinen Eigenheimen, auf ca. 40 %.

	Verteilung von SI-Haushalten auf die Wohnungstypen										
	1	2	3	4	5	6	7	8	9	10	EQ
SI-Haushalte mit Einkommen bis zu DM 800	11	10	1	54	13	3	3	0	3	2	28
SI-Haushalte mit Einkommen DM 4 000 u. mehr	9	3	7	28	17	11	9	4	8	4	43
alle SI-Haushalte	8	9	3	49	17	4	3	0	5	2	27

Auch von SI-Haushalten mit hohem Einkommen werden relativ selten große Wohnungen bewohnt (36 %), obwohl der Unterschied zu den niedrig verdienenden Haushalten (11 %) darauf hindeutet, daß entsprechende Wohnwünsche auch hier vorhanden sind. Die Kombination der Wünsche große Wohnung und Eigentum zeigt sich vor allem in der starken Differenz des jeweiligen Anteils an Haushalten in großen Einfamilienhäusern.

Die Wohnungsversorgung der Haushalte, nach dem Alter des Haushaltsvorstands differenziert, korrespondiert relativ eng mit den Verteilungsunterschieden nach dem Einkommen. Dieser Zusammenhang leuchtet auch unmittelbar ein, denn die Einkommenshöhe wiederum variiert mit dem Lebenszyklus der Familie, d.h. dem Alter des Haushaltsvorstands. Ausgehend vom niedrigen Einkommen junger Haushalte, erreicht der Haushalt in der Regel mit der Dauer der Erwerbstätigkeit (z.B. auch vorübergehende Erwerbstätigkeit der Ehefrauen) und der beruflichen Karriere in den mittleren Altersgruppen die relativ höchsten Einkommenskategorien, um dann mit zunehmendem Alter, insbesondere mit dem Eintritt in das Rentenalter, einen großen Teil des Einkommens wieder einzubüßen. Aber auch bei der Analyse des Alterseinflusses auf die Wohnsituation wird der grundsätzliche Zusammenhang durch entschuldetes Wohneigentum und damit entsprechend billiges Wohnen durchbrochen; das gilt fast ausschließlich für alte Haushalte. Der Unterschied in der Wohnungsversorgung alter und junger Haushalte ist besonders gravierend in der Gruppe der SI-Haushalte.

Junge SI-Haushalte wohnen generell nicht im eigenen Haus oder in der eigenen Wohnung. Demgegenüber sind 34 % aller alten SI-Haushalte Eigentümer der bewohnten Wohnung, 32 % leben immerhin im eigenen Haus, wenn auch überwiegend im kleinen Eigenheim. In allen Regionstypen konzentrieren sich ca. 80 % (in den Kernstädten 85 %) der jungen SI-Haushalte in den kleinen Mietwohnungen mit 1 bis 2 Zimmern und noch einmal 10 bis 15 % in Drei-Zimmer-Mietwohnungen. Bei alten SI-Haushalten fällt eine ähnliche Konzentration mit ca. 40 % in kleinen Mietwohnungen bei weitem nicht so stark ins Gewicht, zumal diese Konzentration regional zwischen 27 % und 57 % variiert (vgl. Abbildung 6.3).

Junge EH-Haushalte - 4 % aller EH-Haushalte - sind zu 8 % Eigentümer der bewohnten Wohnung. Alte EH-Haushalte - 35 % aller EH-Haushalte - weisen demgegenüber eine Eigentümerquote von 56 % auf. Auch von diesen Eigentümern wohnen nur wenige in Wohnungen in Mehrfamilienhäusern.

Junge EH-Haushalte konzentrieren sich zu drei Vierteln auf 1- bis 3-Zimmer-Mietwohnungen - eine Folge des oben beschriebenen Zusammenhangs zwischen Alter des Haushaltsvorstands und Haushaltseinkommen. Im Durchschnitt aller EH-Haushalte wohnen in diesen Wohnungstypen nur noch knapp ein Drittel der Haushalte.

	Verteilung der EH-Haushalte auf die Wohnungstypen										
	1	2	3	4	5	6	7	8	9	10	EQ
EH-Haushalte bis 25 Jahre	2	2	1	35	40	2	1	0	12	5	8
EH-Haushalte 55 + Jahre	18	12	3	15	19	14	8	1	7	3	56
alle EH-Haushalte	14	8	3	11	21	16	9	1	11	6	51

Abb. 6.3

Verteilung der SI-Haushalte auf die Wohnungstypen 1978

Alle SI-Haushalte, junge und alte SI-Haushalte

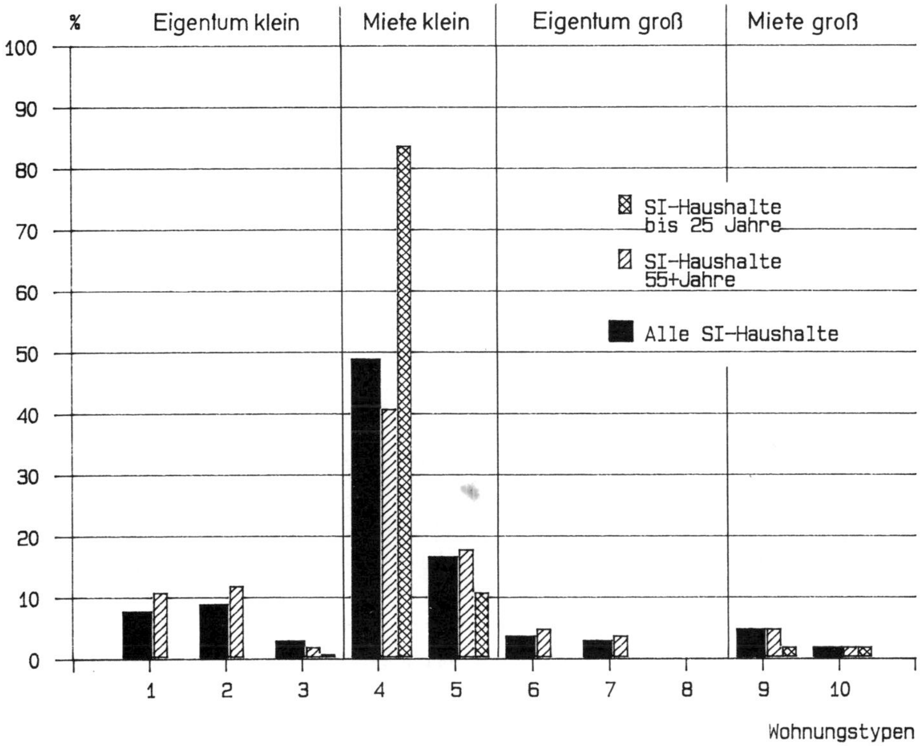

IFO-INSTITUT für Wirtschaftsforschung München 125/87 ifo

Regional weichen die Verteilungen junger und alter EH-Haushalte vom Durchschnitt in ähnlicher, wie schon bei anderen Strata oder Haushaltsgruppen beobachteten Weise ab. In den Kernstädten mit ihren höheren Miet- und Eigentumswohnkosten leben die Haushalte in kleineren Wohnungen und seltener im Eigentum.

Daß auch das Vorhandensein bzw. Nichtvorhandensein von Kindern unter 18 Jahren einen starken Einfluß auf die Wohnungsversorgung der Haushalte hat, ist sicherlich nicht umstritten und zeigt die entsprechende Analyse. Dieser Einfluß ist allerdings offensichtlich ambivalent: Haushalte mit mehreren Kindern haben einerseits dadurch einen stark eingeschränkten Spielraum in der Einkommensverwendung, d.h. auch weniger Einkommen für den Wohnkonsum, andererseits brauchen große Familien mehr Zimmer als kleine Haushalte und wünschen sich üblicherweise ein eigenes Einfamilienhaus zwecks Auslauf der Kinder ohne die häufig durch Nachbarn oder Vermieter ausgeübten Disziplinierungszwänge. EH-Haushalte mit 3 und mehr Kindern leben zu 52 % in großen Eigenheimen und sind mit noch einmal 26 % in großen Mietwohnungen also offenbar recht angemessen versorgt (vgl. Abbildung 6.4). Allerdings fällt bei der regionalen Differenzierung auf, daß diese Versorgung in den Kernstädten bei weitem nicht erreicht wird; dort ist aber auch der Anteil dieser Haushaltsgruppe an allen EH-Haushalten recht gering (BAKE: 3 %, KERN: 6 %).

	Verteilung der EH-Haushalte mit 3 und mehr Kindern auf die Wohnungstypen in den Regionstypen										Anteil der EH mit 3 + Kindern an allen EH der Region
	1	2	3	4	5	6	7	8	9	10	
Regionstyp											
BAKE	6	1	1	3	17	20	7	2	21	22	3
BAHV	10	2	0	1	8	31	17	3	14	14	7
BAUM	7	3	0	1	5	40	19	1	13	11	9
KERN	6	1	0	2	11	23	5	7	26	19	6
UMLA	11	3	0	1	6	38	19	0	10	12	10
LAND	11	2	0	1	6	41	20	0	10	9	10

Abb. 6.4

Eigentümerquoten der EH-Haushalte 1978

Alle EH-Haushalte, kinderlose und kinderreiche EH-Haushalte

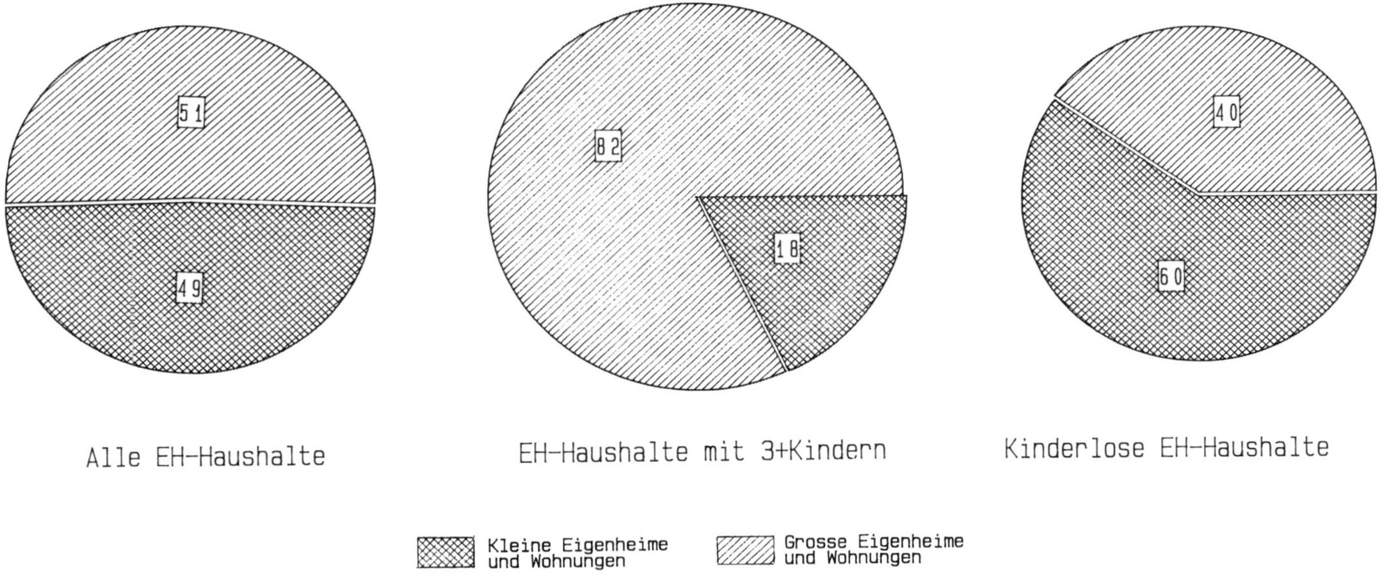

IFO-INSTITUT für Wirtschaftsforschung München

126/87

EH-Haushalte ohne Kinder sind zu einem geringeren Anteil Eigentümer der von ihnen bewohnten Wohnung. Sie leben zu 50 % in Mietwohnungen mit 1 bis 3 Zimmern, mit Schwerpunkt auf der 3-Zimmerwohnung.

6.2 Aufbruchverhalten der Haushalte 1978

1978 sind in der Bundesrepublik - beschränkt auf die Modell-Haushalte - 7,2 % der Haushalte umgezogen, d.h. haben innerhalb eines Regionstyps ihre Wohnung gewechselt. Wanderungen über Regionsgrenzen, die überwiegend arbeitsplatzbedingt sind, sind bei der Berechnung dieser Mobilitätsrate außer acht gelassen. Das bedeutet, daß die betrachtete Mobilität fast ausschließlich wohnungsmarktspezifisch ist: Ursache und Ziel sind eine Änderung der Wohnsituation. Diese durchschnittliche Mobilitätsrate weicht in den einzelnen Haushaltsstrata z.T. stark ab: Je nach Anzahl der Erwachsenen wird mehr oder weniger umgezogen. Auch die Regionszugehörigkeit spielt eine Rolle (Anteil umziehender Haushalte an den Haushalten des jeweiligen Stratums):

<table>
<tr><th colspan="2"></th><th>BAKE</th><th>BAHV</th><th>BAUM</th><th>KERN</th><th>UMLA</th><th>LAND</th></tr>
<tr><td colspan="2">EH</td><td>7,2</td><td>7,2</td><td>7,3</td><td>9,2</td><td>7,0</td><td>6,6</td></tr>
<tr><td>SW</td><td rowspan="2">SI</td><td>8,5</td><td>5,8</td><td>4,6</td><td rowspan="2">14,2</td><td rowspan="2">6,0</td><td>4,7</td></tr>
<tr><td>SM</td><td>16,9</td><td>11,8</td><td>11,1</td><td>10,4</td></tr>
<tr><td colspan="2">WG</td><td colspan="3">2,7</td><td colspan="2">2,2</td><td>1,8</td></tr>
<tr><td colspan="2">GABRD</td><td colspan="6">14,0</td></tr>
</table>

Die mit Abstand höchste Mobilitätsrate ist - abgesehen von den Gastarbeitern - bei männlichen SI-Haushalten zu beobachten, sie liegt doppelt so hoch wie bei den weiblichen SI-Haushalten. Das wird in erster Linie verursacht durch die unterschiedliche Altersstruktur dieser beiden Gruppen: weibliche SI-Haushalte sind zu zwei Dritteln alte Haushalte, während dieser Anteil bei den Männern nur ca. 30 % beträgt. Wie auch die Analyse der Schätzergebnisse im folgenden Kapitel bestätigt, übt das Alter den stärksten Einfluß auf die Mobilität aus. Außerdem wird das Aufbruchverhalten der Haushalte von der Haushaltsgröße determiniert. Haushalte mit drei und mehr Erwachsenen (WG) ziehen nach obiger Tabelle mit Abstand seltener um als kleinere Haushalte. Für die ersteren Strata ist darüberhinaus auch zu beachten, daß diese Haushalte älter sind als der Durchschnitt kleinerer Haushalte und daß sie - ähnlich den weiblichen SI-Haushalten - im Verlauf des Familien-/Lebenszyklus eine "bessere" Wohnungsversorgung erreicht haben als junge Haushalte.

In den Ballungszentren (BAKE und KERN) wird insgesamt häufiger umgezogen als in Umland- und Landgemeinden. Offensichtlich besteht hier ein enger Zusammenhang zu den Diskrepanzen in der Wohnungsversorgung zwischen den Regionstypen. Man kann vermuten, daß Haushalte in Ballungskernen wegen einer relativ weniger angemessenen Wohnsituation auch die Chancen zu einer geringen Verbesserung wahrnehmen, einer Verbesserung, die in anderen Regionstypen den Kosten-Mühe-Aufwand eines Umzugs nicht lohnt.

Betrachtet man den Auszug der Haushalte, aufgeteilt nach den bis dahin bewohnten Wohnungstypen, so stellt sich heraus, daß aus Eigenheimen praktisch nicht oder kaum ausgezogen wird. Aufgebrochen wird aus Mietwohnungen und Eigentumswohnungen in Mehrfamilienhäusern. Das entspricht der gängigen These von der Bindung an eigenen Grund und Boden bzw. der Bedeutung des eigenen Hauses als Mobilitätshemmnis.

Die mehr als 600.000 ausziehenden EH-Haushalte kommen zu sehr unterschiedlichen Anteilen aus den verschiedenen Wohnungstypen:

	kleines Wohneigentum WT 1, 2, 3		großes Wohneigentum WT 6, 7, 8		kleine Mietwohnung WT 4, 5		große Mietwohnung WT 9, 10	
	1)	2)	1)	2)	1)	2)	1)	2)
Stratum								
EHBAKE	14	4	13	3	53	74	20	19
EHBAHV	26	9	29	8	28	55	17	28
EHBAUM	31	10	34	11	20	51	15	28
EHKERN	19	8	18	5	43	64	20	23
EHUMLA	27	7	36	11	22	54	15	28
EHLAND	27	10	34	13	23	51	16	26

1) Belegung: Anteile in den Wohnungstypen in %.

2) Auszug: Anteile der Wohnungstypen am Auszug in %.

Natürlich ist die Verteilung der Ausziehenden auf die Wohnungstypen sehr eng mit der Belegungsstärke gekoppelt, d. h. aus den Wohnungen, in denen sehr viele der EH-Haushalte wohnen, ziehen auch relativ viele Haushalte aus. Trotzdem lassen sich, setzt man die relative Auszugshäufigkeit als Maßstab der Wohnzufriedenheit bzw. -unzufriedenheit an, einige Tendenzen ablesen. Diese werden aber stark überdeckt von Verschiebungen zwischen den Wohnungstypen aus den unterschiedlichsten Gründen: So ziehen z.B. EH-Haushalte aus großen Mietwohnungen aus, weil ihr Einkommen nicht mehr ausreicht, die Putzarbeiten zu umfangreich sind, die Kinder eigene Haushalte gegründet haben. Dieser Zielrichtung der Verkleinerung steht eine umgekehrt begründbare Zielrichtung der Vergrößerung der Wohnung gegenüber. Und beide werden überlagert von dem gerade in diesen Strata recht hohen Interesse an Eigentum.

Bezieht man sozusagen im Saldo aller dieser Bewegungen den Auszug je Wohnungstyp direkt auf die Anzahl der in diesem Wohnungstyp lebenden Haushalte, so zeigen sich die höchsten Auszugsquoten in der kleinen Mietwohnung mit 1 bis 2 Zimmern. Dieser Wohnungstyp bietet also den EH-Haushalten offensichtlich keine zufriedenstellende Wohnsituation.

Abb. 6.5

Auszug aus den Wohnungstypen 1978

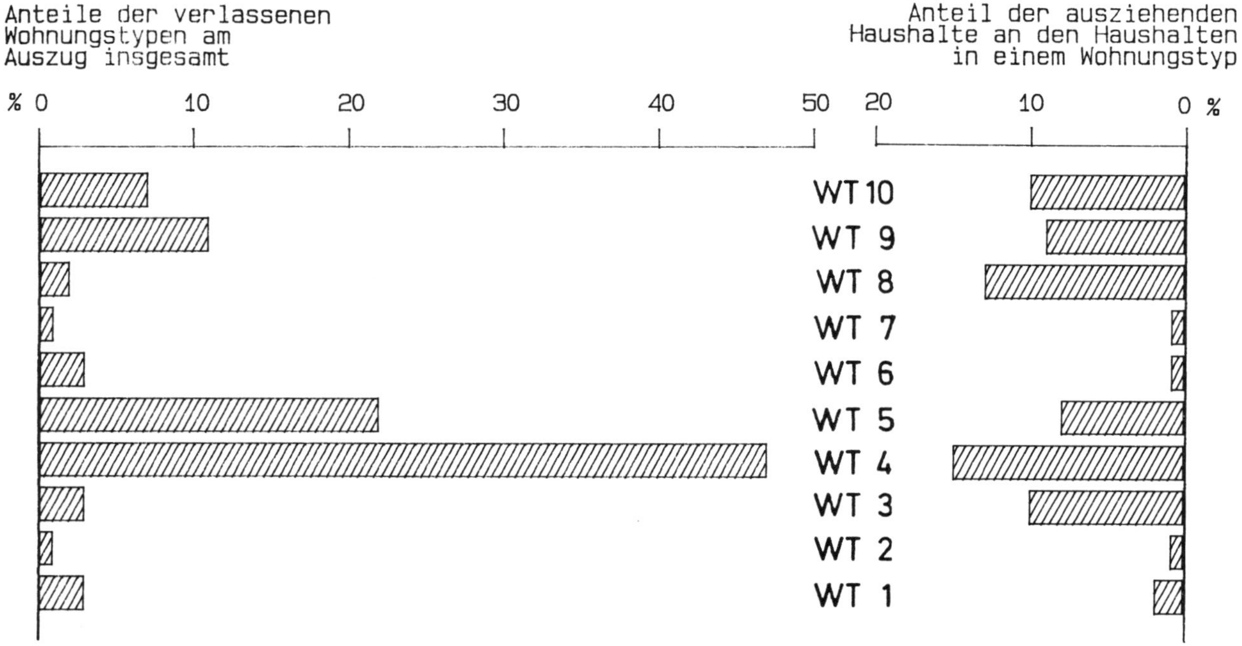

IFO-INSTITUT für Wirtschaftsforschung München 127/87

Weiblichen SI-Haushalten ist aufgrund eines Auszugs- und Belegungsvergleichs nicht so deutlich eine "unpassende" Wohnung zuzuordnen. Die Umschichtung durch Auszug erfolgt bei diesen Strata relativ gleichmäßig über die Mietwohnungstypen, soweit man das aus einer Analyse des Auszugs und der Belegung schließen kann. D.h. je nach gruppenspezifischer Ausprägung der Merkmale Alter, Kinderzahl, Einkommen herrscht Unzufriedenheit mit einem anderen Mietwohnungstyp. In Eigenheimen bleiben weibliche SI-Haushalte ganz überwiegend wohnen, Eigentumswohnungen fallen schon von der Belegung her kaum ins Gewicht.

Demgegenüber drängen männliche SI-Haushalte offenbar, ähnlich wie EH-Haushalte, aus den kleinen Mietwohnungen hinaus. Rund 70 % der ausziehenden Haushalte ziehen aus 1- bis 2-Zimmer-Mietwohnungen aus. Trotz ihrer hohen Mobilität ist - wie für alle anderen Haushalte - für männliche SI-Haushalte Eigentum bindend.

WG-Haushalte verlassen alle Mietwohnungen in ungefähr gleicher Stärke, dabei ist zu beachten, daß die Gruppe insgesamt recht immobil ist, was wiederum sicherlich damit zusammenhängt, daß die WG-Haushalte zu rund zwei Dritteln im eigenen Heim wohnen.

Die Mehrpersonen-Gastarbeiter-Haushalte in der Bundesrepublik - die u.a. wegen ihrer verhältnismäßig geringen Anzahl in der Analyse insgesamt wenig Berücksichtigung finden - ziehen ebenfalls überwiegend aus kleinen Mietwohnungen aus. Aus diesem Wohnungstyp kommen fast zwei Drittel aller Ausziehenden. In allen andere Mietwohnungstypen sind GA-Haushalte eher seßhaft, die entsprechende Wohnsituation ist offensichtlich zufriedenstellend.

Unter den Modell-Wohnungen ist die kleine Mietwohnung mit 23 % weitaus am häufigsten vertreten. Ihr folgen mit 19 % die Drei-Zimmer-Mietwohnung und mit immerhin 15 % das große Einfamilienhaus. Setzt man alle Auszügler in der Bundesrepublik als Grundgesamtheit und betrachtet deren Verteilung auf die Wohnungstypen, die die Haushalte verlassen, so stellt man fest, daß knapp 50 % aus der vorherrschenden kleinen Mietwohnung stammen. Dieser Wohnungstyp ist also der insgesamt am häufigsten verlassene, demnach der, der am ehesten Unzufriedenheit auslöst, und zwar relativ unabhängig von den Haushaltsmerkmalen. Das be- stätigt sich auch, wenn der Auszug aus einem Typ direkt ins Ver- hältnis zur Belegung dieses Wohnungstyps gesetzt wird (siehe Abbildung 6.5). Von allen Haushalten, die in der kleinen Mietwohnung leben, ziehen 1978 15 % aus.

Bezogen auf alle Auszügler verlassen weitere 22 % die Drei-Zimmer-Mietwohnung, die ebenfalls recht häufig unter den Modell-Wohnungen vertreten ist. Der Anteil der Auszügler aus Wohneigentum ist denkbar gering. Man könnte, allerdings mit einiger Unsicherheit behaftet, eine Hierarchie der Wohnungstypen in der Realisierung von Wohnwünschen je nach Einkommens- und Kostenkonstellation herstellen. Das läuft darauf hinaus anzunehmen, daß Haushalte diese Hierarchie nach oben entlangwandern, wenn finanzielle Spielräume entstehen, bzw. wenn zur Verfügung stehende Mittel geringer werden, ihren Wohnkonsum in umgekehrter Richtung einschränken. Auf der untersten Stufe der Hierarchie stehen die kleinen Mietwohnungen, gefolgt von immer größeren Mietwohnungen, um dann, auch im Eigentum nach der Größe gestaffelt, auf der obersten Stufe mit dem großen Einfamilienhaus zu enden.

Etwas überraschend ist der recht hohe Anteil ausziehender Haushalte aus Geschoßeigentum; bezogen auf den Wohnungsbestand des Modells nehmen Eigentumswohnungen nur 3 % ein. Im Verhältnis zur Belegung ziehen aus kleinen Eigentumswohnungen 10 %, aus großen Eigentumswohnungen sogar 13 % der Haushalte aus. Nun werden Eigentumswohnungen, in erster Linie in den Kernstädten, von sich mit diesen Fragen befassenden Institutionen häufig als eine Alternative zum Haus angesehen. Legt man das Auszugsverhalten der Haushalte zugrunde, so genießt Geschoßeigentum keine allzu große Wertschätzung; es wird relativ häufig wieder verlassen, d.h. als Alternative zum eigenen Haus eben doch nicht voll anerkannt.

6.3 Einzugsverhalten der Haushalte 1978

Ergiebiger werden derartige Analysen der relativen Attraktivitäten der verschiedenen Wohnungstypen, wenn man neben dem Auszugsverhalten der Haushalte auch deren Einzugsverhalten in die verschiedenenen Wohnungstypen betrachtet, d. h. die Wahl eines Wohnungstyps aus den zehn Alternativen. Denn, wie schon oben dargelegt, überschneiden sich die unterschiedlichsten Zielrichtungen und heben sich deshalb z.T. auch in der Wirkung auf.

Einziehende Haushalte des Modells sind immer zahlenmäßig mehr Haushalte als die ausziehenden, weil nach der Modellkonzeption in einem Regionstyp auch "neue" Haushalte eine Wohnung suchen und auswählen. Diese neuen Haushalte sind u.a. neugegründete Haushalte (ausziehende Kinder, Geschiedene etc.), Zuwandernde oder aus nicht modellrelevanten Wohnungsteilmärkten überwechselnde Haushalte (Landwirte, Mieter von Sozialwohnungen).

Unter Berücksichtigung aller dieser Teilgruppen ziehen 1978 11 % aller Modellhaushalte in eine Wohnung ein. Nach der Modell-Logik ziehen überdurchschnittlich viele SI-Haushalte ein, deren Nachfrage also auch die gesamte Wohnungswahl in der Bundesrepublik Deutschland stark beeinflußt.

Immer noch 38 % von allen einziehenden Haushalten bevorzugen aus eben diesem Grund die kleine Mietwohnung.

	Einzug 1978 Wohnungstyp									
	1	2	3	4	5	6	7	8	9	10
Anteil der Wohnungstypen am gesamten Einzug	8	3	3	38	19	9	4	1	9	6
Anteil der Einziehenden an der Belegung	8	5	15	19	12	7	6	13	12	15

Auch das Interesse an der Drei-Zimmer-Mietwohnung ist mit 19 % relativ hoch, und immerhin 28 % der einziehenden Haushalte wählen Wohneigentum, davon der ganz überwiegende Teil ein kleines oder großes Einfamilienhaus (WT 1, 6).

Auf die Belegung bezogen verschiebt sich das Bild etwas, aber das Gewicht der kleinen Mietwohnung bleibt erhalten.

Da Einzug und Auszug sich auf unterschiedliche Haushaltszahlen beziehen, lassen sich nur die in sich relativierten Auszüge mit den relativierten Einzügen vergleichen. Und auch dieser Vergleich kann nur im Ansatz Hinweise auf die relative Attraktivität der einzelnen Wohnungstypen geben, denn auch die Haushaltsstruktur der Aus- und Einziehenden ist verschieden voneinander.

Relativer Gewinn (+) bzw. Verlust (-) der Wohnungstypen durch Aus- und Einzug der Haushalte - Differenz der Anteile in Prozentpunkten -

1	2	3	4	5	6	7	8	9	10
+5	+2	0	-9	-3	+6	+3	-1	-2	-1

Unter den wohnungsmarktrelevanten Rahmenbedingungen im Jahr 1978 sind demnach Eigenheime am beliebtesten, und zwar mit Vorsprung die Einfamilienhäuser und danach erst die Zweifamilienhäuser. Hinsichtlich der Eigentumswohnungen und großen Mietwohnungen halten sich Ablehnung und Zustimmung in etwa die Waage. Kleine Mietwohnungen dagegen werden überwiegend verlassen, d.h. sind eher unattraktiv.

Der Einzug in den einzelnen Modell-Strata zielt je nach den Bedingungen der regionalen Märkte und den sozioökonomischen Haushaltsstrukturen auf verschiedene Wohnungstypen. Zwischen Haushalten mit einer unterschiedlichen Anzahl Erwachsener zeigen sich die erwarteten Differenzen bei den Merkmalen Besitzstand und Größe der ausgewählten Wohnung.

	Einzug in die Wohnungstypen 1978 - Anteile der Wohnungstypen in % -										
	1	2	3	4	5	6	7	8	9	10	EQ
Demographischer Typ											
EH	15	4	4	16	18	15	6	2	11	9	46
SI	3	2	3	67	14	1	1	0	6	3	10
WG	12	1	1	3	19	22	11	2	15	14	49
GA	0	0	0	23	58	0	0	0	13	6	0

Gastarbeiter-Haushalte ziehen aus den unterschiedlichsten Gründen nicht in ein eigenes Haus oder eine eigene Wohnung. Einerseits scheuen sie sicherlich die Bindung bzw. Verpflichtung auf längere Zeit, wie sie mit der Finanzierung von Eigentum verbunden ist, andererseits dürften auch wegen der durchwegs niederen Stellung in der Berufshierarchie, geplanter Rückkehr in die Heimatländer und/oder der Unterstützung weiterer Familienangehöriger im Ausland nur geringe Geldmittel zur Verfügung stehen. Gastarbeiter-Haushalte mit mehreren Personen - wie im Modell ausschließlich einbezogen - konzentrieren sich auf die Drei-Zimmer-Mietwohnung (Anteil in der Wohnungsversorgung 1978: 38 %).

EH-Haushalte sind 1978 zu 51 % mit Wohneigentum versorgt. Der Eigentumsanteil am Einzug beträgt nur noch 46 %. Damit sinkt die Eigentümerquote aber noch nicht, weil diese Haushaltsgruppe vorwiegend aus Mietwohnungen auszieht. Dagegen schlagen die niedrigen Einzugsanteile bei WG-Haushalten auf die Eigentümerquote durch, weil bei insgesamt äußerst geringem Auszug der Anteil der Neueigentümer mit knapp der Hälfte aller Einziehenden wesentlich niedriger ist als die Eigentümerquote im Bestand. Auch bei den SI-Haushalten dürfte sich die Eigentümerquote durch Einzug verringern. Die Ursachen für diese Entwicklung sind mehrschichtig. Die Daten der Tabelle sind aggregierte Daten über die Regionstypen, über Alter, Kinderzahl und Haushaltseinkommen. Die verschiedenen regionalen Märkte mit ihren unterschiedlichen Preisniveaus allein haben je nach Einzugshäufigkeit einen mehr oder weniger durchschlagenden Effekt auf das Einzugsverhalten insgesamt. Unter anderem wird in den relativ teureren Kernstädten häufiger aus- und eingezogen als in den anderen Regionstypen. Die einzel- nen Einflüsse sozioökonomischer bzw. demographischer Strukturen lassen sich anhand der Schätzergebnisse (siehe Kapitel 7) herausarbeiten.

Einziehende SI-Haushalte - in vielen Fällen "neue" junge Haushalte - ziehen zu 67 % in kleine Mietwohnungen und erhöhen dort die ohnehin schon vorhandene Belegungskonzentration. EH-Haushalte zieht es verstärkt in große Mietwohnungen, ebenso wählen WG-Haushalte, allerdings mit noch stärkerem Akzent auf den ganz großen Wohnungen, ihre zukünftige Wohnsituation aus (Einzug von knapp 30 % in vier und mehr Zimmer).

Die Analyse des Einzugs nach Regionstypen zeigt den Einfluß der verschiedenen Wohnungs-Angebotsgegebenheiten bzw. der verschiedenen Marktsituationen deutlich. In ländlichen Regionen wird über Einzug mehr Eigentumsversorgung realisiert als in Kernstädten bzw. in hochverdichteten Gebieten. In den Regionstypen BALL spielt demgegenüber die kleine Mietwohnung eine immer noch dominierende Rolle als Zielwohnung der Einzügler. Ihre Bedeutung flacht über die Regionen KEUM bis LAND deutlich ab. Ähnliches gilt für die Drei-Zimmer-Mietwohnung.

	Einzug in die Wohnungstypen 1978[1] - Anteile der Wohnungstypen in % -										
	1	2	3	4	5	6	7	8	9	10	EQ
Regionstyp BALL	6	2	3	46	19	6	2	1	9	6	20
Regionstyp KEUM	13	4	3	30	14	12	7	2	9	6	41
Regionstyp LAND	13	4	3	28	11	18	7	1	8	7	46

1 ohne GABRD

Die hier zusammengefaßten Regionstypen[1)] zeigen in ihren Einzeltypen noch einmal ein unterschiedliches Bild. Im Regionstyp BAKE ziehen SI-Haushalte praktisch nicht in Wohneigentum, insbe-

1) Begründung für die Zusammenfassung siehe Kapitel 7.

sondere nicht die männlichen. In BAKE wählen SI-Haushalte zu rund 80 % die kleine Mietwohnung aus. Demgegenüber ziehen im Umland von BAKE, also in BAHV und BAUM, SI-Haushalte zu einem durchaus be- achtlichen Prozentsatz in Wohneigentum (weibliche SI: 21 %, 29 %, männliche SI: 9 %, 9 %), vorwiegend in kleine Eigenheime und Wohnungen. In der Gruppe der EH-Haushalte sind kleine Mietwohnungen bis zu drei Zimmern von Kernstadt (54 %) zu Umlandregionen (31 %) immer weniger gefragt. Ähnliche Unterschiede bestehen innerhalb der zusammengefaßten Region KEUM zwischen Kernstadt und Umland.

Die folgende Abbildung 6.6 zeigt noch einmal in ausschließlich grober regionaler Gliederung ansatzweise die relativen Attraktivitäten der einzelnen Wohnungstypen, wie sie sich aus dem Auszugs- und Einzugsverhalten der Haushalte im Jahr 1978 ergeben.

Eindeutige Attraktivitätshierarchien zwischen den Regionen BALL und LAND lassen sich einerseits beim großen Einfamilienhaus erkennen, dessen Attraktivität steigt, während andererseits die Attraktivität der Drei-Zimmer-Mietwohnung in fast genau dem gleichen Ausmaß über die Regionen sinkt. Große Eigentumswohnungen genießen nur in Bereichen hoher Verdichtung ein gewisses Ansehen, in den anderen Regionen werden sie, wie auch die kleine Eigentumswohnung, tendenziell eher abgelehnt. Zweifamilienhäuser sind überall relativ attraktiv, man bringt ihnen aber in weniger verdichteten Regionen mehr Wertschätzung entgegen als in Ballungsgebieten.

Mietwohnungen sind überall verhältnismäßig unattraktiv, am wenigstens noch in Ballungsgebieten. Ablehnung und Zustimmung halten sich nur bei der größten Mietwohnung in etwa die Waage.

6.4 Rahmenbedingungen für den Umzug 1978

Die für die Wohnungsnachfrage 1978 wesentlichen Rahmenbedingungen

- demographische Struktur und
- ökonomische Faktoren

Abb. 6.6

Relative Attraktivität der Wohnungstypen 1978

Anteile am Auszug minus Anteile am Einzug in %, relativer Gewinn bzw. Verlust in Prozentpunkten

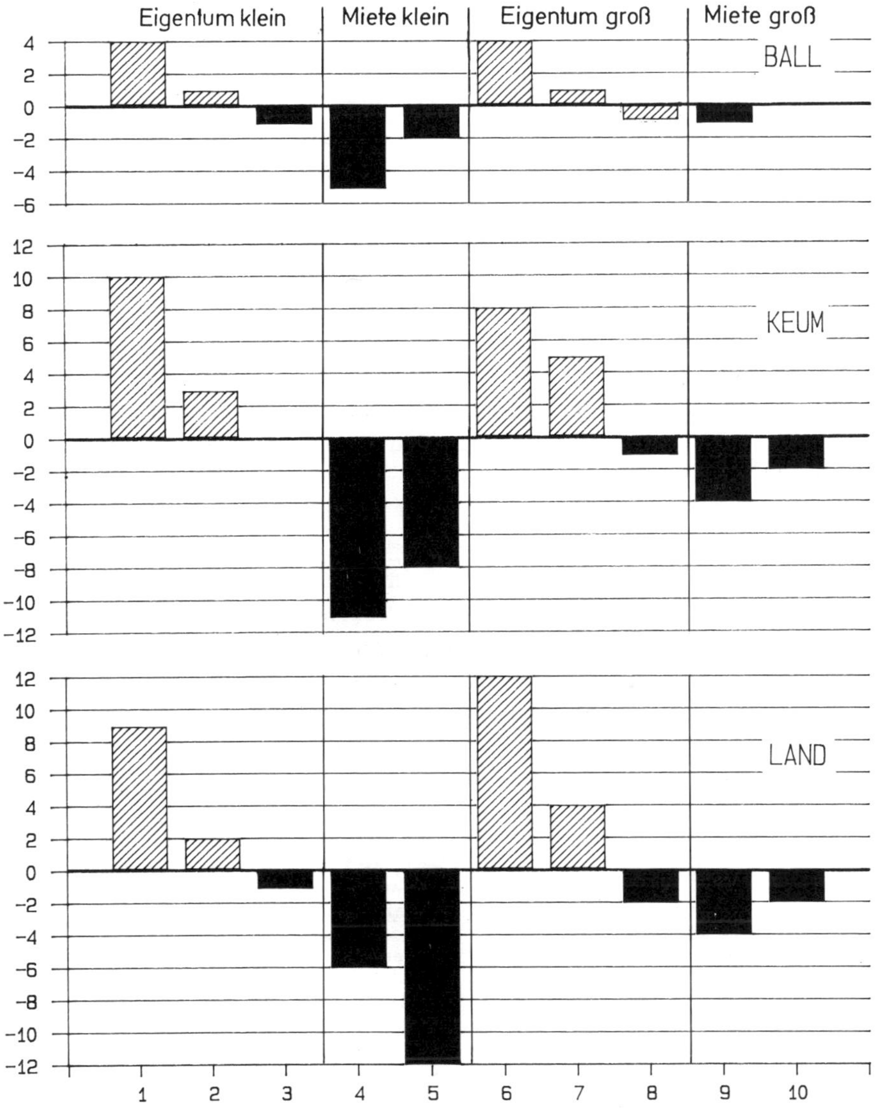

IFO-INSTITUT für Wirtschaftsforschung München 128/87

schlagen sich - abgesehen von den Haushaltszahlen - mehr oder weniger direkt in den Werten der Einflußgrößen nieder, die für die Schätzung der Aufbruch- und Zielfunktionen der Umzügler konstruiert wurden. Für die zukünftige Wohnungsnachfrage ist die Entwicklung dieser Einflußfaktoren im Prognosezeitraum entscheidend.

Die Interpretation der Rahmenbedingungen der Umzüge 1978 beschränkt sich im folgenden auf die Werte der durchschnittlichen Einflußgrößen pro Haushaltsstratum. Dadurch ist sichergestellt, daß auch für den Prognosezeitraum anhand der Entwicklung dieser Werte die Veränderung der Rahmendaten annäherungsweise analysiert werden kann.

In die Schätzung der Zielfunktionen geht jeder einzelne Haushalt mit seinen ganz spezifischen Eigenschaften und den ganz spezifischen Gegebenheiten seiner Wohnsituation ein. In der folgenden Betrachtung der Einflußfaktoren werden hier jedoch der Anschaulichkeit wegen pro Stratum die Mittelwerte der Individualdaten [1] herangezogen.

Wie im folgenden Kapitel 7 ausführlich beschrieben, werden die Einflußgrößen in der Schätzung z.T. untereinander kombiniert, z.T. in komplizierten Algorithmen verwendet, um einerseits entsprechende Hypothesen zu belegen, aber auch um andererseits den Anforderungen der mathematischen Optimierungsverfahren zu genügen. Die ausgewiesenen Mittelwerte sind teilweise solcherart konstruierte Daten, die sich nicht immer in ihre einzelnen Bestandteile auflösen lassen (z.B. Kaltkosten der Wohnung). In diesem Fall muß eine isolierte Betrachtung einzelner Faktoren

---

1) Diese Daten sind in ihrer Aufbereitung für die Prognose im Kapitel 10 beschrieben. In Materialband III werden sie für ausgewählte Prognosejahre in den Tabellen MITTLERE EXOGENE DATEN mit ihrem jeweiligen Wert ausgewiesen. In Materialband I sind die Tabellen der Einflußfaktoren zusammengestellt, die nicht in der 1-v.H.- Wohnungsstichprobe 1978 enthalten sind und von den Projektbearbeitern aus anderen Quellen bzw. Schätzungen zugespielt werden mußten. Prämissen und Vorgehensweise bei der Bereitstellung dieser zusätzlichen Daten werden dort in knapper Form angegeben.

unterbleiben. Für andere Einflußgrößen lassen sich die vorgenommenen Berechnungen zurückverfolgen.

6.4.1 Kosten der Wohnung bei Einzug

Die detaillierte Beschreibung der Variablen-Spezifikation der Preise/Kosten der Wohnungsalternativen bei Einzug der Haushalte findet sich im Abschnitt 5.1.2. An dieser Stelle sei nur noch einmal daran erinnert, daß

- die Kosten der Mietwohnungsalternativen als hedonische Mieten abzüglich Wohngeld ausgewiesen sind,
- die Kosten für Wohneigentum eine Kombination der Faktoren Kapitaldienst, Betriebskosten, Wohngeld und Steuerersparnis darstellen.

Die Einzelfaktoren lassen sich, wie oben schon erwähnt, nicht mehr isoliert ausweisen und analysieren. Das sollte vor allem dort berücksichtigt werden, wo Wohngeld und/oder Steuerersparnis stratumspezifisch ein unterschiedliches Gewicht haben - z.B. in Abhängigkeit von speziellen Einkommens- oder Altersstrukturen der Strata, die direkten Einfluß auf die Höhe der Abzüge von den Kosten haben.

1978 bot die allgemeine Wirtschaftslage bzw. die konjunkturelle Situation ein eher wohnungsnachfragefreundliches Klima. Die Einkommen stiegen relativ stark, der Hypothekenzins pendelte auf einem niedrigen Niveau, der Ölpreisschock von 1973/74 schien mehr oder weniger überwunden; politische Maßnahmen kurbelten den konjunkturellen Aufschwung an ("Zukunftsinvestitionsprogramm"); die Inflationsrate war niedrig, und die Wohnungspreise stagnierten tendenziell. Trotz abflauender Wirkung der kräftigen Ölpreiserhöhung vor einigen Jahren, spielen bei der Wohnungsnachfrage Art und Kosten der Heizung eine große Rolle, größer vermutlich als vor 1973. Energiesparmaßnahmen werden durchgeführt. Beim Einzugsverhalten der Haushalte verlieren heizkostenintensive Altbauten, alleinstehende Eigenheime und übergroße Wohnungen an Attraktivität.

Im Durchschnitt des gesamten Bundesgebietes und aller Modell-Strata und im Durchschnitt aller Wohnungsgrößen sind die im Modell aufzubringenden Kosten einer Mietwohnung (abzüglich Wohngeld) um 72 % niedriger als die Kosten von Wohneigentum (abzüglich Wohngeld und Steuerersparnis). Für diese groben Werte lassen sich errechnen:

monatliche Mietkosten von DM 229,
monatliche Eigentümerkosten von DM 810[1].

Von der durchschnittlichen Differenz zwischen Miet- und Eigentümerkosten weichen die Differenzen in den einzelnen Regionstypen sehr stark ab. Während in der Region BAKE Mieter noch 78 % weniger als Eigentümer an Wohnkosten aufbringen müssen, verringert sich dieser Abstand in allen anderen Regionen. Den relativ geringsten Unterschied gibt es in den Regionstypen UMLA und KERN mit nur noch um 68 % geringeren Miet- als Eigentümerkosten. In absoluten Werten gesehen, sinken die Eigentümerkosten vom Ballungskern zum Umland.

Durchschnittliche monatliche Eigentümerkosten 1978
- in DM -

	Wohnungstyp						Durchschnitt
	1	2	3	6	7	8	(gewichtet)
Regionstyp							
BAKE	1.054	989	384	1.459	1.447	582	1.050
BAHV	774	660	334	1.075	925	486	871
BAUM	622	519	284	886	776	405	760
KERN	737	604	303	982	852	397	711
UMLA	521	443	271	761	635	390	659
LAND	668	499	271	856	697	387	724

Auf den ersten Blick unerwarteterweise ist der Eigentumserwerb auf dem flachen Land nicht der mit Abstand kostengünstigste. Vermuten läßt sich, daß einzelne Faktoren dieser Kombinations-

1) Der große Unterschied ist, wie schon dargelegt, nicht nur eine Folge der modellspezifischen Verwendung der hedonischen Mieten, sondern auch durch die unterschiedlichen Wohnungsgrößenstruktur der Mietwohnungen einerseits und des Wohneigentums andererseits verursacht.

größe im Regionstyp LAND die Abweichung bewirken: z.B. dürften hier die Grundstücke größer sein als im Dunstkreis von Kernstädten, und außerdem dürften mit hoher Wahrscheinlichkeit auch insgesamt eher größere Häuser in den berechneten Durchschnitt eingehen als beispielsweise in dem kostengünstiger erscheinenden Regionstyp UMLA. Gerade unmittelbar an Kernstädte grenzende Umlandgemeinden (Regionstypen BAHV und UMLA), in denen viele Familien ihre Eigentumsnachfrage decken, zeichnen sich darüber hinaus durch günstige Angebote relativ kleiner Reihenhäuser auf kleinen Grundstücken aus. Das und der Abfall der Grundstückspreise gegenüber den Kernstädten wird bestätigt durch die in der Tabelle ausgewiesene starke Verringerung der Eigentümerkosten im jeweils nahen Umland.

Die durchschnittlichen Kosten einer Mietwohnung in den einzelnen Regionstypen zeigen demgegenüber keine überraschenden Werte. Sie bestimmen sich u.a. auch aus der unterschiedlichen Größenstruktur der Mietwohnungen in den einzelnen Regionstypen. So werden die Mietwohnungen im Regionstyp BAKE dominiert von kleinen Wohnformen (allein rd. 50 % des Mietwohnungsbestandes besteht aus Ein- bis Zwei-Zimmer-Wohnungen), während der Anteil großer Wohnformen vor allem in den Umlandtypen und im flachen Land mit um die 30 % sehr viel höher ist als im Regionstyp BAKE mit nur 17 %. Die relativ höheren Mietpreise in den Kernstädten (BAKE und KERN) lassen sich also aus dieser Durchschnittsbildung nicht mehr ablesen. Die Einzelmieten (für einen bestimmten Wohnungstyp) nehmen, von einigen Ausnahmen abgesehen, in der erwarteten Reihenfolge ab, bestätigen damit den Grad der jeweiligen Konkurrenzsituation auf dem Markt und, in einem engen Zusammenhang damit, die relative Attraktivität der Regionen für Mieter (vgl. entsprechende Tabellen MITTLERE EXOGENE, Materialband I, S. 33).

Durchschnittliche monatliche Mietkosten 1978
- in DM -

	Wohnungstyp 4	5	9	10	Durchschnitt (gewichtet)
Regionstyp					
BAKE	175	252	313	423	231
BAHV	172	249	308	352	232
BAUM	166	240	254	312	239
KERN	175	235	276	328	224
UMLA	148	209	246	306	209
LAND	134	191	242	262	194

Die durchschnittlichen Mietkosten differieren zwischen den Regionstypen bei weitem nicht so stark wie die Kosten des Wohneigentums. Das liegt u.a. daran, daß die Grundstückspreise stärkere regionale Unterschiede zeigen als die Baupreise. Letztere bestimmen wiederum die Mieten in höherem Maße als die Wohneigentumskosten. Die Erwerbspreise von Ein-, Zweifamilienhäusern und - wenn auch anteilsmäßig weniger - die der Eigentumswohnungen enthalten immerhin zu 30 % bis sogar fast 50 % Grundstückskosten.

Betrachtet man noch einmal das Verhältnis von Miet- zu Eigentümerkosten in den einzelnen Regionstypen, so wird offensichtlich, daß im Ballungskern der Übertritt von Miete zu Eigentum wegen des großen Abstands am schwierigsten ist, während die Differenz vor allem in den Typen BAUM, KERN und UMLA bei Übertritt keine vergleichbare Erhöhung der monatlichen Wohnausgaben verursacht. Allerdings muß auch in diesen Regionen im Durchschnitt mehr als das Doppelte ausgegeben werden.

Der Erwerb von Eigentumswohnungen verursacht in der gesamten Bundesrepublik Deutschland durchschnittlich um knapp 50 % niedrigere Kosten als der von Ein- oder Zweifamilienhäusern. Der Bau oder Kauf kleiner Häuser hat nur ca. 70 % der monatlichen Aufwendungen für große Häuser im Gefolge. Über alle Strata gesehen verursachen Zweifamilienhäuser im Schnitt um 15 % geringere Kosten als Einfamilienhäuser, und zwar insbesondere wegen der

Abb. 6.7

Durchschnittliche monatliche Kosten der Wohnungstypen 1978

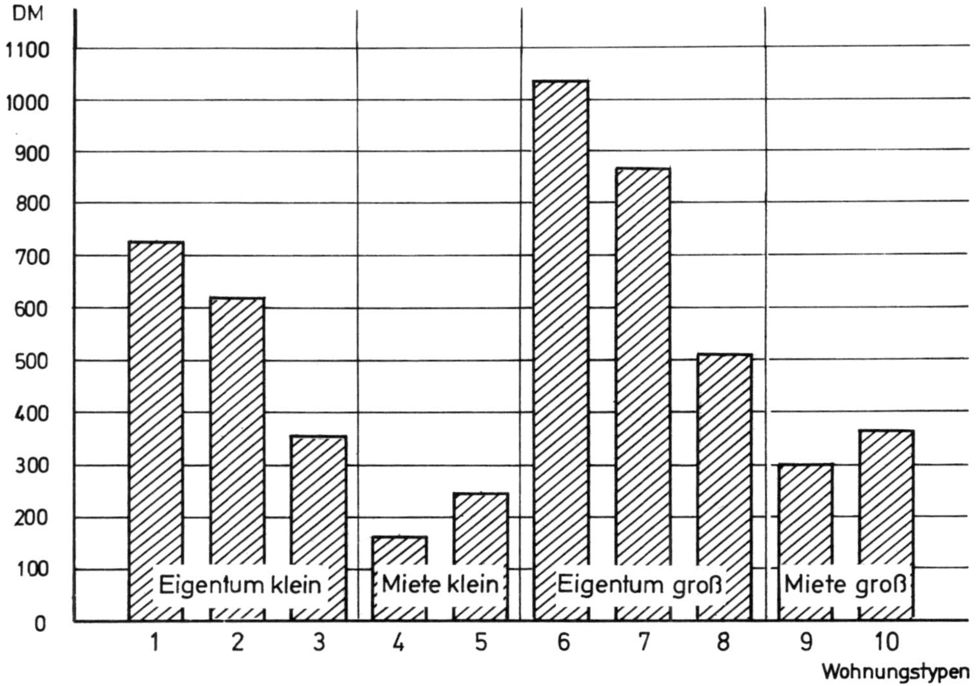

IFO-INSTITUT für Wirtschaftsforschung München 132/87

höheren Steuerersparnis und zusätzlicher Mieteinnahmen. Die durchschnittlichen Kosten der einzelnen Wohnungstypen, wie sie sich einziehenden Haushalten bei der Wohnungswahl präsentieren, zeigt noch einmal die folgende Abbildung 6.7.

Die zu erwartende Wertsteigerung des Wohneigentums, die beim Erwerb eines Objekts, auch wenn es zur Selbstnutzung bestimmt ist, eine die Entscheidung beeinflussende Rolle spielen dürfte, nahm 1978 bei steigender Nachfrage, aber nach relativ ruhiger Preisentwicklung, mittlere Werte an. Diese allerdings variierten der jeweiligen Marktlage entsprechend stark über die Regionstypen und die Wohneigentumstypen. Die Wertsteigerung von Eigentumswohnungen lag im Durchschnitt um 20 % unter der von Eigenheimen, was sich im wesentlichen aus dem relativ geringen Grundstücksanteil von Geschoßwohnungen erklären läßt. Ebenfalls die Grundstücksgröße ist entscheidende Ursache für die etwas höher liegende Wertsteigerung der Zweifamilien- gegenüber den Einfamilienhäusern.

6.4.2 Permanentes Einkommen der Haushalte

Das permanente Einkommen der Haushalte[1] lag im Jahr 1978 bei durchschnittlich 2.170 DM im Monat. Einkommensunterschiede zwischen den Strata sind im wesentlichen durch die Anzahl der Einkommensbezieher verursacht, sie stehen in engem Zusammenhang mit der Anzahl der Erwachsenen im Haushalt. Darüberhinaus differieren die Einkommen infolge von unterschiedlichen Ausbildungsstrukturen, beruflichen Positionen etc., die hier aber nicht gesondert betrachtet werden können. Einfluß nehmen auch der regionale Wohnsitz des Haushalts und spezielle demographische Besonderheiten der Strata, wie Kinderzahl[2] und Alter des Haushaltsvorstands. Diesen unterschiedlichen Gegebenheiten entsprechend haben die WG-Haushalte insgesamt das höchste permanente Einkommen (DM 2.773), die SI-Haushalte undifferenziert das nied-

1) Zur Schätzung des permanenten Einkommens vgl. Abschnitt 5.1.8
2) Das permanente Einkommen ist jeweils um das Kindergeld, das der Haushalt bezieht, erhöht.

rigste (DM 1.425). In den Ballungsgebieten wird im Schnitt mehr verdient als in Regionen mit Verdichtungsansätzen oder im flachen Land, und zwar mit einem Abstand von 10-15 %. Weibliche SI-Haushalte haben durchschnittlich ein um 12 % geringeres Einkommen als männliche SI-Haushalte. Das Einkommen der GA-Haushalte liegt über dem der SI-Haushalte.

Durchschnittliches monatliches permanentes Einkommen 1978
- in DM -

Stratum	Einkommen
EHBRD	2.469
SIBRD	1.425
WGBRD	2.773
GABRD	2.099

Die Hierarchie der Einkommen über die Regionstypen entspricht in etwa dem Abfall der Wohnkosten zwischen BAKE und LAND. Zwischen Einkommen nach Haushaltsgrößen und Kosten nach Wohnungsgrößen besteht ebenfalls eine gewisse Parallelität. Schaut man genauer hin, so läßt sich feststellen, daß die Kostenunterschiede zwischen den Regionstypen, insbesondere beim Wohneigentum, wesentlich stärker ausfallen als beim Einkommen. Ein kleines Einfamilienhaus im Regionstyp BAKE kostet für einen EH-Haushalt z.B 42 % seines permanenten Einkommens pro Monat. Demgegenüber muß ein EH-Haushalt in ländlichen Regionen für den gleichen Wohnungstyp nur 30 % seines Einkommens aufwenden. Bei den Mietwohnungen ist der Unterschied bei weitem nicht so gravierend: Eine 4-Zimmer-Mietwohnung belastet im Regionstyp BAKE den EH-Haushalt mit 13 %, im flachen Land nur geringfügig weniger mit 11 % (vgl. Tabelle 6.13 im Anschluß an dieses Kapitel).

6.4.3 Kinderzahl und Alter des Haushaltsvorstands

Im Durchschnitt haben 1978 alle umziehenden Modell-Haushalte 0,59 Kinder unter 18 Jahren. Mit Abstand die höchste Kinderzahl ist bei Mehrpersonen-Gastarbeiterhaushalten mit 1,2 anzutreffen. Die wenigsten Kinder befinden sich erwartungsgemäß in männlichen SI-Haushalten, in weiblichen SI-Haushalten sind im Durchschnitt immerhin 0,3 Kinder mitzuberücksichtigen. WG-Haushalte haben nur geringfügig mehr Kinder unter 18 Jahren als EH-Haushalte, wobei zu beachten ist, daß in den Haushalten mit 3 und mehr Erwachsenen in den weitaus meisten Fällen ein Kind über 18 Jahren als Erwachsener mitgezählt ist. In allen EH- und WG-Strata nimmt die Zahl der Kinder den gängigen Vorstellungen entsprechend von den Ballungskernen zum flachen Land hin zu, und zwar um ca. 30 %. Relativ viele Kinder gibt es allerdings auch im kernstädtischen Umland.

Das Durchschnittsalter aller Vorstände von Haushalten, die umziehen, liegt bei 38 Jahren. Dies entspricht den einschlägigen Hypothesen vom Stellenwert der Wohnung im Berufs- und Familienzyklus. Offensichtlich wird in diesem Alter angestrebt, die dem beruflichen und familiären Stand angemessene Wohnungsversorgung zu erreichen. Weibliche SI-Haushalte sind im Durchschnitt älter (43 Jahre) als "der typische Wohnungssuchende der Bundesrepublik", männliche SI-Haushalte dagegen etwas jünger (34 Jahre). Die WG-Haushalte weisen der Stratifizierung entsprechend ein höheres Alter ihres Vorstands auf (45 Jahre), während die EH-Haushalte sich knapp unter dem Durchschnitt bewegen. Wohnungssuchende in Ballungskernen sind durchgängig jünger als auf dem Land.

Detaillierte Tabellen zu Kapitel 6

Tabelle 6.1

Wohnungsversorgung 1978

- Anteile in den Wohnungstypen in % -

	Wohnungstyp										
	1	2	3	4	5	6	7	8	9	10	EQ
EHBRD	14	8	3	11	21	16	9	1	11	6	51
SIBRD	8	9	3	49	17	4	3	0	5	2	27
WGBRD	17	4	1	2	9	39	14	1	7	6	76
GABRDI	1	0	1	40	38	1	1	0	12	6	4
BALL[1]	10	7	3	27	20	12	6	1	9	5	39
KEUM[1]	15	8	2	16	16	19	10	1	8	5	55
LAND[1]	16	8	2	16	14	22	10	1	7	4	59

1 ohne GA-Haushalte

Tabelle 6.2

Wohnungsversorgung 1978

Haushalte mit Einkommen bis DM 800

- Anteile in den Wohnungstypen in % -

	Wohnungstyp										EQ	Anteile der Gruppen am Stratum
	1	2	3	4	5	6	7	8	9	10		
SIBAKE	2	3	1	75	13	0	0	0	4	2	6	22
SIBAHV	11	16	2	45	14	3	4	0	3	2	36	24
SIBAUM	13	17	2	37	13	7	3	1	5	2	43	30
SIKERN	3	3	1	71	15	1	1	0	3	2	9	29
SIUMLA	19	14	1	38	13	5	5	0	3	2	44	33
SILAND	17	12	1	46	11	5	3	0	3	2	38	35
alle SI mit Eink. bis DM 800	11	10	1	54	13	3	3	0	3	2	28	27
EHBAKE	12	7	2	29	28	4	2	0	13	3	27	1
EHBAHV	19	24	1	17	12	10	7	0	8	2	61	2
EHBAUM	23	21	0	7	9	21	11	0	6	2	76	2
EHKERN	12	10	2	33	17	0	6	2	15	3	32	2
EHUMLA	31	21	0	10	10	15	7	0	3	3	74	3
EHLAND	34	17	1	10	9	16	7	0	4	2	75	3
alle EH mit Eink. bis DM 800	25	18	1	15	13	13	7	0	6	2	64	2

Tabelle 6.3

Wohnungsversorgung 1978

Haushalte mit Einkommen DM 4.000 und mehr

- Anteile in den Wohnungstypen in % -

	Wohnungstyp											
	1	2	3	4	5	6	7	8	9	10	EQ	Anteile der Gruppen am Stratum
SIBAKE	5	2	8	31	20	9	6	6	9	4	36	1
SIBAHV	12	6	5	28	16	10	9	2	11	1	44	1
SIBAUM	20	3	8	12	16	14	15	3	3	6	63	1
SIKERN	0	5	9	33	8	7	5	10	14	9	36	1
SIUMLA	9	3	7	37	8	20	9	0	4	3	48	0
SILAND	20	4	7	24	15	11	15	4	0	0	61	1
alle SI mit Eink. DM 4.000 u.m.	9	3	7	28	17	11	9	4	8	4	43	1
EHBAKE	8	2	5	7	19	19	5	5	15	15	44	11
EHBAHV	16	2	4	3	10	31	10	4	12	8	67	9
EHBAUM	19	3	3	2	6	40	9	4	7	7	78	8
EHKERN	8	1	7	3	15	24	7	11	16	8	58	8
EHUMLA	15	3	2	2	8	35	14	2	7	12	71	5
EHLAND	16	3	3	2	7	37	13	2	8	9	74	5
alle EH mit Eink. DM 4.000 u.m.	13	2	4	4	12	29	9	4	12	11	61	8

Tabelle 6.4

Wohnungsversorgung 1978

Haushalte mit Alter des Vorstands bis 25 Jahre

- Anteile in den Wohnungstypen in % -

	Wohnungstyp										EQ	Anteile der Gruppen am Stratum.
	1	2	3	4	5	6	7	8	9	10		
SIBAKE	0	0	1	87	8	0	0	0	2	2	1	12
SIBAHV	1	0	1	81	12	0	0	0	3	2	2	7
SIBAUM	0	2	0	78	15	1	0	0	2	2	3	5
SIKERN	0	0	0	85	11	0	0	0	2	2	0	18
SIUMLA	0	0	1	80	14	0	0	0	2	3	1	6
SILAND	0	0	1	84	12	0	0	0	1	2	1	6
alle SI mit Alter bis 25 Jahre	0	0	1	84	11	0	0	0	2	2	1	9
EHBAKE	0	0	1	50	36	1	0	0	10	2	2	4
EHBAHV	1	2	1	31	44	1	1	0	14	5	6	3
EHBAUM	1	2	1	28	47	3	1	0	10	7	8	3
EHKERN	1	0	3	45	36	1	1	1	7	5	7	5
EHUMLA	3	4	0	27	40	2	1	0	16	7	10	4
EHLAND	4	3	1	29	39	2	2	1	14	5	13	4
alle EH mit Alter bis 25 Jahre	2	2	1	35	40	2	1	0	12	5	8	4

Tabelle 6.5

Wohnungsversorgung 1978

Haushalte mit Alter des Vorstands 55 und mehr Jahre

- Anteile in den Wohnungstypen in % -

	Wohnungstyp											
	1	**2**	**3**	**4**	**5**	**6**	**7**	**8**	**9**	**10**	**EQ**	Anteile der Gruppen am Stratum
SIBAKE	4	5	3	57	21	1	1	0	6	2	14	52
SIBAHV	12	17	3	37	16	4	5	0	4	2	41	67
SIBAUM	15	17	3	30	14	8	5	1	5	2	49	70
SIKERN	5	7	4	45	24	3	2	1	7	2	22	51
SIUMLA	17	16	1	27	16	8	7	0	6	2	49	74
SILAND	15	13	3	39	14	6	4	0	4	2	41	71
alle SI mit Alter 55 u.m. Jahre	11	12	2	41	18	5	4	0	5	2	34	62
EHBAKE	10	6	3	26	28	7	4	1	10	5	31	38
EHBAHV	20	17	3	11	15	13	11	1	6	3	65	33
EHBAUM	25	15	2	7	11	21	11	0	6	2	74	34
EHKERN	11	8	6	17	28	8	5	2	11	4	40	38
EHUMLA	23	16	1	8	13	18	11	1	6	3	70	32
EHLAND	24	13	2	10	14	18	9	1	6	3	6.7	37
alle EH mit Alter 55 u.m. Jahre	18	12	3	15	19	14	8	1	7	3	56	35

Tabelle 6.6

Wohnungsversorgung 1978

EH-Haushalte ohne Kinder bzw. mit 3 und mehr Kindern

- Anteile in den Wohnungstypen in % -

	Wohnungstyp 1	2	3	4	5	6	7	8	9	10	EQ	Anteile der Gruppen am Stratum
EH ohne Kinder												
EHBAKE	8	5	4	29	31	5	3	1	10	4	26	63
EHBAHV	17	14	4	14	20	11	8	1	8	3	55	51
EHBAUM	23	12	3	10	16	16	9	1	7	3	64	48
EHKERN	9	7	7	20	30	6	5	2	10	4	36	60
EHUMLA	20	13	2	11	17	16	10	1	7	3	62	48
EHLAND	21	12	3	12	17	16	8	1	7	3	61	51
alle EH ohne Kinder	16	10	3	18	22	11	7	1	8	4	48	53
EH mit 3 u.m. Kinder												
EHBAKE	6	1	1	3	17	20	7	2	21	22	37	3
EHBAHV	10	2	0	1	8	31	17	3	14	14	63	7
EHBAUM	7	3	0	1	5	40	19	1	13	11	70	9
EHKERN	6	1	0	2	11	23	5	7	26	19	42	6
EHUMLA	11	3	0	1	6	38	19	0	10	12	71	10
EHLAND	11	2	0	1	6	41	20	0	10	9	74	10
alle EH mit 3 u.m. Kindern	10	2	0	1	8	35	17	1	13	13	65	8

Tabelle 6.7

Auszug 1978

- Anteile der Wohnungstypen am Auszug in % -

	Wohnungstyp										
	1	2	3	4	5	6	7	8	9	10	EQ
EHBRD	4	1	3	33	26	4	2	2	16	9	16
SIBRD	2	1	4	67	16	1	1	1	5	2	10
WGBRD	4	1	2	12	23	9	4	6	19	20	26
GABRDI	0	0	0	59	28	0	0	0	9	4	0
BALL[1]	2	1	4	51	21	2	1	2	10	6	12
KEUM[1]	3	1	3	41	22	4	2	3	13	8	16
LAND[1]	4	2	4	34	23	6	3	3	12	9	22

1 ohne GA-Haushalte

Tabelle 6.8

Auszug 1978
- Anteile der Wohnungstypen am Auszug in % -

	Wohnungstyp										
	1	2	3	4	5	6	7	8	9	10	EQ
EHBAKE	1	1	2	50	24	1	1	1	13	6	7
EHBAHV	5	1	3	28	27	4	2	2	17	11	17
EHBAUM	6	1	3	24	27	6	2	3	17	11	21
EHKERN	2	1	5	36	28	1	0	4	17	6	13
EHUMLA	4	1	2	27	27	6	3	2	17	11	18
EHLAND	5	2	3	26	25	7	3	3	15	11	23
SWBAKE	1	0	4	71	16	1	0	1	5	1	7
SWBAHV	4	2	11	46	23	2	1	2	6	3	22
SWBAUM	3	1	24	36	20	5	0	0	8	3	33
SIKERN	1	1	2	73	13	0	0	1	6	3	5
SIUMLA	3	0	5	56	18	3	2	2	8	3	15
SWLAND	5	2	6	45	23	2	1	2	9	5	18
SMBAKE	1	0	3	80	11	0	0	0	3	2	4
SMBAHV	2	1	4	69	15	1	0	1	5	2	9
SMBAUM	2	3	5	61	10	2	2	4	6	5	18
SMLAND	3	1	3	74	11	2	0	1	4	1	10
WGBALL	4	1	2	14	25	6	3	5	20	20	21
WGKEUM	5	1	1	10	20	11	4	7	20	21	29
WGLAND	2	2	2	8	21	15	8	6	15	21	35
GABRDI	0	0	0	59	28	0	0	0	9	4	0

Tabelle 6.9

Auszug 1978

- Anteile der Ausziehenden an der Belegung eines Wohnungstyps in % -

	Wohnungstyp										Anteil Ausziehender an den Haushalten des Stratums
	1	2	3	4	5	6	7	8	9	10	
EHBAKE	1	1	5	17	5	1	1	5	7	6	7
EHBAHV	2	1	6	23	10	2	1	7	11	13	7
EHBAUM	2	1	9	30	14	2	1	20	13	13	7
EHKERN	3	1	8	25	9	1	0	10	11	9	9
EHUMLA	2	1	11	29	12	2	2	22	12	12	7
EHLAND	2	2	11	23	10	2	2	21	10	12	7
SWBAKE	2	1	12	10	7	5	1	17	8	6	8
SWBAHV	2	1	18	7	8	3	1	38	7	10	6
SWBAUM	1	0	39	5	6	3	0	7	7	6	5
SIKERN	7	2	8	18	9	3	2	31	13	17	14
SIUMLA	1	0	23	10	6	2	2	28	9	8	6
SWLAND	2	1	9	5	7	2	1	25	8	10	5
SMBAKE	6	3	19	19	13	7	3	19	11	12	17
SMBAHV	4	1	15	16	14	3	1	23	11	8	12
SMBAUM	2	4	15	16	11	3	4	36	13	21	11
SMLAND	2	1	11	16	9	4	1	13	12	11	10
WGBALL	1	1	4	14	5	1	1	9	6	8	3
WGKEUM	1	1	6	24	7	1	1	19	7	9	2
WGLAND	0	1	4	16	5	1	1	25	5	9	2
GABRDI	5	1	4	20	10	5	1	15	10	10	14

Tabelle 6.10

Einzug 1978

- Anteile der Wohnungstypen am Einzug in % -

	Wohnungstyp										
	1	2	3	4	5	6	7	8	9	10	EQ
EHBRD	15	4	4	16	18	15	6	2	11	9	46
SIBRD	3	2	3	67	14	1	1	O	6	3	10
WGBRD	12	1	1	3	19	22	11	2	15	14	49
GABRDI	O	O	O	23	58	O	O	O	13	6	O
BALL[1]	6	2	3	46	19	6	2	1	9	6	20
KEUM[1]	13	4	3	30	14	12	7	2	9	6	41
LAND[1]	13	4	3	28	11	18	7	1	8	7	46

1 ohne GA-Haushalte

Tabelle 6.11

Einzug 1978

- Anteile der Wohnungstypen am Einzug in % -

	Wohnungstyp										
	1	2	3	4	5	6	7	8	9	10	EQ
EHBAKE	7	3	7	28	26	5	2	2	11	9	26
EHBAHV	15	3	4	11	20	17	6	1	15	8	56
EHBAUM	21	4	1	9	23	17	5	1	8	11	49
EHKERN	20	2	3	15	12	19	3	8	12	6	55
EHUMLA	19	6	2	13	13	19	10	1	9	8	57
EHLAND	19	5	3	11	12	20	8	2	10	10	57
SWBAKE	0	0	1	80	12	0	0	0	4	3	1
SWBAHV	8	5	4	49	18	2	2	0	8	4	21
SWBAUM	5	8	9	45	19	2	4	1	5	2	29
SIKERN	0	0	4	71	14	0	1	2	6	2	7
SIUMLA	8	6	5	49	17	2	3	1	8	1	25
SWLAND	4	3	6	61	7	3	3	1	7	5	20
SMBAKE	0	0	0	75	14	0	0	0	7	4	0
SMBAHV	1	3	2	68	16	1	2	0	4	3	9
SMBAUM	2	1	4	65	20	1	0	1	3	3	9
SMLAND	2	3	5	72	9	0	1	1	6	1	12
WGBALL	6	1	3	5	31	7	5	2	22	18	24
WGKEUM	14	2	0	2	15	23	14	2	14	14	57
WGLAND	15	1	1	2	12	38	12	2	8	9	69
GABRDI	0	0	0	23	58	0	0	0	13	6	0

Tabelle 6.12

Einzug 1978
- Anteile der Einziehenden an der
Belegung eines Wohnungstyps in % -

	Wohnungstyp 1	2	3	4	5	6	7	8	9	10	Anteil der Einziehenden a.d. Haushalten des Stratums
EHBAKE	8	6	17	11	7	6	4	10	8	12	9
EHBAHV	9	3	11	12	9	9	5	6	12	12	9
EHBAUM	11	4	5	16	16	7	4	13	9	18	10
EHKERN	22	5	5	12	5	18	6	21	10	10	11
EHUMLA	10	6	14	18	9	8	7	15	10	13	9
EHLAND	9	6	14	13	7	8	6	18	10	15	9
SWBAKE	0	0	7	19	9	0	0	10	10	16	14
SWBAHV	8	4	17	15	12	6	4	7	17	20	12
SWBAUM	4	5	38	15	12	3	7	17	10	8	10
SIKERN	0	2	23	26	14	0	8	43	22	22	21
SIUMLA	7	6	43	21	15	4	7	23	18	9	14
SWLAND	3	3	17	16	5	5	6	27	14	19	10
SMBAKE	0	5	7	27	23	0	4	6	29	29	25
SMBAHV	3	9	20	31	28	4	9	9	18	25	23
SMBAUM	3	3	29	36	36	2	2	27	19	26	24
SMLAND	4	8	35	33	17	2	8	32	30	11	22
WGBALL	2	1	9	9	11	1	2	5	10	12	5
WGKEUM	8	5	6	23	21	5	9	22	21	24	10
WGLAND	7	2	12	23	17	8	8	41	14	20	9
GABRDI	0	0	10	11	23	0	0	5	17	18	17

Tabelle 6.13

Anteile der Kaltkosten der Wohnung
am permanenten Einkommen 1978
- nach Wohnungstypen in % -

	Wohnungstyp									
	1	2	3	4	5	6	7	8	9	10
EHBAKE	42	38	18	8	11	59	54	24	13	17
EHBAHV	33	27	15	8	10	45	38	19	12	14
EHBAUM	30	26	15	8	11	42	35	19	12	15
EHKERN	33	28	15	8	11	44	39	19	13	15
EHUMLA	28	24	15	7	10	41	33	20	12	15
EHLAND	30	24	14	7	10	42	34	19	11	13
SWBAKE	71	68	24	11	16	100	99	37	20	27
SWBAHV	50	44	21	11	16	71	64	32	20	22
SWBAUM	38	31	16	10	15	53	43	24	16	19
SIKERN	49	39	17	10	15	66	55	24	17	21
SIUMLA	30	27	16	9	14	45	38	25	16	20
SWLAND	45	38	19	10	13	62	54	28	17	19
SMBAKE	64	62	21	10	16	87	94	36	20	27
SMBAHV	44	38	19	9	15	61	51	29	19	23
SMBAUM	40	33	17	10	16	59	47	27	16	20
SMLAND	39	31	16	8	12	55	42	24	16	17
WGBALL	29	26	14	7	10	40	36	18	12	14
WGKEUM	24	20	12	6	9	33	28	16	11	14
WGLAND	27	20	12	6	8	37	29	15	10	11
GABRDI	44	39	17	8	11	61	57	23	13	16
BRD insgesamt	33	28	16	7	11	48	40	23	14	17

7. BESTIMMUNGSGRÖSSEN DER WOHNUNGSNACHFRAGE (ERGEBNISSE DER SCHÄTZUNGEN)

Die Schätzung der Koeffizienten der oben beschriebenen Wohnungsnachfragefunktionen erfolgte über die in den Vorkapiteln dargestellten Modelle und Methoden. Experimentiert wurde sehr umfassend mit der "Entscheidungsbaumstruktur" (vgl. Abschnitt 5.1.1.2) und unterschiedlichen Spezifikationen der einzelnen Variablen (vgl. die Abschnitte 5.1.2 bis 5.1.8). Die Maßstäbe zur Beurteilung der Ergebnisse sind nach ihrer statistisch-mathematischen Aussagekraft in Anhang 1 beschrieben, in Anhang 2 finden sich die Schätzergebnisse in Tabellenform.

Im folgenden werden die von uns als erfolgreich angesehenen Schätzungen knapp dargestellt und einige Ergebnisse interpretiert. Eine Schilderung der Experimentierphase, die eine Fülle interessanter Zusammenhänge aufzeigte, z.B. auch die Insignifikanz einiger gängiger Hypothesen (Süd-Nord-Gefälle in der Wertschätzung der Wohnung; Relevanz der Opportunitätskosten des Wohneigentums), muß aus Platzmangel in diesem Forschungsbericht unterbleiben.

7.1 Spezifikation der Schätzmodelle

Die Analyse der Schätzergebnisse erfordert einige zusätzliche Informationen, die die Schätzbasis, die Modellansätze und die in die Modelle eingegangenen Einflußgrößen betreffen.

Zielentscheidung

Die Datenbasis, die dem Modell der Zielentscheidung zugrundeliegt, unterscheidet sich von der Datenbasis des Modells der Aufbruchentscheidung. Die Schätzung der Modelle der Zielentscheidung basiert auf den (von den Landwirten, Sozialwohnungsinhabern und Mietern in einer verbilligten Wohnung) bereinigten Haushalten, die in den Jahren 1977 und 1978 umgezogen sind. Die

Aufteilung dieser Umzügler nach den ursprünglich vorgegebenen Haushaltsstrata (vgl. zu deren Definition Abschnitt 4.2) erbrachte zum Teil so gut besetzte Datenbasen, daß es möglich war, aus Gründen der Rechenbeschleunigung nur mit Stichproben aus diesen Basen zu arbeiten. Dabei wurden die Stichproben so gezogen, daß sämtliche Entscheidungsalternativen ausreichend vertreten waren. Bei einigen Strata waren dagegen auch bei Vollauszählung der Umzügler nicht alle Alternativen belegt, so daß auch auf Umzügler aus dem Jahre 1976 zurückgegriffen werden mußte. Wir hielten es nicht für sinnvoll, Umzügler aus noch früheren Jahren heranzuziehen, weil die Wahrscheinlichkeit einer gravierenden Veränderung der Haushaltsmerkmale mit dem Zeitabstand zu 1978 wächst. Darum mußten wir noch bestehende, schwerwiegende Besetzungsprobleme durch Zusammenlegung von Strata beheben. So wurden

- in den Regionstypen Kernstädte und Kernstädteumland in weniger verdichteten Regionen (KERN und UMLA) die weiblichen und männlichen Ein-Erwachsenen-Haushalte,

- die Wohngemeinschaften der Regionstypen KERN und UMLA

- sowie alle Gastarbeiterhaushalte

zusammengefaßt. Auf diese Weise reduzierte sich die Zahl der Strata von ursprünglich 30 auf 20.

In der Schätzung wurde für jedes Stratum der gleiche Modellansatz der Zielentscheidung herangezogen. Nach einigem Experimentieren stellte sich nämlich heraus, daß die Überlegenheit des in Abschnitt 5.1 vorgestellten Ansatzes praktisch in jedem Stratum mehr oder weniger deutlich zum Ausdruck kam.

Für die Zielfunktionen wurden je Stratum die Koeffizienten von 28 Variablen ermittelt:

- 4 wohnungsspezifische Variablen und
- 6 x 4 haushaltsspezifische Variablen.

Zusätzlich wurden neun Konstanten und sechs Knotenparameter geschätzt.

Die Haushaltsmerkmale Einkommen, Alter, Alter im Quadrat und Kinder gehen jeweils in sechs Ausprägungen in die Zielfunktionen ein. Die Ausprägungen beziehen sich auf die Verknüpfung dieser Variablen mit Merkmalen der Wohnungsalternativen. Durch diese Maßnahme unterscheiden sich die Haushaltsmerkmale für die einzelnen Wohnungstypen[1]. Um nun die Wirkung eines Haushaltsmerkmals auf die Wahlwahrscheinlichkeit einer bestimmten Wohnungsalternative abschätzen zu können, müssen die Parameter der Ausprägungen, die die gesuchte Alternative definieren, addiert werden.

Das Modell für die Zielentscheidung weist zudem neun (Zahl der Wohnungsalternativen minus eins) von null verschiedene Konstanten auf; der übrigbleibenden Alternative (hier der Wohnungstyp 10) wird als Referenzalternative eine Null zugeordnet. Die Bedeutung der Konstanten wird weiter unten beschrieben.

Aufbruchentscheidung

Die Grundlage der Schätzung des Modells der Aufbruchentscheidung bilden sämtliche (bereinigte) Haushalte der 1-v.H.-Wohnungsstichprobe, auch die Nicht-Umzügler. Neben der Aufteilung in 20 Strata wurden die Haushalte noch weiter nach den Wohnungstypen unterschieden, die sie als Nicht-Umzügler oder als Umzügler vor dem Umzug bewohnten. Die Zuordnung der "alten" Wohnung eines Umzüglers konnte aufgrund der ungenügenden Daten der Wohnungsstichprobe im Bereich des Wohneigentums nicht eindeutig vorgenommen werden. Da lediglich Informationen über Rechtsform und Größe der alten Wohnung vorlagen, mußte auf der Grundlage anderer empirischer Erhebungen als der Wohnungsstichprobe und mit Hilfe von Experteneinschätzungen eine prozentuale Aufschlüsse-

---

1) Um alle 10 Wohnungstypen abzudecken, reichen die in die Schätzung aufgenommenen sechs Variablen je Haushaltsmerkmal aus, da bis zu drei Ausprägungen zur Bestimmung eines Wohnungstyps zu kombinieren sind. Näheres siehe Anhang 1.

lung des "ehemaligen" Wohneigentums in Ein- und Zweifamilienhäuser und in Eigentumswohnungen vorgenommen werden.

Die Aufteilung der Haushalte in 20 Strata und nach 10 Wohnungstypen erbrachte zunächst 200 Haushaltsgruppen, für die ein Modell der Aufbruchentscheidung zu approximieren war. Aufgrund der von uns vorgenommenen Zuordnung von Ein- und Zweifamilienhäusern unterblieb eine Schätzung des Auszugs der Eigentümer aus diesen Häusern; für die entsprechenden vier Wohnungstypen (1, 2, 6 und 7) wurden lediglich durchschnittliche Auszugshäufigkeiten festgehalten. So blieben 120 (20 Strata mal 6 Wohnungstypen) Modelle der Aufbruchentscheidung zu schätzen übrig. Letztlich wurden es noch weniger Modelle, weil im Bereich der Haushalte mit einem Erwachsenen (SI) vereinzelt (überwiegend bei den Eigentumswohnungen) Besetzungsprobleme auftraten. In diesen Fällen wurden die männlichen und weiblichen Haushaltsvorstände zusammengefaßt.

Auch im Fall der Aufbruchentscheidung dominieren in jedem Stratum die gleichen Ansätze, die für die sechs Wohnungstypen gefunden werden konnten. Diese Ansätze differieren aber von Wohnungstyp zu Wohnungstyp, was angesichts der großen Unterschiede zwischen den sechs Typen nicht überrascht. Der Versuch, die Ansätze zu vereinheitlichen, führte zu einem deutlichen Verlust der Anpassungsqualität der Schätzungen.

In die Aufbruchfunktionen gingen drei unabhängige Variablen ein, davon sind zwei haushaltsspezifisch und eine wohnungsspezifisch; dazu wurde jeweils eine Konstante geschätzt.

Da die Umzugsentscheidung eine zweidimensionale Ausprägung hat, wird das haushaltsspezifische Merkmal der Alternative "Umzug" zugeordnet, so daß die Parameter der Haushaltsmerkmale für die Referenzalternative "Nicht-Umzug" stets null sind.

Das konstante Glied wird im Modell für die Umzugsentscheidung entsprechend behandelt: Der ausgewiesene Parameter wird der Umzugsalternative zugeordnet, für den "Nicht-Umzug" ist das konstante Glied null.

Variablendefinition

Eine Besonderheit stellen die geschätzten Konstanten der Verhaltensfunktionen und die Knotenparameter der Entscheidungsbäume dar. Erstere haben eine Doppelfunktion: Einerseits geben sie eine gewisse Grundpräferenz der Haushalte für die Wohnungstypen wieder (oder anders ausgedrückt: die Basishäufigkeit der Wohnungen im betreffenden Stratum), andererseits beinhalten sie eine Art von Gegengewicht, das Unterschiede in der Größenordnung der Einflußvariablen austariert. Wegen dieser Doppelfunktion sind die Konstanten nicht interpretierbar. Die Knotenparameter geben Hinweise auf die Zusammengehörigkeit der Alternativen auf den Ebenen des Entscheidungsbaums. Je kleiner sie sind, desto enger sind die Alternativen verwandt.

Die exakten Definitionen der unabhängigen Variablen der Ziel- und Aufbruchentscheidung lauten (inhaltliche Definitionen siehe Abschnitte 5.1 und 5.2):

Abkürzung	Variablen der Zielfunktion
KAKOST	Wohnkosten ohne Heizung, und zwar - Mieter: hedonische Miete minus Wohngeld (in 1000 DM pro Jahr), - Eigentümer: Zins plus Tilgung (Fremdkapitaldienst) plus Betriebskosten minus Wohngeld minus Steuersparnis nach § 7b, § 7 (5) EStG (in 1000 DM pro Jahr).
RETURN	Jährliche Wertsteigerung bezogen auf Basiswert, und zwar - bei Eigenheimen: Grundstückswert - bei Eigentumswohnungen: Gesamtwert der Wohnung (in 1000 DM pro Jahr).
QMHEIZ	Heizkosten pro qm, differenziert nach Baualter des Gebäudes, der Wohnungsgröße, der Heizungsart und dem Heizmaterial (in DM pro Jahr und Quadratmeter, dividiert durch 10).

RELSIZ	(Zahl der Zimmer minus CROWD minus KZU)^2, dabei ist CROWD die Anzahl der Erwachsenen plus einer bereinigten Zahl der Kinder, $(1+\frac{KINDER-1}{2})$ gerundet, und KZU ein Anspruchsmaßstab aus dem laufenden Einkommen, $(\frac{YCURR}{25})$ gerundet (laufendes Einkommen in 1000 DM pro Jahr).
YP	Permanentes Einkommen (in 1000 DM pro Jahr, dividiert durch 10 mal der Zahl der Personen im Haushalt).
AG	Alter des Haushaltsvorstands (dividiert durch 10).
AS	Alter des Haushaltsvorstands quadriert (dividiert durch 1000).
KI	Anzahl der Kinder.

Abkürzung	Variablen der Aufbruchfunktion
KOEPFE	Anzahl der Personen im Haushalt in den Gleichungen der Wohnungstypen 3,4,5 und 8; für die Wohnungstypen 9 und 10: Anzahl der Zimmer minus Anzahl der Köpfe, wobei eine Differenz größer als 1 gleich 1 gesetzt wird.
ALTER	Alter des Haushaltsvorstands bei den Schätzungen für die Wohnungstypen 4,5,9 und 10; für die Schätzung der Aufbruchwahrscheinlichkeit aus den beiden Eigentumswohnungstypen 3 und 8 wird der Logarithmus des Alters verwendet (Alter dividiert durch 10).

EINK, PREIS	Preis (Kapitaldienst und Betriebskosten für Eigentümer, hedonischer Mietpreis für Mieter, jeweils inklusive Heizkosten) dividiert durch Einkommen (permanentes) für den Aufbruch aus den Wohnungstypen 3,5 und 10. Für die Wohnungstypen 4,8 und 9 wird spezifiziert: Einkommen minus Wohnungspreis (Preis und Einkommen in 1000 DM pro Jahr).

7.2 Beurteilung der Schätzergebnisse

Obwohl die zur Schätzung der Ziel- und Aufbruchentscheidung herangezogenen Modellansätze etwas komplizierter konstruiert sind als herkömmliche Ansätze, lassen sich die erzielten Schätzergebnisse doch in gewissen Grenzen, die durch die nichtlineare Wirkung der Einflußvariablen gegeben sind, wie herkömmliche Ansätze interpretieren. So bedeutet ein positiver Parameter grundsätzlich, daß die Wahrscheinlichkeit der Auswahl der mit der zugehörigen Einflußvariablen verbundenen Entscheidungsalternative zunimmt, wenn sich diese Einflußvariable vergrößert. Dabei ist der numerische Einfluß der Variablen auf die Wahrscheinlichkeit umso stärker, desto größer der Wert des geschätzten Paramters ist. Der Wert des Parameters allein läßt aber noch nicht auf die Wirkung der zugehörigen Einflußvariablen schliessen. Wegen der Nichtlinearität des Modells muß noch die Größenordnung der Variablen selbst mit berücksichtigt werden. Schließlich wird die statistische Absicherung (Signifikanz) durch die t-Werte angezeigt.[1)]

Die Plausibilität der Vorzeichen der Parameter ist ein wichtiges Kriterium, um die Leistungsfähigkeit des Modells als Simulations- und auch Prognoseinstrument einzuschätzen. Plausibel ist ein Vorzeichen dann, wenn es mit den im vorhinein aufgestellten

---

1) Die asymtotischen t-Werte sind in den detaillierten Tabellen der Schätzergebnisse in Anhang 2 jeweils in Klammern unter den geschätzten Parametern angegeben. Ein t-Wert, der größer ist als 1,96, entspricht einer 95-prozentigen Sicherheit, daß der Schätzwert von null verschieden ist.

Hypothesen über die Wirkungsrichtung der zugehörigen Einflußgröße auf die Wahrscheinlichkeit der Auswahl eines Wohnungstyps übereinstimmt. So ist z.B. ein negatives Vorzeichen des Parameters der Kaltkosten insofern plausibel, als eine Erhöhung der Wohnkosten im Prinzip zu einer Verringerung der Auswahlwahrscheinlichkeit führt. Diese Beurteilung des Vorzeichens gilt, da sich die Kaltkosten auf die Wahl derjenigen Wohnungstypen negativ auswirken, die hohe Kaltkosten aufweisen. Denn deren relativ stärkere Benachteiligung aus einem gleichmäßigen prozentualen Kostenanstieg führt indirekt zu einer Bevorzugung der Wohnungen mit niedrigen Kaltkosten, weil sich die Auswahlwahrscheinlichkeiten aller Wohnungstypen stets zu eins addieren.
Betrachten wir hier zunächst nur den prinzipiellen Zusammenhang, so sind in den Zielfunktionen negative Vorzeichen für die Parameter der Kostenvariablen (KAKOST, QMHEIZ), positive für die Wertsteigerung (RETURN) und negative für die relative Größe (RELSIZ) zu erwarten, das letztere Vorzeichen, weil eine Abweichung von einer als ideal vorgegebenen Wohnungsgröße zu Unzufriedenheit führen dürfte.

Im Gegensatz zu den alternativspezifischen Variablen, für die jeweils nur ein Parameter geschätzt wird, erbringt das Modell für haushaltsspezifische Merkmale nach Wohnungstypen unterschiedliche Parameter. Dafür weist das einzelne Haushaltsmerkmal eine wohnungstypisch invariante Größe auf, während das alternativspezifische Merkmal natürlich mit dem Typ variiert. Infolge ihrer wohnungstypischen Unterscheidung lassen sich die Parameter der Haushaltsmerkmale besonders einfach interpretieren. So kann man für jeden Wohnungstyp angeben, ob die zugehörigen geschätzten Parameter plausibel sind. Beispielsweise ist zu erwarten, daß das Vorzeichen des Parameters für das permanente Einkommen bezogen auf das große Einfamilienhaus positiv, bezogen auf die kleine Mietwohnung negativ ist.

Die Rahmenbedingungen des Modells erlauben es nicht, alle geschätzten Parameter in der beschriebenen Form isoliert zu beurteilen. Das liegt an der gegenseitigen Abhängigkeit einiger erklärender Variablen. Obwohl wir uns bemüht haben, durch geeignete Transformationen der Einflußgrößen - wie z.B. die Berechnung der Heizkosten pro Quadratmeter - diese Abhängigkeit klein zu halten, konnten wir sie doch bei bestimmten Variablenpaaren - wie z.B. den Kaltkosten und der Wertsteigerung, die beide mit dem Wert der Wohnung korreliert sind - nicht ganz vermeiden. Die Abhängigkeit der erklärenden Variablen voneinander hat zur Folge, daß sich der gemeinsame Einfluß auf die Wahlwahrscheinlichkeit eher zufällig auf die Parameter der abhängigen Variablen verteilt, wodurch der spezifische Einfluß der einzelnen Variablen mehr oder weniger stark überdeckt wird. So überrascht es nicht, daß z.B. das Vorzeichen des Parameters der Wertsteigerung (korreliert mit den Kaltkosten) häufig ein unplausibles negatives Vorzeichen aufweist.

Eventuell vorhandene Korrelationen belasten aber die Leistungsfähigkeit des Modells insoweit nicht, als die Abhängigkeit der Einflußgrößen untereinander auch für eine Simulation der Auswirkungen alternativer exogener Vorgaben oder eine Prognose sichergestellt ist. Im Beispiel der Wertsteigerung ist diese Voraussetzung wegen des jeweiligen Zusammenhangs mit dem Wert der Wohnung erfüllt.

Zielfunktionen

Betrachten wir nun die erzielten Ergebnisse (vgl. dazu Anhang 2) etwas genauer und beurteilen zunächst die geschätzten Zielfunktionen, die die Auswahl der Wohnung abbilden. Die Parameter der alternativspezifischen Einflußgrößen der Zielfunktionen zeigen überwiegend die erwarteten Vorzeichen: Zu den Kostenvariablen und zur relativen Wohnungsgröße sind sie negativ, zur Wertsteigerung positiv.

Die mit wenigen Ausnahmen statistisch gut abgesicherten Parameter der Kaltkosten sind allesamt negativ. In einigen Strata (z.B. SIKERN, WGLAND) sind Parameter und Absicherung recht niedrig, die Kosten spielen also in diesen Fällen nur eine untergeordnete Rolle bei der Auswahl der Wohnung.

Auch die Parameter der Heizkosten zeigen durchwegs das richtige (negative) Vorzeichen. Auffallend ist die durchgängig hohe statistische Absicherung dieser Kostenvariablen. Das damit verbundene große Gewicht der Heizkosten läßt auf eine diesbezüglich ungewöhnlich hohe Sensibilität der Haushalte in den Jahren 1977 und 1978 schließen. Eventuell sind in den Heizkosten auch noch andere Einflüsse erfaßt, die in der Variablenliste nicht berücksichtigt sind. Dabei könnte es sich um nicht quantifizierbare Vorlieben und Abneigungen der Haushalte handeln, die an die in die Heizkosten eingehenden Differenzierungsmerkmale wie das Baualter oder die bequeme Ausstattung einer Wohnung anknüpfen. Diese Zusammenhänge lassen sich nicht eindeutig bestimmen, gehen aber in der vorgefundenen Form in die Prognose ein. Dem Modellkonzept entsprechend wird die Bedeutung der "Heizkosten"-Parameter für die Wohnungswahl auch im Prognosezeitraum in dieser Größenordnung anhalten. Diese notwendige Parameter-Konstanz erfordert eine adäquate und feinfühlige Setzung der exogenen Vorgabe für die Entwicklung der Heizkosten in der Prognose (vgl. dazu Abschnitt 9.1.2).

Die Parameter der relativen Größe weisen in der weitaus überwiegenden Zahl der Fälle das richtige Vorzeichen auf und sind gut statistisch abgesichert. In einigen Single-Strata ist der (negative) Einfluß der Abweichung von der idealen Wohnungsgröße lediglich schwach, da die Anzahl der Personen im Haushalt nur wenig variiert. Trotz dieser kleineren Mängel stimmt das Konzept, den Haushaltsgrößen angemessene Wohnungsgrößen gegenüberzustellen, offensichtlich gut mit der Wirklichkeit der Entscheidungsfindung überein.

Aus dem bisher ingesamt positiven Bild für die alternativspezifischen Einflußgrößen fallen die Ergebnisse für die Wertsteigerung etwas heraus. Die zugehörigen Parameter haben nur zu einem Drittel das erwartete positive Vorzeichen und sind überwiegend nicht genügend abgesichert. Dieses Ergebnis signalisiert, daß die erwartete Wertsteigerung - als ein eher spekulatives Moment der Kapitalanleger - nicht die breite Bedeutung findet, die man allgemein annimmt, oder daß die Meßprobleme bei der Erfassung der subjektiv erwarteten Wertsteigerung eine präzise Einschätzung ihres Einflusses unmöglich machen.

Bei der Beurteilung der Parameter der Haushaltsmerkmale in ihrer wohnungstypischen Differenzierung fällt zunächst auf, daß die negativen Vorzeichen überwiegen.

Der Einfluß des permanenten Einkommens unterscheidet sich in den verschiedenen Strata, z.B. zwischen Mehr-Erwachsenen-Haushalten (EH und WG) und Single-Haushalten (SW und SM). Im ersten Fall ist nur die Entscheidung für eine Fünf-und-mehr-Zimmerwohnung und, vereinzelt, für eine Dreizimmerwohnung mit dem permanenten Einkommen positiv korreliert, im zweiten Fall dazu noch die Entscheidung für ein Einfamilienhaus. Die Absicherung der Parameter ist zwar generell schwächer als die der Parameter der alternativspezifischen Einflußgrößen, jedoch noch so hoch, um das Konzept des permanenten Einkommens zu stützen. Im groben Überblick läßt sich festhalten, daß der Einfluß des Einkommens auf die Wohnungswahl in der Wirkungsrichtung je nach Regions- und Haushaltssituation sehr unterschiedlich ist.

Für den Einfluß des Alters des Haushaltsvorstands ist eine etwas andere Situation festzustellen. Da sich die Vorzeichen des Alters (AG) und des Alters im Quadrat (AS) zu demselben Merkmal stets unterscheiden, fällt es sehr schwer, eine einheitliche Einflußrichtung des Alters über alle Strata zu konstatieren.

Auch der Einfluß der Kinder streut über die Strata. Die Tendenz zur großen Wohnung und zum Einfamilienhaus ist aber einigermaßen gesichert auszumachen. Bei den Single-Haushalten zeichnet sich ein geschlechtspezifischer Unterschied ab: Weibliche Haushaltsvorstände bevorzugen mit zunehmender Kinderzahl Einfamilienhäuser, männliche legen dagegen mehr Wert auf die Größe der Wohnung überhaupt.

Die statistischen Maße[1] für den Grad der Anpassung der Zielfunktionen an die Realität weisen insgesamt eine hohe Übereinstimmung aus. Allein die "Trefferquote", d.h. das Verhältnis der geschätzten Ergebnisse zum beobachteten Verhalten der Haushalte, liegt im Durchschnitt über 70 %. Nur bei der schwierigen Gruppe

---

1) Die Maße LIK und MCF sind im Anhang 2 ausgewiesen; in Anhang 1 ist ihre Aussagekraft beschrieben.

der WG-Haushalte war die Schätzung nicht ganz so erfolgreich. Bei diesen Haushaltsstrata war die Belegung der benötigten Felderkombinationen - trotz der schon vorgenommenen Zusammenfassungen - wesentlich niedriger als bei den anderen Haushaltsstrata, was die Ergebnisse der Schätzung grundsätzlich beeinträchtigt. Dennoch sind auch diese Ergebnisse von den statistischen Maßen her durchaus vertretbar. Insgesamt weisen die geschätzten Modelle der Zielfunktionen einen so hohen Anpassungsgrad an die Realität auf, daß auf ihrer Basis eine Prognose durchgeführt werden kann.

Aufbruchfunktionen

Bei der Interpretation der Aufbruchwahrscheinlichkeit sind deutlich mehr Funktionen als bei der Zielentscheidung zu beurteilen, weil für jedes Stratum die Aufbruchfunktionen getrennt nach den bisher belegten Wohnungen geschätzt worden sind.

Die mit den geschätzten Ansätzen erzielten Trefferquoten (Anteil der Haushalte, deren Auszug richtig geschätzt worden ist) liegen in allen Strata sehr hoch und übertreffen damit in ihrer Gleichmäßigkeit sogar teilweise das für die Zielfunktionen erzielte Ergebnis. Diese Feststellung überrascht nicht, stehen doch beim Aufbruch nur die zwei Alternativen Auszug und Verbleib zur Auswahl.

Von allen drei Einflußgrößen leisten offensichtlich die Zahl der Haushaltsmitglieder bzw. die Differenz aus der Zahl der Zimmer in der gegenwärtigen Wohnung und der der Haushaltsmitglieder den kleinsten Beitrag zur Umzugsentscheidung. Die Vorzeichen der Parameter sind uneinheitlich, die statistische Absicherung häufig unbefriedigend. Dieses Ergebnis ist enttäuschend, ist doch zu erwarten, daß mit zunehmender Zahl der Haushaltsmitglieder die Unzufriedenheit mit der Größe der gegebenen Wohnung steigt. Für die Wohnungstypen 9 und 10 konnte das Ergebnis nur wenig verbessert werden, indem der positive Effekt einer zu großen Wohnung (Differenz zwischen Zahl der Zimmer und der Köpfe ist größer als eins) durch die Einführung einer Obergrenze für die Differenz unterdrückt wurde.

Das Alter des Haushaltsvorstands ist mit Abstand die für den Umzugswunsch einflußreichste Variable. Nur für die große Eigentumswohnung zeigt das Alter eine schwächere Wirkung. Das geht wohl darauf zurück, daß die große Eigentumswohnung als ein Übergang zum eigenen Haus angesehen wird, so daß hier die im allgemeinen mit zunehmendem Alter abnehmende Mobilität (die in dem negativen Vorzeichen des zugehörigen Parameters zum Ausdruck kommt) nicht deutlich wird.

Die dritte Einflußvariable verknüpft in zwei unterschiedlichen Varianten das Einkommen des Haushalts mit den Kosten der Wohnung. Für diese die relative Belastung des Haushalts widerspiegelnde Größe läßt sich je nach Konstruktionsprinzip ein anderes Vorzeichen des zugehörigen Parameters erwarten. Nach der Grundannahme, daß eine zunehmende Belastung zur Mobilität anregt, müßte der Parameter der Variablen Preis/Einkommen positiv und der der Variablen Einkommen-Preis negativ sein. Es läßt sich aber auch postulieren, daß mit hohem Einkommen die Möglichkeiten, durch einen Umzug die Wohnsituation zu verbessern, steigen. Insofern überrascht es nicht, daß die Vorzeichen der Parameter wechseln. Die statistische Absicherung ist von Wohnungstyp zu Wohnungstyp und von Stratum zu Stratum verschieden.

In der Summe ist die Qualität der geschätzten Modelle positiv zu beurteilen. Die erzielten Trefferquoten sind in der Regel hoch, ebenso der Bestimmtheitsgrad der einzelnen Funktionen. Die geschätzten Parameter sind überwiegend plausibel und recht gut abgesichert. Alles in allem lassen die erzielten Ergebnisse erkennen, daß das Modell ein brauchbares Instrument zur Abschätzung der Wirkung alternativer exogener Vorgaben (Simulationen) und zur Prognose der Wohnungsnachfrage ist.

7.3 Wirkung der Einflußgrößen

Die relative Wirkungsstärke der geschätzten Parameter der Einflußfaktoren lassen sich nur unter einigen Vorbehalten näher analysieren. Vor allem steht einer solchen Analyse die Komplexität der Simultanschätzung entgegen, die es erschwert, ohne Berücksichtigung der Knotenparameter einzelne Parameter isoliert zu betrachten. Auf die Problematik, die sich aus nicht völliger Unabhängigkeit der Einflußgrößen voneinander ergibt, wurde oben schon hingewiesen.

Eine Abschätzung der Variablen-Wirkung kann zwar erreicht werden, indem das Produkt aus Parameter, durchschnittlichem Wert der zugehörigen Einflußgröße und einem Term gebildet wird, der sich aus eins minus der Auswahlwahrscheinlichkeit des betrachteten Wohnungstyps berechnen läßt, da dieses Produkt als eine Annäherung an die direkte Elastizität einer Einflußgröße bezüglich der Auswahl eines Wohnungstyps interpretiert werden kann. Die Beurteilung der Wirkungsrichtung einzelner Variablen wird aber dadurch erschwert, daß sich die Auswahlwahrscheinlichkeiten in den verwendeten Modellen immer zu eins ergänzen, d.h. die Veränderung einer Variablen hat auf die zur Auswahl stehenden Wohnungstypen immer eine mehrfache Wirkung: Einerseits erhöht sich die Vorliebe für bestimmte Wohnungsalternativen in unterschiedlichem Ausmaß, während andererseits die Auswahlwahrscheinlichkeit anderer Alternativen unterschiedlich zurückgeht. Eine Wirkungsrichtung der Einflußgrößen ließe sich in diesen Fällen nur dann angeben, wenn zwischen den Wohnungstypen eine eindeutige Hierarchie bestünde, die im Durchschnitt aller Haushalte eindeutig bestimmbar ist.

Wir halten eine tiefergehende Interpretation der Schätzergebnisse für so wichtig und so aussagekräftig, daß wir trotz dieser Einschränkungen eine Analyse vornehmen. Dies ist auch deswegen zu verantworten, weil ein Teil der Einschränkungen dadurch relativiert wird , daß alle Gleichungen mit der gleichen Methode geschätzt wurden, also ihre Schätzergebnisse in diesem Rahmen durchaus vergleichbar sind. Zum besseren Verständnis einer weitergehenden inhaltlichen Analyse weisen wir auch dazugehörige Quantitäten aus, die den Erklärungsanteil der einzelnen Einflußgrößen wiedergeben.

Wir messen dieser Interpretation der Schätzergebnisse deshalb ein relativ hohes Gewicht bei, weil nur an dieser Stelle der Gesamtuntersuchung Hinweise darauf gewonnen werden können, welche Faktoren letztlich für die Entwicklung der Wohnungsnachfrage von Bedeutung sind und welche eine eher untergeordnete Rolle spielen. Die Prognose der Wohnungsnachfrage erfolgt über ein so komplexes Rahmenmodell, daß die Wirkungen der Einzeleinflüsse nur noch schwer nachvollziehbar sind.

Abgesehen davon haben bei der Prognose der Nachfrage die Veränderungen der Besetzung der Haushaltsstrata- und -gruppen einen wesentlichen Einfluß auf die Entwicklung der Wohnungsversorgung, ein Einfluß, der strikt von dem der in den Schätzungen ermittelten Wirkung der einzelnen Variablen zu trennen ist.

Anhand der Schätzergebnisse werden im folgenden zunächst die Wirkungsrichtung und dann die relative Wirkungsstärke der Einflußfaktoren auf die Wohnungswahl der Haushalte untersucht. In einer vereinfachten Form der Analyse werden dabei nicht die komplizierten Zielfunktionen, sondern die oben beschriebenen Elastizitäten der Einflußfaktoren zugrundegelegt. Wegen der Unübersichtlichkeit der Vielzahl der Funktionen in den 20 Strata aggregieren wir über diese Strata. Im Rahmen dieser inhaltlichen Analyse beschränken wir uns auf die Schätzergebnisse für die Zielfunktionen, die vor allem die Struktur der zukünftigen Wohnungsnachfrage bestimmen.

7.3.1 Wirkungsrichtung der Einflußfaktoren auf die Wohnungstypen

Am Beispiel des Stratums EHBAKE läßt sich die Wirkung jeder einzelnen Einflußgröße auf jeden einzelnen Wohnungstyp zum besseren Verständnis der obigen Beurteilung und zum Einstieg in die Interpretation der Determinanten der Nachfrage präzisieren. Die in der folgenden Tabelle ausgewiesenen Elastizitäten bestätigen sehr eindrucksvoll die oben ausschließlich aus den Parameterwerten gewonnenen globalen Aussagen.

Tabelle 7.1

Wirkung der Einflußfaktoren am Beispiel EHBAKE

- Elastizitäten -

Wohnungstypen	KAKOST	RETURN	QMHEIZ	RELSIZ	YP[1]	AGE[1]	KINDER[1]
1	- 3,211	0,386	- 103,10	- 0,135	- 0,082	- 1,117	0,375
2	- 2,952	0,482	- 86,98	- 0,252	- 5,629	0,277	- 0,734
3	- 1,319	0,259	- 63,22	- 0,221	- 1,754	1,881	- 0,429
4	- 0,472	0,0[1]	- 72,06	- 0,335	- 2,750	- 4,293	- 0,571
5	- 0,558	0,0[1]	- 60,77	- 0,093	- 0,058	- 0,790	0,265
6	- 4,571	0,471	- 102,08	- 0,475	- 0,059	5,373	0,532
7	- 4,217	0,578	- 84,62	- 0,277	- 3,851	- 1,702	- 0,287
8	- 1,903	0,375	- 64,65	- 0,187	0,0[2]	0,0[2]	0,0[2]
9	- 0,876	0,0[1]	- 81,30	- 0,072	- 0,842	- 4,052	0,009
10	- 1,268	0,0[1]	- 94,29	- 0,356	- 0,913	1,816	0,152

1 Die Variable RETURN hat für Mietwohnungstypen den Wert null.
2 Die notwendige Aufsplittung der haushaltsspezifischen Variablen in wohnungstypische Dummies beschränkt sich auf 9 Wohnungstypen, für den 10. Typ (Alternative 8) wird kein Parameter geschätzt (Details vgl. Anhang I).

Allgemein gleichmäßig steigende Wohnkosten (bzw. sinkende Wohngeldzahlungen oder Steuerersparnisse) führen bei Konstanz aller anderen Einflußgrößen über das ausgewiesene negative Vorzeichen grundsätzlich zu einem Rückgang der Wahrscheinlichkeit, daß ein bestimmter Wohnungstyp von den Haushalten ausgewählt wird. In diesem Fall sind im Stratum EHBAKE - wie nicht anders zu erwarten - die kleinen Mietwohnungen, also die relativ billigsten Wohnungsalternativen, bevorzugte Ziele der Umzügler. Die Wahl umziehender Haushalte bei Wohnkostensteigerungen wechselt von teuren Eigenheimen zu billigeren Eigentumsformen, von Eigentum zu Miete, und von größeren zu kleineren Wohnungen.

Die Werte in der Spalte RETURN besagen, daß bei gleichmäßig wachsenden Wertsteigerungen für Wohneigentum die Wahrscheinlichkeit, ein Zweifamilienhaus zu bevorzugen, stärker zunimmt als die, andere Eigentumsformen auszuwählen. Allerdings trägt diese Einflußgröße zur Zielentscheidung der EH-Haushalte nur wenig bei.

Das Gleiche gilt für den Einfluß der Anzahl der Kinder im Haushalt. Je mehr Kinder eine Familie hat, desto höher ist ihre Vorliebe für ein großes Einfamilienhaus; gefragt sind dann ebenfalls kleine Einfamilienhäuser und sogar Drei-Zimmer-Mietwohnungen. Das Interesse an Zweifamilienhäusern sinkt mit der Kinderzahl, die kleinste Mietwohnung wird ebenfalls abgelehnt.

Auf die ungewöhnlich hohe Wirkung der Heizkosten (in Stratum EHBAKE bestimmen sie die Wohnungswahl mit einem Anteil von über 90 %) wurde an anderer Stelle schon ausführlicher eingegangen. Bei unserer Interpretation soll hier nur noch die Wirkung auf die Auswahl bestimmter Wohnungstypen kurz angesprochen werden. Die negative Wirkung hoher und steigender Heizkosten pro qm Wohnfläche vermindert insbesondere die Wahrscheinlichkeit der Entscheidung für Einfamilienhäuser, begünstigt aber auf der anderen Seite die Wahl von Eigentumswohnungen und kleinen Mietwohnungen.

Als angemessen bezüglich ihrer relativen Größe (RELSIZ) beurteilen umziehende EH-Haushalte mit der durchschnittlichen Kinder-

Wirkungsrichtung der Einflußfaktoren

steigender Wert der Einflußgröße	größte positive Wirkung auf
EHBAKE	
KAKOST +++	kleine Mietwohnung (WT4)
RETURN +	großes Zweifamilienhaus (WT7)
RELSIZ +	Vier-Zimmer-Mietwohnung (WT9)
YP ++	große Eigentumswohnung (WT8)
AGE +++	großes Einfamilienhaus (WT6)
KINDER +	großes Einfamilienhaus (WT6)
QMHEIZ +++	Drei-Zimmer-Mietwohnung (WT5)
SMLAND	
KAKOST ++	kleine Mietwohnung (WT4)
RETURN +	kleine Eigentumswohnung (WT3)
RELSIZ +	kleine Mietwohnung (WT4)
YP ++	große Eigentumswohnung (WT8)
AGE ++	kleines Einfamilienhaus (WT1)
KINDER +	größte Mietwohnung (WT10)
QMHEIZ +++	kleine Mietwohnung (WT4)
SWBAKE	
KAKOST +++	kleine Mietwohnung (WT4)
RETURN +	großes Zweifamilienhaus (WT7)
RELSIZ +	kleine Mietwohnung (WT4)
YP +++	großes Einfamilienhaus (WT6)
AGE ++	kleines Zweifamilienhaus (WT2)
KINDER +	kleines Einfamilienhaus (WT1)
QMHEIZ ++++	kleine Mietwohnung (WT4)

Wirkungsrichtung der Einflußfaktoren

steigender Wert der Einflußgröße	größte positive Wirkung auf
WGKEUM	
KAKOST +	kleine Mietwohnung (WT4)
RETURN +	großes Einfamilienhaus (WT6) kleine Eigentumswohnung (WT3)
RELSIZ +	großes Einfamilienhaus (WT6)
YP ++	große Eigentumswohnung (WT8)
AGE ++	großes Zweifamilienhaus (WT7)
KINDER ++	große Eigentumswohnung (WT8)
QMHEIZ +++	großes Einfamilienhaus (WT6)
GABRDI	
KAKOST ++	kleine Mietwohnung (WT4)
RETURN +	kleine Eigentumswohnung (WT3)
RELSIZ +	große Eigentumswohnung (WT8) Vier-Zimmer-Mietwohnung (WT9)
YP +	kleines Einfamilienhaus (WT1)
AGE +++	kleines Zweifamilienhaus (WT2)
KINDER +	Vier-Zimmer-Mietwohnung (WT9)
QMHEIZ ++++	Drei-Zimmer-Mietwohnung (WT5)

zahl des Stratums die Vier-Zimmer-Mietwohnung, während vor allem ein großes Einfamilienhaus eher abgelehnt wird. Von der Größe her als eher unpassend angesehen werden im Stratumsdurchschnitt auch die kleinste und die größte Mietwohnung. Im Vergleich zu den Wohnkosten hat der Einflußfaktor "relative Größe" ähnlich wie die Wertsteigerung des Wohneigentums und die Kinderzahl eine nicht sehr große Wirkung auf die Zielentscheidung umziehender EH-Haushalte im Regionstyp BAKE.

Von ihrer Wirkung her wesentlich gewichtiger sind neben den Wohn- und Heizkosten jedoch das Einkommen der Haushalte und das Alter ihres Vorstands.

Steigende Haushaltseinkommen in dem betrachteten Stratum führen zu einer steigenden Vorliebe für große Eigentumswohnungen, für die Drei-Zimmer-Mietwohnung und Einfamilienhäuser - in dieser Reihenfolge - und zu einer verstärkten Abneigung gegen Zweifamilienhäuser und die kleinste Mietwohnung.

In Form einer Übersicht sind weitere Beispiele für die Wirkung der Einflußfaktoren auf die Auswahl der einzelnen Wohnungsalternativen beigefügt. Die Stärke der Wirkung bei steigendem Wert der Variablen ist durch eine Anzahl von Plus-Zeichen in verschiedenen Graden angegeben, wobei die höchste Stärke durch vier Plus-Zeichen ausgedrückt ist. Die Angabe der Wirkungsrichtung beschränkt sich auf die Nennung des Wohnungstyps, bei dessen Auswahl die jeweils höchste Zunahme zu verzeichnen ist.[1)]

7.3.2 Relative Wirkungsstärke der Einflußfaktoren

Wie schon dargelegt, ist die Bedeutung der Einflußgrößen für die Auswahl eines Wohnungstyps unterschiedlich groß. Manche Einflüsse determinieren die Zielentscheidung umziehender Haushalte sehr stark, andere sind fast bedeutungslos. Um die Wirkungsstärke der

1) Weitere Beispiele können anhand der Parameterlisten und der Tabellen der mittleren Exogenen für 1978 in Materialband I zusammengestellt werden.

Einflußfaktoren vergleichen zu können, haben wir über die Wohnungstypen aggregiert und prozentuale Anteile verglichen.[1]

Die Heizkosten pro qm Wohnfläche fallen in ihrer Wirkungsstärke aus diesem Vergleichsrahmen heraus; sie bestimmen nach dieser Art der Berechnung zu rund 80 % die Wohnungswahl der Haushalte. Da aber, wie oben schon erwähnt, zusammen mit dieser Variablen nicht zu identifizierende andere Einflußgrößen abgedeckt werden und diese Bestandteile mit hoher Wahrscheinlichkeit eher als unbeeinflußbare Konstanten anzusehen sind, lassen wir in der folgenden Analyse die Heizkosten außer Betracht.

Im Durchschnitt aller umziehenden Haushalte in der Bundesrepublik hat das Alter des Haushaltsvorstands mit Abstand das höchste Gewicht bei der Auswahl einer neu zu beziehenden Wohnung.

Absolute Wirkungsstärke der Einflußgrößen
- alle Haushalte -

	aggregierte Elastizitäten	relative Gewichte in %
KAKOST	1,13	16
RETURN	0,10	1
RELSIZ	0,19	3
YP	1,45	20
AGE	3,94	55
KINDER	0,35	5

Dieser Einfluß entspricht den Erwartungen, aber seine Höhe überrascht dennoch. Der Alterseinfluß bildet die Veränderung der Wohnansprüche im Lebenszyklus ab. Wohnansprüche mit steigendem Alter sind u.a. gebunden an Erfahrungen beim Wohnen in verschiedenen Wohnungsalternativen, z.B. die Kenntnis der Probleme in Mietwohnungen, aber auch an zunehmende Verlagerung der Freizeitaktivitäten in die Wohnung und damit steigenden Wohnflächenanspruch. Setzt man hypothetisch für alle Einflußfaktoren eine

1) Die Idee dieses Ansatzes ist am ehesten mit den standardisierten (oder Setz-)Koeffizienten der linearen Regressionstheorie zu vergleichen; Schneeweiß, H., Ökonometrie, Würzburg 1981, S. 133.

gleichmäßige Erhöhung um einen bestimmten Prozentsatz an, so bedeutet der hohe Alterseinfluß nichts anderes, als daß die vom Alter bestimmte Vorliebe für einzelne Wohnungsalternativen - das sind, wie die obigen Beispiele zur Wirkungsrichtung zeigen, in erster Linie die Ein- und Zweifamilienhäuser - alle anderen auch gegenläufigen Tendenzen überkompensiert. Allerdings ist diese Wirkung auf die Gesamt-Einzugswahrscheinlichkeiten dadurch stark gebremst, daß mit zunehmendem Alter die Umzugshäufigkeit rapide abnimmt.

Neben dem Alter des Haushaltsvorstands haben - ebenfalls erwartungsgemäß - die Wohnkosten und das permanente Einkommen des Haushalts ein hohes Gewicht bei der Wohnungswahl. Da beide aber ein etwa gleichstarkes Gewicht haben und tendenziell gegensätzlich wirken, heben sich diese Wirkungen bei ungefähr gleichmäßiger Entwicklung von Einkommen und Preisen annähernd auf. Dabei muß bedacht werden, daß in den Wohnkosten einerseits das Wohngeld, andererseits die Steuerersparnis für Eigentümer preissenkend enthalten sind und dem Einkommen das Kindergeld hinzugerechnet ist. Staatliche Maßnahmen in diesen Bereichen können also "marktwirtschaftlich verursachte" Kompensationen der Wirkung von Einkommen und Preisen beeinflussen.

Die Einflußgrößen Wertsteigerung, angemessene Wohnungsgröße und Kinderzahl spielen bei der Wohnungswahl eine nur untergeordnete Rolle. Die Frage der Angemessenheit einer Wohnung trägt aber immerhin mit einem Gewicht von 3 % zu der Auswahlentscheidung bei. Das deutet darauf hin, daß Haushalte durchaus eine feste Vorstellung von zu wenig und zu viel Wohnraum haben und beides möglichst vermeiden. Insbesondere was "zu große" Wohnungen angeht, widerspricht dieses Ergebnis in gewisser Weise dem häufig behaupteten Trend zum ständig steigenden Wohnraumanspruch vor allem der kleinen Haushalte. Zu große Wohnungen schrecken wohl doch ab, und zwar nicht nur aus Kostengründen, die ja in einer anderen Variablen erfaßt sind, sondern auch aus anderen Gründen. Dabei sind denkbar: Probleme der Erhaltung und Pflege, aber auch so etwas wie Gemütlichkeit, Überschaubarkeit, Schutzfunktionen des "Nestes".[1])

Die Wertsteigerung, die insbesondere dort eine Rolle spielt, wo zwischen verschiedenen Wohneigentumsformen zu wählen ist, hat auch einen Einfluß auf die Entscheidung zwischen Miete und Eigentum. Gerade unter den heute wieder ins Rampenlicht rückenden Gesichtspunkten der privaten Altersvorsorge müßte man eigentlich erwarten, daß auch spekulative Momente, die möglicherweise von einer Realisierung der Wertsteigerung im Alter ausgehen (und nicht nur von der üblicherweise angeführten Mietfreiheit), bei der Auswahl einer Wohnung nicht ohne Gewicht sind. In den Jahren 1977/78 ist offensichtlich dieser Aspekt nur am Rande in das Kalkül umziehender Haushalte eingegangen.

Da die Anzahl der Kinder entgegen unseren Erwartungen nur einen geringen Einfluß auf die Wohnungswahl der Haushalte hat, muß man wohl davon ausgehen, daß speziell durch Kinder hervorgerufene Wohnansprüche - nicht der erhöhte Raumbedarf, der durch die Variable RELSIZ abgedeckt ist - sich weitgehend mit den Wohnansprüchen kinderloser Haushalte decken. Durch das Vorhandensein von Kindern im Haushalt werden diese Ansprüche offensichtlich nur noch etwas verstärkt. Da Mietwohnungen lediglich in Ausnahmefällen kinderfreundlich sind, verstärken Kinder den ohnehin vorhandenen Wunsch nach Wohnen im Einfamilienhaus, vorwiegend im Eigentum, aber auch zur Miete.[2])

Zusammenfassend läßt sich festhalten, daß im Durchschnitt aller umziehenden Haushalte in der Bundesrepublik Deutschland das Alter des Haushaltsvorstands ein höheres Gewicht bei der Wohnungswahl hat als die beiden wichtigsten ökonomischen Faktoren,

---

1) Ob eine Wohnung wegen gewerblich genutzter Räume eher übergroß ist, ist hier nicht berücksichtigt. Gewerblich genutzte Räume sind bei der Datenbereitstellung für die Schätzungen abgezogen worden.
2) Der Einfluß der Kinderzahl auf die Gebäudeform bzw. -größe bei Mietwohnungen ist in den Schätzmodellen nicht berücksichtigt. Die Anzahl der Wohnungsalternativen hätte anderenfalls zu stark erhöht werden müssen. So kann also das Interesse an einer großen Mietwohnung insbesondere auf gemietete Einfamilienhäuser gerichtet sein.

Wohnkosten und Haushaltseinkommen, zusammen. Berücksichtigt man noch das Gewicht der Variablen KINDER und RELSIZ, die ja auch demographische Faktoren sind, so überwiegen bei der Entscheidung der Haushalte für eine Wohnungsalternative die demographischen Strukturen. Sie sind damit - streng zu unterscheiden von der demographisch determinierten Anzahl der Haushalte - weitgehend verantwortlich für Veränderungen der Wohnungsnachfrage über Umzüge, insbesondere, wenn die Entwicklung der ökonomischen Faktoren mit bescheidenen Veränderungsraten erfolgt.

7.3.3 Wirkungsunterschiede in den Strata

Die Anzahl der Erwachsenen pro Haushalt ist in die Schätzung der Parameter der Zielentscheidung nicht als eigene Variable eingegangen, sondern ist als Merkmal zur Bildung von Haushaltsstrata verwendet worden. Der Einfluß dieses demographischen Merkmals läßt sich also nicht direkt als Gewicht innerhalb der Auswahlentscheidung beurteilen, sondern nur über einen Vergleich zwischen den verschiedenen Strata. Das gleiche gilt für die Zugehörigkeit zu einem regionaltypischen Wohnungsmarkt. Im folgenden vergleichen wir die jeweilige Bedeutung der Einflußfaktoren in den haushalts- und regionstypischen Strata bzw. analysieren die Abweichungen der Einflußstärken in den Strata vom Durchschnitt der Bundesrepublik.

Die Abbildung 7.1 zeigt die starken Unterschiede im Gewicht der Einflußgrößen zwischen den nach der Anzahl der Erwachsenen unterschiedenen Strata.

Je nach Anzahl der Erwachsenen im Haushalt variieren die Gewichte fast aller Einflußgrößen. Dem Durchschnitt über alle Haushalte am nächsten verteilen sich noch die Gewichte in der heute typischen Kleinfamilie (EH), bestehend aus zwei Erwachsenen mit oder ohne Kinder. Bei ihrer Wohnungswahl ist lediglich der Einfluß von Einkommen und Kinderzahl höher. Diese Haushaltsgruppe nimmt also bei der Auswahl einer neuen Wohnung Einkommensspielräume eher wahr als andere Haushalte und reagiert mit ihrem

Abb. 7.1

Gewichte demographischer und ökonomischer Einflußfaktoren auf die Wohnungswahl der Haushalte

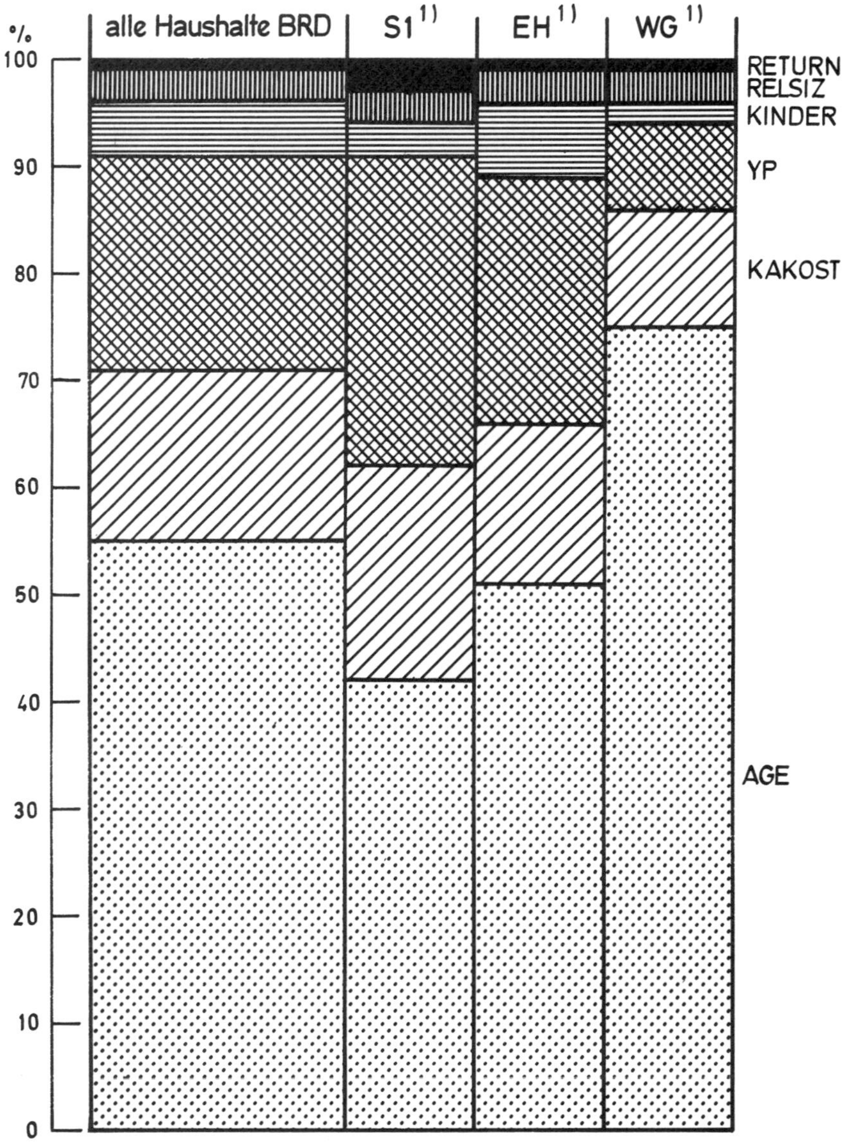

1) *ohne GA-Haushalte*

IFO-INSTITUT für Wirtschaftsforschung München 318/88

Wohnanspruch stärker auf das Vorhanden- oder Nichtvorhandensein von Kindern.

Ganz anders sind die Überlegungen der Single-Haushalte bei der Wohnungswahl. Sie beziehen die Wertsteigerung in ihre Entscheidung stärker ein und beachten insbesondere die Wohnkosten und das Einkommen. Das Alter spielt demgegenüber bei diesen Haushalten eine bei weitem nicht so große Rolle wie im Durchschnitt aller Haushalte. Überschlägig betrachtet, überwiegen bei Single-Haushalten die Einflüsse ökonomischer Faktoren auf die Wohnungswahl. Wohnansprüche, die insbesondere in den Variablen Alter und Kinder zum Tragen kommen, unterliegen in dieser Haushaltsgruppe eher wirtschaftlichen Überlegungen. Unterscheidet man in der Gruppe der SI-Haushalte nach solchen mit weiblichem und solchen mit männlichem Haushaltsvorstand, so ergeben sich kaum Abweichungen.[1] Bei weiblichen Singles haben die Wohnkosten etwas weniger Gewicht, dafür ist der Einfluß des Einkommens und der Kinder etwas höher. Die Wertsteigerung - bei allen SI-Haushalten von Bedeutung - spielt insbesondere bei der Wohnungswahl männlicher Singles eine Rolle.

In der Gruppe der "Wohngemeinchaften" - große Haushalte mit drei und mehr Erwachsenen (WG) -, die durchschnittlich älter sind als andere Haushalte, bestimmt das Alter des Haushaltsvorstands fast allein die Wohnungswahl. Der ökonomische Einfluß des Einkommens ist weniger als halb so groß wie der bei allen anderen Haushalten. Das bedeutet, daß WG-Haushalte ihrem Alter entsprechend - man kann möglicherweise auch sagen, den gesellschaftlichen Normen für bestimmte Altersgruppen entsprechend - wohnen wollen und das trotz ökonomischer Restriktionen durchsetzen. Da Daten zum Vermögen in die Schätzung nicht eingegangen sind, könnte man mit einiger Sicherheit vermuten, daß finanzielle Beschränkungen der Wohnansprüche durch Vermögen ausgeglichen werden, das gerade in dieser relativ älteren Haushaltsgruppe angesammelt werden konnte.

---

1) Diese Differenzierung läßt sich nicht für alle Modell-Strata durchführen, da in den Regionstypen KERN und UMLA mangels ausreichender Belegung die männlichen und weiblichen SI-Haushalte zusammengefaßt werden mußten.

Abb.7.2

Gewichte demographischer und ökonomischer Einflußfaktoren auf die Wohnungswahl der Haushalte

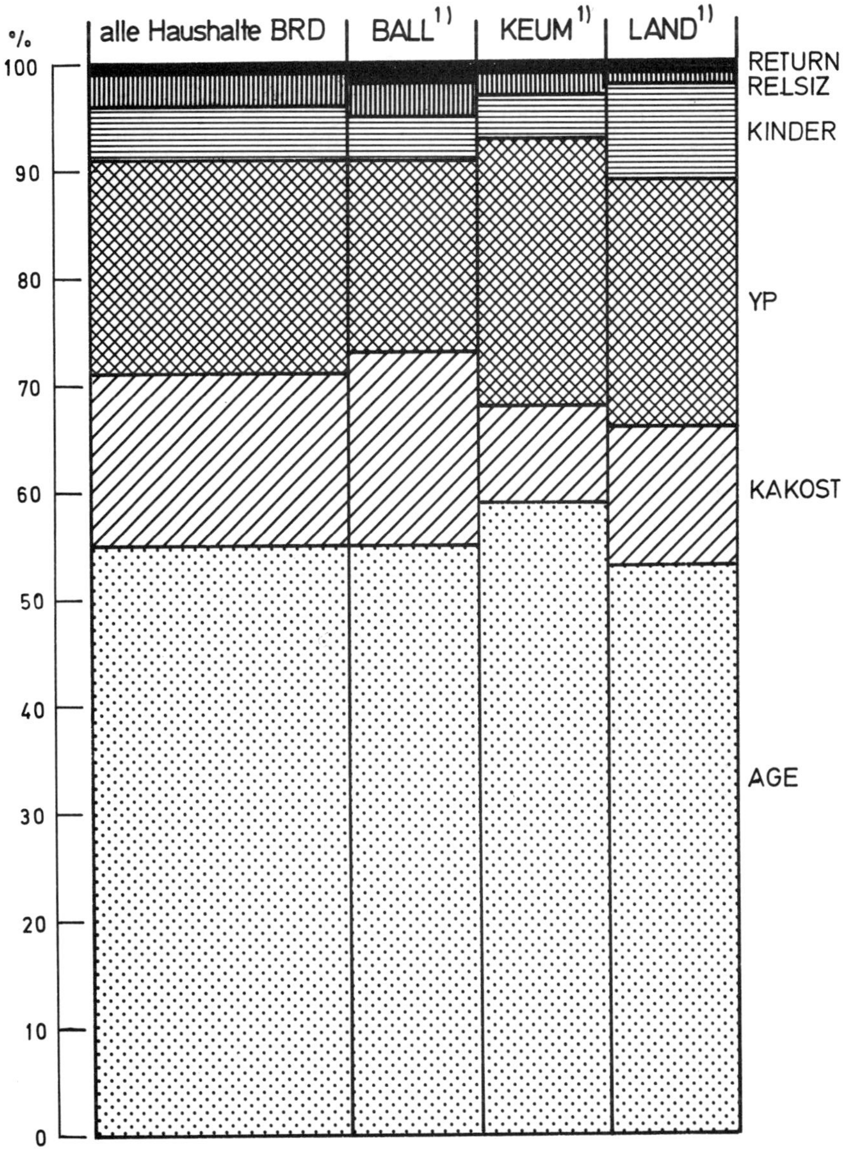

1) *ohne GA-Haushalte*

IFO-INSTITUT für Wirtschaftsforschung München 319/88

Unterscheidet man nun nach regionaler Zugehörigkeit der wohnungssuchenden Haushalte, so zeigen sich ebenfalls einige markante Abweichungen. In Abbildung 7.2 sind nur übergreifende "große" Regionstypen aufgenommen.[1)]

In allen drei Regionstyp-Gruppen spielt das Alter eine ähnlich starke Rolle bei der Wohnungswahl der Haushalte. Unterschiede zwischen den Regionen finden sich dagegen bei fast allen anderen Einflußgrößen. Auffällig ist die große Bedeutung der Wohnkosten in den Ballungsgebieten - dabei besteht eine gewisse Korrespondenz zu dem auch relativ höheren Gewicht der Wertsteigerung des Wohneigentums. Deutlich wird daran, daß in den Verdichtungsräumen die Wohnkosten die Realisierung von Wohnansprüchen stärker als in anderen Regionen begrenzen. Eine Steigerung des Wohnkonsums scheint hier nur in kleinen Schritten unter Berücksichtigung der Kosten möglich zu sein. Das relativ geringere Gewicht des Haushaltseinkommens legt den Schluß nahe, daß die Restriktionen durch die Kosten weitgehend unabhängig vom Einkommen die Spielräume zur Verbesserung der Wohnungsversorgung einengen, es sei denn die Einkommen steigen unverhältnismäßig stärker als die Kosten.

Eine direkt vergleichbare Aufspaltung der Regionstypen-Gruppe BALL in die Typen Ballungskern und näheres und weiteres Umland ist nicht über alle Haushaltsgruppen möglich. Um aber dennoch Anhaltspunkte für zwischen diesen Typen bestehende Unterschiede zu erhalten, ist in der folgenden Tabelle diese Aufspaltung für die Haushaltsstrata EH und SI vorgenommen worden.

---

1) Leider lassen sich nicht über alle Haushaltsgruppen regionstypische Aggregate bilden, weil zur Schätzung zusammengefaßt werden mußte (siehe oben).

Wirkungsstärke der Einflußgrößen in %
(Strata EH und SI)

	BAKE	BAHV	BAUM
AGE	33	53	49
KAKOST	29	12	17
YP	28	22	21
KINDER	4	8	7
RELSIZ	4	4	3
RETURN	2	1	3

Deutlich zeigt sich hier der Abfall der Bedeutung der Wohnkosten vom Ballungskern in die Umlandregionen. Ebenso läßt sich erkennen, daß mit einer Abschwächung des Kostengewichts Spielräume entstehen, daß also Ansprüche, die aus Alter oder Kinderanzahl er- wachsen, im Umland eher befriedigt werden können als im Ballungskern. Diese Tendenz bestätigt auch die ebenfalls abfallende Bedeutung des Einkommens.

Zwischen dem Regionstypen-Aggregat KEUM und dem flachen Land sind bezüglich des Gewichts der Einflußfaktoren keine gravierenden Unterschiede festzustellen (siehe Abbildung 7.2). Ähnlich wie in den Umlandgemeinden der Ballungskerne großer Verdichtungen haben die Wohnkosten eine wesentlich geringere Bedeutung bei der Wohnungswahl der Haushalte als das Einkommen. Auch findet sich wieder in Zusammenhang mit dem relativ hohen Gewicht des Einkommens ein starker Einfluß der Kinderzahl.

Wirkungsstärke der Einflußgrößen in %
(Strata EH und SI)

	KERN	UMLA
AGE	52	64
KAKOST	18	8
YP	22	23
KINDER	4	3
RELSIZ	4	1
RETURN	0	1

Wenn die Regionstypen-Gruppe KEUM für die Strata EH und SI in die zwei Typen KERN und UMLA aufgespalten wird, zeigt sich auch in diesem Fall eine Umkehrung der Gewichte zwischen Kernstadt und Umland, die den großen Verdichtungsgebieten entspricht. Allerdings werden in diesem Umland die Wohnansprüche wohl eher am Alter des Haushaltsvorstands entwickelt als am Vorhanden- oder Nichtvorhandensein von Kindern.

Zusammenfassend signalisieren die Schätzergebnisse wichtige Erkenntnisse über die regionale Differenzierung der Wohnungsnachfrage:

- In den Ballungszentren (BAKE und KERN) wirken offensichtlich die Wohnkosten restriktiver als in allen weniger verdichteten, weniger zentralen Regionstypen; wegen der Kostenbeschränkung scheint hier die Verbesserung der Wohnungsversorgung nur in kleinen Schritten voranzugehen.

- Dementsprechend haben auch Einkommensspielräume zur Erhöhung des Wohnkonsums eine desto größere Bedeutung, je dichter besiedelt die Region ist.

- In Umlandregionen, in denen die Wohnkosten eine nur wenig restriktive Wirkung ausüben, werden Wohnansprüche eher in Abhängigkeit vom Einkommen erfüllt.

- Ökonomische Faktoren dominieren die Zielentscheidung ausschließlich in den Kernstädten der großen Verdichtungsräume, während in allen anderen Regionstypen das Alter die Wohnungswahl entscheidend beeinflußt.

7.4 Sensitivitätsanalyse

Wie in der Tabelle 7.1 für das Stratum EHBAKE vorgeführt, weisen die einzelnen Einflußgrößen der Verhaltensfunktionen eine deutlich unterschiedliche Wirkung auf die Auswahl der Wohnungstypen auf. Diese aus der Schätzung des Modells gewonnene Erkenntnis über die Bedeutung der nachfragerelevanten Größen kann in einer sogenannten Sensitivitätsanalyse noch besser verdeutlicht werden. Unter einer Sensitivitätsanalyse verstehen wir eine Messung der Auswirkung der isolierten Variation jeweils einer Einflußgröße (unter der ceteris paribus-Bedingung) auf das Modellergebnis.

In der folgenden Übersicht sind die Ergebnisse einer solchen Sensitivitätsanalyse mit drei relevanten Einflußgrößen dargestellt. Eine jeweils isolierte zehnprozentige Erhöhung der Kaltkosten, der Heizkosten pro qm bzw. des permanenten Einkommens ergibt die - in Übereinstimmung mit den in Tabelle 7.1 aufgeführten Gewichten - unterschiedlichen Veränderungen der Auswahlwahrscheinlichkeiten; (gemessen in Differenzen zu den für die stratumsdurchschnittlichen Einflußgrößen ermittelten Auswahlwahrscheinlichkeiten, Differenzen, die sich für alle Wohnungstypen zu null addieren müssen):

Wohnungstyp	Auswahlwahrscheinlichkeit für Stratumsdurchschnitte	Veränderung der Auswahlwahrscheinlichkeiten durch Erhöhung um 10 % der		
		Kaltkosten	Heizkosten pro qm	Permanentes Einkommen
		(absolute Differenzen)		
1	0.053	-0.010	-0.026	0.008
2	0.022	-0.004	-0.011	-0.008
3	0.065	-0.002	0.324	-0.003
4	0.263	0.015	-0.131	-0.055
5	0.330	0.012	-0.165	0.046
6	0.027	-0.008	-0.003	0.004
7	0.016	-0.004	0.000	-0.003
8	0.018	-0.001	0.108	0.003
9	0.152	0.003	-0.076	0.006
10	0.055	-0.001	-0.020	0.002
Summe	1.000	0.000	0.000	0.000

Als herausragendes Ergebnis der Sensitivitätsanalyse muß der vergleichsweise starke Einfluß der Heizkosten konstatiert werden. Eine prozentual gleichmäßige Erhöhung der Heizkosten fördert sehr stark die Nachfrage nach Eigentumswohnungen (WT3 und WT8). Hinter diesem nicht so ohne weiteres einleuchtenden Effekt steht vermutlich die Tatsache, daß im Jahr 1978 die Eigentumswohnungen nur einen kleinen Anteil der Nachfrage ausmachten, obwohl die Eigentumswohnungen stets vergleichsweise niedrige Heizkosten pro qm aufweisen, weil sie entweder neueren Bau-Datums oder modernisiert waren. Es ist damit zu einer gewissen Korrelation zwischen einer - aus den sonstigen Einflußgrößen nicht voll erklärbaren - niedrigen Präferenz der Haushalte für Eigentumswohnungen und den niedrigen Heizkosten gekommen, die im Jahr 1978 offensichtlich in allen Strata gültig war. Die für diese Korrelation als relevant vermutete Präferenzstruktur kann nur als eine Art Konstante in die Prognose übernommen werden.

Die beiden anderen Einflußgrößen wirken dagegen durchgehend plausibel auf die Auswahl der Wohnung. Eine Erhöhung der Kaltkosten verbessert die Nachfrage nach kleineren Mietwohnungen (WT4 und WT5), eine Erhöhung des permanenten Einkommens kommt den Einfamilienhäusern (WT1 und WT6) und der großen Eigentumswohnung (WT8) sowie den größeren Mietwohnungen zugute. Lediglich die positive Wirkung der Zunahme des permanenten Einkommens auf die Drei-Zimmer-Mietwohnung (WT5) überrascht. In der Größenordnung unterscheidet sich die Wirkung der beiden Einflußgrößen kaum, so daß eine gleichzeitige Erhöhung der Kaltkosten und des Einkommens um denselben Prozentsatz sich neutral auf die Wahl der Einfamilienhäuser auswirkt.

C. PROGNOSE DER WOHNUNGSNACHFRAGE BIS 1995

8. PROGNOSEMODELL

Zur Prognose der Wohnungsnachfrage wurde der Modellkern (Aufbruch- und Zielfunktionen) in einen Ablaufrahmen integriert, der den Prozeß des Quasi-Übergangs (vgl. Abschnitt 2.2.2) realisiert. Einfache Algorithmen, die die Wirkungsweise übersichtlich halten, stellen dabei den Zusammenhang zwischen exogen vorgegebenen Daten und Informationen einerseits und den Aufbruch- und Zielfunktionen andererseits her und steuern so einen dynamischen Ablauf. Die exogenen Vorgaben bestimmen also die Dynamik eines Entwicklungsprozesses, der dadurch in Gang gehalten wird, daß die Ausgangsdaten einer Periode gleichzeitig die Ergebnisse der Vorperiode sind. Grob gesehen, produziert das Modell pro Jahresperiode schrittweise folgende Ergebnisse (vgl. Abbildung 8.1):

- Wohnungsnachfrage (Anfang der Periode),
- Umzüge, Wanderungen, neue Haushalte,
- Wohnungsnachfrage (Ende der Periode und gleichzeitig Anfang der nächsten Periode).

8.1 Wohnungsnachfrage im Prognose-Startjahr

Die Wohnungsnachfrage zu Prognosebeginn wird dargestellt als eine Matrix, bestehend aus allen Haushalten des Modells in ihren Wohnungen, d.h. der sogenannten Wohnungsbelegung oder Wohnungsversorgung der Haushalte. Im Startjahr der Prognose 1978 enthält die Matrix die bereinigten (um Sozialwohnungen, Landwirte, Dienst-/Werkswohnungen etc.) und hochgerechneten Daten der 1-v.H.-Wohnungsstichprobe. Differenziert sind Haushalte und Wohnungen nach den oben definierten Haushaltsstrata und pro Stratum nach Haushaltsgruppen sowie den ebenfalls schon beschriebenen 10 Wohnungstypen.

Im Gegensatz zu der Mikroanalyse der Schätzung unter Berücksichtigung jedes einzelnen individuellen Haushalts mit seinen ganz spezifischen Merkmalen - in einer ebenfalls individuellen, spezifischen Wohnung - mußten für die Prognose die Haushalte aggre-

PROGNOSEMODELL WOHNUNGSNACHFRAGE

Abb. 8.1

– Ablaufschema für eine Periode –

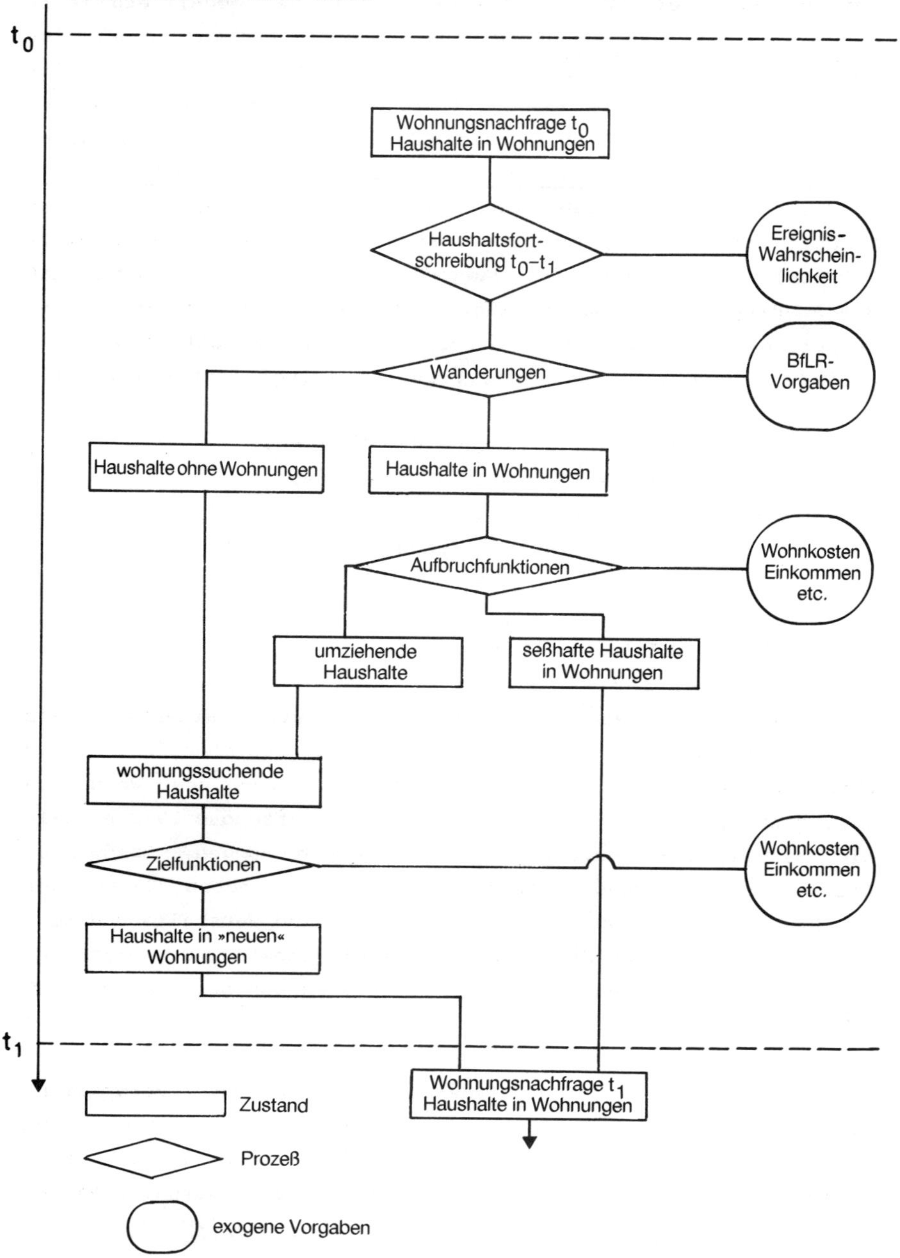

IFO-INSTITUT für Wirtschaftsforschung München 320/88

giert werden. Diese Notwendigkeit ergibt sich daraus, daß in einer Langfrist-Prognose nicht die individuellen Daten einer Vielzahl von Haushalten exogen, d.h. auch prognostiziert, vorgegeben werden können. Der Aggregationsgrad richtete sich also nach der Prognosefähigkeit der benötigten Vorgaben. Pro Haushaltsstratum (siehe Faltblatt am Ende des 4. Kapitels) wurden 360 Haushaltsgruppen gebildet, die als Subjekte der Wohnungsnachfrage in der Prognose von Periode zu Periode geführt werden. Die Haushaltsgruppen gliedern sich nach den Merkmalen (siehe auch Kapitel 6):

- Alter des Haushaltsvorstands
  5 Ausprägungen: bis 24 Jahre, 25 bis 34 Jahre, 35 bis 44 Jahre, 45 bis 54 Jahre, 55 und mehr Jahre;
- Anzahl der Kinder unter 18 Jahren
  4 Ausprägungen: 0, 1, 2, 3 und mehr Kinder;
- permanentes Einkommen in den 18 Kategorien der 1-v.H.-Wohnungsstichprobe 1978.

Durch die Aggregation der individuellen Haushalte zu Gruppen gingen notwendigerweise eine Reihe von Informationen für die Prognose verloren. Die meisten dieser Informationen betreffen die Berechnung des permanenten Einkommens, z.B. die soziale Stellung und den Ausbildungsabschluß der Haushaltsmitglieder. Eine periodenweise Neuberechnung des permanenten Einkommens der Haushalte anhand der geschätzten Parameter mußte also unterbleiben. Stattdessen wurden die einmal berechneten Einkommen für den Prognosezeitraum als Haushaltsgruppen-typisch angesehen und über gemeinsame Aufschläge variiert. Dieser Verlust an Realitätsnähe verliert dadurch an Bedeutung, daß das "permanente" Einkommen verwendet wird, das die individuellen Ausprägungen des laufenden Einkommens glättet.

Möglicherweise eher relevant für die zukünftige Wohnungsnachfrage ist die Frage nach der § 7b-Berechtigung eines Haushalts, eine im Jahr 1978 individuelle Information, die im Rahmen der Aggregation ebenfalls vernachlässigt werden mußte. Für die Prognose wurde die § 7b- bzw. § 10e-Berechtigung potentieller Wohneigentumserwerber als gegeben angenommen. Allerdings könnte es sein, daß doch in Zukunft ein zunehmender Anteil der Haushalte die Möglichkeit zur Inanspruchnahme der Sonderabschreibung ausgeschöpft hat, sich der Wohneigentumserwerb also für eine steigende Anzahl von Haushalten verteuert. Sollten über diese und ähnliche Fragen andere als die verwendeten Annahmen realitätsnäher erscheinen, läßt sich eine Änderung im Modell berücksichtigen und lassen sich die Auswirkungen auf die Wohnungsnachfrage simulieren.

Hinsichtlich der im Prognosemodell verwendeten Wohnungstypen wurden die schon in der Schätzung für die nicht bewohnten Wohnungsalternativen verwendeten Durchschnitte übernommen.[1)] Im Prognosemodell erhalten die 10 Wohnungstypen also - wie in der Schätzung - die stratums-durchschnittlichen Einzelmerkmale. Diese Einzelmerkmale sind solche, die nicht als explizite Typen-Charakteristika verwendet wurden, wie z.B. die Wohnfläche in qm, die Heizungsart, das Heizmaterial, das Baualter. In der Prognose selbst werden jedoch, soweit möglich, die impliziten Merkmale mit entsprechenden Annahmen für den Prognosezeitraum verändert (vgl. Kapitel 9).

Veränderungen der Wohnungsnachfrage werden pro Periode durch drei verschiedene Ereignisse verursacht:

- Haushalte verändern sich in den von ihnen bewohnten Wohnungen,
- Haushalte ziehen in andere Wohnungsalternativen um,
- Haushalte ohne Wohnung, neugegründete oder zugewanderte Haushalte, wählen eine "erste" Wohnung aus.

8.2 Haushaltsfortschreibung

Es wird deutlich, daß die Veränderung der Haushalte im Prognosezeitraum eine wichtige Rolle für die Nachfrageprognose spielt.

---

1) Zur Erinnerung: In der Schätzung wird die jeweils bewohnte Wohnung mit ihren spezifischen Merkmalen den alternativen Wohnmöglichkeiten gegenübergestellt, für die, da vom betrachteten Haushalt nicht bewohnt, in der 1-v.H.-Wohnungsstichprobe auch keine Einzeldaten vorliegen können.

Entsprechend realitätsnah wird die Entwicklung der Haushalte in einem umfangreichen Unter-Modell geführt. Entgegen unseren Vorstellungen mußten Anzahl und Struktur der Haushalte als wohnungs- und wohnungsmarktunabhängig gesetzt werden.[1] Da es von der Modelltheorie her notwendig ist, daß Haushaltsstrukturen sich nicht nur isoliert verändern, sondern daß diese Änderungen in dem vorhandenen Bezug zur Wohnung erfolgen, konnte nicht ausschließlich - wie ursprünglich vorgesehen - eine Haushalts-Prognose, wie sie von der Bundesanstalt für Landeskunde und Raumordnung (BfLR) zur Verfügung gestellt wurde, übernommen und verwendet werden. Vielmehr verlangt das Modell-Konzept eine Haushalts-Fortschreibung.

Mittels dieser Fortschreibung wird die Veränderung der Anzahl und Struktur der Haushalte über Ereigniswahrscheinlichkeiten pro Periode aus dem jeweiligen Haushaltsbestand ermittelt. Die Ereigniswahrscheinlichkeiten geben an, mit welcher Wahrscheinlichkeit Haushalte einer bestimmten Art von einem haushaltsstrukturrelevanten Ereignis wie Tod, Geburt, Scheidung usw. getroffen und damit in ihrer Art verändert werden. Über solche Ereigniswahrscheinlichkeiten veränderte Haushalte wechseln innerhalb des grundlegenden Differenzierungsrasters des Modells ihre Gruppen- bzw. sogar Stratums-Zugehörigkeit. Beispielsweise wandert ein Haushalt, bestehend aus zwei Erwachsenen und einem Kind unter 18 Jahren (EH), in das Stratum der drei Erwachsenen (WG), sobald das Kind die Volljährigkeitsgrenze erreicht; ein verbleibender Ehegatte wechselt nach dem Tod der Partnerin von der Zugehörigkeit zu den Zwei-Erwachsenen-Haushalten (EH) zu den männlichen Single-Haushalten (SM) über. Die Gruppenzugehörigkeit ändert sich schon allein mit dem Älterwerden des Haushaltsvorstands.

Wie die Schätzarbeiten gezeigt haben, variieren Aufbruch- und Zielentscheidung der Haushalte sowohl mit der Stratums- als auch mit der Gruppenzugehörigkeit. Deshalb wirken die Gruppen-

1) Das von A. Börsch-Supan favorisierte sogenannte "Nukleus-Konzept", das die Abhängigkeit zwischen Wohnungsmarktgegebenheiten und Haushaltsbildung in Form geschätzter prognosefähiger Funktionen in dieses Modell einbringen sollte, konnte aus verschiedenen Gründen nicht berücksichtigt werden.

stärken, die Ergebnis der Haushaltsprognose sind, entscheidend auf die Struktur der Wohnungsnachfrage.

Diese Haushaltsfortschreibung kann sich nur auf im Modell vorhandene Haushalte beziehen. Im Prognosezeitraum steigt die Anzahl der Modell-Haushalte durch den Rückgang von Haushalten im Segment der nicht über den Wohnungsmarkt versorgten Haushalte. Die Zahl der für eine Belegung zur Verfügung stehenden sozialen Mietwohnungen sinkt durch Auslaufen der Belegungsbindungen, die Anzahl der Vollerwerbslandwirte, die im eigenen landwirtschaftlichen Anwesen wohnen, geht zurück[1]: Durch diese Vorgänge treten die entsprechenden Haushalte in den freifinanzierten Marktbereich und damit in das Wohnungsnachfragemodell ein. Die Berücksichtigung dieser Zugänge an Haushalten ist durch entsprechende exogene Vorgaben pro Prognosejahr gewährleistet.

Wanderungen zwischen den Regionstypen müssen ebenfalls außerhalb der Haushaltsfortschreibung exogen vorgegeben werden. Da keine Möglichkeit bestand, die wandernden Haushalte zu erfassen und zu prognostizieren, wurden pro Periode die modellendogen fortgeschriebenen Haushalte nach Anzahl, Struktur und regionaler Zugehörigkeit an die Zahlen der Haushaltsprognose der Bundesanstalt für Landeskunde und Raumordnung angepaßt. Die Ergebnisse der BfLR-Prognose mußten dazu in umfangreichen Arbeiten auf die benötigten Strukturen umgerechnet (siehe auch Materialband II) und, da nur eine Prognose für wenige Zeitpunkte zur Verfügung stand, auf Einzeljahre interpoliert werden. Weiter wurden die BfLR-Jahresergebnisse um die jeweils entsprechende Zahl von Haushalten in sozialen Mietwohnungen, in Dienst-, Werks- und Stiftswohnungen und die landwirtschaftlichen Haushalte bereinigt. Diese Art der Vorgehensweise erlaubt nicht nur die jährliche Ermittlung von Wanderungssalden zwischen den Regionstypen aus der Differenz zwischen fortgeschriebenen Haushalten und BfLR-Prognose-Ergebnissen, sondern zwingt auch die Haushaltsfortschreibung in den Rahmen eines wahrscheinlichen Verlaufs.

---

1) Für das Angebotssegment Dienst-, Werks- und Stiftswohnungen wurde mangels Informationen angenommen, daß die Anzahl der dort bereitgestellten Wohnungen im Prognosezeitraum konstant bleibt und damit die entsprechende Anzahl von Haushalten bis 1995 im Modell nicht berücksichtigt werden muß.

Die Anpassung der Haushalte wird im Modell jährlich und differenziert nach Strata und Gruppen (ohne Einkommensmerkmal) vorgenommen (Details vgl. Abschnitt 9.2).

Haushaltsfortschreibung und Anpassung an die BfLR-Zahlen verändern nicht nur die Merkmale der Haushalte in Wohnungen, sondern produzieren auch "neue" Haushalte ohne Wohnungen; das sind

- neugegründete Haushalte (Verselbständigung eines erwachsenen Kindes oder nach Scheidung) und
- in einen Regionstyp zuwandernde Haushalte.

Diese "neuen" Haushalte werden im Modell über die Zielfunktionen auf direktem Weg mit einer Wohnung versorgt.

8.3 Umziehende Haushalte

In einem nächsten Schritt des Prognose-/Simulations-Modells müssen - im Sinne der modelltheoretischen Überlegungen zum Quasi-Übergang - die Haushalte identifiziert werden, die aus ihren Wohnungen ausziehen, d.h. ihre Wohnungsnachfrage verändern wollen. Für alle Haushalte in Wohnungen werden zu diesem Zweck mittels der oben beschriebenen, geschätzten Aufbruchfunktionen (vgl. Kapitel 7) Aufbruchwahrscheinlichkeiten berechnet. Die in den Aufbruchfunktionen verwendeten unabhängigen Variablen müssen dazu auf den Stand der betrachteten Prognose-Periode gebracht werden. Die demographischen Variablen, also die gruppenspezifischen Durchschnitte, bleiben weitgehend unverändert. Die ökonomischen Variablen werden durch exogene Vorgaben für das spezielle Prognosejahr in Form von Veränderungsraten bestimmt.

Über eine Multiplikaton mit den ermittelten Aufbruchwahrscheinlichkeiten werden die Haushalte in ihren Stratums- und Gruppengliederungen in umziehende und seßhafte Haushalte aufgeteilt. Seßhafte Haushalte fragen bis zur folgenden Prognose-Periode ihre bisherige Wohnung nach, während umziehende Haushalte, mit den "neuen" Haushalten ohne Wohnung zusammengeführt, über die Zielfunktionen ihre zukünftige Wohnung auswählen.

Die Variablen der Zielfunktionen werde ebenso wie die der Aufbruchfunktionen einerseits aus den Ergebnissen der Haushaltsfortschreibung, andererseits über exogene Vorgaben für das jeweilige Prognosejahr berechnet. Über die Zielfunktionen werden die Wahrscheinlichkeiten ermittelt, mit denen die Haushalte eine der zehn Wohnungsalternativen auswählen.

In einem letzten Schritt des Modells schließlich wird die Matrix aus Haushalten in Wohnungen für die nächste Periode zusammengestellt. Sie umfaßt die seßhaften Haushalte in ihren "alten" Wohnungen und die umziehenden bzw. neuen Haushalte in ihren "neuen" Wohnungen. Damit ist die Wohnungsnachfrage der Haushalte nach dem Übergangsprozeß bestimmt; sie bildet zugleich den Ausgangspunkt für die analogen Modellschritte in der folgende Prognose-/Simulations-Periode.

Die Entwicklung der Wohnungsnachfrage im Prognosezeitraum (von einer Periode zur nächsten) wird demnach von drei unterschiedlichen Gruppen exogener Variablen gesteuert. Es handelt sich dabei um:

- die Ereigniswahrscheinlichkeiten der Haushaltsfortschreibung,

- die umgewandelte BfLR-Haushaltsprognose und damit insbesondere um die Wanderungen zwischen den Regionstypen, aber auch um die Entwicklung der Anzahl von Sozialwohnungen und Vollerwerbslandwirten sowie Dienst-, Werks- und Stiftswohnungen,

- die ökonomischen Variablen der Aufbruch- und Zielfunktionen, vor allem auch in den einzelnen Komponenten der jeweiligen Variablen, wie z.B. den staatlichen Maßnahmen bei der Eigentumsförderung oder im Wohngeldbereich.

Das Modell erlaubt für Zwecke der Simulation die individuelle Vorgabe der Exogenen. Soweit aber im Schätzzeitraum eine gewisse Korrelation zwischen den einzelnen Exogenen zu beobachten war, muß diese Korrelation auch bei der prognostischen Vorgabe der Exogenen erhalten bleiben. In der Summe sollten die Exogenen realistische Szenarien beschreiben. Auch sollten von vornherein die unterschiedlichen Gewichte ihres Einflusses (vgl. Kapitel 7) bei der Simulation mitberücksichtigt werden (dies gilt insbesondere für die Heizkosten), um aussagefähige Ergebnisse zu erzielen.

9. EXOGENE VORGABEN FÜR DIE PROGNOSE

Für die Extrapolation der Wohnungsnachfrage in die Zukunft sind auf der Grundlage der geschätzten Verhaltensfunktionen die exogen vorgegebenen Veränderungen der Einflußgrößen entscheidend. Eine Prognose auf einer derartigen Grundlage basiert auf der Hypothese, daß sich das Wohnungsnachfrageverhalten der Haushalte, ausgedrückt in den (geschätzten) Parametern der Aufbruch- und Zielfunktionen, auch in längeren zukünftigen Zeiträumen aus den verschiedensten Gründen nicht ändern wird. Die Gültigkeit dieser Hypothese wird durch die Entwicklung in der Vergangenheit bestätigt; Veränderungen der Wohnungsnachfrage wurden im wesentlichen bestimmt durch die variierenden Werte der Einflußgrößen, z.B. steigendes Einkommen, steigende Preise, sinkende Haushaltsgrößen, und nicht durch verändertes Verhalten verursacht.[1]) Wie schon gesagt, sind die Gründe für die Verhaltensinflexibilität der Nachfrage vielfältig. Unter anderem zählen dazu:

- die Langlebigkeit der angebotenen Wohnungen und die relative Unelastizität des Wohnungsangebots,

- die Bedeutsamkeit der Wohnungsnachfrageentscheidung gemessen am Anteil der Wohnkosten am Haushaltsbudget, an den Umzugsmühen und -kosten, am Zeitaufwand für die Nachfrageentscheidung und -realisierung,

- der Einfluß ebenfalls sehr langlebiger gesellschaftlicher Normen auf die Nachfrageentscheidung,

- die eher moderaten Veränderungen der Rahmenbedingungen für die Wohnungsnachfrage.

Natürlich befindet sich die Wohnungsnachfrage der privaten Haushalte in genereller Interdependenz zu allen gesamtwirtschaftlichen und sozialen Gegebenheiten, Strukturen und Entwicklungen. Deshalb steht eine derart isolierte Prognose der Wohnungsnach-

1) Gewicht und Wirkungsrichtung der Einflußgrößen (Parameter) stehen für das Nachfragerverhalten.

frage immer auf etwas "tönernen Füßen" (vgl. auch "Partialmodell" in Abschnitt 2.2.1). Beispielsweise können Veränderungen im Wohnungsangebot nur über die Preisentwicklung der im Modell verwendeten Wohnungsalternativen berücksichtigt werden, nicht jedoch hinsichtlich der Frage, ob bestimmte Wohnungsalternativen überhaupt in entsprechender Anzahl vorhanden sind bzw., wenn nicht, auf welche Art und Weise die Nachfrager einen Wohnungstyp gegen einen anderen substituieren.

Auch die Korrespondenz zwischen Wohnkonsum und dem Konsum aller anderen Güter ist in dem hier vorgestellten Modell nicht bzw. nur implizit berücksichtigt. Die Präferenzstruktur der Haushalte bei der Einkommensverwendung in Zusammenhang mit den relativen Preisen konnte nicht explizit ins Modell aufgenommen werden. (vgl. Modell-Konzept in Kapitel 2).

Über die exogenen Vorgaben der Prognose wird versucht, einen großen Teil der allgemeinen sozioökonomischen Interdependenz einzufangen und für die zukünftige Wohnungsnachfrage mitzuberücksichtigen. Aus der Modellkonzeption ergibt sich, daß die verwendeten Variablen nur als Strukturgrößen eingehen, die die Wahl der Haushalte zwischen den Wohnungsalternativen steuern, nicht aber z.B. die absolute Höhe des Wohnkonsums. Letzterer wird in der Interpretation der Ergebnisse sozusagen aus der getroffenen Auswahl abgeleitet. Anders ausgedrückt bedeutet das, daß beispielsweise nicht die absolute Belastung der Einkommen durch Wohnkosten für das Prognosemodell entscheidend ist - sie fällt nur als Nebenprodukt aus den exogenen Vorgaben an und wird als Interpretationshintergrund herangezogen -, sondern die relativen Kosten der einzelnen Wohnungsalternativen zueinander, die neben anderen Faktoren die Auswahl der Entscheidungsträger steuern. Aus dieser Modellkonzeption ergibt sich, daß die oben angesprochenen Probleme der sozioökonomischen Interdependenzen weitgehend ausgeklammert sind. Sollte sich aber z.B. die Präferenz der Haushalte für Wohnen überhaupt auf Kosten anderer Einkommensverwendungsarten erhöhen, so besteht über die exogenen Vorgaben bei Vorliegen einer geeigneten Hypothese die Möglichkeit, diese Veränderung zu berücksichtigen.

Die exogenen Vorgaben für die Prognose der Wohnungsnachfrage spielen also die entscheidende Rolle für Höhe und Struktur der erzielten Ergebnisse. Wie Abbildung 8.1 zeigt, gehen exogen vorgegebene Werte nicht nur in die Variablen der Aufbruch- und Zielfunktionen ein, sondern steuern auch die Haushaltsfortschreibung. Diese findet dann ihrerseits ihren Niederschlag in den demographischen Variablen der Funktionen. Zusätzlich wird auch über die absolute Anzahl der Haushalte das Volumen der Wohnungsnachfrage insgesamt bestimmt.

9.1 Vorgaben für die ökonomischen Variablen

Die im folgenden Kapitel 10 interpretierten Prognoseergebnisse basieren auf ganz bestimmten Annahmen über die Entwicklung der Einflußgrößen auf die Wohnungsnachfrage in der Zukunft. Annahmen über eine andere Entwicklung dieses Datenkranzes führen auch zu anderen Prognoseergebnissen. Bei der Verwendung der Prognose ist es deshalb angebracht, die einschränkende Wirkung der getroffenen Annahmen zu berücksichtigen.

Der Prognose-Startzeitpunkt liegt im Jahr 1978, weil die empirische Grundlage für die Schätzung der Funktionen nur für dieses Jahr zur Verfügung stand. Bis 1984 bzw. 1985 - je nachdem, bis zu welchem Jahr statistisches Material verwertet werden konnte - wurde also eine ex post-Prognose erstellt, die, soweit möglich, auf der Entwicklung der Einflußfaktoren bis dahin basiert. Erst für den Zeitraum 1985/86 bis 1995 wurden prognostische Informationen für die exogenen Vorgaben bereitgestellt. Diese prognostizierten Daten sind grundsätzlich vom Auftraggeber erarbeitet, mit dem IFO-Institut abgestimmt und von den Projektbearbeitern, soweit es sich als notwendig erwies, den Variablen-Definitionen gemäß abgewandelt.

9.1.1 Kaltkosten der Wohnung

Die Kaltkosten der Wohnung sind eine aus einer begrenzten Anzahl von verschiedenen Daten konstruierte Variable (vgl. Abschnitt 5.1.2).

In ihr subsummiert sind die Bereiche Wohngeld und Steuerersparnis, die Wohnungs- und Grundstücksgrößen, die hedonischen Mieten, die Bau- und Bodenpreise, die Eigenkapitalanteile und die Hypothekenzinsen; darüberhinaus wurden in der Schätzung noch einige andere Informationen verwendet, die aber infolge der prognose-notwendigen Aggregation unberücksichtigt bleiben müssen bzw. als konstant angesehen werden können. Sie liefern keinen wesentlichen Beitrag zur Wohnungsnachfrage.[1)]

Kaltkosten einer Mietwohnung

Die hedonischen Mieten werden für den Prognosezeitraum pro Periode neu berechnet, wobei aber der größte Teil der mietpreisbildenden Merkmale - als Regionsdurchschnitt - in der Prognose konstant bleiben muß. Dazu gehören insbesondere die Lagemerkmale, die Vermieter, das Vorhandensein einer zweiten Toilette usw. Da die Wohnungsnachfrage mit einem ganz überwiegenden Anteil auf Wohnungen aus dem Bestand gerichtet ist, also auf solche Wohnungen, die in der 1-v.H.-Wohnungsstichprobe schon erfaßt sind und somit die Durchschnittsbildung tragen, kann eine derartige Konstanz gerechtfertigt werden. Das gilt vor allem auch deswegen, weil im Neubau viele dieser Merkmale in genau der gleichen Ausprägung auftauchen wie im Bestand, so beispielsweise die zweite Toilette in größeren Wohnungen. Zwei mietpreisbildende Merkmale allerdings, die dazu noch ein recht hohes Gewicht haben, wurden im Prognoseablauf periodenweise variiert:

- das Baualter und
- die Wohnfläche.

Über eine grob überschlägige Berechnung von Wohnungs-Abgängen und -Fertigstellungen und entsprechende Informationen bzw. prognostische Vorgaben zur Wohnflächenentwicklung im Neubau wurden

---

1) Detaillierte Tabellen zu den exogenen Vorgaben für die Prognose befinden sich in Materialband III.

die Änderungen im Bestand der Wohnungen in den hedonischen Mieten berücksichtigt.

Das gleiche Vorgehen haben wir für die Wohnflächen- und Grundstücksgrößenberechnung im Wohneigentumssektor gewählt. In diesem Nachfragebereich ist jedoch offensichtlich das Verhältnis von Wohneinheiten aus dem Bestand zu neugebauten Wohneinheiten ein anderes: Es wurde berücksichtigt, daß, ausgehend von einer recht niedrigen Nachfrage nach gebrauchtem Eigentum (ca. 20 % im Jahr 1978), der Gebrauchtwohnungsanteil bis 1986 auf ca. 50 % angestiegen sein dürfte. Ab 1987 bis zum Prognosezieljahr wird das Verhältnis von 50 zu 50 konstant gehalten.

Im Prognosezeitraum entwickeln sich die Mieten - zusätzlich - mit einer jährlichen Veränderungsrate [1], deren Größenordnung für den Zeitraum der ex post-Prognose der amtlichen Statistik entnommen ist. Die regionale Differenzierung wurde für den ex post-Zeitraum konstant gehalten. Für die ex ante-Prognose haben wir eine Steigerungsrate der hedonischen Mieten von 3 % bzw. 3,5 % jährlich angesetzt, wobei davon ausgegangen wird, daß die regionalen Unterschiede etwas weniger ausgeprägt sind als in der Vergangenheit.

Die Wohngeldberechnung geschieht über ein Unterprogramm des Modells, das die Wohngeldtabellen, wie sie 1978 galten, abbildet. Wohngeldänderungen in der Struktur der Berechtigungskriterien und in der Wohngeldhöhe erfolgten in der Vergangenheit nicht kontinuierlich in Anpassung an kontinuierliche Änderungen der Mietpreise und/oder Einkommen, sondern sprunghaft zu Zeitpunkten, zu denen infolge von inflationärer Entwicklung die Zugänglichkeitskriterien nicht mehr greifen konnten. In einem Modell für eine langfristige Prognose sollten kurzfristige Schwankungen, wie sie vor allem durch die konjunkturelle Entwicklung, aber auch z.B. durch die Wohngeldgesetze entstehen, geglättet werden, weil diese kurzfristigen Schwankungen bzw. deren Ursachen längerfristig nicht prognostizierbar sind. Des-

---

1) Alle angegebenen Veränderungsraten sind nominale Raten; sie werden in der Prognose um eine Steigerungsrate für die Lebenshaltungskosten bereinigt.

halb wurde für die Prognose der Wohngeldzahlungen eine Form gewählt, die die politisch verursachten Sprünge in eine kontinuierliche Entwicklung umwandelt[1], das bedeutet im einzelnen:

- Die Struktur der Wohngeldtabellen, wie sie 1978 gültig war, wurde nicht geändert (z.B. pauschale Abzüge).

- Die berücksichtigungsfähigen Mietobergrenzen steigen im Prognosezeitraum mit den realen Steigerungsraten der Mieten.

- Die jeweils berücksichtigte Miete bzw. Belastung steigt mit der realen Mietpreis- bzw. Belastungsentwicklung.

- Die zum Zugang berechtigenden Einkommensgrenzen verändern sich mit der Entwicklung des realen Einkommens.

Durch diese Regelung wird u.a. verhindert, daß mit steigenden Einkommen und/oder steigenden Mieten/Belastungen immer mehr Haushalte ihre Wohngeldberechtigung verlieren.

Die seit 1986 in den Wohngeldgesetzen berücksichtigten regionalen Unterschiede im Mietpreisniveau werden im Modell durch einen 5 %-Zuschlag auf das Wohngeld im Regionstyp BAHV und einen 5 %-Abschlag im Regionstyp UMLA abgebildet. Diese für den weiteren Prognosezeitraum konstante Regionalisierung beruht auf neuesten Untersuchungen des Bundesbauministeriums.

Kaltkosten des Wohneigentums

Die Kosten des Wohneigentums sind eine ungleich kompliziertere Größe als die entsprechenden Kosten der Mietwohnung. Für die grundlegende Kaufpreisberechnung wurden Wohnflächen und Grundstücksgrößen nach der oben beschriebenen Vorgehensweise für den Prognosezeitraum variiert. Die Preisentwicklung ist einerseits für die Grundstückspreise, andererseits für die Baukosten exogen vorgegeben; die jährliche Veränderung wird auf die für 1978

---

1) Ebenso wurde mit der Einkommen- und Lohnsteuergesetzgebung verfahren, vgl. unten "Kaltkosten des Wohneigentums".

ermittelten Preise, nach Gebäudearten und Regionstypen differenziert, durch multiplikative Auf- bzw. Abschläge errechnet.

In Anlehnung an die für die Bereitstellung der notwendigen Daten zur Schätzung der Zielfunktionen getroffene Regelung wird auch in der Prognose die Wertsteigerung aus der nominalen Preissteigerung des jeweiligen Jahres abgeleitet. Die Wertsteigerung der Ein- und Zweifamilienhäuser wird entsprechend direkt aus der nominalen Preissteigerungsrate für Grundstücke bestimmt, die Wertsteigerung für Eigentumswohnungen in Anlehnung daran berechnet.

Nach relativ hohen Steigerungsraten der Grundstückspreise zu Beginn der achtziger Jahre gehen wir für die langfristige Entwicklung von einer gedämpften Preissteigerung - nominal um 6 % pro Jahr - aus. Die noch in der ex post-Prognose großen regionstypischen Abweichungen werden für den ex ante-Zeitraum modifiziert.

Zur weiteren Ermittlung der Belastung der Eigentümer wurden die Eigenkapitalanteile der Erwerber, nach Wohneigentumsart unterschieden, für den Prognosezeitraum exogen variiert. Die zugrundeliegenden Annahmen gehen von einer generellen Erhöhung des Eigenkapitals im Verhältnis zum Kaufpreis aus, weil - so waren die Überlegungen - in den Haushalten insgesamt mehr Vermögen angesammelt ist, das auch jungen Haushalten über Schenkungen oder Erbschaften vermehrt zur Verfügung stehen dürfte. Darüberhinaus wird das Risiko hoher Fremdfinanzierung offenbar stärker als früher wahrgenommen und wenn möglich vermieden.

Die Struktur der eingesetzten Fremdmittel haben wir für den Prognosezeitraum konstant gehalten. Während jedoch die Zinsen für Bauspardarlehen mit hoher Wahrscheinlichkeit unverändert bei durchschnittlich 5 % bleiben dürften, wurden für die effektiven Hypothekenzinsen die tatsächlichen ex post-Daten eingegeben und eine langfristig leichte und kontinuierliche Senkung prognostisch vorgegeben.

Zu der so für jede Prognoseperiode errechneten Belastung der Eigentumserwerber aus Zins- und Tilgungsleistung wurden jeweils real nur leicht steigende (0,5 % pro Jahr) Betriebskosten bestehend aus Gebühren, Versicherungsbeiträgen, Grundsteuer etc. hinzugerechnet. Nach Abzug des möglicherweise - je nach Haushalts- und Wohnungstyp - erhältlichen Wohngelds müssen nun zur endgültigen Bestimmung der Kaltkosten des Wohneigentums noch die Steuerersparnisse aus den politischen Eigentumsförderungsmaßnahmen errechnet und in Abzug gebracht werden.

Die steuerlichen Abschreibungs- und Absetzungsregelungen für Wohneigentum, die für die Schätzungen sehr detailliert abgebildet wurden, sind im Prognosezeitraum mit ihren jeweils geänderten Ausprägungen genauso detailliert erfaßt. Das gilt für die im Haushaltsstrukturgesetz von 1981 eingeführte erhöhte Obergrenze für die Abschreibung nach § 7b EStG, für das Baukindergeld, und den begrenzten Schuldzinsenabzug, sowie auch für die Neuregelungen ab 1987 in § 10e EStG mit erweitertem Baukindergeld, erneut erhöhten Abschreibungsgrenzen (einschließlich Grundstücksanteil) und Wegfall des Schuldzinsenabzugs. Für die Zweifamilienhauserwerber wurde die Möglichkeit der degressiven Abschreibung ab 1981 abgebildet und der Wegfall der bisherigen Zweifamilienhausregelung ab 1987.

In Absprache mit dem Auftraggeber haben wir bei den Berechnungen der Steuerersparnisse die Steuerreformen von 1986 und 1988 nicht direkt, sondern nur indirekt berücksichtigt, und zwar in der Art und Weise wie oben schon bezüglich des Wohngelds dargestellt. Dieses Vorgehen, das sprunghafte Änderungen in kontinuierliche Entwicklungen umsetzt, beruht auf der Annahme, daß der Staat ausschließlich auf inflationsbedingte Steuermehreinnahmen durch Änderungen der Steuertarife in zeitlich weiten und unterschiedlichen Abständen verzichtet, während die erhöhten Steuerzahlungen als Folge realer Einkommenssteigerungen voll abgeschöpft werden. Konkret werden also im Modell die Steuertarife von 1978 für den gesamten Prognosezeitraum beibehalten und zur Steuerberechnung die Einkommen jeweils auf das Jahr 1978 deflationiert.

9.1.2 Heizkosten

Die besondere Rolle der Variablen "Heizkosten" in den Zielfunktionen wurde schon in Kapitel 7 im Rahmen der Interpretation der Schätzergebnisse beschrieben. Weil die Heizkosten vermutlich den Charakter einer Konstanten in den Funktionen haben, wurde entschieden, in der Prognose diese Besonderheit voll zu berücksichtigen. Das Problem bestand darin, trotzdem den Einfluß steigender Energiepreise wirksam werden zu lassen. Die Entwicklung der Heizkosten im Prognosezeitraum wurde deshalb nicht über multiplikative Veränderungsraten abgebildet, sondern über differenzierte, absolute, d.h. additive Zuschläge. In die Überlegungen über diese Zuschläge gingen eine Reihe unterschiedlicher Annahmen ein:

- Das Heizverhalten der Haushalte hat sich verändert. Nicht zuletzt durch den Zwang zur teil-verbrauchsabhängigen Heizkostenabrechnung haben die Haushalte Heizenergie eingespart. Das Öl als Heizmaterial hat seine Vorrangstellung eingebüßt; Heizungsanlagen wurden umgestellt, im Neubau werden zunehmend Gasheizungen eingebaut. Der Gaspreis ist allerdings über einen Index an die Ölpreisentwicklung gekoppelt; das gleiche gilt, wenn auch abgeschwächt, für die Fernwärme, bei deren Erzeugung als Energieträger Öl eingesetzt wird. Die in der amtlichen Statistik ausgewiesene Steigerung der einzelnen Energiepreise wurde deshalb in Anlehnung an Ifo-eigene Untersuchungen nach unten korrigiert.

- Seit 1978 sind verstärkt Energieeinsparmaßnahmen durchgeführt worden, insbesondere in Eigenheimen. Der additive Zuschlag in DM pro qm Wohnfläche (die absoluten Beträge schwanken in ex post-Zeitraum um ca. 5 Pfennige pro Jahr; sie sind in einer entsprechenden Tabelle in Materialband I angegeben) wurde deshalb für Eigenheime (WT1, WT2, WT6 und WT7) auf diesem durchschnittlichen Wert belassen.

- Eigentumswohnungen sind, wie die Analyse gezeigt hat, entweder neueren Datums (Neubau) oder aufwendig und umfassend modernisierte Altbauten. Als Folge davon dürften in diesen Wohnformen die Möglichkeiten, durch zusätzliche Maßnahmen Heizkosten einzusparen, äußerst begrenzt sein. Für Eigentumswohnungen wird deshalb eine Differenz der Heizkosten pro qm Wohnfläche von ca. + 2 Pfennigen (WT3: 1,5 Pfennigen, WT8: 2 Pfennigen) zu denen der Eigenheime für den gesamten Prognosezeitraum gesetzt.

- Eine ebensolche Differenz von + 2 Pfennigen (im Verhältnis zu den Eigenheimen) wird für alle Mietwohnungen festgelegt. Die zugrundeliegende Hypothese besagt, daß Vermieter in der Regel wenig Interesse an umfangreichen Energieeinsparmaßnahmen für ihre Mietwohnungen haben und die Möglichkeiten für Mieter-Maßnahmen doch sehr begrenzt sind.

Die durch diese Differenzierungen bewirkte unterschiedliche Steigerung der Heizkosten der einzelnen Wohnungstypen ermöglicht einerseits eine Abbildung steigender Energiepreise und verhindert andererseits, daß die Grundpräferenz der Haushalte für Eigentumswohnungen (vgl. Kapitel 7) im Ausmaß der Energieverteuerung anwächst.

9.1.3 Einkommen

Wie schon oben erwähnt, konnten die permanenten Einkommen für die Prognoseperiode mangels Informationen nicht jeweils neu berechnet werden. Stattdessen wurden die Einkommen nach Höhe und Struktur pro Gruppe in jedem Stratum beibehalten und alle mit der gleichen Veränderungsrate pro Jahr in der Prognose entwickelt. Für den ex post-Prognosezeitraum wurden die Veränderungsraten des verfügbaren Einkommens, das das Ausgangsmaterial zur Berechnung der permanenten Einkommen lieferte, herangezogen und auf Haushaltseinkommen umgerechnet. Über die Division durch den Lebenshaltungskostenindex wurde auch die Veränderung dieser Variablen in eine reale Größe umgesetzt. Für den ex ante-Zeitraum der Prognose gehen wir in Absprache mit dem Bundesbauministerium von einem moderaten realen Steigerungssatz von 2 % für alle Haushaltsgruppen aus.

Das im Einkommen additiv berücksichtigte Kindergeld wird in der ex post-Prognose der jeweiligen Regelung entsprechend deflationiert miteinbezogen. Jedoch wurden die Kindergeldzuschläge, die sich aus einem in der Lohn- und Einkommensteuerberechnung nicht voll ausgeschöpften Kinderfreibetrag ergeben, außer acht gelassen. Für den ex ante-Zeitraum wird die Kindergeldregelung konstant gehalten und auch keine prozentuale Erhöhung vorgesehen.

9.2 Haushaltsfortschreibung

Die Entwicklung der Modell-Haushalte nach Anzahl und Gruppenstruktur erfolgt über ein eigenes, umfangreiches Untermodell. In diesem Modell werden die jährlichen Veränderungen der Haushalte über Übergangswahrscheinlichkeiten von einem Haushaltstyp zum anderen ermittelt und jeweils zu Beginn einer Prognoseperiode für das Wohnungsnachfragemodell zur Verfügung gestellt.

Problematisch gestaltete sich die Arbeit an einer Haushaltsprognose über demographische Ereignisse aus dem Ausgangsbestand an Haushalten insbesondere wegen der Datenlage. Sekundärstatistisches Material ist nur für einige der benötigten Ereignishäufigkeiten brauchbar und dort auch nur mit zusätzlichen Schätzungen zu der jeweils im Modell verwendeten Differenzierung. In der Forschungslandschaft der Bundesrepublik Deutschland besteht ein allgemeines Interesse an den auch von uns benötigten Informationen, aber bis auf wenige Ausnahmen liegen bisher keine Forschungsergebnisse vor. Unterstützung erhielten wir allein durch

- das Institut für Raumplanung der Universität Dortmund, in dem Wegener für den regionalen Dortmunder Wohnungsmarkt ähnliche Ereigniswahrscheinlichkeiten schätzen mußte; diese Wahrscheinlichkeiten ließen sich leider für das Ifo- Wohnungsnachfragemodell wegen ihrer hohen Spezialität nicht nutzen;

- den Sonderforschungsbereich 3, Mikroanalytische Grundlagen der Gesellschaftspolitik, an den Universitäten Frankfurt und Mannheim, in dem an einer ähnlichen Fragestellung gearbeitet wird (Ott); von dort wurden uns Haushalts-Originaldaten einer Spezialerhebung zur Verfügung gestellt, anhand derer wir zumindest annäherungsweise (zu geringe Datenbasis für den von uns benötigten Differenzierungsgrad) einige Ereignisse in ihrer Häufigkeit auszählen konnten.

Darüber hinaus noch fehlende Daten wurden auf der Basis der amtlichen Statistik mit Hilfe plausibler Annahmen geschätzt. Über ausführliche Experimente, die insbesondere der Prüfung der Konsistenz der Einzelannahmen dienten, haben wir schließlich alle Ereigniswahrscheinlichkeiten festgelegt (die verwendeten Daten sind detailliert in Materialband II enthalten).

Für die geplante "Buchhaltung" der Haushalte über den gesamten Prognosezeitraum waren natürlich die im Nachfragemodell verwendeten 20 Haushaltsstrata mit je 360 Haushaltsgruppen viel zu grob. Geburten- und Sterbewahrscheinlichkeiten beispielsweise sind immer auf Einzelpersonen bezogen, und die Stratum- und Gruppenbildung orientiert sich nur an personalen Merkmalen des Haushaltsvorstands, wie Alter und Geschlecht, bezieht aber die Merkmale der anderen Haushaltsmitglieder explizit nicht ein.

9.2.1 Einkommensverteilung

Die Haushaltsfortschreibung läuft zunächst ohne Berücksichtigung der Einkommen in einem Buchhaltungsmodell der Haushaltsgruppen ab. Erst in einer späteren Phase nach den einzelnen Prozessen des Untermodells wird in einem letzten Schritt die Einkommensgliederung wieder miteinbezogen. Da es nahezu unmöglich war, die den haushaltstypischen Veränderungen entsprechenden Veränderungen im Einkommen, gekoppelt an die einzelnen Ereigniswahrscheinlichkeiten der Haushaltsänderung, realitätsnah mitabzubilden (ohne Gefahr zu laufen, die Einkommensverteilung in der Bundesrepublik Deutschland nachhaltig zu verzerren),[1] haben wir die Einkommensverteilung pro Modell-Haushaltsgruppe konstant

1) Das verwendete permanente Einkommen ist u.a. von den Strukturmerkmalen der Gruppen wie Alter, Geschlecht, Kinderzahl etc. abhängig. Von dort her beziehen wir die Rechtfertigung für die gruppenspezifische Konstanz der Einkommensverteilung, wie sie im Jahr 1978 beobachtet wurde.

gehalten. Das bedeutet, daß ein Haushalt, der durch irgendein demographisches Ereignis von einer in eine andere Gruppe wechselt, sozusagen automatisch das Einkommen erhält, das seiner veränderten Struktur entspricht. Insofern, d.h. über die veränderte Gruppenzugehörigkeit, variiert das Haushaltseinkommen dann doch in Folge demographischer Ereignisse.

Nicht zu vermeiden ist bei dieser Vorgehensweise, daß sich die Einkommensverteilung in der Bundesrepublik Deutschland dadurch ändert, daß sich im Prognosezeitraum die Besetzungen der einzelnen Haushaltsgruppen verschieben. Verschiebungen treten insbesondere auf Kosten der jungen Haushalte zugunsten alter Haushalte ein, wobei aber beide Gruppen ein im Verhältnis zu den mittleren Altersgruppen geringeres Einkommen beziehen, so daß von daher kein unrealistischer Effekt auf die Einkommensverteilung in der Bundesrepublik zu erwarten ist.

Die nach Haushaltsgruppen differenzierten Einkommen entwickeln sich im Prognosezeitraum über für alle Kategorien gleiche prozentuale Zu- bzw. Abschläge - die oben dargestellten exogenen Vorgaben. Die Wirkung einer prozentualen Änderung, die zu einer Verstärkung der Abstände zwischen den absoluten Einkommen führt, wird für die Prognose als realitätsnah unterstellt.

9.2.2 Demographische Ereignisse

Nach der Ausgliederung der Einkommen läuft die eigentliche Haushaltsfortschreibung über eine Matrix von Haushaltsgruppen in Spalten und Zeilen. Als demographische Ereignisse wurden berücksichtigt:

- Geburt eines Kindes,
- Tod eines Haushaltsmitglieds,
- Heirat,
- Scheidung,
- Erwachsenwerden eines Kindes,
- Älterwerden des Haushaltsvorstands,
- Auszug eines erwachsenen Kindes aus dem elterlichen Haushalt.

Alle diese Ereignisse führen zu einer Änderung der Gruppenzugehörigkeit der Haushalte. In einigen Fällen ändert sich auch die Stratumszugehörigkeit nach Haushaltsmerkmalen, nicht aber die regionstypische Zuordnung. Wiederum einige Ereignisse bewirken die Entstehung eines neuen Haushalts bei gleichzeitiger Änderung des Ursprungshaushalts. Und das Ereignis Tod schließlich hat die Auflösung von Single-Haushalten zur Folge.[1)]

Wie schon oben erwähnt, mußte der erste Schritt zur Haushaltsfortschreibung in einer weiteren Aufsplitterung der im Nachfrage-Modell verwendeten Strata und Gruppen bestehen. Als Grundlage dazu dienten Auszählungen aus der 1-v.H.-Wohnungsstichprobe 1978:

- Die zusammengefaßten Single-Haushalte (SIKERN und SIUMLA), aggregiert über das Geschlecht, wurden wegen der geschlechtsspezifischen Sterbewahrscheinlichkeiten, der Heiraten und Geburten in Single-Haushalte mit männlichem Vorstand einerseits und weiblichem Vorstand andererseits aufgeteilt.

- Die über Regionstypen gebündelten Haushalte mit drei und mehr Erwachsenen (WGBALL, WGKEUM) mußten wegen der regionstypischen Geburtenwahrscheinlichkeiten und der ebenfalls regional variierenden Auszugswahrscheinlichkeiten erwachsener Kinder getrennt geführt werden.

- Wegen des Geschlechts- und Altersbezugs aller Ereignisse mußten die Haushalte mit mehreren Erwachsenen in die verschiedenen Möglichkeiten ihrer Zusammensetzung aufgespalten werden:

  - - Haushalte mit zwei Erwachsenen (EH) können beispielsweise bestehen aus zwei ungefähr gleichaltrigen, verschieden-geschlechtlichen Personen (Ehepaar), aus einem männlichen oder weiblichen Haushaltsvorstand mit einem männlichen oder weiblichen erwachsenen Kind usw.;

---

1) Details, Tabellen der Ereigniswahrscheinlichkeiten, weitere Annahmen usw. befinden sich im Materialband II.

- - Haushalte mit drei und mehr Erwachsenen bieten ungleich mehr Kombinationsmöglichkeiten, schon allein wegen der variierenden Anzahl von Erwachsenen;

- - Gastarbeiter-Haushalte wurden nur dann im Modell berücksichtigt, wenn sie aus zwei und mehr Erwachsenen bestanden; auch hier war eine Aufgliederung notwendig.

Die angesprochenen Kombinationsmöglichkeiten sind sehr vielfältig. Aus modelltechnischen Gründen haben wir ihre Anzahl beschnitten und einige seltene Ausprägungen, die zusammen nicht mehr als 5 % der gesamten Gruppe abdecken, außer acht gelassen, zumal uns auch in dem Bereich seltener Kombinationen die Zuverlässigkeit der erhobenen Daten etwas kritisch zu sein schien. Beispielsweise ist ungeklärt, ob und wann bei gemeinsamer Haushaltung mehrerer Generationen die Rolle des Haushaltsvorstands (was die Einordnung in eine Haushaltsgruppe steuert) von der alten zur jüngeren Generation wechselt, ohne daß sich an den übrigen Haushaltsstrukturmerkmalen irgend etwas ändert.

- Wegen der alters- und geschlechtsspezifischen Ereignisse mußten darüber hinaus den Haushaltsmitgliedern, die nicht Haushaltsvorstand sind, Alter und Geschlecht zugeordnet werden. Wir haben auch diese Zuordnung in vereinfachter Weise vorgenommen, weil anderenfalls alle beobachteten Varianten des

- - Alters der Ehefrau im Verhältnis zum Alter des Haushaltsvorstands und des

- - Alters der Kinder wiederum im Verhältnis zum Alter des Haushaltsvorstands

zu einer nicht mehr bewältigbaren Vielzahl von EH- und WG- (z.T. auch SW-) Untergruppen geführt hätten. In dem Haushalts-Untermodell sind Ehefrauen der gleichen Alterskategorie zugeordnet wie der Haushaltsvorstand (im Durchschnitt aller Ehepaare in der Bundesrepublik sind laut amtlicher Statistik die Frauen drei Jahre jünger als ihre Ehemänner). Von den Kindern nehmen wir an, daß sie zwei Alterskategorien jünger sind als ihre Väter, also etwa 20 Jahre.[1)]

Die Differenzierung der Haushaltsgruppen und die Zuordnung von Merkmalen zu den Haushaltsmitgliedern bieten die Voraussetzung dafür, daß alle Ereigniswahrscheinlichkeiten annäherungsweise korrekt angewendet werden können.

Im folgenden gehen wir kurz auf diese Ereigniswahrscheinlichkeiten und ihre Differenzierung ein.

Ereignis: Tod

Die Sterbewahrscheinlichkeiten sind geschlechts- und altersspezifisch (Alterskategorien des Modells) einschließlich einer speziellen, durchschnittlichen Kinder-Sterbewahrscheinlichkeit. In der obersten offenen Alterskategorie wurden zusätzlich zwei 10-Jahres-Kategorien berücksichtigt. Das Ereignis "Tod eines Haushaltsmitglieds" gilt bundesweit, also für alle Regionstypen gleichmäßig. Die im Prognosezeitraum zunächst noch steigende, dann sinkende Lebenserwartung, wird durch Auf- und Abschläge berücksichtigt. Für den ex post-Zeitraum basieren die eingesetzten Wahrscheinlichkeiten auf der amtlichen Statistik, für den ex ante-Zeitraum auf einer Bevölkerungsprognose der BfLR.

Der Tod eines Haushaltsmitglieds führt zur Verringerung der Haushaltsgröße bzw. zur Haushaltsauflösung, im einzelnen beispielsweise:

- Tod des Haushaltsvorstands hat zur Folge:
  SI-Haushalt löst sich auf,

---

1) Korrekterweise hätten in einem Buchhaltungsmodell auch alle Personen einzeln mit Alter und Geschlecht geführt werden müssen. Dieses Verfahren schien uns für die Belange der Wohnungsnachfrageprognose bei weitem zu aufwendig zu sein, zumal die Haushaltsfortschreibung periodenweise durch die BfLR-Prognose korrigiert wird (vgl. Kapitel 8).

EH-Haushalt wird zu SI-Haushalt weiblich,
WG-Haushalt wird zu EH-Haushalt, wenn der WG-Haushalt aus nur einem Ehepaar mit einem erwachsenen Kind besteht;

- Tod der Partnerin des Haushaltsvorstands hat zur Folge:
  EH- Haushalt wird zu SI-Haushalt männlich, WG-Haushalt wird zu EH-Haushalt bzw. bleibt WG-Haushalt;

- Tod eines Kindes reduziert die Kinderzahl.

Ereignis: Geburt

Die Geburtenwahrscheinlichkeiten sind differenziert nach dem Familienstand der Mutter (ledig, verheiratet), wobei der Begriff "verheiratet" für die Zwecke des vorliegenden Modells erweitert ist (siehe unten: Heiratswahrscheinlichkeiten). Sie sind weiter differenziert nach Regionstypen und dem Alter des Haushaltsvorstands. Außerdem wurden die in der amtlichen Statistik ausgewiesenen Geburtenraten (Grundlage für den ex post-Zeitraum der Prognose) umgewandelt in drei verschiedene Wahrscheinlichkeiten für die Ereignisse: Geburt des ersten Kindes, Geburt des zweiten Kindes, Geburt des dritten Kindes und weiterer Kinder. Für den ex ante-Zeitraum dienten auch in diesem Fall die von der BfLR für ihre Bevölkerungsprognose vorgegebenen zukünftigen (leicht steigenden) Geburtenraten. Für die Gastarbeiter wurde, gestützt auf die amtliche Statistik, eine um 30 % erhöhte Geburtenrate angenommen, die im Prognosezeitraum kontinuierlich absinkt. Geburten führen im Fortschreibungsmodell nicht zu einer Änderung der Stratumszugehörigkeit, sondern nur über das Merkmal "Anzahl der Kinder" im Haushalt zu einer Wanderung der betreffenden Haushalte in andere Gruppen.

Ereignis: Älterwerden

Das Ereignis Älterwerden betrifft im Fortschreibungsmodell in erster Linie den Haushaltsvorstand. Die Haushaltsmitglieder machen diese Bewegung sozusagen automatisch mit. Da die Berücksichtigung der Altersverteilung innerhalb der gesetzten fünf Alterskategorien und deren mögliche zukünftige Änderung zu einer für die Bedürfnisse des Nachfragemodells in unseren Augen unnötigen Verkomplizierung geführt hätten [1], sind wir auch hier pragmatisch vereinfachend vorgegangen: Die mittleren Alterskategorien umfassen 10 Jahre, aus diesen Kategorien wechseln pro Prognoseperiode 10 % der Haushalte in die nächsthöhere Kategorie. Die unterste Alterskategorie umfaßt das Alter von Beginn der Volljährigkeit, also 18 Jahre, bis einschließlich 24 Jahre. Aus ihnen wechselt jährlich ein Siebtel der Besetzung. In der obersten, offenen Klasse ist das Älterwerden für die Sterbewahrscheinlichkeiten von Bedeutung. Deshalb sind dort, wie oben schon beschrieben, zwei zusätzliche Klassen eingeführt; im darüberliegenden Alter kommen differenzierte Durchschnitte zur Anwendung.

Das Älterwerden des Haushaltsvorstands allein hat keine Wirkung auf eine Verschiebung zwischen den Haushaltsstrata, es steuert ausschließlich als gruppenbildendes Merkmal die Gruppenzugehörigkeit der Haushalte.

Relevant für die Stratumswanderung ist jedoch das gekoppelte Älterwerden der Kinder im Haushalt. Dieses Ereignis ist differenziert nach dem Alter des Haushaltsvorstands und der Anzahl der Kinder. Mit dem Erreichen der Volljährigkeitsgrenze durch ein Kind verschiebt sich die Stratums- und Gruppenzugehörigkeit des Haushalts, z.B. werden

- Single-Haushalte mit einem Kind zu EH-Haushalten ohne Kinder oder
- EH-Haushalte mit drei Kindern zu WG-Haushalten mit zwei Kindern.

---

1) Für das Nachfragemodell werden die im Jahr 1978 ermittelten Kategoriendurchschnitte, die die Verteilung widerspiegeln, konstant gehalten. In die Schätzung sind die individuellen Alter eingegangen.

Ereignis: Auszug erwachsener Kinder

Sind erwachsene Kinder im Haushalt[1)] so kommt ein weiteres mögliches demographisches Ereignis in Betracht: Auszug von Kindern. Die Auszugswahrscheinlichkeit trifft also nur EH- und WG-Haushalte, wobei die Vater-Kind- bzw. die Mutter-Kind-Varianten (EH) im Verhältnis zu den betroffenen WG-Haushalten nur von geringer Bedeutung sind. Die Auszugswahrscheinlichkeiten beziehen sich auf die Anzahl von Haushalten mit erwachsenen Kindern - nicht auf einzelne Kinder. Sie sind differenziert nach dem Merkmal vollständige bzw. unvollständige Familie (Elternpaar oder ein Elternteil), nach dem Alter des Haushaltsvorstands (als Synonym für das Alter des Kindes), nach der Anzahl der Kinder im Haushalt und nach Regionstypen. Letztere Differenzierung, für die keinerlei empirische Datengrundlage zu finden war, beruht auf der Annahme, daß Kinder in Ballungsgebieten frühzeitiger einen eigenen Hausstand gründen als die in eher ländlichen Regionen.

Die für den Auszug erwachsener Kinder gesetzten Wahrscheinlichkeiten sind insgesamt nicht zuverlässig empirisch abgesichert. Sie basieren auf Haushaltsdaten des Sonderforschungsbereichs 3, dessen Repräsentativität für die von uns gewünschten Differenzierungen nicht gewährleistet ist. Dazu kommt, daß gerade dieses Ereignis zu einem großen Teil von der jeweils aktuellen Wohnungsmarktsituation bestimmt wird.

In Ermangelung weitergehender Informationen halten wir die Auszugswahrscheinlichkeiten im gesamten Prognosezeitraum konstant. Da aber gerade die Anzahl der Haushalte, vor allem auch der jungen Haushalte, von relativ großer Bedeutung für die Wohnungsnachfrage ist, sollten vielleicht in Zukunft zur Verfügung stehende neue Forschungsergebnisse hier eingebracht werden.

---

1) Nur sie spalten sich zu einem eigenen Haushalt ab (abgesehen von Scheidung). Für ebenfalls zu den Haushaltsmitgliedern gehörende "Großeltern" haben wir diese Möglichkeit ausschließen müssen.

Der Auszug erwachsener Kinder hat zwei unterschiedliche Wirkungen:

- Der verbleibende (Rest-)Haushalt verringert sich um einen Erwachsenen. Das bedeutet in der überwiegenden Zahl der Fälle einen Wechsel der Stratumszugehörigkeit, beispielsweise kann ein WG-Haushalt zu einem EH-Haushalt werden, wenn nur ein dritter Erwachsener vorhanden und dieser ein erwachsenes Kind war. Ein EH-Haushalt, bestehend aus Elternteil und erwachsenem Kind, wird zu einem männlichen oder weiblichen SI-Haushalt.

- Das ausziehende Kind bildet einen neuen Haushalt. Entweder entsteht ein männlicher oder weiblicher SI-Haushalt der entsprechenden Altersklasse. Oder - und das wird über speziell für diese Gruppe bestimmte Heiratswahrscheinlichkeiten geregelt - es entsteht ein EH-Haushalt, wobei der Haushaltsvorstand wiederum ein gerade aus dem elterlichen Haushalt abgespaltener "Sohn" ist (mit Zuordnung einer Single- Partnerin) oder einem vorhandenen SI-Haushalt eine ehemalige "Tochter" als Partnerin zugeordnet wird.

Ereignis: Heirat

Das Ereignis Heirat ist durch Daten der amtlichen Statistik für die Vergangenheit relativ zuverlässig zu bestimmen. Allerdings haben wir die amtliche Definition von Heirat und Ehe für die Zwecke der Wohnungsnachfrageanalyse und -prognose etwas erweitert, und zwar um alle zusammenlebenden Paare ohne Trauschein. Aus diesem Grund wurden die amtlicherseits ermittelten Daten etwas erhöht. Heiratshäufigkeiten sind altersspezifisch (Alter des Mannes); die geheirateten Frauen werden diesem Alter entsprechend zugeordnet. In dem Haushalts-Untermodell ist mangels Informationen, insbesondere zu der Häufigkeit der sogenannten "wilden Ehen", nicht nach Regionstypen differenziert. Aus den gleichen Gründen haben wir die Heiratswahrscheinlichkeiten für den Prognosezeitraum konstant gehalten.

Durch Heirat werden im Modell zwei Single-Haushalte zu einem EH-Haushalt, d.h. ein Haushalt verschwindet (der weibliche) und der andere Haushalt wechselt die Stratums-Zugehörigkeit[1].

Ereignis: Scheidung

Für die Scheidungswahrscheinlichkeit gilt hinsichtlich der Definition, analog zu der Erweiterung des Heiratsbegriffs, eine Ausdehnung auf die Trennung unverheirateter Paare. Annäherungsweise wurden wiederum die amtlichen Daten für den ex post-Zeitraum verwendet. Die Scheidungshäufigkeiten sind nach Alterskategorien differenziert und darüber hinaus für Haushalte ohne Kinder erhöht und für die mit Kindern leicht gesenkt worden. Für eine Differenzierung nach Regionstypen fand sich keine empirische Grundlage, auch für eine mögliche Veränderung im ex ante-Zeitraum der Prognose gab es keine Anhaltspunkte.

Durch Scheidung bilden sich aus einem Haushalt zwei Haushalte: Wir lassen zwecks Vereinfachung immer einen männlichen Single-Haushalt entstehen. Der Resthaushalt wird je nach Vorhandensein erwachsener Kinder entweder ein weiblicher Single-Haushalt oder ein EH- bzw. WG-Haushalt. Auch in diesem Fall findet eine Änderung der Stratums-Zugehörigkeit statt.

Zum besseren Überblick sind im folgenden noch einmal alle möglichen demographischen Ereignisse mit ihrer jeweiligen Wirkung auf die speziellen Zugehörigkeiten tabellarisch dargestellt:

1) Aus Vereinfachungsgründen werden Frauen mit erwachsenen Kindern (EH oder WG) im Modell nicht geheiratet.

Demographischer Typ	Ereignis	Änderung der Gruppenzugehörigkeit	Änderung der Stratumszugehörigkeit	Haushalt löst sich auf	Haushalt entsteht
SM	Älterwerden				
	Haushaltsvorstand	x			
	Kind erwachsen		x (EH)		
	Heirat		x (EH)		
	Tod				
	Haushaltsvorstand			x	
	Kind	x			
SW	Älterwerden				
	Haushaltsvorstand	x			
	Kind erwachsen		x (EH)		
	Geburt eines Kindes	x			
	Heirat			x	
	Tod				
	Haushaltsvorstand			x	
	Kind	x			
EH	Älterwerden				
	Haushaltsvorstand	x			
	Kind erwachsen		x (WG)		
	Geburt eines Kindes	x			
	Auszug eines Kindes		x (SI)		x (SI)
	Scheidung		x (SI)		x (SI)
	Tod				
	Erwachsener		x (SI)		
	Kind	x			
WG	Älterwerden				
	Haushaltsvorstand	x			
	Geburt eines Kindes	x			
	Auszug eines Kindes	x	x (EH)		x (SI)
	Scheidung		x (EH)*		x (SI)

Demographischer Typ	Ereignis	Änderung der Gruppenzugehörigkeit	Änderung der Stratumszugehörigkeit	Haushalt löst sich auf	Haushalt entsteht
Fortsetzung WG					
	Tod				
	Erwachsener		x (EH)*		
	Kind	x			

* Das Ausscheiden eines Erwachsenen aus einem WG-Stratum führt zu einer Verringerung der Anzahl der Erwachsenen. Je nachdem, wieviele Erwachsene in der Haushaltsgruppe vorhanden waren, findet entweder ein Übergang zum Stratum EH statt (vorher 3 Erwachsene) oder die Stratumszugehörigkeit bleibt unberührt.

10. VERÄNDERUNG DER RAHMENBEDINGUNGEN IM RPOGNOSEZEITRAUM

Nach den prognostischen Vorgaben verändern sich die Faktoren, die die bestimmende Grundlage für die Wohnungsnachfrage bilden, zwischen den Jahren 1978 und 1995 ganz erheblich. Um einen Eindruck des dann wirksamen Nachfrage"-Klimas" zu geben, werden im folgenden die wichtigsten Bestimmungsgrößen

- Haushaltsanzahl und -struktur,
- Einkommen,
- Wohnkosten

über die relativ abstrakte Vorgabe von Veränderungsraten hinaus (vgl. Kapitel 9) - und nach der schwer nachzuvollziehenden jeweiligen Kombination mit anderen Größen und Regelungen zu den verwendeten Variablen - mit ihren in die Prognose eingegangenen Werten dargestellt und auch untereinander in Beziehung gesetzt.

10.1 Entwicklung der Modell-Haushalte

Die Entwicklung von Anzahl und Struktur der im Modell berücksichtigten Haushalte ist - wie oben schon dargestellt - von entscheidender Bedeutung für das Volumen und die Zusammensetzung der zukünftigen Wohnungsnachfrage. Die Anzahl der Modell-Haushalte verändert sich im Prognosezeitraum, das sei noch einmal zusammenfassend betont, aufgrund mehrerer Einflüsse:

- Die Anzahl der landwirtschaftlichen Haushalte, die in ihrem landwirtschaftlichen Anwesen leben, also keine freifinanzierte Wohnung in der Modell-Definition nachfragen, reduziert sich von 434.800 im Jahr 1978 auf 299.400 im Jahr 1995. Die aus der Landwirtschaft ausscheidenden Haushalte erhöhen die Anzahl der Modell-Haushalte.

- Für einen großen Teil der sozialen Mietwohnungen läuft im Prognosezeitraum die Belegungsbindung aus. Der Neubau sozialer Mietwohnungen wird im gleichen Zeitraum stark eingeschränkt. Per Saldo gehen wir davon aus (Vorgabe durch den Auftraggeber), daß sich die Zahl der sozialen Mietwohnungen von 3,9 Mio. im Jahr 1978 auf rund 2,3 Mio. im Jahr 1995 reduziert. Die der Differenz entsprechende Anzahl von Haushalten muß am freifinanzierten Wohnungsmarkt partizipieren, sie erhöht ebenfalls die Anzahl der Modell-Haushalte.[1])

Zwischen den Jahren 1978 und 1995 steigt die Haushaltszahl im Modell um 21 % an. Mehr als ein Drittel dieser Steigerung wird durch die Verringerung von Landwirten und sozialen Mietwohnungen verursacht. Die restlichen 13 % Steigerung sind in erster Linie auf das Haushaltsbildungsverhalten zurückzuführen, weniger auf die Bevölkerungsentwicklung.

Die Verteilung der Haushalte nach der Zahl der Erwachsenen (1, 2 oder 3 und mehr) verändert sich trotzdem im Prognosezeitraum nur marginal. Allein der Anteil der WG-Haushalte reduziert sich von 15 auf 13 %, während der der SI-Haushalte von 36 auf 39 % steigt. Die Gastarbeiter-Haushalte gewinnen um einen Prozentpunkt an Gewicht und erreichen damit 5 % der Gesamthaushalte. Der ganz überwiegende Teil aller Haushalte - knapp 50 % - besteht nach wie vor aus zwei Erwachsenen (EH).

Dem Rückgang der WG-Haushalte um 3 % steht eine Zunahme der SI-Haushalte um 28 % gegenüber.

Zieht man jedoch die Zugänge aus den Bereichen Landwirtschaft und soziale Mietwohnungen ab, so zeigt sich, daß der Rückgang der "großen" Haushalte gravierend ist. Demgegenüber wächst die Bedeutung der Single-Haushalte auch nach Abzug der außer-demographischen Zugänge, wie erwartet, ganz erheblich.

---

1) Die ins Modell eintretenden Haushalte aus dem landwirtschaftlichen und Sozialwohnungsbereich werden natürlich nach Regionstyp, Haushaltsstrata und -gruppen differenziert einbezogen.

Entwicklung der Modell-Haushalte in %
1978 - 1995

	insgesamt	darunter ausgelöst durch Reduzierung von Landwirten und Sozialwohnungen
EHBRD	+ 19	+ 8
SIBRD	+ 28	+ 11
WGBRD	- 3	+ 10
GABRD	+ 68	+ 4
EH/SI BAKE	+ 28	+ 12
EH/SI BAHV	+ 16	+ 7
EH/SI BAUM	+ 12	+ 7
EH/SI/WG BALL	+ 18	+ 10
EH/SI KERN	+ 48	+ 7
EH/SI UMLA	+ 18	+ 5
EH/SI/WG KEUM	+ 20	+ 5
EH/SI/WG LAND	+ 17	+ 6

Regional liegt der Schwerpunkt steigender Haushaltszahlen in den Kernstädten in Regionen mit Verdichtungsansätzen (KERN). Auch in deren Umland (UMLA) steigen die Haushaltszahlen kräftig. Hier wie auch in den Ballungskernen (BAKE) wirkt sich insbesondere die Zunahme der Kleinhaushalte aus. In den Regionstypen BAHV und BAUM, im Umland der Ballungskerne, ist von vornherein die Haushaltsstruktur sehr viel stärker gemischt als in den Kernstädten. Die hier nur noch abgeschwächte Erhöhung der Haushaltszahlen ist auf einen relativ hohen Anteil größerer Haushalte zurückzuführen.

Nach Abzug der Effekte aus Landwirtschaft und sozialen Mietwohnungen ist in dem Regionsaggregat KEUM mit dem höchsten Zuwachs an Haushalten (15 %) zu rechnen, im Regionstyp LAND immerhin noch mit 11 % Steigerung, während sich die Haushaltszahlen im Aggregat BALL um nur noch 8 % erhöhen werden. Die starke Zunahme der Gastarbeiter-Haushalte in der gesamten Bundesrepublik Deutschland läßt sich nicht auf einzelnen Regionstypen beziehen. Da jedoch der Gastarbeiter-Anteil an allen Haushalten bei nur

5 % liegt, dürfte sich an der regionstypischen Entwicklung kaum etwas ändern.

10.1.1 Altersstruktur der Modell-Haushalte

Das von Bevölkerungswissenschaftlern und Ökonomen so oft warnend angeführte zukünftige Überalterungsproblem der Bevölkerung kommt auch bei der Prognose der Modell-Haushalte zum Tragen. Die Altersstruktur der Haushaltsvorstände verschiebt sich allerdings im Verhältnis zu der der Bevölkerung bis 1995 in einem keineswegs so dramatischen Ausmaß:

	Altersklasse				
	bis 24	25-34	35-44	45-54	55 und mehr Jahre
Jahr					
1978	5,0	15,1	20,1	17,1	42,7
1995	4,7	20,7	17,2	13,9	43,5

Dieses Phänomen läßt sich einerseits aus der niedrig angesetzten Abgrenzung der obersten Alterskategorie, andererseits aber daraus erklären, daß ältere Personen weitaus häufiger in Mehr-Personen-Haushalten leben als junge Leute.

Was die Wohnungsnachfrage betrifft, entsteht aus der leichten Verlagerung zu den alten Haushalten ein weniger deutlicher Effekt als aus den relativ starken Verschiebungen in den mittleren Jahrgängen.

In den einzelnen Haushaltsstrata werden mehr oder weniger starke Abweichungen von dieser durchschnittlichen Entwicklung eintreten. In den drei über alle Strata[1] aggregierten Regionstypen BALL, KEUM und LAND verläuft die Entwicklung der Altersstrukturen der Haushaltsvorstände noch ganz ähnlich: Der Anteil der jüngeren, bis 35 Jahre alten Haushalte steigt jeweils um ca. 5 Prozentpunkte. Allerdings wird nur im flachen Land die Gruppe

1) Ohne Gastarbeiter-Haushalte.

der ganz jungen, bis 25jährigen Haushalte[1] an Bedeutung gewinnen, in den verstädterten Regionstypen geht der Anteil dieser Gruppe bis 1995 zurück. Da die Entwicklung in allen drei Aggregaten relativ gleichmäßig verläuft, bleiben auch die Abstände im Alter zwischen den Typen in etwa erhalten (Anteile in %):

	Alterklasse		
	bis 34 Jahre	35 bis 54 Jahre	55 und mehr Jahre
Regionstyp		1978	
BALL	20,4	35,9	43,7
KEUM	18,4	37,2	44,4
LAND	16,3	37,4	46,3
		1995	
BALL	25,8	28,6	45,6
KEUM	23,1	31,6	45,3
LAND	20,4	32,2	47,4

Das heißt, daß in den Ballungsgebieten relativ jüngere Haushalte wohnen und wohnen werden als in Gebieten mit Verdichtungsansätzen und insbesondere im flachen Land.

Im Gegensatz zu der recht gleichförmigen Entwicklung zwischen den Regionstyp-Aggregaten zeigen sich bei einer weiteren Untergliederung in die Regionstypen - diese Differenzierung ist nur mit den Haushaltsstrata EH und SI möglich und deshalb auch nur eingeschränkt aussagekräftig - deutliche Entwicklungsunterschiede: In den Ballungskernen (BAKE) und im weiteren Umland (BAUM) der großen Verdichtungsgebiete ist der Anteil alter Haushalte im Prognosezeitraum eher rückläufig, während er im Typ BAHV leicht ansteigt (Anteile in %):

1) Die ausführlichen Tabellen befinden sich am Schluß dieses Kapitels.

	Altersklasse bis 34 Jahre	35 bis 54 Jahre	55 und mehr Jahre
Stratum			
		1978	
EH,SI			
BAKE	25,2	29,6	45,2
BAHV	20,8	34,7	44,5
BAUM	20,3	34,8	44,9
EH,SI			
KERN	28,3	27,5	44,2
UMLA	20,4	32,9	46,7
		1995	
EH,SI			
BAKE	30,1	25,8	44,1
BAHV	26,5	28,7	44,8
BAUM	26,1	30,7	43,2
EH,SI			
KERN	32,2	27,1	40,7
UMLA	25,1	30,0	44,9

Für die zukünftige Wohnungsnachfrage von großer Bedeutung ist der hohe und im Prognosezeitraum steigende Anteil junger Haushalte, die in der Familiengründungsphase bzw. mit beginnender Berufstätigkeit und am Anfang eines beruflichen Aufstiegs eine entsprechende Wohnung - in Abänderung ihrer bisherigen Wohnsituation - nachfragen werden. Und das gilt, wie die obige Tabelle zeigt, insbesondere für Kleinhaushalte in den Kernstädten. Eher dämpfend auf die Wohnungsnachfrage und dort vor allem die Eigentumsnachfrage werden die rückläufigen Anteile der mittleren Altersgruppen an den Gesamthaushalten wirken.

Die zu erwartende relative Überalterung der deutschen Bevölkerung zeigt sich in dieser Haushaltsprognose bis 1995 nur bei den großen Haushalten. Sie wird aber mit zeitlichem Abstand bzw. in der weiteren Zukunft auch für die Kleinhaushalte einsetzen; das ist im Rahmen der Altersstrukturverschiebungen im Prognosezeitraum daran erkennbar, daß der Anteil der ganz jungen Haushalte

Abb. 10.1

Entwicklung der Altersstruktur der Haushaltsvorstände

– Anteile je Stratum in % –

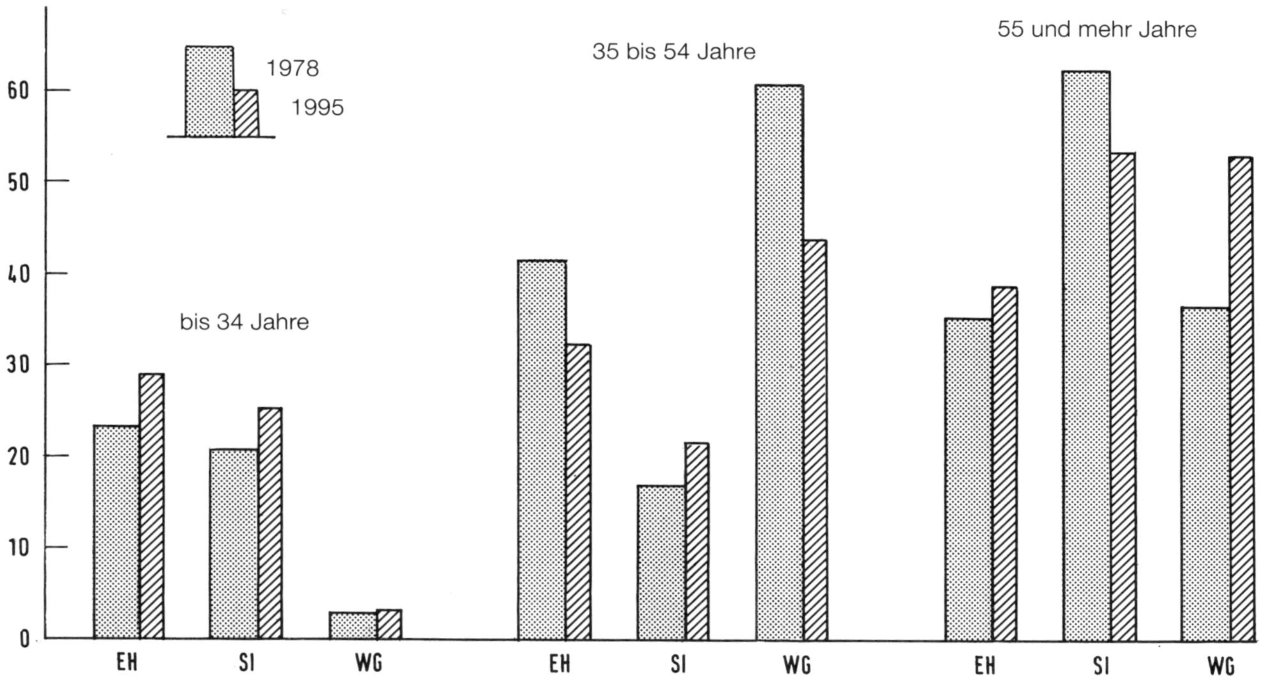

IFO-INSTITUT für Wirtschaftsforschung München

326 / 87

schon bis 1995 leicht sinkt (vgl. Tabelle 10.2 im Anschluß an dieses Kapitel).

Wie Abbildung 10.1 deutlich macht, geht im Prognosezeitraum bei den SI-Haushalten sogar der Anteil der "Alten" noch zurück. Bei einer weiteren Differenzierung der SI-Haushalte in solche mit männlichem und solche mit weiblichem Vorstand zeigt sich , daß insbesondere das Gewicht alter, männlicher Haushalte auf unter ein Drittel dieser Haushaltsgruppe schrumpfen wird. Innerhalb der weiblichen SI-Haushalte verliert zwar auch die Altengruppe an Bedeutung, aber auf einem unvergleichlich höheren Niveau: 1995 sind immer noch ca. 70 % aller weiblichen SI-Haushalte 55 und mehr Jahre alt.

Zwar steigt bei den Single-Haushalten der Anteil der 35- bis 54 Jährigen im Prognosezeitraum noch an, aber in den EH- und WG-Strata geht der Anteil dieser Altersgruppe dramatisch zurück. Von dorther, von den Haushalten, deren Einkommen im Laufe beruflichen Aufstiegs steigt und die die Wohnungsversorgung einer Familie verbessern können und wollen, sind demzufolge wenig Impulse für eine veränderte Wohnungsnachfrage zu erwarten.

Die Altersstruktur der Gastarbeiter-Haushalte ändert sich im Prognosezeitraum nur geringfügig. Der Anteil der mittleren Jahrgänge bestimmt mit über 50 % auch 1995 noch die Wohnungsnachfrage dieses Haushaltsstratums.

10.1.2. Kinderzahl der Modell-Haushalte

Neben dem Alter des Haushaltsvorstands - das hat die Analyse der Wohnungsnachfrage ergeben - hat auch die Anzahl der Kinder unter 18 Jahren im Haushalt einen nicht unerheblichen Einfluß auf die Art der nachgefragten Wohnung. Das Vorhandensein von mehreren Kindern verstärkt den Wunsch und die Nachfrage nach Eigenheimen und fördert die Eigentumsbildung.

Die durchschnittliche Kinderzahl geht - aufgrund der von uns vorgegebenen Entwicklung der relevanten Größen (Geburten, Sterbefälle, Heirat, Scheidung) - im Prognosezeitraum, über alle Strata gesehen, zurück. Der Anteil der kinderlosen Haushalte steigt von 65 % auf 72 %. Das ist unter anderem auch direkte Folge des steigenden Anteils von Haushalten mit einem Erwachsenen. In den einzelnen Strata-Gruppen ist die Entwicklung etwas unterschiedlich (Anteile in %):

	Haushalt mit ... Kindern							
	1978				1995			
	0	1	2	3+	0	1	2	3+
Stratum								
EHBRD	53	21	19	7	62	21	13	4
SIBRD	92	5	2	1	94	4	1	1
WGBRD	59	30	7	4	68	24	5	3
GABRD	22	30	29	19	22	26	17	35
BRD	65	18	12	5	72	16	8	4

Nur innerhalb des Gastarbeiter-Stratums bleibt der Anteil der "kinderlosen" Mehr-Personen-Haushalte bis 1995 gleich hoch. Die Haushalte mit einem bis zwei Kindern verlieren zugunsten derer mit drei und mehr Kindern sogar an Gewicht. Innerhalb der deutschen Bevölkerung verläuft die Entwicklung genau umgekehrt. Die Bedeutung der kinderlosen Erwachsenen-Haushalte steigt ganz beträchtlich. Ihr Anteil an der Gesamtzahl der Haushalte erreicht 1995 fast drei Viertel, während er 1978 noch bei gut zwei Dritteln lag. Unter allen Haushalten mit Kindern nimmt das Gewicht der Ein-Kind-Haushalte gegenüber denen mit mehreren Kindern zu.

In unserem Modell erhöht sich der Anteil der kinderlosen Haushalte zwischen 1978 und 1995 in der gesamten Bundesrepublik um 9 % mit unterschiedlicher regionaler Verteilung: Am geringsten fällt diese Steigerung im flachen Land (LAND) und im weiteren Umland der großen Städte aus (BAUM). Die bis 1978 ebenfalls relativ geringe Zahl kinderloser Haushalte im Großstadt-nahen Umland (BAHV,UMLA) erhöht sich demgegenüber erheblich, und zwar mit einer 20prozentigen Steigerung. Überraschend, aber wegen des hohen Ausgangsniveaus praktisch ohne Bedeutung, sinkt der Anteil der kinderlosen SI-Haushalte mit weiblichem Vorstand um ca. 2%. Dies liegt weniger daran, daß alleinstehende Frauen verstärkt ohne Partnerschaft einen Kinderwunsch verwirklichen, sondern vielmehr an der zunehmenden Zahl der Scheidungen.

Der Anteil der kinderlosen Haushalte erhöht sich zum größten Teil zuungunsten der Haushalte mit drei und mehr Kindern, weniger auf Kosten der Zwei-Kinder-Haushalte und beeinträchtigt praktisch gar nicht den Anteil der Haushalte mit nur einem Kind.

Zusammenfassend bleibt festzuhalten, daß die wohnungsnachfragerelevante Zahl der Kinder in den Haushalten im Prognosezeitraum sinkt. Vor allem in den großstädtischen Zentren werden 1995 ca. drei Viertel aller Haushalte ohne Kinder sein.

10.2 Entwicklung der ökonomischen Rahmenbedingungen

Neben der demographischen Entwicklung bestimmen die zukünftigen Einkommen der Haushalte und die Entwicklung der Wohnkosten die Wohnungsnachfrage im Prognosezeitraum. Die entsprechenden exogenen Vorgaben wurden schon oben in Kapitel 9 detailliert dargestellt und erläutert. Hier sollen demgegenüber die absoluten Größenordnungen und ihre Relation untereinander kurz beleuchtet werden, um so den Einfluß auf die Wohnungsnachfrage hervorzuheben.

10.2.1 Haushaltseinkommen

Die permanenten Einkommen der Modell-Haushalte (einschließlich des Kindergelds) sinken zwischen 1978 und 1985 real um durchschnittlich 5 % und steigen bis 1995 gleichmäßig um 24 %. Über den gesamten Prognosezeitraum und im Durchschnitt aller Haushalte erhöhen sich die Einkommen demnach recht moderat um 18%. Das führt zu einem durchschnittlichen permanenten Monatseinkommen von DM 2.549 im Jahr 1995 (1978: DM 2.169).

Wie oben (Kapitel 9) schon erläutert, wurde die Einkommensverteilung pro Haushaltsgruppe, differenziert nach Kinderzahl und Alter des Haushaltsvorstands, konstant gehalten und alle Einkommen gleichmäßig mit einem vorgegebenen Prozentsatz erhöht bzw. gesenkt. Differenzen in der Einkommensentwicklung der Strata sind demzufolge allein eine Folge veränderter Gruppenbesetzungen innerhalb der Strata. So steigen die Durchschnittseinkommen der zusammengefaßten Strata zwischen 1978 und 1995 dann doch recht unterschiedlich:

EHBRD	13 %	
SIBRD	23 %	
SWBRD		19 %
SMBRD		25 %
WGBRD	31 %	
GABRD	36 %	

Unterdurchschnittlich entwickeln sich die Einkommen der EH-Haushalte und der weiblichen Singles, während die Kaufkraft männlicher Singles, der Großhaushalte und überraschenderweise der Gastarbeiter-Haushalte überdurchschnittlich wächst.

Durch die unterschiedliche Entwicklung in den Strata verändern sich die Abstände zwischen den Einkommen und damit die Grundlage für die Wohnungsnachfrage der Strata. Verdienten beispielsweise SI-Haushalte 1978 im Durchschnitt 42 % weniger als EH-Haushalte, so verringert sich dieser Abstand im Jahr 1995 auf 37 %. Zwar bleibt die Einkommenshierarchie zwischen den Haushalten mit einer unterschiedlichen Anzahl von Erwachsenen erhalten, modifiziert sich aber zwischen Singles und Zwei-Erwachsenen-Haushalten, während sie sich zwischen diesen beiden einerseits und den Großhaushalten andererseits erheblich erhöht. Für die Wohnungsnachfrage läßt das, dem relativ hohen Gewicht des Einkommenseinflusses entsprechend, eine Annäherung der Nachfrage der SI- und EH-Haushalte erwarten, während WG-Haushalte ihre Wohnungswahl mit einem höheren Einkommensspielraum treffen können.

Zwischen den Regionstypen verläuft dagegen die Einkommensentwicklung recht gleichmäßig (was der undifferenziert vorgegebenen Einkommenssteigerung eher entspricht)[1]:

BALL	+ 17 %
KEUM	+ 17 %
LAND	+ 15 %

1) Jeweils ohne Gastarbeiter-Haushalte.

Im flachen Land bleibt die Einkommenssteigerung nur leicht hinter der in den anderen Regionstypen zurück. Wegen der unterschiedlichen Ausgangssituation in den zusammengefaßten Typen verändern sich jedoch die Abstände nicht unerheblich. 1978 wurde im Regionstyp LAND um 6 % weniger verdient als im Typ BALL, dieser Abstand vergrößert sich bis 1995 auf 7,3 %. Umgekehrt lagen die Einkommen im Regionstyp LAND 1978 noch knapp über denen im Typ KEUM, bis 1995 überholen die Durchschnittsverdienste in KEUM die der Haushalte im Typ LAND. Der Abstand zwischen BALL und KEUM wiederum verringert sich bis 1995 leicht von 7,1 auf 6,5 %.

Unter dem Aspekt der Wohnungsnachfragerelevanz hat diese strukturelle Änderung zwischen den Regionstypen durchaus Bedeutung, insbesondere dann, wenn sich bezüglich der Wohnkosten keine ähnliche Entwicklung feststellen läßt (vgl. unten Abschnitt 10.2.2). Vorerst bleibt festzustellen, daß sich vom Einkommen her die Bedingungen für die Wohnungsnachfrage auf dem flachen Land nicht so gut entwickeln werden, wie in den anderen Regionstypen, während sich die Möglichkeiten, die die Einkommensentwicklung für die Wohnungswahl bietet, im Typ KEUM tendenziell an die im Typ BALL annähern.

Die Einkommensverteilung pro Stratum, die sich infolge veränderter Gruppenbesetzungen verschiebt, zeigt insgesamt eine leichte Tendenz zu einer Erhöhung des Anteils der Haushalte in den unteren Schichten (vgl. Tabelle 10.5 im Anschluß an dieses Kapitel). Diese Tendenz trifft für alle Haushalte mit zwei Erwachsenen zu. Steigende Anteile in den Kategorien höherer Einkommen finden sich dagegen bei allen SI-Haushalten und dort insbesondere bei den männlichen.

10.2.2 Wohnkosten

Die durchschnittlichen Wohnkosten[1] in der Bundesrepublik Deutschland (in der Modell-Abgrenzung), gemittelt über alle Wohnungstypen und alle Haushaltsgruppen und -strata, steigen im Prognosezeitraum nach Abzug von Wohngeld und Steuerersparnis um 38 % und damit wesentlich stärker als die durchschnittlichen Einkommen. Das gilt bei einer Differenzierung nach Eigentum und Miete vor allem für die Kosten des Wohneigentums, die sich um knapp 47 % erhöhen, während die Mietwohnungskosten um nur 29 % steigen. Während im Jahr 1978 eine Mietwohnung im Durchschnitt noch um 72 % billiger war als durchschnittliches Wohneigentum, müssen im Jahr 1995 für eine Mietwohnung monatlich nur noch 25 % der Wohneigentumskosten aufgewendet werden. Das bedeutet, daß der Abstand zwischen den beiden Wohnformen größer wird, beim Umstieg von Miete auf Eigentum also eine noch etwas höhere Schwelle als 1978 zu überwinden ist (vgl. dazu Abbildung 10.2).

Da die Haushalte je nach ihren Merkmalen jedoch ganz unterschiedliche Anforderungen an ihre Wohnungssituation haben, und die Preise der einzelnen Wohnungstypen sich sehr unterschiedlich entwickeln - auch in Abhängigkeit von der regionalen Lage der Wohnung -, ist eine solche überschlägige Betrachtung im Hinblick auf die Wohnungsnachfrage nicht ausreichend. In den einzelnen Regionen erhöhen sich die Wohnkosten mit erheblichen Unterschieden (Steigerung 1978 - 1995 in %):

	Miete	Eigentum
Regionstyp		
BAKE	29	45
BAHV	35	63
BAUM	22	54
KERN	14	46
UMLA	21	26
LAND	14	50

Die Ursachen für die enormen Unterschiede zwischen der Entwicklung der Miet- und der Wohneigentumskosten ist u.a. in der vorgesehenen starken Steigerung der Grundstückspreise zu suchen.

---

1) Hierbei handelt es sich um die Modell-Einflußgröße KAKOST in ihrer Kombination mehrerer unterschiedlicher Kostenfaktoren (vgl. Kapitel 5).

Abb. 10.2

Entwicklung der Kaltkosten[1] pro Wohnungstyp 1978–1995

– Kostensteigerung in % –

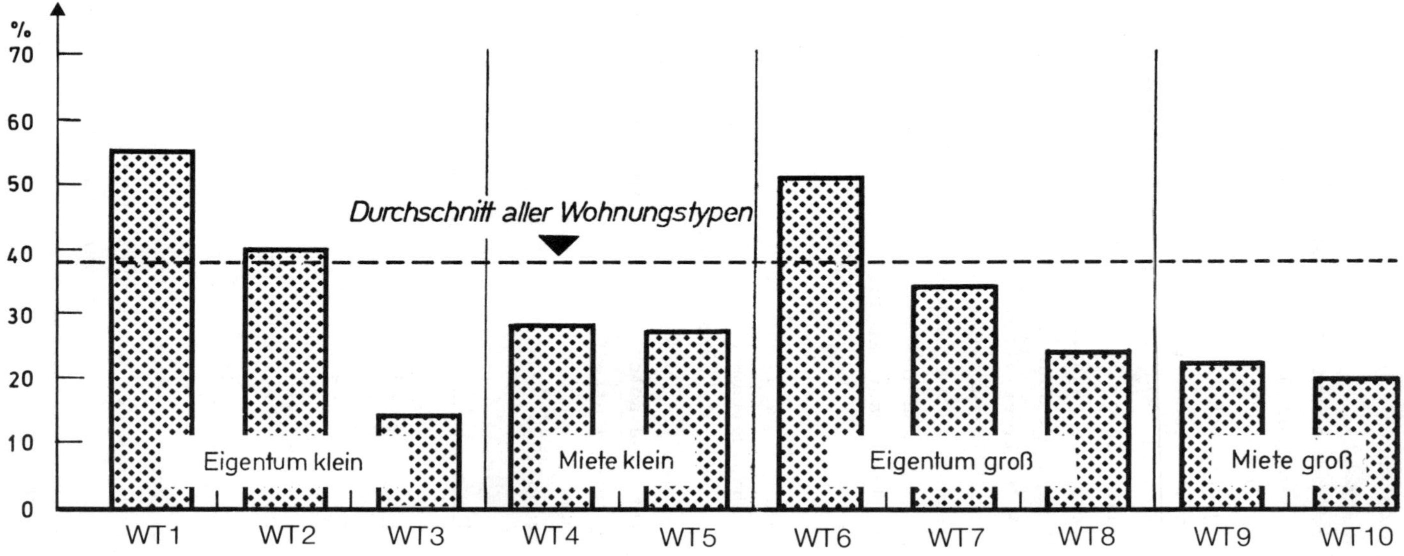

1) real

IFO-INSTITUT für Wirtschaftsforschung München

328/87

Die Grundstückspreise wiederum steigen, ausgehend von einem niedrigen Niveau, in den noch relativ dünn besiedelten Umland-Regionen stärker als in den Ballungszentren, in denen die höchsten Ausgangswerte zu beobachten waren. Und diese Unterschiede werden auch nicht dadurch kompensiert, daß in den Ballungskernen die Grundstücke für neuerbaute Ein- bzw. Zweifamilienhäuser wesentlich kleiner gewählt werden als in anderen Regionstypen. Insgesamt geringere Steigerungen der Eigentümerwohnkosten als in den Ballungsgebieten treffen die Haushalte in den Regionstypen mit Verdichtungsansätzen (KERN, UMLA).

Die Entwicklung der Wohnkosten von Eigentum verläuft zwischen 1978 und 1995 nicht - etwa mit den vorgegebenen Steigerungsraten der Baukosten und Bodenpreise - kontinuierlich, sondern auch in Abhängigkeit von gleichmäßig steigenden Eigenkapitalquoten, den variierenden Zinssätzen und vor allem den staatlichen Förderungsmaßnahmen.

So zeigt Abbildung 10.3 sehr deutlich den, wenn auch geringfügigen Rückgang der Eigentümerbelastung fast aller Wohnungstypen - abgesehen vom Einfamilienhaus und der großen Eigentumswohnung - im Zeitraum 1990 bis 1995. Dieser Rückgang ist vor allem die Folge eines bis dahin stark gestiegenen Eigenkapitaleinsatzes beim Erwerb, aber auch recht niedriger Zinsen für Fremdkapital. Nicht zuletzt könnten auch erhöhte Wohngeldzahlungen eine Rolle spielen.[1)]

Deutlich wird an der Abbildung auch die verteuernde Wirkung der Einführung des § 10e ESTG ab 1987. Die bis 1987 moderate z.T. sogar rückläufige Kostenentwicklung geht auf die Stagnation der Bau- und Grundstückspreise und die niedrigen Fremdkapitalzinsen zurück.

Das Verhältnis von Eigentums- zu Mietkosten ist in den einzelnen Regionstypen sehr unterschiedlich. Ingesamt wird sich, wie oben schon erwähnt, der Abstand vergrößern, am stärksten in den

---

1) Detailwirkungen lassen sich wegen der Komplexität der Variablen-Konstruktion nur mit hohem zusätzlichen Aufwand nachprüfen.

Abb. 10.3

Entwicklung der Kaltkosten[1] der Wohneigentumstypen

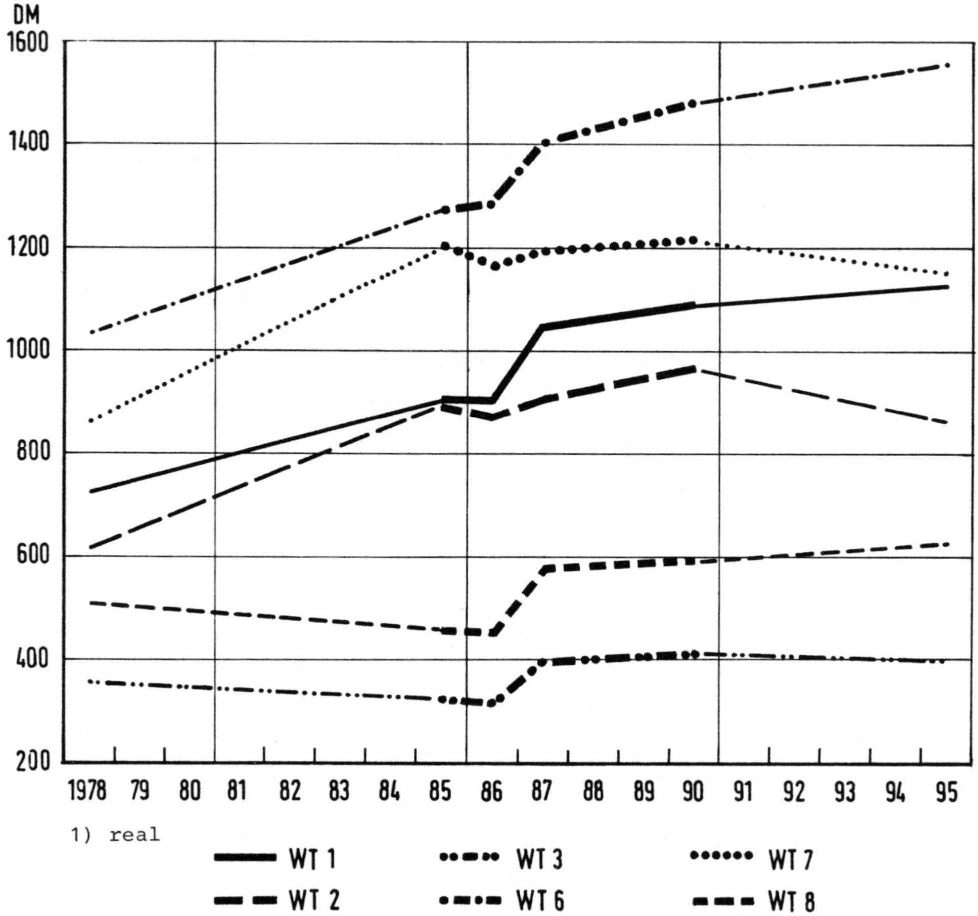

1) real

IFO-INSTITUT für Wirtschaftsforschung München 329/87

Regionstypen KERN und LAND. Dort müssen Mieter im Durchschnitt nur noch 25 % bzw. 20 % der Eigentümerbelastung aufbringen, während sie 1978 noch 32 % bzw. 27 % dieser Kosten für eine Mietwohnung leisten mußten. War 1978 der Abstand zwischen Miete und Eigentum im Durchschnitt im Regionstyp BAKE am höchsten von dem aller Regionstypen, so wird diese Spitzenstellung 1995 vom Typ LAND übernommen. Mieter zahlen dort nur 20 % der Eigentümerkosten. Der relativ kleinste Unterschied zwischen den Belastungen durch Miete bzw. Eigentum findet sich, wie 1978 so auch im Prognosezieljahr, im Regionstyp UMLA, und zwar gegenüber 1978 nur minimal verändert. Hier ist also nach wie vor die Schwelle zum Eigentumserwerb am niedrigsten. Die Durchschnittskosten einer Mietwohnung betragen im Verhältnis zu den Durchschnittskosten des Wohneigentums im einzelnen (in %):

	1978	1995
Regionstyp		
BAKE	22	21
BAHV	27	22
BAUM	31	25
KERN	32	25
UMLA	32	30
LAND	27	20
BRD	28	25

Die Kaltkosten der Mietwohnungen erhöhen sich im Prognosezeitraum - jährlich relativ gleichmäßig - ohne Sprünge um insgesamt 29 %. Diese Entwicklung verläuft über die Mietwohnungstypen und die Regionstypen sehr unterschiedlich. Höhere Steigerungen treten in den Regionstypen BAHV und mit Abstand BAKE ein, während die Mietsteigerungen in KERN und LAND unterdurchschnittlich bleiben. Diese Differenzen werden in erster Linie durch die unterschiedliche Größenstruktur des Mietwohnungsbestands in den Regionstypen verursacht, denn auch die Mietsteigerungen der einzelnen Mietwohnungstypen streuen zwischen 28 % (WT4) und 20 % (WT10; vgl. dazu Abbildung 10.2). Darüberhinaus sind regionstypische Unterschiede auch Folge der Wohngeldzahlungen, die wiederum durch die Miethöhe, aber auch durch die Einkommen der Haushalte bestimmt werden.

10.2.3 Verhältnis von Wohnkosten zu Einkommen

Für die Wohnungsnachfrage der Haushalte sind die Einflußgrößen Einkommen und Wohnkosten in der hier verwendeten Operationalisierung je für sich bedeutsam. Sie wirken aber - ablesbar am Vorzeichen der Parameter - entgegengesetzt:

- Steigende Wohnkosten verschieben die Nachfrage zugunsten von Mietwohnungen und kleineren Wohnungen.

- Steigende Einkommen kommen der Nachfrage nach Wohneigentum und größeren Wohnungen zugute (vgl. Kapitel 7).

Diese Wirkungen heben sich bei ungefähr gleicher Entwicklung der beiden Einflußfaktoren, ganz grob gesehen, in etwa auf. Im Prognosezeitraum werden sich jedoch Einkommen und Kosten sehr unterschiedlich verändern. Deshalb soll im folgenden kurz auf das Verhältnis von Wohnkosten zu Einkommen eingegangen werden.

Wie oben schon erwähnt, steigen als Folge der prognostischen exogenen Vorgaben die durchschnittlichen Wohnkosten bis 1995 stärker als die Einkommen im Durchschnitt aller Haushalte. Differenziert man nun wenigstens auf einem mittleren Differenzierungs-Niveau nach Haushaltsstrata und Wohnungstypen, so ergeben sich bezüglich der Wirkung auf die Wohnungsnachfrage sehr unterschiedliche Einflüsse. Anhand einer Tabellierung nach fiktiven Anteilen der Wohnkosten je Wohnungstyp an den Einkommen je Stratum für das Jahr 1995 (detaillierte Tabelle 10.6 im Anschluß an dieses Kapitel) und einem Vergleich mit der entspechenden Berechnung für das Prognosebasisjahr 1978 zeigt sich deutlich, daß in einigen Strata die - wiederum fiktive - Belastung des Einkommens durch bestimmte Wohnungstypen sogar nicht unerheblich sinkt.

Im Durchschnitt aller Mietwohnungen, gemessen am Durchschnittseinkommen, müssen Mieter-Haushalte 1995 nur eine um 6 % erhöhte Belastung des Einkommens in Kauf nehmen. Demgegenüber wird das

Haushaltsbudget der Eigentumserwerber 1995 um durchschnittlich 18 % höher belastet. Wie unterschiedlich die Entwicklung die einzelnen Strata betrifft, zeigen einige Beispiele zur Veränderung der Einkommensbelastung durch Wohnkosten zwischen 1978 und 1995 (in %):

	Wohnungstyp									
	1	2	3	4	5	6	7	8	9	10
Stratum										
EHBAKE	48	47	0	13	9	41	43	4	8	6
EHUMLA	11	- 4	- 7	0	0	10	0	-5	0	0
SWBAKE	23	15	- 8	9	6	21	12	-8	5	-4
SWLAND	27	8	- 5	0	15	26	4	0	6	11
WGKEUM	- 8	-35	-25	-17	-11	- 3	-32	-19	- 9	-14

Im Gegensatz zum Stratum EHBAKE, in dem die Belastung der Einkommen durch Miete und Eigentum überdurchschnittlich stark ansteigt - was vor allem Folge einer hohen Wohnkostensteigerung bei nur unterdurchschnittlicher Einkommenssteigerung ist - sinkt die Einkommensbelastung im Stratum WGKEUM bei allen Wohnungstypen. In diesem Stratum sind einerseits die Einkommenszuwächse ungewöhnlich hoch, andererseits, vor allem im Regionstyp UMLA, bleiben die Wohnkostensteigerungen unter dem Durchschnitt aller Regionstypen. Die moderate Entwicklung der Wohnkosten im Typ UMLA zeigt sich auch daran, daß Haushalte des Stratums EHUMLA 1995 kaum mehr als 1978 von ihrem Einkommen für Wohnen aufbringen müssen.

Bemerkenswert erscheint noch die relativ große Streubreite des Mehr oder Weniger an Belastung des Einkommens durch die verschiedenen Wohnungstypen in allen Regionen (ausführliche Tabelle 10.7 im Anschluß an dieses Kapitel). So steigen die Wohnkosten kleiner Einfamilienhäuser (WT1) offenbar fast durchgängig stärker als die großer Einfamilienhäuser (WT6); für Zweifamilienhäuser (WT2 und WT7) läßt sich der gleiche Zusammenhang feststellen. Bei Mietwohnungen und Eigentumswohnungen verändert sich die Belastung der Einkommen recht ähnlich. Die kleine Eigentumswohnung führt jedoch im Durchschnitt eher zu einer Minderbelastung der Haushaltsbudgets. Das heißt im groben Überblick, daß nur die Familienheime, und zwar in fast allen Regionen und für fast alle Haushaltsstrata, beim Erwerb eine z.T. erhebliche Steigerung der Wohnausgaben am Einkommen zur Folge haben.

Die relative Verbilligung des Wohnens für einen Teil der WG- und für die Gastarbeiter-Haushalte ist verursacht durch hohe überdurchschnittliche Einkommenssteigerungen in dieser Gruppe. Die höchste Belastungssteigerung müssen die weiblichen Single-Haushalte im Regionstyp BAUM hinnehmen. Bei ihnen fallen geringes Einkommenswachstum mit hohen Wohnkostensteigerungen zusammen.

Detaillierte Tabellen zu Kapitel 10

Tabelle 10.1

Entwicklung der Haushaltsstrata
1978 - 1995
- Anteile der Strata an den Modell-Haushalten in % -

Haushaltsstrata	Jahr 1978	1985	1990	1995	Veränderung 1978-1995 in %	davon durch Landwirte/ Sozialwohnungen
EHBAKE	12	12	12	13	+ 27	14
EHBAHV	10	10	10	10	+ 11	7
EHBAUM	5	4	4	4	+ 7	7
EHKERN	3	3	3	3	+ 34	9
EHUMLA	11	12	12	11	+ 21	5
EHLAND	8	7	8	7	+ 18	6
EH	49	48	49	48		
SWBAKE	8	9	8	8	+ 23	13
SWBAHV	4	4	4	4	+ 15	7
SWBAUM	2	1	1	1	+ 16	10
SIKERN	2	3	3	3	+ 63	5
SIUMLA	6	6	6	6	+ 13	5
SWLAND	3	3	3	3	+ 21	6
SMBAKE	4	4	4	5	+ 45	6
SMBAHV	1	1	2	2	+ 53	3
SMBAUM	1	1	1	1	+ 38	4
SMLAND	1	1	1	1	+ 57	5
SI	32	37	37	39		
WGBALL	7	7	6	6	- 4	14
WGKEUM	5	5	5	4	- 0,5	6
WGLAND	3	3	3	3	- 3	9
WG	15	15	14	13		
GABRDI	4	4	4	5	+ 68	4
BRD	100	100	100	100	+ 21	8

Tabelle 10.2

Entwicklung der Altersstruktur der
Haushaltsvorstände 1978 - 1995
- Anteile der Altersgruppen je Stratum in % -

	1978					1995				
	Haushaltsvorstand mit .... Jahren									
Haushaltsstrata	-25	25-35	35-45	45-55	55+	-25	25-35	35-45	45-55	55+
EHBAKE	3,9	18,2	23,7	15,9	38,3	3,6	24,6	15,4	13,7	42,7
EHBAHV	3,2	19,5	29,4	14,7	33,2	2,7	27,1	20,2	13,1	36,9
EHBAUM	3,3	20,4	28,6	13,9	33,8	2,8	28,1	22,8	12,5	33,8
EHKERN	4,6	19,2	23,6	14,4	38,2	3,6	25,4	18,0	12,6	40,4
EHUMLA	3,9	20,7	28,9	14,6	31,9	2,8	25,8	21,6	12,3	37,5
EHLAND	3,5	20,3	24,0	14,9	37,3	4,5	23,7	21,6	12,2	38,0
SWBAKE	9,4	10,8	8,1	7,6	64,1	10,2	14,3	7,6	6,9	61,0
SWBAHV	5,0	6,6	5,8	7,4	75,2	5,5	9,3	5,6	7,0	72,6
SWBAUM	3,8	3,9	5,6	9,0	77,7	3,9	5,5	5,2	9,0	76,4
SIKERN	18,2	15,0	9,2	6,9	50,7	12,1	23,0	15,8	8,1	41,0
SIUMLA	6,1	6,6	6,5	7,0	73,8	5,1	13,2	13,0	9,4	59,3
SWLAND	4,7	4,0	5,4	7,6	78,3	5,6	5,8	4,3	6,2	78,1
SMBAKE	18,1	27,3	18,2	8,8	27,6	11,9	33,6	24,1	12,1	18,3
SMBAHV	11,1	20,3	16,6	9,7	42,3	6,8	27,1	24,8	13,7	27,6
SMBAUM	8,8	16,4	16,0	9,6	49,2	5,9	25,9	23,6	14,5	30,1
SMLAND	10,7	15,6	16,3	9,5	47,9	12,7	16,7	20,0	12,3	38,3
WGBALL	0,4	2,7	16,3	44,7	35,9	0,3	3,1	9,8	29,4	57,4
WGKEUM	0,4	2,4	17,5	42,8	36,9	0,1	2,4	12,4	31,6	53,5
WGLAND	0,2	2,7	18,7	42,3	36,1	0,4	3,6	16,4	37,5	42,1
GABRDI	4,1	38,7	40,4	14,0	2,8	3,8	42,6	37,9	13,1	2,6
BRD	5,0	15,1	20,1	17,1	42,7	4,7	20,7	17,2	13,9	43,5

Tabelle 10.3

Entwicklung der Kinderanzahl in
den Modell-Haushalten 1978 - 1995
- Anteile der Haushalte mit ... Kindern je Stratum in % -

Haushaltsstrata	1978				1995			
	Haushalte mit ... Kindern							
	0	1	2	3+	0	1	2	3+
EHBAKE	62,8	20,3	13,5	3,4	73,6	20,0	6,1	0,3
EHBAHV	50,5	22,1	20,3	7,1	61,4	23,1	12,6	2,9
EHBAUM	47,6	22,8	20,8	8,8	52,7	22,6	19,4	5,3
EHKERN	60,1	18,7	15,7	5,5	69,0	18,4	10,5	2,1
EHUMLA	47,5	20,6	21,4	10,5	57,5	20,5	16,5	5,5
EHLAND	50,5	19,8	19,2	10,5	55,1	20,2	17,3	7,4
SWBAKE	93,2	4,7	1,6	0,5	91,4	6,2	1,7	0,7
SWBAHV	92,5	4,7	2,1	0,7	90,8	5,9	2,0	1,3
SWBAUM	92,8	4,4	1,2	1,6	91,1	4,7	1,2	3,0
SIKERN	94,5	3,5	1,3	0,7	94,8	3,7	0,9	0,6
SIUMLA	84,7	12,7	1,7	0,9	93,2	4,1	1,6	1,1
SWLAND	93,5	3,6	1,7	1,2	93,7	4,2	1,4	0,7
SMBAKE	98,1	1,4	0,3	0,2	98,1	1,6	0,2	0,1
SMBAHV	96,0	2,6	1,1	0,3	96,7	2,4	0,8	0,1
SMBAUM	89,8	1,6	8,4	0,2	97,2	1,6	0,9	0,3
SMLAND	97,3	1,5	0,8	0,4	98,0	1,2	0,6	0,2
WGBALL	61,1	29,6	6,5	2,8	73,6	20,1	4,7	1,6
WGKEUM	57,6	29,7	8,2	4,5	63,7	26,6	6,5	3,2
WGLAND	58,1	30,4	6,8	4,7	62,3	28,1	5,8	3,8
GABRDI	22,6	29,6	28,8	19,0	21,7	25,9	16,7	35,7
BRD	65,5	17,6	11,7	5,2	71,6	15,9	8,2	4,3

Tabelle 10.4

Durchschnittliches monatliches permanentes Einkommen (einschließlich Kindergeld)[1] in DM

Haushaltsstrata	Jahr 1978	1985	1990	1995	Steigerung 1978-1995 in %
EHBAKE	2.590	2.440	2.734	2.940	14
EHBAHV	2.649	2.466	2.814	3.033	15
EHBAUM	2.471	2.294	2.622	2.831	15
EHKERN	2.439	2.179	2.389	2.521	3
EHUMLA	2.298	2.100	2.390	2.596	13
EHLAND	2.296	2.085	2.398	2.603	13
SWBAKE	1.466	1.375	1.589	1.800	23
SWBAHV	1.406	1.287	1.492	1.656	18
SWBAUM	1.326	1.179	1.382	1.544	16
SIKERN	1.357	1.305	1.521	1.692	25
SIUMLA	1.311	1.251	1.458	1.641	25
SWLAND	1.297	1.121	1.302	1.419	9
SMBAKE	1.602	1.566	1.826	2.045	28
SMBAHV	1.691	1.598	1.879	2.108	25
SMBAUM	1.567	1.530	1.777	1.972	26
SMLAND	1.469	1.355	1.557	1.717	17
WGBALL	2.922	3.048	3.469	3.772	29
WGKEUM	2.662	2.812	3.267	3.588	35
WGLAND	2.621	2.699	3.119	3.423	31
GABRDI	2.099	2.172	2.508	2.860	36
BRD	2.169	2.058	2.338	2.549	18

1)Die gravierenden Unterschiede in der Einkommensentwicklung zwischen den Strata ist - wie oben erklärt - allein Folge einer unterschiedlichen Verschiebung in der Gruppenstruktur der einzelnen Strata.

Tabelle 10.5

Einkommensverteilung pro Stratum

- Haushalte mit ... Einkommen in % -

Haushalts-strata	1978 1 bis 800 DM	1978 2 800 DM -2000 DM	1978 3 2000 DM -4000 DM	1978 4 4.000 DM u. m.	1995 1 bis 946 DM	1995 2 946 DM -2366 DM	1995 3 2366 DM -4732 DM	1995 4 4732 DM u.m.	Kategorien 1 + 2 1978	Kategorien 1 + 2 1995	Kategorien 3 + 4 1978	Kategorien 3 + 4 1995
EHBAKE	1,1	36,8	51,5	10,6	1,6	41,1	48,1	9,2	37,9	42,7	62,1	57,3
EHBAHV	1,7	41,0	48,4	8,9	1,8	42,1	48,8	7,3	42,7	43,9	57,3	56,1
EHBAUM	1,9	44,7	45,4	8,0	2,2	47,4	44,1	6,3	46,6	49,6	53,4	50,4
EHKERN	1,7	41,6	48,9	7,8	3,6	49,0	41,3	6,1	43,3	52,6	56,7	47,4
EHUMLA	2,7	49,6	42,3	5,4	3,4	51,0	40,8	4,8	52,3	54,4	47,7	45,6
EHLAND	3,1	51,6	40,5	4,8	3,4	51,6	40,1	4,9	54,7	55,0	45,3	45,0
SWBAKE	22,3	69,2	8,1	0,4	21,1	68,5	9,6	0,8	91,5	89,6	8,5	10,4
SWBAHV	28,0	66,3	5,3	0,4	24,9	67,6	6,7	0,8	94,3	92,5	5,7	7,5
SWBAUM	35,9	58,1	5,3	0,7	33,8	57,6	6,9	1,7	94,0	91,4	6,0	8,6
SIKERN	29,3	60,5	9,5	0,7	26,7	62,6	9,8	0,9	89,8	89,3	10,2	10,7
SIUMLA	33,0	60,5	6,2	0,3	30,9	60,2	8,2	0,7	93,5	91,1	6,5	8,9
SWLAND	38,6	56,2	4,9	0,3	37,1	56,9	5,5	0,5	94,8	94,0	5,2	6,0
SMBAKE	19,4	61,8	16,7	2,1	17,6	59,8	19,6	3,0	81,2	77,4	18,8	22,6
SMBAHV	13,1	67,7	17,1	2,1	10,6	65,5	20,8	3,1	80,8	76,1	19,2	23,9
SMBAUM	15,2	67,2	14,6	3,0	10,6	70,2	16,7	2,5	82,4	80,8	17,6	19,2
SMLAND	23,1	62,4	13,1	1,4	20,0	64,0	14,4	1,6	85,5	84,0	14,5	16,0
WGBALL	0,3	15,4	62,2	22,1	0,4	15,7	60,4	23,5	15,7	16,1	84,3	83,9
WGKEUM	0,5	18,5	64,0	17,0	0,6	17,7	62,8	18,9	19,0	18,3	81,0	81,7
WGLAND	0,6	20,7	62,7	16,0	0,6	19,6	62,3	17,5	21,3	20,2	78,7	79,8
GABRDI	0,7	43,7	53,2	2,4	0,9	47,8	49,1	2,2	44,4	48,7	55,6	51,3
BRD	9,7	46,1	37,1	7,1	9,6	48,5	35,5	6,4	55,8	58,1	44,2	31,9

Tabelle 10.6

Anteile der Kaltkosten der Wohnung
am permanenten Einkommen 1995[1]
- nach Wohnungstypen in % -

Haushaltsstrata	Wohnungstyp 1	2	3	4	5	6	7	8	9	10
EHBAKE	62	56	18	9	12	83	77	25	14	18
EHBAHV	48	38	16	8	11	66	50	21	13	15
EHBAUM	41	34	16	8	11	58	45	20	12	15
EHKERN	45	36	16	9	12	59	51	20	14	17
EHUMLA	31	23	14	7	10	45	33	19	12	15
EHLAND	40	29	14	7	9	54	39	19	11	12
SWBAKE	87	78	22	12	17	121	111	34	21	26
SWBAHV	71	56	20	12	18	98	77	33	23	26
SWBAUM	58	46	20	12	18	82	63	32	20	25
SIKERN	60	44	17	11	17	78	62	26	21	24
SIUMLA	39	27	16	10	14	59	39	27	18	22
SWLAND	57	41	18	10	15	78	56	28	18	21
SMBAKE	79	68	19	10	16	108	100	33	19	25
SMBAHV	61	45	18	9	16	85	58	29	20	23
SMBAUM	50	38	19	10	16	76	52	31	17	22
SMLAND	54	37	17	8	13	76	49	26	16	18
WGBALL	39	29	13	7	10	53	38	16	12	13
WGKEUM	22	13	9	5	8	32	19	13	10	12
WGLAND	31	19	10	5	7	42	27	14	9	10
GABRDI	47	36	13	9	10	65	52	19	13	15
BRD	44	34	16	8	12	61	46	25	14	17

1) Hier wurden die durchschnittlichen Kosten pro Wohnungstyp auf das durchschnittliche Einkommen des jeweiligen Haushaltsstratums bezogen. Die angegebenen Werte sind insofern fiktiv, sie haben nur einen hinweisenden Zweck für die Interpretation der Nachfrage.

Tabelle 10.7

Anteile der Wohnkosten am Einkommen

- Veränderung 1978 - 1995 in % -

Haushaltsstrata	Wohnungstyp 1	2	3	4	5	6	7	8	9	10
EHBAKE	48	47	0	13	9	41	43	4	8	6
EHBAHV	45	41	7	0	10	47	32	11	8	7
EHBAUM	37	31	7	0	0	38	29	5	0	0
EHKERN	36	29	7	13	9	34	31	5	8	13
EHUMLA	11	- 4	- 7	0	0	10	0	- 5	0	0
EHLAND	33	21	0	0	- 10	29	15	0	0	- 8
SWBAKE	23	15	- 8	9	6	21	12	- 8	5	- 4
SWBAHV	42	27	- 5	9	13	38	20	3	15	18
SWBAUM	53	48	25	20	20	55	47	33	25	32
SIKERN	22	13	0	10	13	18	13	8	24	14
SIUMLA	30	0	0	11	0	31	3	8	13	10
SWLAND	27	8	- 5	0	15	26	4	0	6	11
SMBAKE	23	10	- 9	0	0	24	6	- 8	- 5	- 7
SMBAHV	39	18	- 5	0	7	39	14	0	5	0
SMBAUM	25	15	12	0	0	29	11	15	6	10
SMLAND	38	19	6	0	8	38	17	8	0	6
WGBALL	34	12	- 7	0	0	33	6	- 11	0	- 7
WGKEUM	- 8	- 35	- 25	- 17	- 11	- 3	- 32	- 19	- 9	- 14
WGLAND	15	- 5	- 6	- 7	- 2	14	- 7	- 7	- 10	- 9
GABRDI	7	- 8	- 23	13	- 9	7	- 9	- 17	0	- 6
BRD	33	21	± 0	14	9	27	15	9	± 0	± 0

11. ENTWICKLUNG DER WOHNUNGSNACHFRAGE BIS 1995

Die Wohnungsnachfrage wurde mittels des oben beschriebenen modellhaften Zusammenhangs (vgl. Kapitel 8), der dargestellten exogenen Vorgaben und der im Vorkapitel näher analysierten, aus den exogenen Vorgaben ermittelten Rahmenbedingungen prognostiziert. Dem Prognosekonzept entsprechend werden pro Jahr "umgezogene" und "seßhafte" Haushalte zur Darstellung der Wohnungsnachfrage zusammengeführt und differenziert nach den zehn nachgefragten Wohnungstypen und den in zwanzig Strata geordneten nachfragenden Haushalten ausgewiesen. Für jedes Prognosejahr stehen damit eine Vielzahl von Daten und Informationen zur Verfügung, zumal pro Haushaltsstratum eine differenzierte Betrachtung nach Gruppen, die sich an Alter des Haushaltsvorstands, Einkommen und Kinderzahl orientieren, möglich gemacht ist. Alle diese ausführlichen Tabellen sind im Materialband III enthalten.

Im folgenden sollen zur Analyse bzw. Interpretation - ähnlich dem Vorgehen bezüglich der Daten für das Prognosestartjahr 1978 (Kapitel 6) - aus dem umfangreichen Material bestimmte, interessant erscheinende Gruppierungen bzw. übersichtliche Aggregationen herausgehoben werden. Interpretiert werden sollen neben der Wohnungsnachfrage auch das Auszugs- und Einzugsverhalten der Haushalte in der Prognose bzw. eine Änderung der Strukturen der bei gleichem Verhalten (Konstanz der Parameter) in Abhängigkeit von veränderten Rahmenbedingungen verlassenen bzw. aufgesuchten Wohnungen.

11.1 Nachgefragte Wohnungstypen im Überblick

Im Durchschnitt der gesamten Bundesrepublik Deutschland verändert sich die Nachfrage nach freifinanzierten Wohnungen zwischen 1978 und 1995 in ihrer Struktur nicht sehr auffällig (vgl. Tabelle 11.1). Die Anteile nachgefragter großer Mietwohnungen bleiben sogar konstant, ebenso die Anteile großer Eigentumswohnungen und Zweifamilienhäuser. Die "Verbesserung" der Wohnungsversorgung über die Zimmerzahl (synonym zur Wohnungsgröße) fin-

Tabelle 11.1

Entwicklung der Wohnungsnachfrage insgesamt

- Anteile der nachgefragten Wohnungstypen in % -

	Wohnungstyp										Eigentümer
	1	2	3	4	5	6	7	8	9	10	quote
Jahr											
1978	12	7	2	23	19	15	8	1	8	5	45
1985	13	7	3	21	17	15	8	1	8	5	49
1990	14	6	3	20	17	18	8	1	8	5	50
1995	14	6	4	19	17	18	8	1	8	5	51

det also - so könnte man anhand dieser überschlägigen Betrachtung vermuten - ausschließlich über den Erwerb von großen Einfamilienhäusern (WT6) statt, deren Anteil an der Gesamtnachfrage um rund 3 Prozentpunkte steigt. Neben den großen Einfamilienhäusern wächst auch die Bedeutung "kleiner" (immerhin: bis vier Zimmer) Einfamilienhäuser (WT1) anteilig um 2 Prozentpunkte. Der Zunahme der Nachfrage nach Eigenheimen steht ein nachlassendes Interesse nachfragender Haushalte an kleinen Mietwohnungen (WT4, WT5) gegenüber: minus 4 bzw. 2 Prozentpunkte.

Die Eigentümerquote der Modell-Haushalte steigt mit 6 Prozentpunkten über einen Zeitraum von immerhin 17 Jahren recht moderat. Hierfür dürfte neben der Entwicklung der Wohnkosten auch - und vor allem - die demographische Entwicklung verantwortlich sein.

Wie wenig Einfluß selbst die Entwicklungsschwankungen der wichtigsten Variablen im Zeitraum 1978 bis 1985 bzw. die relativ gravierenden Änderungen der staatlichen Eigentumsförderung (1982 Schuldzinsenabzug, 1987 Einführung des § 10 e EStG) haben, zeigt sich in Tabelle 11.1 an den nur minimalen Veränderungen der Struktur der Gesamtnachfrage in den entsprechenden Jahren. Nach 1988 sind die exogenen Vorgaben kontinuierlich, die Veränderungsraten für die einzelnen Variablen ohne Sprünge und sehr vorsichtig mit niedrigen Werten angesetzt, so daß die dann prognostizierte gleichmäßige Nachfrageentwicklung weniger überrascht. Diese insgesamt geringe Dynamik der Wohnungsnachfrage geht auf mehrere Ursachen zurück:

- Raschere Veränderungen werden gehemmt durch den hohen Anteil seßhafter Haushalte in der Bevölkerung, die trotz veränderter Rahmenbedingungen in den schon bewohnten Wohnungen bleiben.

- Die demographische Entwicklung im Prognosezeitraum, die über Kinderzahl, Altersstruktur und nicht zuletzt die Anzahl der Haushalte einen erheblichen Einfluß auf die Wohnungsnachfrage nimmt, hat in sich gegenläufige Wirkungen (z.B. weniger Kinder, mehr alte Haushalte), so daß auch dadurch stärkere grundlegende Änderungen der Nachfrage eher gehemmt werden.

- Trotz zeitweise fast sprunghafter Entwicklungen in den ökonomischen Rahmenbedingungen, gehen doch die Veränderungen in den Variablen mit gegenläufiger Wirkung in eher ähnlichen Größenordnungen vonstatten, so daß auch über diese Einflüsse keine stärkeren Impulse für die Wohnungsnachfrage erfolgen.

Bei einer Betrachtung der Struktur der Nachfrage nach Wohnungstypen vermißt man also eine möglicherweise erwartete stärkere Dynamik, insbesondere auch im Hinblick auf eine Annäherung an das erklärte politische Ziel verstärkter Eigentumsbildung.

Die Abbildungen 11.1 und 11.2 zeigen die Entwicklung der Nachfrage nach den einzelnen Wohnungstypen über eine Indizierung entlang den Einzeljahren. Zum Vergleich ist in beiden Abbildungen die globale Haushaltsentwicklung mitaufgenommen.

Die allgemeine Tendenz zu größeren Wohnungen wird insbesondere bei einer Betrachtung der Mietwohnungsnachfrage deutlich. Im Verhältnis zur Zunahme der Anzahl der Haushalte bleibt vor allem die Nachfrage nach Ein- bis Zwei-Zimmer-Mietwohnungen (WT4) erheblich zurück. Die Nachfrage verläuft dabei nicht kontinuierlich, sondern steigt zunächst leicht, um nach einem Rückgang bis zur Jahrzehntwende in den 90er Jahren erneut anzusteigen. An dieser Entwicklung wird deutlich, wie demographische Faktoren ökonomische Einflüsse überkompensieren können: Zu Beginn der 90er Jahre ändert sich nichts Wesentliches an der Wirkung ökonomischer Faktoren zuungunsten der Nachfrage nach der kleinsten Mietwohnung; daß trotzdem die Nachfrage steigt, ist hier relativ eindeutig der demographischen Entwicklung: Zunahme junger Klein-Haushalte zuzuschreiben.

Das gleiche Phänomen zeigt sich bei der rasanten Steigerung der Nachfrage nach kleinen Eigentumswohnungen (WT3), allerdings stecken dahinter nur niedrige absolute Zahlen. Im Fall der kleinen Eigentumswohnung verstärkt die demographische Entwicklung die für diesen Wohnungstyp günstige Konstellation der ökonomischen Einflußfaktoren.

Abb. 11.1

Entwicklung der Nachfrage nach Eigentümerwohnungen

– 1978 = 100 –

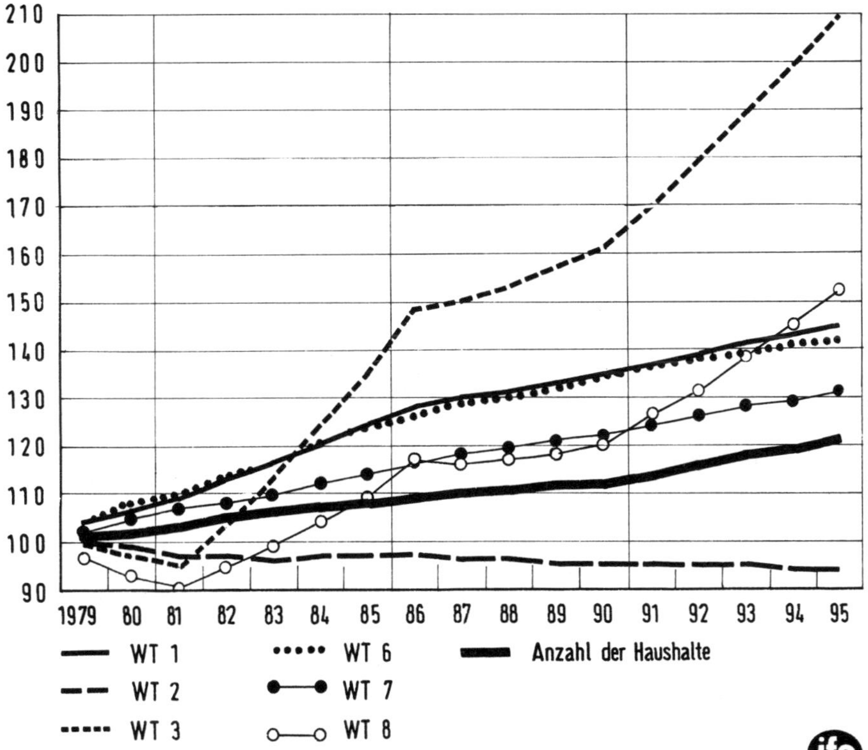

IFO-INSTITUT für Wirtschaftsforschung München 324/87

Abb. 11.2

Entwicklung der Nachfrage nach Mietwohnungen

– 1978 = 100 –

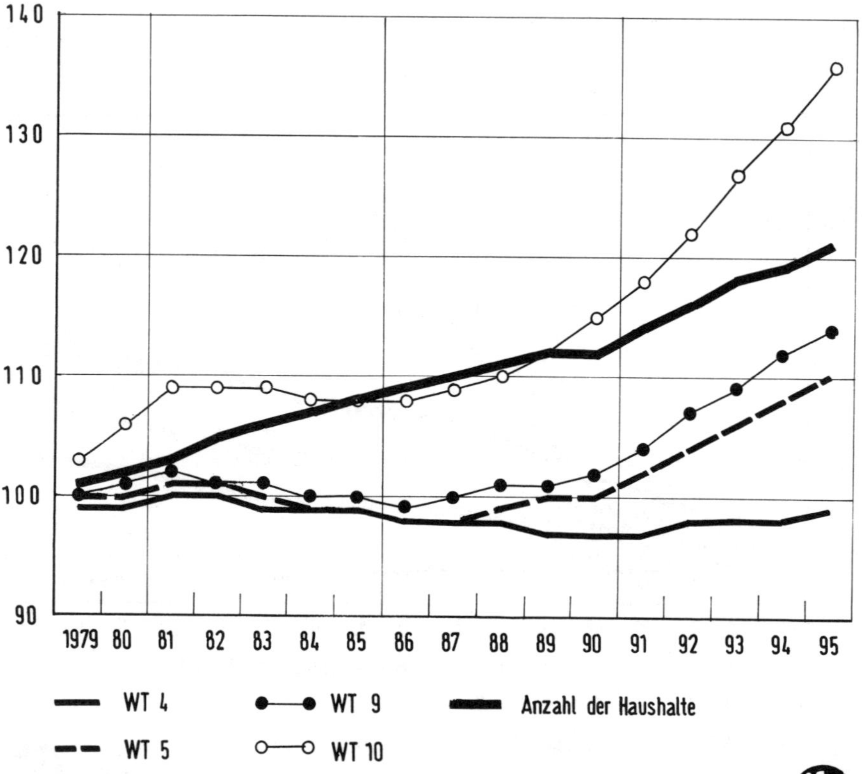

IFO-INSTITUT für Wirtschaftsforschung München 325/87

Im Mietwohnungsbereich bleibt die Nachfrage nach allen Wohnungstypen - abgesehen von der größten Mietwohnung - mehr oder weniger hinter der Haushaltsentwicklung zurück. Die Nachfrage richtet sich also verstärkt auf die Wohneigentumsformen. Die höchsten Zuwächse haben die Geschoßwohnungen (WT3 und WT8) zu verzeichnen. Das macht sich jedoch, an den absoluten Zahlen gemessen, bis 1995 nicht stark bemerkbar, weil das Ausgangsniveau 1978 so außerordentlich niedrig ist: Betrug 1978 der Anteil der Eigentumswohnungen am Wohneigentum insgesamt 8 %, so wächst er bis 1995 nur auf knapp 12 %. Da ja die ökonomischen Einflüsse für eine Wahl von Geschoßeigentum sprechen und auch die demographische Entwicklung dieser Wohnungswahl eher förderlich ist, hätte man durchaus eine stärkere Anteilssteigerung erwarten können. Offensichtlich bestehen aber bei den Haushalten gewisse Vorbehalte gegen diese Wohnform.

Die Nachfrage nach großen Zweifamilienhäusern (WT7) steigt trotz der ab 1987 veränderten steuerlichen Regelungen stärker als die Haushaltszahlen, aber doch wesentlich weniger stark als die Nachfrage nach Einfamilienhäusern (WT1 und WT6). Das Interesse an kleinen Zweifamilienäusern (WT2) läßt nach, und zwar sogar in einem höheren Ausmaß als das Interesse an den kleinsten Mietwohnungen. Einfamilienhäuser stellen offensichtlich die beliebteste Wohneigentumsform dar, denn die ökonomischen Einflüsse sprechen eher gegen diese Wohnungswahl. An der kontinuierlich steigenden Nachfrage nach dieser Wohnform läßt sich das grundsätzliche Interesse der Haushalte in der Bundesrepublik Deutschland ablesen.

Bei einer Analyse der differenzierten Nachfrageentwicklung werden erhebliche Veränderungen der Nachfragestruktur sichtbar, die bei globaler Betrachtung unbemerkt bleiben müssen. Das liegt u.a. auch daran, daß bei der Betrachtung der Nachfrage von Haushaltsstrata oder sogar den noch feiner differenzierten Haushaltsgruppen ein Phänomen miteinbezogen werden muß, das der Wohnungsnachfrage Dynamik verleiht, ohne daß Umzüge durchgeführt werden - das also die Struktur der Gesamt-Nachfrage nicht berührt: Haushalte in einer Wohnung wechseln eins oder mehrere ihrer Charakteristika. Wenn durch einen solchen Merkmalswechsel beispielsweise die Stratumszugehörigkeit berührt wird, "wandert" der Haushalt mit der bisherigen Wohnung in ein anderes Haushaltsstratum. Dadurch wird in beiden Strata die Nachfragestruktur ohne Umzug verändert. Zum besseren Verständnis bilden wir ein Beispiel, das relativ häufig in der Realität vorkommt: Ein Partner eines EH-Haushalts, wohnhaft in einer großen Wohnung, stirbt, wodurch sich der EH-Haushalt in einen Single-Haushalt verwandelt. Bleibt nun der übriggebliebene Partner in der großen Wohnung, so erhöht das den Anteil der Singles in großen Wohnungen.[1)]

11.2 Wohnungsnachfrage der Haushaltsstrata

Die Nachfrage entwickelt sich in den zwanzig Haushaltsstrata sehr unterschiedlich (vgl. detaillierte Tabelle 11.2 im Anschluß an dieses Kapitel). Betrachtet man nur die Eigentümerquote, so läßt erstaunlicherweise bei den Groß-Haushalten (WG) offensichtlich das Interesse an Wohneigentum nach, obwohl, wie oben dargelegt (vgl. Kapitel 10) sich gerade für WG-Haushalte die ökonomischen Rahmenbedingungen eher verbessern. Demgegenüber finden sich vor allem - wiederum unerwarteterweise - weibliche Single-Haushalte verstärkt in Eigentum, und zwar trotz der für sie relativ verschlechterten ökonomischen Faktoren.[2)]

Gastarbeiter-Haushalte schränken ihre Wohneigentumsnachfrage von einem ohnehin schon sehr niedrigen Niveau aus nochmals ein (vgl. Abbildung 11.3). Der Schwerpunkt ihrer Eigentumsnachfrage liegt fast ausschließlich auf Geschoßwohnungseigentum.

---

1) Derartige Verschiebungen in der Nachfragestruktur lassen sich bei der Betrachtung der Prognoseergebnisse nur mit großem Aufwand von den Veränderungen durch Umzüge trennen.
2) Für jede Einzelentwicklung ist ein Kranz sich überlagernder Einflüsse verantwortlich: die in den Nachfragefunktionen spezifizierten Faktoren, Veränderungen ohne Umzüge, Spezialeffekte, z.T. auch soziologischer Art, in einzelnen Regionen oder Gruppen u.a.m.. Die Rückführung von Nachfrageveränderungen auf bestimmte Ursachen wird dadurch erschwert bzw. sogar verhindert. Deshalb werden im folgenden nur vereinzelt Vermutungen über die entscheidenden Einflüsse geäußert.

Abb. 11.3

Entwicklung der Nachfrage nach Wohneigentum

– Anteile in % –

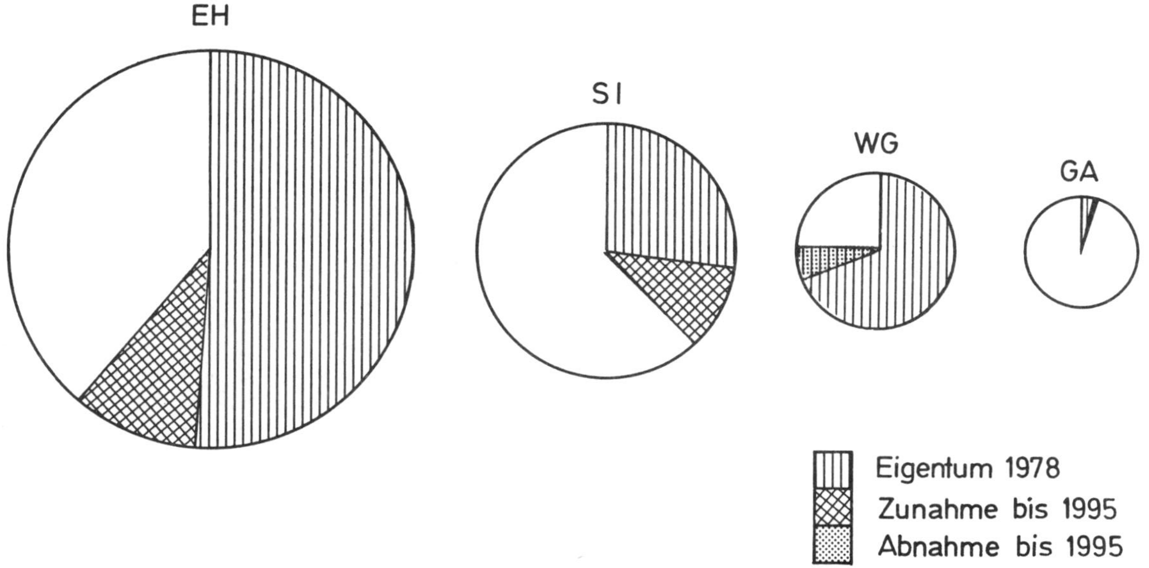

IFO-INSTITUT für Wirtschaftsforschung München

330/87

	Veränderung der Eigentümerquote 1978-1995 in %
Stratum	
EHBRD	+ 20
SIBRD	+ 41
WGBRD	- 9
GABRD	- 25
BRD	+ 13

Auch diese Differenzierung in demographische Typen verdeckt noch zu viele recht interessante Einzelentwicklungen. In der Gruppe der EH-Strata steigt beispielsweise die allerdings schon recht hohe Eigentümerquote in den Umlandregionen weitaus geringer an als in den Kernstädten. Im Regionstyp BAUM erhöht sich z.B. der Anteil selbstnutzender Eigentümer unter den EH-Haushalten nur um 3 % auf 67 %. Im Regionstyp KERN erreicht die Eigentümerquote nach einer erheblichen Steigerung ebenfalls einen Wert von knapp unter 70 %, während die hohen Eigentümerkosten - verursacht vor allem durch die Grundstückspreise - die entsprechende Quote im Stratum EHBAKE auch 1995 unter 40 % halten.

Weibliche SI-Haushalte zeigen ein noch höheres Interesse an Wohneigentum als die EH-Haushalte.

	Nachfrage nach Wohneigentum Anteile in %		Steigerung 1978-1995 in %
	1978	1995	
Stratum			
SWBAKE	12	21	+ 75
SWBAHV	35	53	+ 51
SWBAUM	44	62	+ 41
SWLAND	37	60	+ 62

Selbst im Regionstyp BAKE steigt ihre Eigentümerquote ganz erheblich - sie bleibt damit aber immer noch auf einem verhältnismäßig niedrigen Niveau. Diese Eigentümernachfrage konzentriert sich auf kleines Eigentum und - mit einem Anteil von knapp einem Drittel - auf Wohnungen in Mehrfamilienhäusern.

Die Eigentumsnachfrage männlicher SI-Haushalte ist schon 1978 wesentlich geringer als die der weiblichen und steigt im Prognosezeitraum auch bei weitem nicht so stark an. Im Stratum SMBAUM geht sie - ganz im Gegenteil zu der bisher betrachteten Entwicklung - sogar um 10 % zurück. Die Ursache dafür dürfte in der Altersstruktur dieses Stratums zu suchen sein: Der Anteil junger, noch nicht eigentumsfähiger bzw. -williger SM-Haushalte steigt.

Überraschenderweise sinkt die Eigentümerquote der großen Haushalte (WG) - wenn auch relativ mäßig und von einem extrem hohen Ausgangsniveau aus. Hier macht sich offensichtlich der Rückgang des Anteils mittlerer Altersjahrgänge der Haushaltsvorstände, d.h. der nachrückenden Stratumsbelegung, die ja die tragende Gruppe des Eigentumsneuerwerbs stellt, bemerkbar.

Neben der vor allem aus politischer Sicht interessanten Entwicklung der globalen Eigentümerquoten, scheinen uns auch die Verschiebungen in der Nachfrage nach den einzelnen Wohnungstypen bemerkenswert zu sein. Die verstärkte Nachfrage nach Wohneigentum bezieht sich in den einzelnen EH- und SI-Strata auf unterschiedliche Wohnungstypen und geht auch nicht gleichmäßig zu Lasten aller Mietwohnungsarten.

In der Gruppe der EH-Strata fällt das Stratum KERN etwas aus dem üblichen Rahmen: Die Nachfragestruktur, die 1978 noch der des Regionstyps BAKE sehr ähnlich war, tendiert im Laufe der Prognose zu einer deutlichen Annäherung an die Struktur der Umlandtypen. Demnach weist der Anteil der Nachfrage nach Einfamilienhäusern (WT1,6) im Regionstyp KERN die höchste Steigerung im Bereich aller EH-Strata auf (ca. 150 %). Während in allen übrigen Regionen die Nachfrage nach kleinen Eigentumswohnungen (WT3) leicht steigt, sinkt diese - 1978 ungewöhnlich hohe - Nachfrage im Stratum EHKERN ab. Eine ähnliche Entwicklung läßt sich bezüglich der Zweifamilienhäuser (WT2,7) ausmachen. Im Mietwohnungsbereich verläuft dagegen die Entwicklung bei allen EH-Haushalten in die gleiche Richtung: Die Zunahme der Wohneigentumsnachfrage geht auf Kosten kleiner bis mittlerer Mietwohnungen (WT4,5,9), während der Anteil der Wohnungen mit fünf und mehr Zimmern eher stagniert.

Zusammenfassend festgehalten, können die EH-Haushalte - vorausgesetzt das benötigte Angebot steht zu den hier angenommenen Bedingungen zur Verfügung - ihre Wohnsituation nicht erheblich, aber immerhin doch etwas verbessern: Die Eigentümerquote wächst und das Interesse an kleinen Wohnungen nimmt ab.

Das gleiche Ergebnis kann für weibliche Single-Haushalte, jedoch in stärkerem Ausmaß, registriert werden. Bei nur geringen regionalen Unterschieden wird die steigende Wohneigentumsnachfrage ganz überwiegend von Nachfrage nach Einfamilienhäusern getragen (auch nach großen), aber auch der Nachfrageanteil nach Geschoßwohnungen (WT3,8) und Zweifamilienhäusern (WT7) nimmt leicht zu. Weniger gefragt sind demgegenüber kleine Mietwohnungen.

In der Gruppe der männlichen Single-Haushalte sind die Ergebnisse anders und auch regional differenzierter. Das Interesse dieser Haushalte gilt nicht den Eigenheimen: deren Anteil an der Nachfrage bleibt relativ klein (WT6,7) bzw. geht sogar zurück (WT1,2). Eine Ausnahme bildet die Nachfrage im Regionstyp LAND, in dem sich der Anteil der großen Eigenheime fast verdoppelt. In erster Linie konzentrieren sich die männlichen SI-Haushalte, und zwar in allen Regionstypen, auf kleinere Eigentumswohnungen (WT3), deren Anteil an der Nachfrage ganz erheblich steigt. An großen Mietwohnungen sind vor allem die SM-Haushalte in Ballungszentren interessiert.

Die nachlassende Eigentumsnachfrage der WG-Haushalte wird vor allem durch einen sinkenden Anteil an großen Einfamilienhäusern in den Regionen BALL und KEUM bzw. dort mit hoher Wahrscheinlichkeit insbesondere in den teuren Kernstädten verursacht. Demgegenüber steigt die Nachfrage nach großen Einfamilienhäusern auf dem flachen Land - dort stagniert die Eigentümerquote auch im Gegensatz zu den anderen Regionstypen. Die Strukturverschiebung in der Nachfrage der Großhaushalte geht zu Lasten der Kleinwohnungen (WT2,3,4) einschließlich kleiner Einfamilienhäuser (WT1), führt aber schon bei der Drei-Zimmer-Mietwohnung (WT5) zu einer Anteilssteigerung; im Bereich der großen Mietwohnungen (WT10) wird die Anteilssteigerung erheblich. Große Eigentumswohnungen (WT8) bleiben für diese Haushalte uninteressant. Zusammenfassend entwickelt sich also auch in SI- und WG-Strata die Nachfrage hin zu den größeren Wohnungstypen, allerdings über den Prognosezeitraum von 17 Jahren gesehen, zumindest bei den WG-Haushalten kaum wahrnehmbar.

11.3 Wohnungsnachfrage der Haushaltsgruppen

Auf einem weiteren Differenzierungsniveau, nämlich innerhalb der Haushaltsstrata nach Einkommens-, Alters- und Kindergruppen, bietet sich eine Fülle weiterer interessanter Prognoseergebnisse. Jedoch sollen auch im folgenden, in enger Anlehnung an die exemplarische Analyse des Prognosestartjahres 1978 (vgl. Kapitel 6), nur ausgewählte Gruppen bzw. die Verschiebungen in ihrer Nachfragestruktur, hervorgehoben werden. Wir betrachten jeweils in den Strata EH und SI die drei folgenden Extrem-Paare näher:

- niedrigste und höchste Einkommenskategorien,
- kinderlose und kinderreiche Familien,
- ganz junge und alte Haushalte.

11.3.1 Gruppierung nach Einkommenskategorien

Da sich als Folge der exogenen Vorgaben, daran sei noch einmal kurz erinnert, die Abstände zwischen den absoluten durchschnittlichen Haushaltseinkommen der verschiedenen Einkommenskategorien tendenziell eher erhöhen, müßte man auch ein verstärktes Auseinanderklaffen in der Wohnungsnachfragestruktur erwarten können. Allerdings, und das hat die oben dargestellte Nachfrageentwicklung der Haushaltsstrata gezeigt, wird die Wirkung der Entwicklung der ökonomischen Faktoren in vielen Fällen durch demographische Einflüsse modifiziert bzw. sogar überkompensiert.

EH-Haushalte

In der Gruppe der EH-Haushalte fällt der Anteil der Haushalte in der höchsten Einkommenskategorie (Kategorie 4, Monatseinkommen 1995 DM 4.732 und mehr) von 8 auf 7 % aller EH-Haushalte, während der Anteil derer in der niedrigsten Einkommenskategorie (Kategorie 1, Monatseinkommen bis zu DM 946) auf 3 % leicht steigt (vgl. Tabellen 11.4 und 11.5 im Anschluß an dieses Kapitel). Wir betrachten auch hier zunächst die Veränderungen in der Wohneigentumsnachfrage. Es zeigt sich, daß in der Gruppe der wenig Verdienenden diese Nachfrage sinkt, während in der Gruppe höchster Einkommen die Eigentümerquote auf über 75 % ansteigt. In den einzelnen Regionstypen muß sich - den unterschiedlichen Kosten- und demographischen Entwicklungen entsprechend - die Eigentumsnachfrage unterschiedlich verändern.

	Veränderung der Wohneigentumsnachfrage 1978 - 1995 in %	
	EH der niedrigsten Einkommenskategorie	EH der höchsten Einkommenskategorie
Regionstyp		
BAKE	- 7	+ 55
BAHV	- 13	+ 15
BAUM	- 17	+ 10
KERN	+ 16	+ 48
UMLA	- 7	+ 17
LAND	- 9	+ 14
BRD	- 12	+ 25

Bezieht man sich ausschließlich auf die Eigentumsnachfrage - dem weit verbreiteten Eigentumswunsch der Bevölkerung entsprechend -, so verschärft sich also bis 1995 der Abstand in den Wohnsituationen der Haushalte mit niedrigem bzw. mit hohem Einkommen. Während 1978 die Eigentümerquoten zumindest in den Umlandregionen und auf dem flachen Land zwischen diesen Haushaltsgruppen noch sehr nahe beeinander lagen - in den Kernstädten war auch 1978 der Abstand schon recht groß -, entfernen sich die Gruppen bis 1995 in ihrer Nachfragestruktur erheblich voneinander.

Selbst in der Region KERN, in der auch bei EH-Haushalten mit niedrigem Einkommen die Eigentumsnachfrage noch steigt, wird durch die entschieden höhere Nachfragesteigerung der hoch verdienenden Haushalte der Abstand größer.

Die Abbildungen 11.4 und 11.5 beziehen sich auf die Wohnungsgrößenstruktur der Nachfrage in diesen beiden EH-Haushaltsgruppen. Sie zeigen sehr anschaulich, daß die Wohneigentumsnachfrage der gering verdienenden Haushalte eine ganz andere Struktur aufweist als die der Haushalte mit hohem Einkommen.

Bei der Analyse der Eigentümerquote sollte auch der qualitative Unterschied der verschiedenen Eigentumsformen bedacht werden. Zwar wird sich zwischen 1978 und 1995 auch bei EH-Haushalten der niedrigsten Einkommenskategorie der Anteil der großen Eigentumsformen an der Nachfrage verstärken, aber der überwiegende Teil der Eigentumsnachfrage bezieht sich nach wie vor auf kleines Eigentum. Insgesamt - über alle Wohnungstypen gesehen - sinkt dennoch in diesen Haushaltsgruppen der Anteil der Nachfrage nach kleinen Wohnungen von knapp drei Viertel auf knapp zwei Drittel. Demnach wird also auch 1995 noch ein Übergewicht der Nachfrage nach kleinen Wohnungen in den Haushaltsgruppen mit geringem Einkommen bestehen, wobei sich dieses Gewicht in den beiden Kernstadt-Regionstypen (BAKE, KERN) seit 1978 im Gegensatz zur durchschnittlichen Entwicklung sogar noch verstärkt.

Ganz anders verläuft die Entwicklung bei den EH-Haushalten, die der höchsten Einkommenskategorie zuzuordnen sind. Schon 1978 wohnten sie zu zwei Dritteln in großen Wohnformen, von denen mehr als die Hälfte ihr Eigentum war. Vor allem in den Kernstädten sinkt bis 1995 ihre Nachfrage nach kleinen Wohnungen noch weiter ab, wobei gleichzeitig der Eigentumsanteil innerhalb der kleinen Wohnformen steigt. Über alle Wohnungstypen gesehen hat die Steigerung der Eigentümerquote in diesen Haushaltsgruppen eine weitaus größere Bedeutung als die nur moderate Erhöhung des Anteils großer Wohnformen an der gesamten Nachfrage. Vorsichtig könnte man, gemessen an der Größenstruktur der EH-Haushalte, eine Sättigung mit großen Wohnungen vermuten, sobald ein Ver-

Abb. 11.4

Entwicklung der Nachfrage nach Wohnungsgrößen
EH-Haushalte der niedrigsten Einkommenskategorie

– Anteile in % –

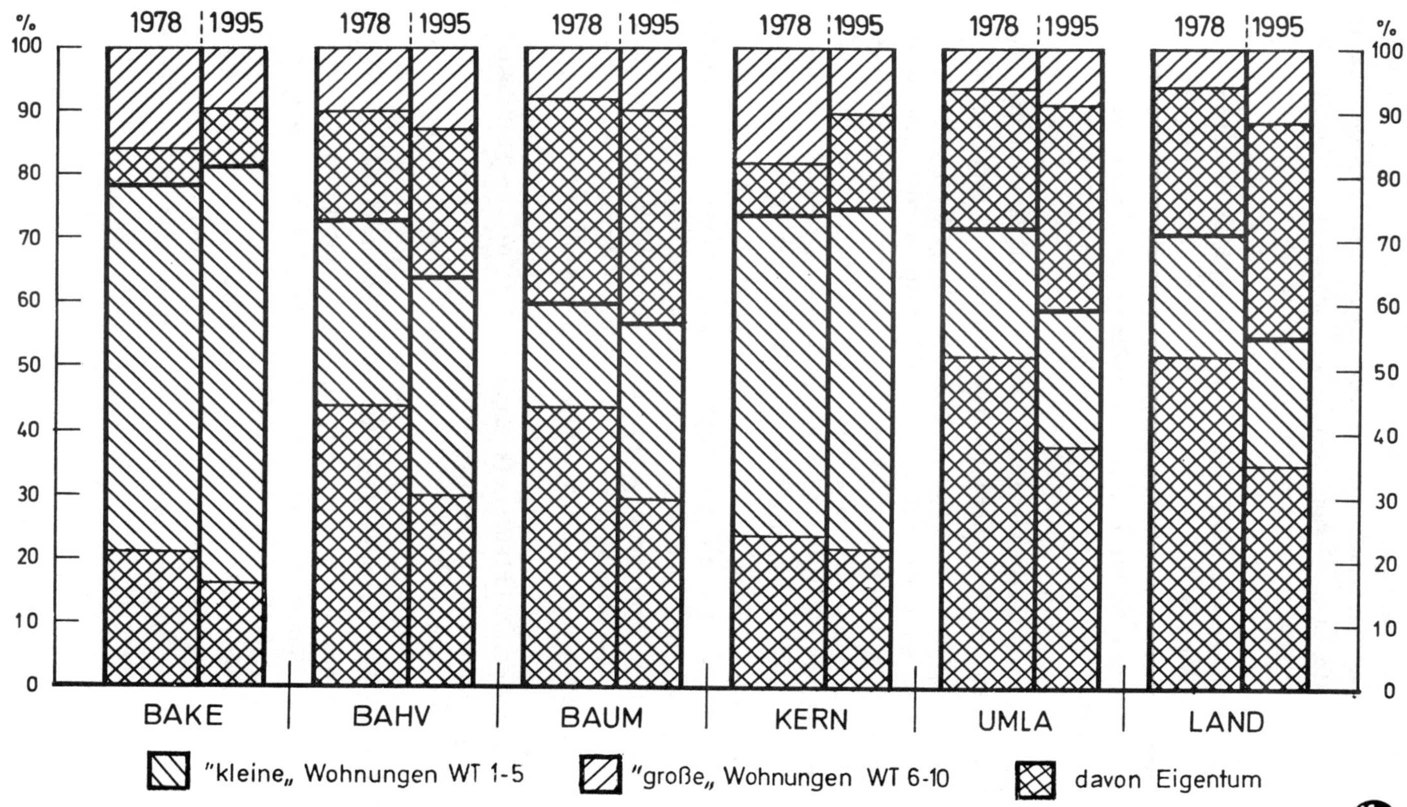

IFO-INSTITUT für Wirtschaftsforschung München

331/87

Abb.11.5

Entwicklung der Nachfrage nach Wohnungsgrößen
EH-Haushalte der höchsten Einkommenskategorie

– Anteile in % –

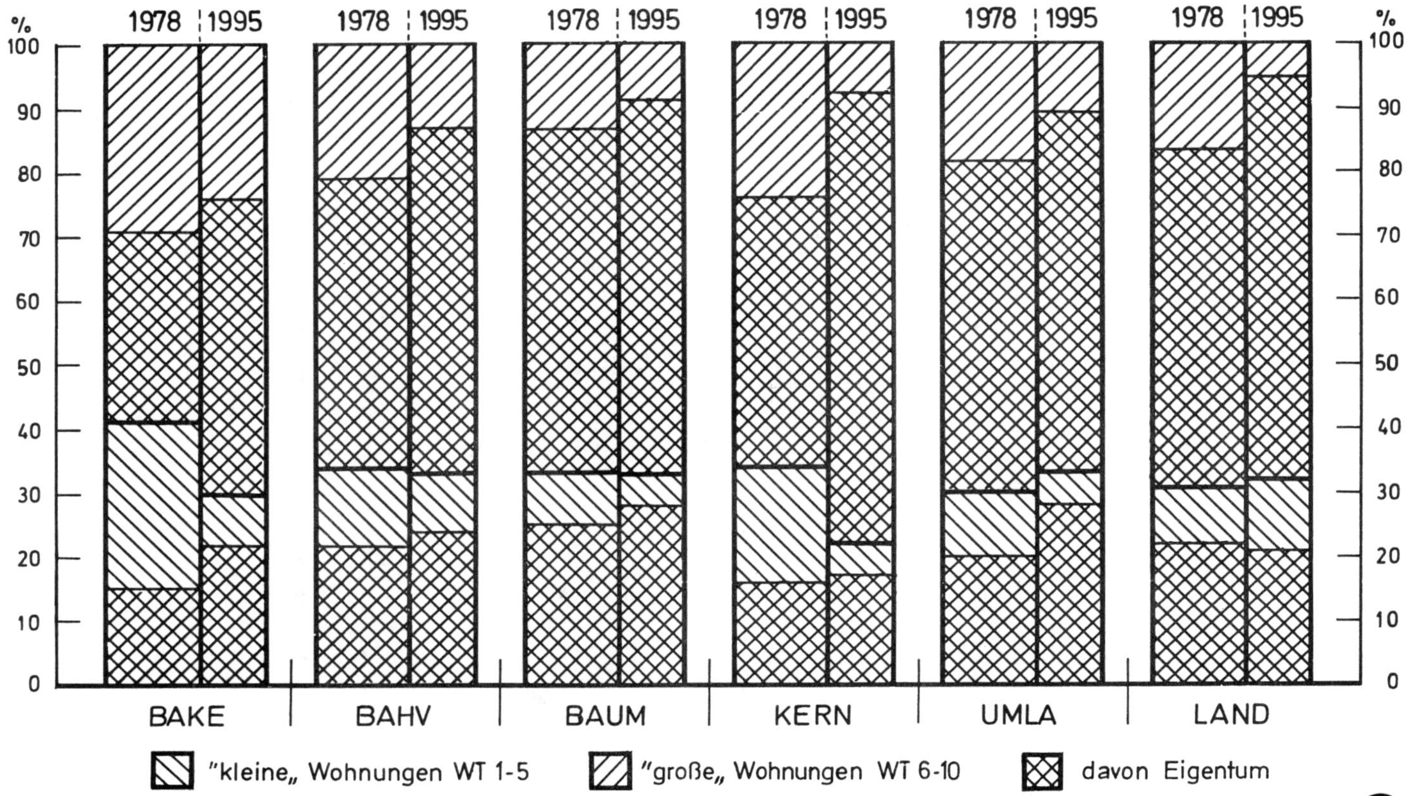

IFO-INSTITUT für Wirtschaftsforschung München

332/87

hältnis von ca. 70 zu 30 erreicht ist.[1] Das bedeutet, daß die starken Verschiebungen in den Kernstädten einer Angleichung an einen allgemeinen Standard entsprechen und zur Jahrtausendwende hin möglicherweise als abgeschlossen gelten können. Ähnlich gravierende regionale Unterschiede wie bei der Nachfrage gering verdienender EH-Haushalte sind jedenfalls in der Gruppe der Bezieher hoher Einkommen 1995 nicht mehr feststellbar.

SI-Haushalte

In der Gruppe der SI-Haushalte wächst die Eigentumsnachfrage auch bei den Haushalten der niedrigsten Einkommenskategorie. In einigen Regionstypen, den Kernstädten (BAKE, KERN), verdoppelt sie sich sogar.

Veränderung der Wohneigentumsnachfrage in %

	SI der niedrigsten Einkommenskategorie		SI der höchsten Einkommenskategorie	
	1978	1995	1978	1995
Regionstyp				
BAKE	6	11	36	55
BAHV	36	47	44	61
BAUM	43	56	63	74
KERN	9	20	36	68
UMLA	44	59	48	78
LAND	38	55	61	79
BRD	28	37	43	63

Der Anteil der SI-Haushalte mit niedrigstem Einkommen nimmt von 27 % (1978) auf 24 % im Jahr 1995 leicht ab, ist aber immer noch recht hoch. Er wird bis zu ca. 80 % von weiblichen Haushaltsvorständen bestimmt und in dieser Gruppe insbesondere von denen der obersten Alterskategorie.

1) Dabei ist zu berücksichtigen, daß - daran sei noch einmal erinnert - Wohnungstyp 1, kleines Einfamilienhaus, mit immerhin bis zu vier Zimmern nicht voll der Gruppe der kleinen Wohnformen zugehört.

Wie bereits die Analyse des Prognosestartjahres gezeigt hat, tendieren gerade die weiblichen SI-Haushalte zur Wahl von Eigentum bei der Wohnungsnachfrage, was aber wiederum durch Einkommenshöhe und Alter gebremst wird. Deshalb steigt die Eigentumsnachfrage der wenig Verdienenden auch nur um 9 Prozentpunkte an, während sich die entsprechende Nachfrage der Haushalte mit hohem Einkommen um immerhin 20 Prozentpunkte erhöht. In dieser Gruppe hoher Einkommen ist auch der Anteil der weiblichen Haushaltsvorstände mit ca. 40 % kleiner und das Durchschnittsalter niedriger als in den anderen SI-Haushaltsgruppen.

Die Abstände in der Eigentumsnachfrage zwischen den Regionstypen bleiben in der Gruppe der SI-Haushalte mit niedrigem Einkommen zwischen 1978 und 1995 in etwa erhalten, während in der Gruppe höchster Einkommen eine gewisse Nivellierungstendenz zu beobachten ist.

In beiden Einkommenskategorien wird trotz der geringen Haushaltsgröße ein großer Teil der verstärkten Eigentumsnachfrage von der Nachfrage nach den großen Eigentumsformen getragen, in stärkerem Maße bei Haushalten mit hohen Einkommen. Entsprechend der demographischen Struktur der gut verdienenden SI-Haushalte, bezieht sich ein erheblicher Teil dieser Nachfrage auch auf Eigentum in der Etage (WT8) und auf Zweifamilienhäuser. Das Interesse an kleinen Eigentumswohnungen (WT3), mit allerdings bis zu drei Zimmern, steigt ebenfalls bei diesen SI-Haushalten relativ stark an. Immerhin entfallen mehr als 50 % der Eigentumsnachfrage dieser Haushaltsgruppe auf Eigentumswohnungen. Die Ursache für diese von allen anderen Hauhaltsgruppen abweichende Nachfragestruktur ist - wie oben schon erwähnt - vermutlich darin zu suchen, daß männliche Single-Haushalte in der Gruppe der gut Verdienenden dominieren. Schon in der Analyse war bei ihnen eine Vorliebe für Geschoßeigentum nachweisbar.

SI-Haushalte der niedrigsten Einkommenskategorie fragen auch 1995 noch zu mehr als der Hälfte eine kleine Mietwohnung - bis zu drei Zimmern - nach (1978: 67 %), demgegenüber sind gut verdienende SI-Haushalte nur noch mit 20 % an diesen Mietwohnungen interessiert (1978: 45 %). Abbildung 11.6 macht die Verschiebung

Abb.11.6

Entwicklung der Nachfrage nach Wohnungsgrößen
SI-Haushalte der niedrigsten und höchsten Einkommenskategorie

– Anteile in kleinen Wohnungen in % –

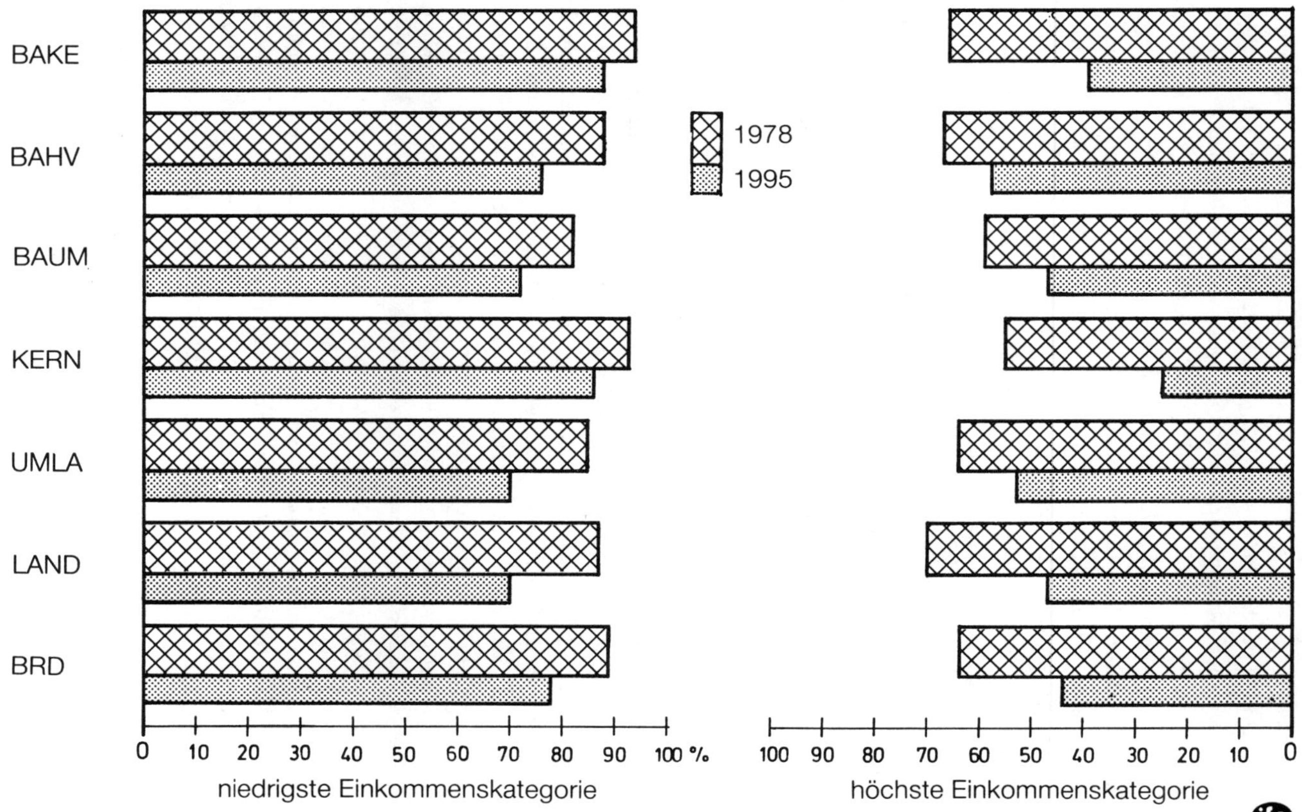

IFO-INSTITUT für Wirtschaftsforschung München

333/87

von kleinen zu großen Wohnungen bei Mitgliedern beider Einkommenskategorien deutlich.

11.3.2 Gruppierung nach Anzahl der Kinder

In der Gruppe der EH-Haushalte wird der Anteil derer mit drei und mehr Kindern bis 1995 - wie in Kapitel 10 schon ausführlich dargestellt - außerordentlich stark zurückgehen; er halbiert sich von 8 auf 4 %. Demgegenüber steigt der Anteil kinderloser Paare um 10 Prozentpunkte auf ca. zwei Drittel aller EH-Haushalte an. Kinderreiche Haushalte haben, bei gleichem permanenten Einkommen, weniger finanzielle Mittel für den Wohnkonsum zur Verfügung als kinderlose, dabei aber gleichzeitig wegen einer höheren Zahl von Haushaltsmitgliedern Bedarf nach mehr Wohnfläche.

Stellt man nun die Nachfrage der beiden nach der Kinderzahl gegliederten EH-Gruppen zum Vergleich gegenüber, so wird deutlich, daß für die zukünftige Wohnungsnachfrage in diesem Fall ökonomische Faktoren entscheidend sein müssen (detaillierte Tabellen 11.8 und 11.9 im Anschluß an dieses Kapitel; Anteile in %):

	EH-Haushalte ohne Kinder		EH-Haushalte mit 3 u. m. Kindern	
	1978	1995	1978	1995
kleine Wohnungen	69	56	21	34
große Wohnungen	31	44	79	66
Eigentümerquote	48	58	65	66

Kinderreiche EH-Haushalte schränken danach ihre Wohnungsgrößennachfrage in der Zukunft ein, und zwar mit hoher Wahrscheinlichkeit wegen eines für sie ungünstigen Einkommens-Wohnkosten-Verhältnisses, während kinderlose Haushalte verstärkt größere Wohnungen nachfragen. Die Nachfrage nach Wohneigentum steigt zwar in beiden Gruppen, jedoch in der Gruppe der Kinderreichen vernachlässigbar gering, obwohl gerade das Vorhandensein von Kindern die Wohnungswahl in Richtung Eigentum beeinflußt - wie die Analyse gezeigt hat.

Unterscheidet man nun noch weiter nach den verschiedenen Wohnungstypen, so wird deutlich, daß kinderreiche Haushalte vor allem ihre Nachfrage nach großen Mietwohnungen (WT9,10) zurücknehmen, während ihr Interesse an Einfamilienhäusern steigt. Etwas überraschend verdoppelt sich insbesondere die Nachfrage nach kleinen Einfamilienhäusern (WT1). Und auch wenn man berücksichtigt, daß diese Häuser etwas außerhalb der Größenordnung "klein" immerhin bis zu vier Zimmer haben können, dürfte doch diese Größe für einen Haushalt mit mindestens fünf Personen nicht ganz ausreichend sein.

In den einzelnen Regionstypen verändert sich die Nachfragestruktur der kinderreichen EH-Haushalte sehr unterschiedlich. Im Regionstyp KERN beispielsweise verdoppelt sich die Eigentumsnachfrage fast, und im Gegensatz zu allen anderen Regionstypen entsteht sogar eine nicht unerhebliche Nachfrage nach Geschoßeigentum. Demgegenüber bleibt im Regionstyp BAKE Geschoßeigentum relativ uninteressant, obwohl genau dort eine derartige Entwicklung noch eher zu erwarten wäre.

Im Regionstyp BAUM wiederum nimmt die Nachfrage nach Fünf-und-mehr-Zimmer-Mietwohnungen (WT10) - im Gegensatz zu der Entwicklung in den anderen Regionstypen - bis 1995 noch zu, und zwar teilweise auf Kosten der Nachfrage nach großen Einfamilienhäusern. Die Ursachen für diese relativ starken Unterschiede sind sehr komplex: Sie setzen sich aus den verschiedenen Kostenentwicklungen und demographischen Veränderungen zusammen, von denen ein jeweils wechselnder Einfluß überwiegt.

Ähnlich starke regionale Unterschiede sind bezüglich der Nachfrage kinderloser EH-Haushalte nicht feststellbar. In dieser Gruppe steigt in allen Regionstypen die Nachfrage nach großen Mietwohnungen und nach großen Eigenheimen, und zwar relativ regelmäßig bei gleichzeitiger Einschränkung der Nachfrage nach kleinen Mietwohnungen. Das Interesse an kleinen Einfamilienhäusern stagniert eher. Die Eigentumsnachfrage dieser EH-Gruppen bleibt zwar bis 1995 unter der der kinderreichen Haushalte, steigt aber in einem vergleichsweise rascheren Tempo.

Zusammenfassend könnte man davon ausgehen, daß sich die - an den üblichen sozialpolitischen Normen gemessene - ohnehin nicht sehr gute Wohnungsversorgung kinderreicher Haushalte in Zukunft eher noch verschlechtern wird, während kinderlose Haushalte aufgrund entstehender finanzieller Spielräume ihre Nachfrage in Richtung auf größere Wohnformen und in Richtung auf mehr Eigentum ausweiten werden.

11.3.3 Gruppierung nach Alterskategorien

Die Altersstruktur der Haushalte in der Bundesrepublik Deutschland verändert sich bis 1995 durch einen steigenden Anteil alter (55 und mehr Jahre) und junger (25 bis 35 Jahre) Haushalte bei rückläufiger Bedeutung der mittleren Jahrgänge (vgl. Kapitel 10). Auch der Anteil der ganz jungen Haushalte bis zu 25 Jahren ist leicht rückläufig. Da die Wohnungssituation der mittleren Jahrgänge in den Augen von Politikern eigentlich selten problematisch war, konzentriert sich die folgende Interpretation der Prognoseergebnisse auf die Nachfrage ganz junger Haushalte, weil deren finanzielle Mittel zum Einstieg in den Wohnungsmarkt eher begrenzt sind, und auf die alten Haushalte, weil sie einkommensmäßig eine sehr heterogene Gruppe bilden und ihre Nachfrage aus den verschiedensten Gründen politisch relevant ist. Einer dieser Gründe ist in der Blockade großer Mietwohnungen zu suchen, ein anderer in der Frage einer zusätzlichen Altersversorgung durch Wohneigentum.

EH-Haushalte

Die Entwicklung der Nachfrage ganz junger und alter EH-Haushalte geht in die gleiche Richtung und zwar wie die Nachfrage der durchschnittlichen Haushalte zu mehr Eigentum und größeren Wohnungen (vgl. Tabellen 11.10 und 11.11 im Anschluß an dieses Kapitel).

Abbildung 11.7 macht deutlich, daß alte Haushalte der EH-Strata ihre Nachfrage nach großen Wohnungen relativ stark erhöhen können, und zwar insbesondere im Eigentumssektor. Die Nachfrageänderungen junger Haushalte nehmen sich demgegenüber fast bescheiden aus. Diese Unterschiede entsprechen allerdings auch den Erwartungen, die darauf basieren, daß alte Haushalte allein durch Seßhaftigkeit in der Familienwohnung, also ohne Umzug, ihre Wohnsituation "verbessern" können, während junge Haushalte als neue Marktteilnehmer nur durch Umzüge in Zusammenhang mit den dafür erforderlichen Mühen und vor allem Kosten ihre Wohnungsnachfrage verändern. Das bedeutet aber, daß die ökonomischen Einflüsse aus Einkommen und Kosten bei jungen Haushalten eine höhere Bedeutung bei der Wohnungswahl haben als bei alten. Gemessen an den für junge Leute stärkeren Einschränkungen ist zumindest die Steigerung der Nachfrage nach großem Eigentum bemerkenswert.

Bezieht man kleine Eigentumsformen in die Betrachtung mit ein, so könnte man die Zunahme der Eigentumsnachfrage bei jungen Haushalten fast als rasant bezeichnen: von 8 % im Jahr 1978 auf 32 % im Jahr 1995. Insbesondere das kleine Einfamilienhaus (WT1) ist sehr begehrt, Geschoßeigentum dagegen findet nicht einmal bei diesen ganz jungen Haushalten überdurchschnittliches Interesse. Trotz dieser Entwicklung bleibt ein Anteil von über 50 % der Nachfrage auf kleine Mietwohnungen konzentriert.

In den scharfen Gegensätzen der Nachfrage innerhalb der Gruppe der jungen Haushalte - auch noch im Jahr 1995 - zeigen sich deutlich die unterschiedlichen finanziellen Ausgangsbasen.[1] Da hohe Einkommen in dieser Altersgrupe doch eher die Ausnahme sind - auch wenn man den sicherlich großen Anteil von Doppelverdiensten in den jungen EH-Gruppen berücksichtigt -, muß davon ausgegangen werden, daß bei einem Teil der Gruppe Vermögensübertragungen durch die Eltern eine nicht unerhebliche Rolle spie-

---

1) Möglicherweise spielen gerade bei jungen Haushalten auch noch andere, hier nicht explizit erfaßte Gründe eine Rolle: Beispielsweise könnte zwecks größerer Beweglichkeit eine frühzeitige "Bindung" an einen Ort durch Eigentumserwerb abgelehnt werden.

Abb. 11.7

Entwicklung der Nachfrage nach Eigentum und Wohnungsgrößen

EH-Haushalte der niedrigsten und höchsten Alterskategorie

– Anteile in großen Wohnungen in % –

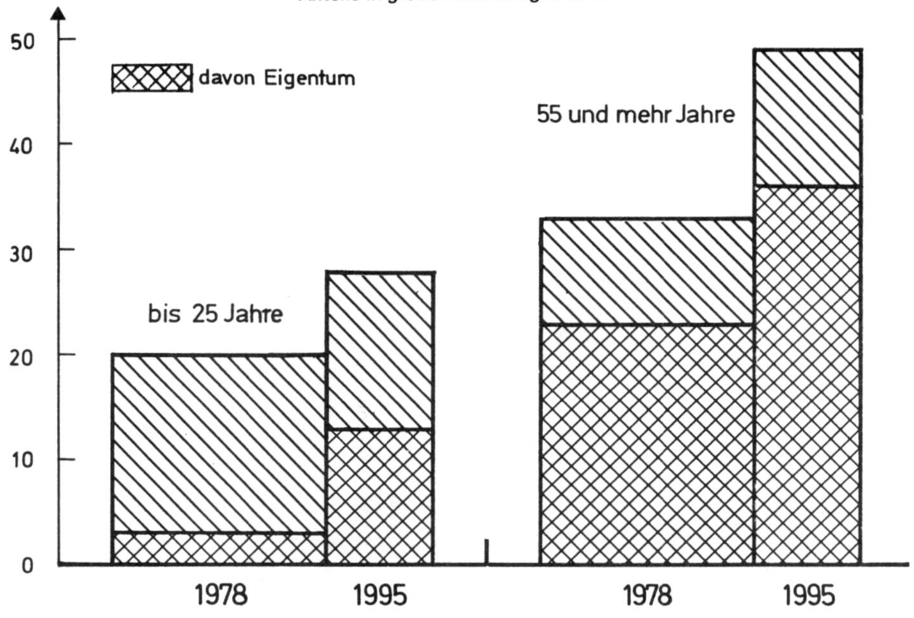

IFO-INSTITUT für Wirtschaftsforschung München 334/87

len.[1] Der andere, größere Gruppen-Teil muß ohne diese finanziellen Hilfen auskommen und sich in der Wohnungswahl entsprechend beschränken.

Regionale Unterschiede bestehen bei den jungen Haushalten insbesondere im Bereich der Eigentumsnachfrage: Im Regionstyp BAKE bleiben auch 1995 die Möglichkeiten zur Eigentumsbildung auf nur 6 % der Nachfrage beschränkt - dort sind nach wie vor die Eigentumskosten ungewöhnlich hoch. In diesem Regionstyp fragen sogar anteilsmäßig mehr junge EH-Haushalte als im Jahr 1978 die kleinste Mietwohnung (WT4) nach. Die Eigentumsnachfrage dieser Haushaltsgruppe steigt vor allem in eher ländlichen Gebieten (UMLA, LAND) bis 1995 auf über 50 % an, besteht aber ganz überwiegend aus den Formen kleineren Eigentums.

Stellt man nun den Nachfrageveränderungen der jungen die der alten EH-Haushalte gegenüber, so werden deutliche Unterschiede sichtbar. Im Umland der Ballungszentren (BAHV, BAUM) müssen alte Haushalte ihre Eigentumsnachfrage, abweichend von der durchschnittlichen Entwicklung, einschränken, und zwar um etwa 6 %. Diese Einschränkung konzentriert sich auf die kleinen Eigentumsformen und überkompensiert eine gleichzeitig noch steigende Nachfrage nach großem Wohneigentum. Alte Haushalte verwirklichen ihre zunehmenden Flächenbedürfnisse aber nicht nur durch verstärkte Nachfrage nach großem Eigentum, sondern auch durch erhöhtes Interesse an großen Mietwohnungen, und zwar relativ gleichmäßig in allen Regionstypen. Nur in den Kernstädten (BAKE) hinkt die Entwicklung hinter der in den übrigen Regionen nach.

Im Gegensatz zu jungen EH-Haushalten ist der Anteil der Nachfrage der alten Haushalte nach kleinen Mietwohnungen (WT4) bis 1995 nur noch gering (8 %). Gemessen an der durchschnittlichen Nachfrage aller EH-Haushalte, können sich alte Haushalte mehr Eigentum und größere Wohnungen leisten (Anteile in %):

---

1) Auch schon im Jahr 1978 haben die finanziellen Hilfen durch Familienangehörige eine Rolle gespielt, deshalb sind sie implizit in den Analyseergebnissen der Schätzung enthalten. In der Prognose sind diese Hilfen durch die exogenen Vorgaben zu verstärktem Eigenkapitaleinsatz berücksichtigt.

	alle EH-Haushalte 1978	1995	junge EH-Haushalte 1978	1995	alte EH-Haushalte 1978	1995
kleine Wohnung	57	53	80	72	67	51
davon Eigentum	25	28	5	19	33	23
große Wohnung	43	47	20	28	33	49
davon Eigentum	26	33	3	13	27	36
Eigentümerquote	51	61	8	32	56	63

Die Nachfrage junger EH-Haushalte dagegen fällt gegenüber dem Durchschnitt noch ab, sie müssen sich auch 1995 mit kleineren Wohnungen bescheiden, weil sie ja noch am Anfang ihrer beruflichen Karriere und damit ihrer finanziellen Möglichkeiten stehen. Allerdings wird der Abstand zum Durchschnitt bis 1995 geringer.

SI-Haushalte

Auch Single-Haushalte drängen aus den kleinsten Mietwohnungen hinaus, obwohl die Ein- bzw. Zwei-Zimmerwohnungen gemessen an üblichen Normen vor allem für junge Ein-Personen-Haushalte eine ausreichende Wohnungsgröße bieten müßten. Bei alten wie bei jungen SI-Haushalten erhöht sich die Eigentümerquote und die Nachfrage nach großen Wohnungen (vgl. detaillierte Tabellen 11.12 und 11.13 im Anschluß an dieses Kapitel).

Die Nachfragestruktur der alten SI-Haushalte unterscheidet sich 1995 kaum von der des Durchschnitts aller Haushalte in der Bundesrepublik Deutschland, weicht aber von der der durchschnittlichen SI-Haushalte ganz erheblich nach oben ab (mehr Eigentum, mehr große Wohnungen). Das ist umso erstaunlicher als die "Alten" mit einem Anteil von über 50 % an allen SI-Haushalten die Nachfragestruktur der Single-Haushalte prägen.

Eine der Ursachen für diese Abweichungen ist darin zu suchen, daß ca. 85 % der alten SI-Haushalte einen weiblichen Vorstand haben, während dieser Anteil in den anderen Alterskategorien nur zwischen 60 und 70 % liegt. Die Analyse hat gezeigt, daß weibliche Single-Haushalte und von denen wiederum insbesondere die alten eine stärkere Affinität zu Wohneigentum aufweisen - egal, ob neuerworben oder nach Beendigung einer Partnerschaft behalten - als männliche Ein-Personen-Haushalte.

Die starke Steigerung der Eigentumsnachfrage bei alten SI-Haushalten, die - wie gesagt - überwiegend weiblich sind und ein niedriges Einkommen haben, ist also mit hoher Wahrscheinlichkeit nicht eine Folge von Nachfrage bei Wohnungswechsel, sondern Folge eines hohen Grades von Seßhaftigkeit verwitweter Frauen. Die ebenfalls relativ starke Zunahme der Eigentumsnachfrage der EH-Haushalte wirkt so mit Zeitverzögerung in die Nachfragestruktur der SI-Haushalte hinein.

Bei Differenzierung dieser Eigentumsnachfrage halten sich die Anteile großer und kleiner Wohnformen in etwa die Waage - mit leichtem Übergewicht kleineren Wohneigentums. Auch kleine Eigentumswohnungen (WT3) - möglicherweise bei alten Haushalten als Ergebnis eines Tausches gegen Häuser, deren Unterhalt mehr Mühe bereitet - haben die Aufmerksamkeit und damit die Nachfrage dieser Haushaltsgruppe auf sich gezogen; das gilt insbesondere für die beiden Kernstadttypen BAKE und KERN. Im Regionstyp BAKE bleibt trotzdem die Eigentumsnachfrage auch 1995 noch weit hinter dem Durchschnitt aller alten SI-Haushalte zurück. Die Eigentümerquoten in den anderen Regionstypen nähern sich dagegen, bei unterschiedlicher Struktur der nachgefragten Wohnformen, tendenziell aneinander an (Anteile in %):

	SI-Haushalte mit Vorstand von 55 u. m. Jahren					
	1978			1995		
	kleine Whgen	große Whgen	EQ	kleine Whgen	große Whgen	EQ
Regionstyp						
BAKE	90	10	14	78	22	29
BAHV	85	15	41	67	33	58
BAUM	79	21	49	64	36	62
KERN	85	15	22	65	35	49
UMLA	77	23	49	62	38	65
LAND	84	16	41	62	38	63
BRD	51	61	8	32	56	63

Im Vergleich zum Durchschnitt aller SI-Haushalte wird die Eigentümerquote der alten bis 1995 stärker steigen: Die Zunahme der Altersvorsorge durch Eigentumsbildung, die bei politischen Überlegungen so eine überragende Rolle spielt, wird sich also offensichtlich einstellen (zum Vergleich: Eigentümerquote aller SI-Haushalte 1978: 27 %, 1995: 38 %). Auch die mögliche Verbesserung der Wohnungsversorgung durch größere Wohnungen erreicht bei alten SI-Haushalten bis 1995 ein breiteres Ausmaß als im Durchschnitt aller SI-Haushalte (1978: 14 %, 1995: 25 %).

Dieser Entwicklung entsprechend sinkt die Nachfrage der alten Gruppen nach kleinen Mietwohnungen in allen Regionstypen. 1995 wollen nur noch 26 % dieser Gruppe in der kleinsten Mietwohnung (WT4) und 14 % in der Drei-Zimmer-Mietwohnung (WT5) wohnen, das entspricht einem Nachfragerückgang von 37 bzw. 22 %. Auch hier bildet der Regionstyp BAKE wiederum die Ausnahme: 1995 müssen wegen der dort überdurchschnittlichen Wohnkosten bzw. des relativ ungünstigeren Einkommens-Kosten-Verhältnisses immer noch 42 % der alten SI-Haushalte die kleinste Mietwohnung nachfragen.

Bei jungen SI-Haushalten, die nur zu 60 % einen weiblichen Vorstand haben und als Berufsanfänger nur über geringe Einkommen verfügen, liegt der vergleichbare Anteil (kleinste Mietwohnung in BAKE 1995) immer noch bei 84 %; im Durchschnitt aller jungen SI-Haushalte bei 76 %. Damit ist trotz aller "Verbesserungen" in der Nachfragestruktur (mehr Eigentum, größere Wohnungen) in dieser Gruppe, wie in fast allen Haushaltsgruppen und -strata, der Rahmen für die Nachfrageverschiebungen in Zusammenhang mit Familienzyklus, beruflicher Karriere usw. in ähnlicher Weise wie 1978 abgesteckt. Dieser Rahmen, gemessen am Abstand in der Wohnsituation ganz junger und alter Ein-Personen-Haushalte, hat sich bis 1995 noch erweitert, denn die relativen Verbesserungen alter Haushalte sind in diesem Zeitraum weitaus stärker als die der jungen Haushalte:

	Veränderung 1978-1995 in Prozentpunkten	
	junge SI-Haushalte	alte SI-Haushalte
Eigentümerquote	+ 7	+ 17
große Wohnungen (WT 6 bis WT 10)	+ 4	+ 16
WT 4	- 8	- 15
WT 5	- 1	- 4

Wenn man davon ausgeht, daß die Nachfragestruktur alter SI-Haushalte im Jahr 1995 ungefähr die Richtung angibt, in der Verbesserungen der Wohnungsversorgung von der Bevölkerung im Lebensablauf erreicht werden können, so haben junge neugegründete Haushalte in Zukunft bis dahin einen größeren Abstand zu überwinden, als er sich noch 1978 darstellte. Die Ursache für diesen vergrößerten Abstand kann nur in den für junge SI-Haushalte vergleichsweise restriktiveren Rahmenbedingungen im Jahr 1995 im Verhältnis zum Jahr 1978 und im Verhältnis zu denen für alte SI-Haushalte zu suchen sein.

Eine dieser Bedingungen ist sicherlich die regionale Konzentration junger Haushalte auf die Kernstadttypen BAKE und KERN, in denen, wie gezeigt, die für die Nachfrage ungünstigsten Einkommens-Kosten-Relationen vorzufinden sind. Alte SI-Haushalte haben mit z.T. über 60 % Anteil an den Haushalten eines Stratums ihre Wohnsitze eher in Umlandregionen und auf dem flachen Land.

Da die Strukturverschiebungen in der Nachfrage junger SI-Haushalte darauf schließen lassen, daß selbst junge Ein-Personen-Haushalte gern in größeren Wohnungen bzw. in den eigenen vier Wänden leben möchten, kann umgekehrt aus der nur zögernden Verwirklichung dieser Wünsche auf die ungünstigen Bedingungen für junge Nachfrager rückgeschlossen werden (siehe oben bezüglich der fehlenden Möglichkeit des "Ersitzens" einer verbesserten Wohnsituation). Die Eigentumsnachfrage dieser Haushaltsgruppe steigt bis 1995 immerhin von 1 auf 8 %, wobei 6 dieser 8 % von kleinen Eigentumsformen abgedeckt werden. Der Anteil der Nachfrage nach großen Wohnungen vergrößert sich trotz aller Restriktionen von 4 auf ebenfalls 8 %, wobei 6 % auf Mietwohnungen entfallen. Insbesondere die Vier-Zimmer-Mietwohnung (WT9) steigt im Interesse nachfragender junger Haushalte.

Die Eigentumsnachfrage der jungen Gruppen nimmt in allen Regionstypen außerhalb der Kernstädte BAKE und KERN enorm zu. War sie 1978 mit 1 bis 3 % noch verschwindend gering, so fragen 1995 zwischen 12 % (BAHV) und 32 % (UMLA) dieser Haushaltsgruppe in den Umlandregionen Eigentum nach. In diesen Regionstypen, insbesondere UMLA, geht die erhöhte Eigentumsnachfrage voll auf Kosten der Nachfrage nach kleinen Mietwohnungen. Hier sind also die Einkommens-Kosten-Verhältnisse für junge SI-Haushalte günstiger als in anderen Regionen.

Zusammenfassend bleibt zur Veränderung der Nachfragestruktur der betrachteten Haushaltsgruppen festzuhalten, daß 1995 tendenziell mehr Eigentum und größere Wohnungen als 1978 nachgefragt werden. Diese Nachfragetendenzen dürften die Wünsche der Haushalte widerspiegeln. Je nach Rahmenbedingungen für die einzelne Gruppe schlagen sich diese Wünsche in mehr oder weniger starken Erhöhungen der Eigentumsnachfrage und der nach größeren Wohnungen nieder. Kosten- und Einkommenseinflüsse verlieren dort an Wirkung, wo beispielsweise Single-Haushalte durch einfaches Wohnenbleiben nach dem Verlust des Partners ihre Nachfrage indirekt "verbessern". Ungünstige Rahmenbedingungen hemmen insbesondere im Regionstyp BAKE und, wenn auch abgeschwächt, im Regionstyp KERN die Verwirklichung der angesprochenen Wünsche. Auch die Haushaltsgruppen der untersten Alterskategorie, der untersten Einkommenskategorie und mit der höchsten Kinderzahl werden sich steigenden Schwierigkeiten bei der gewünschten Verbesserung ihrer Wohnsituation gegenübersehen.

11.4 Wohnungswechsel (Aufbruch und Ziel)

In der Prognose führen neben anderem (siehe oben) vor allem auch Umzüge[1] der Haushalte von einem Wohnungstyp in einen anderen zu Veränderungen der gesamten Wohnungsnachfrage. Dabei ist die innerörtliche bzw. innerregionale Mobilität natürlich sehr viel höher als sich in den Salden, die eine Veränderung in der Nachfrage bewirken, ablesen läßt. Insbesondere bei einigen Wohnungstypen (beispielsweise kleinen Mietwohnungen) kann man eine außerordentlich hohe Fluktuation der Haushalte feststellen, die u.a. darauf zurückzuführen ist, daß Haushalte mit beruflichem Werdegang und Familienzyklus in die Wohnungen wechseln, die ihrer jeweils neuen Position entsprechen, während "neue", junge Haushalte zu Beginn des gleichen Wohnungsversorgungsweges in den "Startwohnungen" anfangen. Im Zeitablauf werden diese demographisch verursachten Wohnungswechsel überlagert durch ökonomische Einflüsse, die sowohl, wenn auch langsam, die Charakteristika der Startwohnung ändern, als auch die den verschiedenen Stadien des Nachfrageweges zugeordneten Wohnungsarten.

Die durchschnittliche (innerregionale) Mobilität aller Modell-Haushalte ändert sich zwischen 1978 und 1995 nur minimal. Sie sinkt, in erster Linie in Abhängigkeit von dem zunehmenden Anteil alter Haushalte, von 7,2 auf 7 %. Den in den einzelnen Strata unterschiedlichen Altersstrukturen entsprechend ent-

---

1) Wenn hier und im folgenden die Begriffe Wohnungswechsel oder Umzug verwendet werden, so ist diese Verwendung nicht ganz korrekt, denn in der Nachfrageprognose wird die Frage nach dem Vorhandensein eines entsprechenden Angebots vernachlässigt (vgl. auch Kapitel 2). Aufbruch der Haushalte aus einer alten Wohnung - periodenweise über die Aufbruchentscheidung nachvollzogen - und Auswahl einer neuen Wohnung - analog über die Zielentscheidung abgebildet - sind in diesem Partialmodell sozusagen fingiert, da ja nicht sichergestellt ist, ob eine im Modell zur Auswahl stehende Wohnung auch wirklich auf dem entsprechenden Markt aktuell zum Anmieten oder zum Erwerb bereitsteht. In der Prognose mit Hilfe des Modells werden die Fiktionen benutzt, um Veränderungen in der Nachfrage möglichst realitätsnah bestimmen zu können. Da aber gerade auch Änderungen im Typ der verlassenen Wohnung wie in dem der ausgewählten Wohnung im Prognoseablauf Rückschlüsse auf Bewegungen in der Nachfrage, und zwar über die hinaus, die eine Interpretation der saldierten Gesamtnachfrage zutage fördern kann, zuläßt, ziehen wir auch diese Prognoseergebnisse in die Betrachtung mit ein und verwenden dazu zwecks Lesbarkeit die nicht ganz korrekten Begriffe Wohnungswechsel oder Aufbruch und Einzug.

wickelt sich diese Mobilitätsrate zwischen den Strata sehr differenziert: Männliche SI-Haushalte brechen häufiger als 1978 aus ihren Wohnungen auf, weibliche Singles wie auch EH-Haushalte werden seßhafter. Im Regionstyp BAKE nimmt die Auszugshäufigkeit zu, was einerseits an dem relativ hohen Anteil junger Leute, andererseits an der Dominanz von Mietwohnungen liegt. Auf dem flachen Land reduziert sich die Mobilitätsrate vergleichsweise am stärksten. Die überdurchschnittliche Seßhaftigkeit der WG-Haushalte bleibt bei leichten Veränderungen bis 1995 erhalten. Die hohe Umzugshäufigkeit der Gastarbeiter-Haushalte geht leicht zurück (vgl. für 1978 Tabelle 6.9 und Tabelle 11.14 für 1995 im Anschluß an dieses Kapitel).

11.4.1 Aufbruch aus den Wohnungstypen

Aufbruch und Einzug sind im folgenden, um aussagekräftige Interpretationen zu erzielen, fast immer zur oben dargestellten Wohnungsnachfrage (=100 %) in Beziehung gesetzt. Nur in einigen seltenen Abweichungen werden Aufbruch- oder Einzugsstrukturen jeweils im Verhältnis zum gesamten Aufbruch (= 100 %) bzw. Einzug erläutert. Um nun keine Verwirrung aufkommen zu lassen, werden diese beiden Bezugsgrundlagen streng getrennt. Vor allem das Verhältnis von Aufbruch und Einzug zur Nachfrage dürfte eventuell zu Mißverständnissen führen, weil im üblichen Sprachgebrauch unter Nachfrage auch häufig ausschließlich Umzugsvorgänge subsummiert werden. Um diesem Mißverständnis vorzubeugen, wird die Nachfrage auch im folgenden als "Belegung" der Wohnungen durch Haushalte bzw. "Wohnungsversorgung" der Haushalte angegeben, obwohl, da weitgehend unabhängig vom Angebot, diese Bezeichnung mit Sicherheit nicht korrekt ist. Bezieht man den Aufbruch auf die Belegung, so wird dadurch gleichzeitig der Rückgang der Belegung festgestellt, während das Verhältnis des Einzugs zur Belegung die Belegungs-Wachstumsrate angibt. Weisen Auszug und Einzug die gleiche Größenordnung auf, so bleibt die Belegung prinzipiell konstant. Allerdings können bei differenzierter Betrachtung der Strata oder Gruppen trotzdem Veränderungen über Seßhaftigkeit der Haushalte auftreten.

Innerhalb der einzelnen Strata bzw. innerhalb der zu regionalen und haushaltstypischen Gruppen aggregierten Strata zeigt sich, daß die verschiedenen Wohnungstypen sehr unterschiedlich betroffen sind. 1995 wie auch schon 1978 wird grundsätzlich aus Mietwohnungen häufiger aufgebrochen als aus Wohneigentum. Ebenfalls weisen die Wohnungen eine höhere Fluktuation auf, in denen ein jeweils größerer Anteil von Haushalten wohnt (Anteile der Wohnungstypen am Auszug in %, in Klammern: Anteile der Wohnungstypen an der Belegung in %):

	Wohnungstyp									
	1	2	3	4	5	6	7	8	9	10
BRD 1978	3	1	3	47	22	3	1	2	11	7
	(12)	(7)	(2)	(23)	(19)	(15)	(8)	(1)	(8)	(5)
BRD 1995	3	1	3	47	20	4	2	2	11	7
	(14)	(6)	(4)	(19)	(17)	(18)	(8)	(1)	(8)	(5)

Der letztere Zusammenhang ist allerdings beim Wohneigentum, insbesondere bei den Einfamilienhäusern, durchbrochen: Trotz steigender Belegung wird aus diesen Typen nicht häufiger ausgezogen. Das weist darauf hin, daß mit dem Erwerb von Eigentum, zumindest wenn es um das von fast allen Haushalten angestrebte Einfamilienhaus geht, ein Schlußpunkt unter den Weg zur Verbesserung der Wohnsituation der umziehenden Haushalte gesetzt wird.

Trotz rückläufiger Belegung bleibt die Auszugshäufigkeit aus der ungeliebten kleinsten Mietwohnung (WT4) bis 1995 in unveränderter Höhe bestehen. Dieser Wohnungstyp läßt sich nach der obigen Argumentation als Startwohnungstyp junger Haushalte ansehen. Er behält offensichtlich diesen Charakter, wobei sich die Fluktuationsrate noch einmal erhöht. Dagegen sinkt die Auszugshäufigkeit aus der Drei-Zimmer-Mietwohnung mit der rückläufigen Belegung, was darauf schließen läßt, daß dieser Wohnungstyp im Rahmen einer angenommenen Hierarchie der Wohnungsarten einen festen Stellenwert in dem Sinne besitzt, daß er für bestimmte Haushaltsgruppen die gewünschte Wohnungsversorgung auf Dauer sicherstellen kann.

Direkt zur Belegung ins Verhältnis gesetzt, d.h. Anteil der Auszügler aus einem Wohnungstyp in % aller Haushalte, die in diesem Typ wohnen, ziehen aus dem Typ 5 im Jahr 1995 nur 9 % der Haushalte aus, während es beim Typ 4 immerhin mit 17% fast doppelt soviele sind (vgl. Tabelle 11.14 im Anschluß an dieses Kapitel). Der Stellenwert der großen Mietwohnungen (WT9 und WT10) bleibt ebenfalls, was Belegung und Auszug betrifft, erhalten. Im Verhältnis zur Anzahl der Haushalte, die diese Typen belegen, ziehen auch hier jeweils 9 % der Haushalte aus. Zweifamilienhäuser (WT2 und WT7) verlieren in Zukunft eher an Attraktivität, sie werden verhältnismäßig häufiger verlassen.

In den einzelnen Strata verschieben sich die angesprochenen Zusammenhänge je nach Anzahl der Erwachsenen im Haushalt leicht. Im Vergleich zu 1978 ändert sich jedoch die Auszugsstruktur der einzelnen Haushaltsstrata nur graduell. EH-Haushalte verlassen verstärkt die kleinste Mietwohnung (1978 ca. 25 %, 1995 ca. 29 % aller Bewohner dieses Typs). Dagegen geht der Auszug der EH-Haushalte aus großen Mietwohnungen zurück. Dieses entspricht der Verlagerung der Nachfrage von kleinen zu großen Wohnungen. Eine ganz ähnliche Verschiebung der Auszugsstruktur findet sich bei SI-Haushalten. Dabei verlassen männliche SI-Haushalte die kleinste Mietwohnung noch stärker als weibliche. Gemessen an der Belegung dieser Haushaltsstrata bleiben sehr viele weibliche Ein-Personen-Haushalte im Wohnungstyp 4 wohnen (ca. 90 %).

Überraschend hoch fällt der Rückgang des Auszugs bzw. die zunehmende Seßhaftigkeit der SI-Haushalte in den Eigentumswohnungstypen 3 und 8 aus. Geschoßeigentum gewinnt demnach für Ein-Personen-Haushalte an Bedeutung, wird attraktiver, während größere Haushalte Eigentumswohnungen doch relativ häufig wieder verlassen (durchschnittliche Auszugshäufigkeit gemessen in % der jeweiligen Belegung):

	WT 3 und 8	
	1978	1995
SI	20,3	8,4
EH	11,3	9,3
WG	11,2	11,8

Wenn also Geschoßeigentum bis 1995 an Attraktivität gewinnt, dann in erster Linie - und wie nicht anders zu erwarten -.durch das Interesse von kleinen Haushalten. Die Seßhaftigkeit in den betrachteten Wohnungstypen konzentriert sich, den Kosten-Einkommens-Verhältnissen entsprechend, auf die Verdichtungszentren BAKE und KERN, tritt aber auch schon im Regionstyp BAUM zutage.

11.4.2 Einzug in die Wohnungstypen

Wie beim Auszug korrespondiert auch die Wohnungstypen-Struktur, die die Haushalte für den Einzug wählen, mit der Belegungsstruktur. Erst ein Vergleich mit den 1978 bevorzugten Wohnungstypen - und mit den im gleichen Jahr verlassenen Wohnungen - zeigt möglicherweise veränderte Zielrichtungen und in den Augen der Haushalte wechselnde Attraktivitäten der verschiedenen Wohnungstypen an.

Im folgenden betrachten wir zunächst die Einzugsstruktur gemessen am Einzug insgesamt. Auch 1995 konzentriert sich die Wahl umziehender Haushalte auf die kleineren Mietwohnungen (WT4 und WT5), und zwar mit 56 % aller einziehenden Haushalte. Gegenüber 1978 hat dieser Prozentsatz nur um einen Punkt abgenommen, wobei die Drei-Zimmer-Mietwohnung ein leicht steigendes Interesse auf sich gezogen hat. Gewonnen haben - bei dieser Art der Betrachtung: Anteile der Wohnungstypen am Einzug - nur die Eigentumswohnungen, allerdings auf einem immer noch niedrigen Niveau. Die Wahl von Eigenheimen ist gegenüber 1978 sogar leicht rückläufig.

In der Differenzierung nach den verschiedenen Haushaltsstrata zeigt sich, daß die Entscheidung für Wohneigentum eine unterschiedliche Entwicklung aufzuweisen hat (Anteile am Einzug in %):

	Wohneigentumswahl		davon Geschoßeigentum	
	1978	1995	1978	1995
Stratum				
EHBRD	46	43	6	8
SIBRD	10	16	3	8
WGBRD	49	48	3	3
GABRD	0	1	0	1
Regionstyp				
BALL[1]	20	20	4	7
KEUM[1]	43	41	5	8
LAND[1]	46	51	4	9
BRD	28	28	4	7

1 ohne Gastarbeiter-Haushalte

Die Entscheidung für den Eigentumserwerb geht danach vor allem bei den EH-Haushalten zurück, wobei gleichzeitig das Interesse an Geschoßeigentum zunimmt.

Mit 43 % liegt der Eigentumserwerb bei den EH-Haushalten 1995 weit unter der Eigentümerquote von immerhin 61 %. Das ist zunächst Folge der im Verhältnis zu den Mietern kleineren Aufbruchhäufigkeit der Eigentümer, so daß sich der Zugewinn bei der Eigentumsquote überwiegend aus ehemaligen Mietern rekrutiert. Die Steigerung der Eigentümerquote wird aber auch durch Seßhaftigkeit nach einer Änderung der Haushalts-Charakteristika verursacht. Der gleiche Zusammenhang läßt sich für alle anderen Haushalts-Strata belegen, denn in allen Strata ist die anteilige Wohneigentumswahl bei Einzug niedriger als die Eigentümerquote. SI-Haushalte, insbesondere die mit weiblichem Vorstand, sind die einzigen, deren Entscheidung für Wohneigentum bis 1995 zunimmt, wobei das Schwergewicht auf Geschoßeigentum liegt.

Die Regionstypen-Gliederung macht deutlich, daß nur im flachen Land die Wertschätzung des Wohneigentums steigt bzw. die Rahmenbedingungen eine zunehmende Wahl von Wohneigentum zulassen.

In allen Regionstypen wird vermehrt Eigentum in der Etage ausgewählt. Im Verhältnis zum Einzug in Wohneigentum insgesamt spielt das Geschoßeigentum - wie nicht anders zu erwarten - in den Regionen mit starker Verdichtung (BALL) die größte Rolle.

Aussagekräftiger als diese Anteilsauswertung erscheint - wie auch bei den Auszugsstrukturen - eine Betrachtung der einziehenden Haushalte im Verhältnis zur Belegung der Wohnungen (Anteile einziehender Haushalte an der Belegung in %)

	Wohnungstyp									
	1	2	3	4	5	6	7	8	9	10
1978	8	5	15	19	12	6	6	13	12	15
1995	6	5	15	24	13	5	5	17	14	14

Bezogen auf die bis 1995 gesunkene Anzahl von Haushalten im Wohnungstyp 4 steigt die Einzugshäufigkeit an. Im Verhältnis zur Belegung ziehen auch 1995 relativ viele Haushalte in die Eigentumswohnungen, verstärkt gegenüber 1978 insbesondere in die großen Geschoßwohnungen (WT8). Die Einzugshäufigkeit in Eigenheime ist demgegenüber zurückgegangen; das ist unmittelbare Folge der insgesamt gestiegenen Versorgung mit Eigenheimen.

Innerhalb der einzelnen Strata entwickelt sich die Struktur der bevorzugten Wohnungstypen bei Einzug - auch wiederum im Verhältnis zur jeweiligen Belegung - in Abhängigkeit von der Entwicklung der Einflußfaktoren recht unterschiedlich. Bei EH-Haushalten läßt, nachdem im gesamten Prognosezeitraum die Belegung von Einfamilienhäusern ständig gestiegen ist, der weitere Zuzug in diese Wohnungstypen nach, und zwar relativ gleichmäßig in allen Regionstypen (Einzug der EH-Haushalte in % der Belegung):

	Wohnungstyp			
	WT 1		WT 6	
	1978	1995	1978	1995
Regionstyp				
BAKE	8	7	6	3
BAHV	9	7	9	5
BAUM	11	8	7	5
KERN	22	11	18	8
UMLA	10	6	8	5
LAND	9	6	8	6

Am stärksten ist der Rückgang im Regionstyp KERN, in dem aber auf der anderen Seite auch die höchste Steigerung der Versorgung mit Eigenheimen beobachtbar ist. Die Fluktuation in den Familienheimen bleibt sehr gering. Im Gegensatz zu Mietwohnungen, bei denen in engem Zusammenhang mit einer anteilig steigenden Belegung die Fluktuation eher zunimmt, gehen im Wohneigentum, insbesondere in den Ein- und Zweifamilienhäusern, mit einer erhöhten Eigentümerquote die Auszugs- und Einzugshäufigkeiten zurück.

Bei den großen Mietwohnungstypen, die wiederum relativ häufig verlassen werden, sinkt gerade auch deshalb die Belegung nicht so stark, weil sich die Einzugshäufigkeiten bis 1995 erhöhen. Die gleiche Erhöhung findet sich in der Gruppe der männlichen SI-Haushalte (detaillierte Tabelle 11.15 im Anschluß an dieses Kapitel, im Vergleich dazu Tabelle 6.12). Weibliche Single-Haushalte dagegen sind wegen ihrer Einkommensverhältnisse nach wie vor eher auf kleinste Mietwohnungen angewiesen. Die Einzugsstrukturen der WG-Haushalte ändern sich bis 1995 nur minimal. Gastarbeiter-Haushalte entwickeln Interesse für Geschoßeigentum.

11.5 Relative Attraktivitäten der Wohnungstypen

In Kapitel 6 haben wir versucht, anhand der Auszugs- und Einzugsstrukturen der Haushalte Attraktivitäten der einzelnen Wohnungstypen zu bestimmen (vgl. Abbildung 6.6). In den drei aggregierten Regionstypen verschieben sich diese Attraktivitäten zwischen den Wohnungstypen bis 1995 nicht unerheblich. Über die gesamte Bundesrepublik Deutschland gesehen, glätten sich die Unterschiede etwas - weil ja die einwirkenden Rahmen- Verhältnisse in den Regionstypen sozusagen gemittelt werden.

Attraktivität der Wohnungstypen

- Anteile am Auszug minus Anteile am Einzug in %, relativer Gewinn bzw. Verlust gemessen in %-Punkten -

	Wohnungstyp									
	1	2	3	4	5	6	7	8	9	10
1978	+5	+2	±0	-9	-3	+6	+3	-1	-2	-1
1995	+4	+2	+2	-11	±0	+3	+2	±0	-1	-1

Die oben zu findenden Hinweise (Nachfrageveränderungen, Auszugs- und Einzugsstrukturen) auf die durchschnittliche Entwicklung in der Bundesrepublik Deutschland werden anhand dieser Zahlen noch einmal verdichtet und dadurch deutlich. Die kleinste Mietwohnung, der Wohnungstyp 4, verliert bei den Haushalten zwischen 1978 und 1995 noch weiter an Bedeutung. Die Eigenheime sind zwar auch 1995 im Vergleich zu allen anderen Wohnungstypen für Wohnungssuchende von höchster Attraktivität, aber ihr Gewicht bei der Entscheidung der Haushalte hat doch etwas nachgelassen. Demgegenüber steigt die relative Bevorzugung der kleinen Eigentumswohnung (WT3), und die Ablehnung gegenüber der großen Eigentumswohnung (WT8) wird praktisch aufgegeben. Auch die Drei-Zimmer-Mietwohnung wird nicht mehr in dem Maße abgelehnt wie noch 1978.

Abbildung 11.8 stellt die davon abweichende Entwicklung in den Regionstypen heraus.

Auffallend ist schon 1978 die Zunahme der Attraktivitätsabstände zwischen den Wohnungstypen von den Regionstypen BALL bis hin zum Typ LAND. Auf dem flachen Land waren demnach 1978 die Präferen-

Abb. 11.8

Entwicklung der relativen Attraktivität der Wohnungstypen

Anteile am Auszug minus Anteile am Einzug in %, relativer Gewinn bzw. Verlust in Prozentpunkten

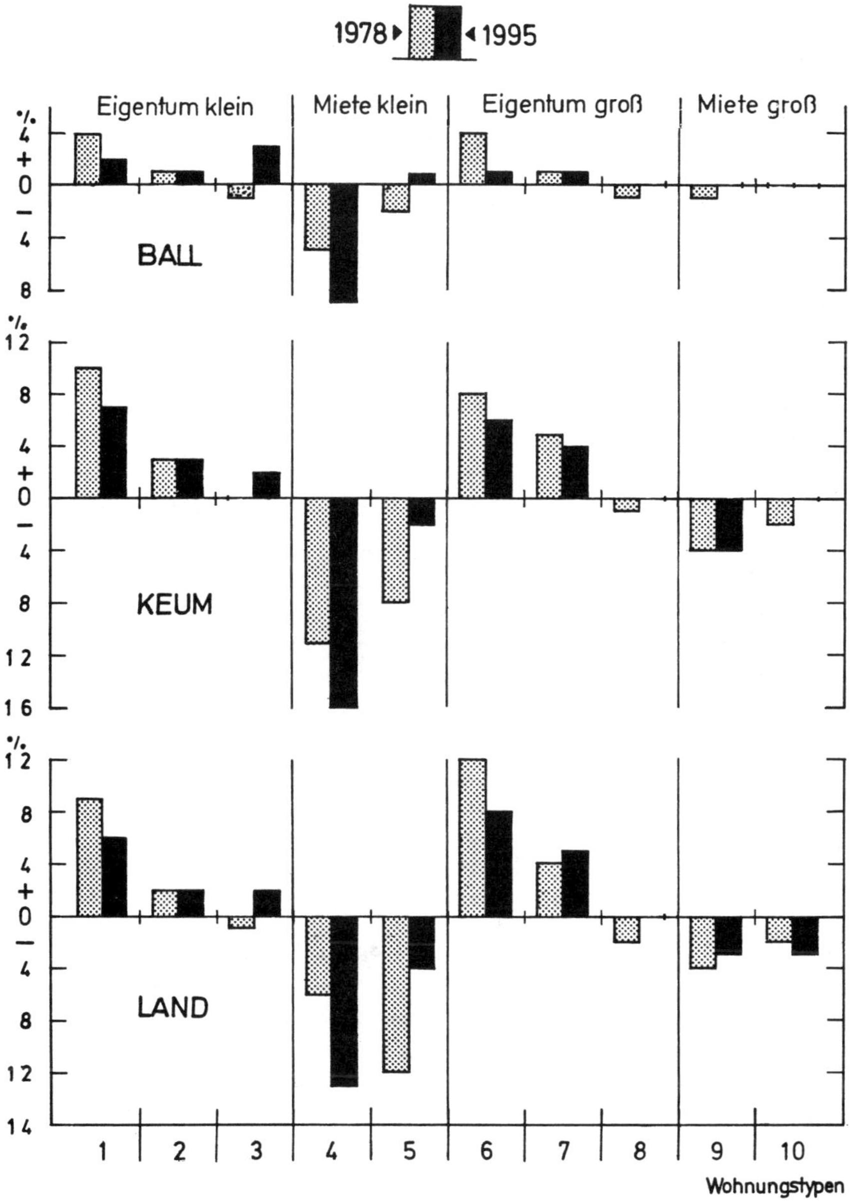

IFO-INSTITUT für Wirtschaftsforschung München

335/87

zen der Haushalte viel eindeutiger und ausgeprägter als in städtischen Regionen. Das liegt einerseits an der relativ geringeren Heterogenität bezüglich der Haushaltsstrukturen, bezüglich der ökonomischen Rahmenbedingungen und bezüglich der Wohnungsangebotsmerkmale, andererseits aber sicherlich auch daran, daß Verhaltensweisen der Nachfrager auch bei abweichenden Charakteristika sehr viel stärker aneinander bzw. an die dort gängigen gesellschaftlichen Normen angepaßt sind.

1995 verlieren diese Einflüsse im Regionstyp LAND offensichtlich ein wenig an Gewicht bzw. werden in den anderen Regionstypen bedeutsam, denn in letzteren erhöhen sich die Attraktivitätsabstände zwischen den Wohnungstypen. So erreicht beispielsweise die Ablehnung der kleinen Mietwohnung auch in den Ballungsgebieten 1995 einen beachtlichen Wert, während die herausstechende Attraktivität der großen Einfamilienhäuser sich im Regionstyp LAND abflacht.

Durchgängig über alle Regionstypen verlieren Eigentumswohnungen ihre Unattraktivität und erhalten einen gewissen Grad an Wertschätzung, der sogar teilweise (Typ 3 in BALL) die kleinen Familienheime übertrifft. Allerdings ist der Begriff "Wertschätzung" vermutlich etwas zu hoch gegriffen, Eigentumswohnungen sind erheblich billiger als Familienheime und deshalb für Eigentumsinteressenten wesentlich leichter erreichbar.

Mietwohnungen sind auch 1995 im Vergleich zum Eigentum wenig begehrt. Sie erreichen nur in den Regionstypen BALL eine gewisse Attraktivität.

11.6 Eigentümerquote in der Bundesrepublik Deutschland

Das Prognose-Modell des IFO-Instituts deckt nur einen, wenn auch den überwiegenden Teil der gesamten Wohnungsnachfrage in der Bundesrepublik Deutschland ab. Landwirte, Sozialmieter und Nachfrager von Dienst-, Werks- und Stiftswohnungen bleiben bei der Prognose der Wohnungsnachfrage unberücksichtigt. Um nun doch einen gewissen Zusammenhang zu den Daten der amtlichen Statistik herzustellen, haben wir versucht, zumindest die zukünftig zu erwartende Eigentümerquote für alle Haushalte in der Bundesrepublik Deutschland aus den Prognoseergebnissen zu ermitteln. Dazu mußten für einige Prognosejahre die landwirtschaftlichen Haushalte, die Sozialmieter, die Inhaber von Dienstwohnungen und ähnlichen berechnet und den Modell-Haushalten entsprechend hinzugefügt werden.

Die Abnahme landwirtschaftlicher Haushalte in der Zukunft wurde vom IFO-Institut in enger Anlehnung an diesbezügliche Literatur bis 1995 hat uns der Auftraggeber zur Verfügung gestellt. Die Anzahl der Dienst-, Werks- und Stiftswohnungen wurde für die Prognose mangels anderer Informationen konstant gehalten (vgl. auch Kapitel 9 und 10).

Zur Berechnung der Eigentümerquote wurden landwirtschaftliche Haushalte grundsätzlich den selbstnutzenden Eigentümern zugerechnet, die anderen Haushalte als Mieter eingestuft (in Tausend):

	1978	1985	1990	1995
landwirtschaftliche Haushalte	435	378	336	299
Sozialmieter	3.887	3.691	3.345	2.265
Haushalte in Dienstwohnung.u.ä.	1.342	1.342	1.342	1.342

Nach einer solchen überschlägigen Rechnung prognostizieren wir eine Eigentümerquote in der Bundesrepublik Deutschland auf der Grundlage der oben benannten Haushalte von (in %):

1978	36,1
1985	40,1
1990	42,0
1995	44,4

Die Ergebnisse dieser Überschlagsrechnung zeigen einen weit weniger spektakulären Anstieg, als vielfach vorausgesagt bzw. politisch angestrebt wird.

Detaillierte Tabellen zu Kapitel 11

Tabelle 11.2

Entwicklung der Wohnungsnachfrage
nach Haushaltsstrata
- Anteile der Wohnungstypen in % -

Stratum	Wohnungstyp 1	2	3	4	5	6	7	8	9	10	Eigentümer quote
EHBAKE											
1978	7	4	3	22	31	7	4	2	13	7	27
1985	9	4	6	22	26	10	5	2	10	6	36
1990	9	4	6	21	25	11	5	2	10	7	37
1995	9	3	7	21	24	11	5	2	11	7	37
EHBAHV											
1978	14	9	3	9	19	16	11	2	11	6	55
1985	17	7	3	7	18	21	10	1	11	5	59
1990	18	6	4	7	17	22	10	2	10	4	62
1995	18	6	4	7	17	22	9	2	10	5	61
EHBAUM											
1978	20	9	2	6	14	22	11	1	9	6	65
1985	21	7	2	5	16	24	11	1	7	6	66
1990	22	7	2	5	16	24	10	1	6	7	66
1995	23	7	3	4	16	22	11	1	6	7	67
EHKERN											
1978	8	5	6	14	29	9	5	4	14	6	37
1985	15	5	4	12	18	20	7	5	9	5	56
1990	17	5	4	11	14	23	8	5	8	5	62
1995	18	5	4	9	12	25	9	6	7	5	67
EHUMLA											
1978	17	9	1	7	15	21	14	1	9	6	63
1985	21	9	1	7	11	25	14	0	7	5	70
1990	23	9	2	5	10	26	14	1	6	4	75
1995	24	9	2	4	9	26	14	1	6	5	76
EHLAND											
1978	17	8	2	7	16	21	12	1	10	6	61
1985	21	7	2	7	11	27	11	1	8	5	69
1990	22	7	2	7	9	28	12	1	7	5	72
1995	22	6	3	6	8	30	12	1	7	5	74

noch Tabelle 11.2

Entwicklung der Wohnungsnachfrage
nach Haushaltsstrata
- Anteile der Wohnungstypen in % -

Stratum	Wohnungstyp 1	2	3	4	5	6	7	8	9	10	Eigentümer quote
SWBAKE											
1978	3	4	3	61	20	1	1	0	5	2	12
1985	4	3	3	59	18	2	2	1	5	3	15
1990	4	3	4	56	18	3	2	1	6	3	17
1995	5	3	5	52	17	4	3	1	6	4	21
SWBAHV											
1978	9	14	3	39	18	4	5	0	6	2	35
1985	13	14	3	30	16	8	7	0	7	2	45
1990	15	13	3	25	15	11	8	0	7	3	50
1995	16	12	4	21	15	13	8	0	8	3	53
SWBAUM											
1978	13	16	3	32	17	7	5	0	5	2	44
1985	17	15	3	23	15	11	8	0	5	3	54
1990	18	14	3	20	14	13	9	1	5	3	58
1995	19	13	4	16	13	15	10	1	6	3	62
SIKERN											
1978	3	4	3	56	21	2	2	1	6	2	15
1985	3	3	6	55	16	4	2	2	6	3	20
1990	4	3	8	51	15	5	3	2	6	3	25
1995	4	3	9	46	14	7	4	3	7	3	30
SIUMLA											
1978	14	13	2	33	17	7	6	0	6	2	42
1985	17	13	3	28	14	10	7	0	6	2	50
1990	18	12	4	23	13	13	9	0	6	2	56
1995	19	11	5	19	13	15	9	1	6	2	60
SWLAND											
1978	12	11	3	41	15	6	4	1	5	2	37
1985	15	11	3	34	10	12	7	0	5	3	48
1990	16	10	4	31	8	15	8	0	5	3	53
1995	17	9	5	25	7	19	9	1	5	3	60

noch Tabelle 11.2

Entwicklung der Wohnungsnachfrage
nach Haushaltsstrata
- Anteile der Wohnungstypen in % -

Stratum	Wohnungstyp 1	2	3	4	5	6	7	8	9	10	Eigentümer quote
SMBAKE											
1978	2	2	2	70	15	1	1	0	5	2	8
1985	2	1	3	65	15	1	1	2	7	3	10
1990	2	1	3	63	16	2	1	1	7	4	10
1995	2	1	4	60	16	2	1	1	8	5	11
SMBAHV											
1978	8	9	4	51	13	4	4	0	5	2	29
1985	7	8	4	48	14	6	5	0	5	3	30
1990	6	8	4	47	15	7	5	0	5	3	30
1995	6	7	5	47	17	6	5	0	4	3	29
SMBAUM											
1978	13	9	3	42	11	8	5	1	5	3	39
1985	10	5	6	47	16	7	4	1	3	1	33
1990	10	5	8	44	16	7	4	1	3	2	35
1995	8	4	11	43	17	7	4	1	3	2	35
SMLAND											
1978	13	9	3	49	12	6	3	0	4	1	34
1985	12	8	5	45	10	7	5	1	5	2	38
1990	11	7	7	44	9	8	6	1	6	1	40
1995	10	8	8	39	9	10	7	2	6	1	45

noch Tabelle 11.2

Entwicklung der Wohnungsnachfrage
nach Haushaltsstrata
- Anteile der Wohnungstypen in % -

Stratum	Wohnungstyp 1	2	3	4	5	6	7	8	9	10	Eigentümerquote
WGBALL											
1978	15	5	1	3	12	33	14	1	9	7	69
1985	15	4	2	2	14	29	13	2	11	8	65
1990	15	4	2	2	15	28	13	2	10	9	64
1995	15	4	2	2	16	27	13	1	10	10	62
WGKEUM											
1978	18	4	0	1	7	43	15	1	6	5	81
1985	17	3	0	1	9	36	16	1	9	8	73
1990	16	3	0	1	10	34	17	1	8	10	71
1995	16	2	0	0	10	33	18	1	7	13	70
WGLAND											
1978	19	4	1	1	7	45	14	0	5	4	83
1985	18	2	1	1	8	46	13	0	6	5	80
1990	17	1	1	1	8	48	13	1	5	5	81
1995	16	1	1	0	7	49	14	1	5	6	82
GABRDI											
1978	1	0	1	40	38	1	1	0	12	6	4
1985	0	0	1	22	57	0	0	0	14	6	1
1990	0	0	2	18	59	0	0	1	14	6	3
1995	0	0	2	15	58	0	0	1	17	7	3

Tabelle 11.3

Entwicklung der Wohnungsnachfrage
nach Haushaltstypen und Regionstypen
- Anteile in den Wohnungstypen in % -

	Wohnungstyp										Eigentümer
	1	2	3	4	5	6	7	8	9	10	quote
aggrierte Strata											
EHBRD											
1978	14	8	3	11	21	16	9	1	11	6	51
1995	18	6	4	10	15	21	10	2	8	6	61
SIBRD											
1978	8	9	3	49	17	4	3	0	5	2	27
1995	10	7	5	39	14	9	6	1	6	3	38
WGBRD											
1978	17	4	1	2	9	39	14	1	7	6	76
1995	16	3	1	1	12	33	15	1	8	10	69
GABRD											
1978	1	0	1	40	38	1	1	0	12	6	4
1995	0	0	2	15	58	0	0	1	17	7	3
BALL[1]											
1978	10	7	3	27	20	12	6	1	9	5	39
1995	12	5	5	25	18	13	7	1	9	5	43
KEUM[1]											
1978	15	8	2	16	16	19	10	1	8	5	55
1995	19	7	3	12	11	22	12	1	7	6	64
LAND[1]											
1978	16	8	2	16	14	22	10	1	7	4	59
1995	19	6	3	12	8	29	12	1	6	4	70

1 Ohne GA-Haushalte.

Tabelle 11.4

Entwicklung der Wohnungsnachfrage

EH-Haushalte der niedrigsten Einkommenskategorie

- Anteile in den Wohnungstypen in % -

	Wohnungstyp 1	2	3	4	5	6	7	8	9	10	EQ	Anteile der Gruppen am Stratum
EH mit niedrigstem Einkommen												
BAKE												
1978	12	7	2	29	28	4	2	0	13	3	27	1
1995	8	4	4	37	28	6	3	0	7	3	25	2
BAHV												
1978	19	24	1	17	12	10	7	0	8	2	61	2
1995	15	10	5	10	24	15	8	0	11	2	53	2
BAUM												
1978	23	21	0	7	9	21	11	0	6	2	76	2
1995	19	10	1	7	20	22	11	0	7	3	63	2
KERN												
1978	12	10	2	33	17	0	6	2	15	3	32	2
1995	12	8	2	35	18	6	6	3	8	2	37	4
UMLA												
1978	31	21	0	10	10	15	7	0	3	3	74	3
1995	23	12	3	12	9	20	10	1	7	3	69	3
LAND												
1978	34	17	1	10	9	16	7	0	4	2	75	3
1995	25	7	3	7	13	24	9	0	7	5	68	3
alle EH mit niedrigstem Einkommen												
1978	25	18	1	15	13	13	7	0	6	2	64	2
1995	18	9	3	17	17	17	8	1	7	3	56	3

Tabelle 11.5

Entwicklung der Wohnungsnachfrage
EH-Haushalte der obersten Einkommenskategorie
- Anteile in den Wohnungstypen in % -

	Wohnungstyp 1	2	3	4	5	6	7	8	9	10	EQ	Anteile der Gruppen am Stratum
EH mit höchstem Einkommen												
BAKE												
1978	8	2	5	7	19	19	5	5	15	15	44	11
1995	14	1	7	3	7	32	7	7	9	13	68	9
BAHV												
1978	16	2	4	3	10	31	10	4	12	8	67	9
1995	18	2	4	2	7	41	8	4	6	8	77	7
BAUM												
1978	19	3	3	2	6	40	9	4	7	7	78	8
1995	21	3	4	1	4	42	12	4	3	6	86	6
KERN												
1978	8	1	7	3	15	24	7	11	16	8	58	8
1995	11	1	5	0	5	49	12	8	4	5	86	6
UMLA												
1978	15	3	2	2	8	35	14	2	7	12	71	5
1995	21	3	4	0	5	41	12	2	1	11	83	5
LAND												
1978	16	3	3	2	7	37	13	2	8	9	74	5
1995	16	2	3	8	3	49	11	3	2	3	84	5
alle EH mit höchstem Einkommen												
1978	13	2	4	4	12	29	9	4	12	11	61	8
1995	16	2	5	3	6	39	9	5	5	10	76	7

Tabelle 11.6

Entwicklung der Wohnungsnachfrage
SI-Haushalte der niedrigsten Einkommenskategorie
- Anteile in den Wohnungstypen in % -

	Wohnungstyp 1	2	3	4	5	6	7	8	9	10	EQ	Anteile der Gruppen am Stratum
SI mit niedrigstem Einkommen												
BAKE												
1978	2	3	1	75	13	0	0	0	4	2	6	22
1995	3	3	1	66	15	3	1	0	5	3	11	20
BAHV												
1978	11	16	2	45	14	3	4	0	3	2	36	24
1995	15	13	3	30	15	8	8	0	6	2	47	21
BAUM												
1978	13	17	2	37	13	7	3	1	5	2	43	30
1995	18	13	4	21	16	14	6	1	5	2	56	27
KERN												
1978	3	3	1	71	15	1	1	0	3	2	9	29
1995	4	2	6	60	14	5	2	1	4	2	20	27
UMLA												
1978	19	14	1	38	13	5	5	0	3	2	44	33
1995	21	12	3	22	12	15	8	0	5	2	59	31
LAND												
1978	17	12	1	46	11	5	3	0	3	2	38	35
1995	20	9	3	29	9	16	7	0	4	3	55	32
alle SI mit niedrigstem Einkommen												
1978	11	10	1	54	13	3	3	0	3	2	28	27
1995	12	8	3	42	13	9	5	0	5	3	37	24

Tabelle 11.7

Entwicklung der Wohnungsnachfrage
SI-Haushalte der obersten Einkommenskategorie
- Anteile in den Wohnungstypen in % -

	Wohnungstyp 1	2	3	4	5	6	7	8	9	10	EQ	Anteile der Gruppen am Stratum
SI mit höchstem Einkommen												
BAKE												
1978	5	2	8	31	20	9	6	6	9	4	36	1
1995	3	2	13	8	13	12	11	14	12	12	55	2
BAHV												
1978	12	6	5	28	16	10	9	2	11	1	44	1
1995	11	8	12	13	14	20	10	0	4	8	61	2
BAUM												
1978	20	3	8	12	16	14	15	3	3	6	63	1
1995	17	2	12	8	8	25	17	1	3	7	74	2
KERN												
1978	0	5	9	33	8	7	5	10	14	9	36	1
1995	3	3	6	8	5	14	14	28	6	13	86	1
UMLA												
1978	9	3	7	37	8	20	9	0	4	3	48	0,3
1995	21	5	11	4	12	25	13	3	5	1	78	1
LAND												
1978	20	4	7	24	15	11	15	4	0	0	61	1
1995	14	7	10	4	12	17	26	5	4	1	79	1
alle SI mit höchstem Einkommen												
1978	9	3	7	28	17	11	9	4	8	4	43	1
1995	8	4	12	8	12	16	13	10	8	9	63	1

Tabelle 11.8

Entwicklung der Wohnungsnachfrage
EH-Haushalte mit 0 Kindern
- Anteile in den Wohnungstypen in % -

	Wohnungstyp 1	2	3	4	5	6	7	8	9	10	EQ	Anteile der Gruppen am Stratum
EH mit 0 Kindern												
BAKE												
1978	8	5	4	29	31	5	3	1	10	4	26	63
1995	11	4	7	22	22	11	5	2	11	5	41	74
BAHV												
1978	17	14	4	14	20	11	8	1	8	3	55	51
1995	17	6	5	8	20	20	9	1	10	4	58	61
BAUM												
1978	23	12	3	10	16	16	9	1	7	3	64	48
1995	21	8	3	6	17	21	11	1	7	5	65	53
KERN												
1978	9	7	7	20	30	6	5	2	10	4	36	60
1995	18	5	4	11	13	25	8	4	7	5	64	69
UMLA												
1978	20	13	2	11	17	16	10	1	7	3	62	48
1995	22	9	2	5	11	25	14	1	7	4	73	57
LAND												
1978	21	12	3	12	17	16	8	1	7	3	61	51
1995	21	6	3	8	9	29	12	1	6	5	72	55
alle EH mit 0 Kindern												
1978	16	10	3	18	22	11	7	1	8	4	48	53
1995	17	6	4	12	17	20	9	2	9	4	58	63

Tabelle 11.9

Entwicklung der Wohnungsnachfrage
EH-Haushalte mit 3 und mehr Kindern
- Anteile in den Wohnungstypen in % -

	Wohnungstyp 1	2	3	4	5	6	7	8	9	10	EQ	Anteile der Gruppen am Stratum
EH mit 3 u.mehr Kindern												
BAKE												
1978	6	1	1	3	17	20	7	2	21	22	37	3
1995	7	2	4	8	17	20	7	3	11	21	43	0,3
BAHV												
1978	10	2	0	1	8	31	17	3	14	14	63	7
1995	18	4	4	2	8	33	12	2	8	9	73	3
BAUM												
1978	7	3	0	1	5	40	19	1	13	11	70	9
1995	23	4	2	1	7	34	9	1	5	14	73	5
KERN												
1978	6	1	0	2	11	23	5	7	26	19	42	6
1995	19	4	4	1	4	32	12	9	9	6	80	2
UMLA												
1978	11	3	0	1	6	38	19	0	10	12	71	10
1995	23	7	1	0	4	33	18	0	4	10	82	6
LAND												
1978	11	2	0	1	6	41	20	0	10	9	74	10
1995	21	5	1	1	4	42	14	1	7	4	84	7
alle EH mit 3 Kindern												
1978	10	2	0	1	8	35	17	1	13	13	65	8
1995	21	5	2	1	5	36	14	1	6	9	66	4

Tabelle 11.10

Entwicklung der Wohnungsnachfrage
EH-Haushalte bis zu 25 Jahre
- Anteile in den Wohnungstypen in % -

	Wohnungstyp 1	2	3	4	5	6	7	8	9	10	EQ	Anteile der Gruppen am Stratum
EH bis 25 Jahre												
BAKE												
1978	0	0	1	50	36	1	0	0	10	2	2	4
1995	1	1	2	51	25	0	1	1	16	2	6	4
BAHV												
1978	1	2	1	31	44	1	1	0	14	5	6	3
1995	11	4	4	23	30	7	3	1	15	2	30	3
BAUM												
1978	1	2	1	28	47	3	1	0	10	7	8	3
1995	11	8	1	18	38	5	5	0	6	8	31	3
KERN												
1978	1	0	3	45	36	1	1	1	7	5	7	5
1995	6	7	1	45	15	7	6	3	7	3	30	4
UMLA												
1978	3	4	0	27	40	2	1	0	16	7	10	4
1995	18	13	1	22	13	13	9	1	6	4	55	3
LAND												
1978	4	3	1	29	39	2	2	1	14	5	13	4
1995	21	8	2	20	10	10	8	1	12	8	50	50
alle EH bis 25 Jahre												
1978	2	2	1	35	40	2	1	0	12	5	8	4
1995	11	6	2	32	21	7	5	1	11	4	32	3

Tabelle 11.11

Entwicklung der Wohnungsnachfrage
EH-Haushalte mit 55 und mehr Jahren
- Anteile in den Wohnungstypen in % -

	Wohnungstyp 1	2	3	4	5	6	7	8	9	10	EQ	Anteile der Gruppen am Stratum
EH bis 55 Jahren												
BAKE												
1978	10	6	3	26	28	7	4	1	10	5	31	38
1995	13	5	8	16	21	15	7	2	8	5	50	43
BAHV												
1978	20	17	3	11	15	13	11	1	6	3	65	33
1995	16	7	4	5	20	23	11	1	9	4	62	37
BAUM												
1978	25	15	2	7	11	21	11	0	6	2	74	34
1995	21	7	2	4	15	25	12	1	8	5	68	34
KERN												
1978	11	8	6	17	28	8	5	2	11	4	40	38
1995	21	4	3	4	11	31	9	3	8	6	71	40
UMLA												
1978	23	16	1	8	13	18	11	1	6	3	70	32
1995	20	8	2	3	11	27	15	1	7	6	73	38
LAND												
1978	24	13	2	10	14	18	9	1	6	3	67	37
1995	20	6	3	5	10	32	12	1	7	4	74	38
alle EH mit 55 Jahren												
1978	18	12	3	15	19	14	8	1	7	3	56	35
1995	17	6	4	8	16	24	11	1	8	5	63	39

Tabelle 11.12

Entwicklung der Wohnungsnachfrage
SI-Haushalte bis zu 25 Jahren
- Anteile in den Wohnungstypen in % -

	Wohnungstyp 1	2	3	4	5	6	7	8	9	10	EQ	Anteile der Gruppen am Stratum
SI bis 25 Jahre												
BAKE												
1978	0	0	1	87	8	0	0	0	2	2	1	12
1995	0	0	2	84	9	0	0	0	3	2	2	11
BAHV												
1978	1	0	1	81	12	0	0	0	3	2	2	7
1995	3	2	2	62	16	3	2	0	7	3	12	6
BAUM												
1978	0	2	0	78	15	1	0	0	2	2	3	5
1995	3	4	4	67	13	1	2	0	3	3	14	5
KERN												
1978	0	0	0	85	11	0	0	0	2	2	0	18
1995	0	1	1	82	10	0	1	0	4	1	3	12
UMLA												
1978	0	0	1	80	14	0	0	0	2	3	1	6
1995	11	9	3	52	10	4	5	0	5	1	32	5
LAND												
1978	0	0	1	84	12	0	0	0	1	2	1	6
1995	3	5	2	72	5	1	3	1	6	2	15	9
alle SI bis 25 Jahre												
1978	0	0	1	84	11	0	0	0	2	2	1	9
1995	2	2	2	76	10	1	1	0	4	2	8	8

Tabelle 11.13

Entwicklung der Wohnungsnachfrage
SI-Haushalte mit 55 und mehr Jahren
- Anteile in den Wohnungstypen in % -

	Wohnungstyp 1	2	3	4	5	6	7	8	9	10	EQ	Anteile der Gruppen am Stratum
SI mit 55 und mehr Jahren												
BAKE												
1978	4	5	3	57	21	1	1	0	6	2	14	52
1995	7	5	5	42	19	7	4	1	7	3	29	46
BAHV												
1978	12	17	3	37	16	4	5	0	4	2	41	67
1995	17	14	3	19	14	14	10	0	7	2	58	59
BAUM												
1978	15	17	3	30	14	8	5	1	5	2	49	70
1995	19	13	3	15	14	16	11	0	6	3	62	62
KERN												
1978	5	7	4	45	24	3	2	1	7	2	22	51
1995	9	5	12	24	15	14	6	3	7	5	49	74
UMLA												
1978	17	16	1	27	16	8	7	0	6	2	49	74
1995	19	13	3	16	11	19	11	0	5	3	65	59
LAND												
1978	15	13	3	39	14	6	4	0	4	2	41	71
1995	18	10	5	20	9	20	10	0	5	3	63	67
alle SI 55 und mehr Jahren												
1978	11	12	2	41	18	5	4	0	5	2	34	62
1995	14	9	5	26	14	14	8	1	6	3	51	53

Tabelle 11.14

Auszug 1995

- Anteile der Ausziehenden an der

Nachfrage eines Wohnungstyps 1994 in % -

	Wohnungstyp										Anteil der Ausziehenden an den Haushalten des Stratums
	1	2	3	4	5	6	7	8	9	10	(Mobilitätsrate)
Haushalts-strata											
EHBAKE	1	1	5	20	6	1	1	5	10	6	8
EHBAHV	2	1	7	27	9	2	1	5	11	12	7
EHBAUM	2	1	4	35	13	2	1	15	11	12	7
EHKERN	3	1	6	38	10	1	0	10	12	8	8
EHUMLA	2	1	9	31	10	2	2	20	11	10	5
EHLAND	2	2	7	24	8	2	2	18	10	12	5
SWBAKE	2	1	5	12	7	5	1	10	8	6	9
SWBAHV	2	1	5	9	8	2	1	20	8	10	5
SWBAUM	1	0	4	5	5	3	0	4	5	6	3
SIKERN	7	2	7	22	11	3	2	4	14	10	14
SIUMLA	1	0	5	13	7	2	2	14	10	7	5
SWLAND	2	1	2	7	6	1	1	16	6	9	4
SMBAKE	6	3	8	20	15	7	2	8	10	12	17
SMBAHV	4	1	9	19	17	2	1	13	12	10	13
SMBAUM	2	4	7	18	11	3	4	6	18	20	12
SMLAND	2	1	8	19	7	4	1	13	16	10	11
WGBALL	1	1	4	15	4	1	1	7	5	6	2
WGKEUM	1	1	8	17	5	1	1	18	7	8	3
WGLAND	0	1	3	17	5	1	1	31	5	8	2
GABRDI	5	0	12	20	10	4	1	0	10	10	11
BRD	2	1	6	17	9	2	1	9	9	9	7

Tabelle 11.15

Einzug 1995

- Anteile der Einziehenden an der

Nachfrage eines Wohnungstyps 1995 in % -

	Wohnungstyp									
	1	2	3	4	5	6	7	8	9	10
Haushalts-strata										
EHBAKE	7	6	13	14	11	3	2	14	15	13
EHBAHV	7	4	12	16	11	5	4	12	14	12
EHBAUM	8	5	5	18	14	5	5	19	13	15
EHKERN	11	6	9	19	10	8	3	18	13	10
EHUMLA	6	5	11	17	10	5	5	22	11	11
EHLAND	6	6	11	12	10	6	6	22	11	15
SWBAKE	0	0	14	20	9	0	0	17	11	14
SWBAHV	7	4	19	21	12	3	2	8	10	17
SWBAUM	4	5	12	22	9	3	5	8	9	6
SIKERN	0	8	19	27	17	0	10	19	23	17
SIUMLA	8	8	24	26	18	3	6	27	18	4
SWLAND	3	4	14	18	6	2	4	31	12	14
SMBAKE	0	10	22	28	22	0	7	18	18	20
SMBAHV	5	11	22	32	27	2	6	13	17	19
SMBAUM	6	8	24	32	24	1	5	21	23	22
SMLAND	6	13	27	31	16	1	9	30	22	8
WGBALL	1	2	6	11	12	1	2	6	10	11
WGKEUM	7	7	16	24	13	7	8	25	11	18
WGLAND	7	5	9	23	11	8	10	35	11	14
GABRDI	0	0	18	23	16	0	1	9	17	18
BRD	6	5	15	24	13	5	5	17	14	14

12. GEGENÜBERSTELLUNG VON WOHNUNGSNACHFRAGE UND WOHNUNGSANGEBOT

Die hier vorgelegte Prognose der Nachfrage nach Miet- und Eigentümerwohnungen wurde auf der Grundlage eines Modells erstellt, das weniger zur Prognose der Anzahl der nachgefragten Wohnungen konzipiert wurde - diese Wohnungsanzahl entspricht der exogen vorgegebenen Haushaltsanzahl -, als vielmehr darauf angelegt ist, die Struktur der nachgefragten Wohnungen und deren Entwicklung in der Zukunft zu prognostizieren. Deshalb basiert auch die Prognose auf Schätzungen der Nachfragefunktionen mit Hilfe des discrete choice-Ansatzes, der das Auswahlverhalten der Haushalte gegenüber einer bestimmten Zahl von Wohnungsalternativen abzubilden in der Lage ist. Eine "Bilanzierung" der so ermittelten zukünftigen Nachfrage mit dem entsprechenden Angebot sollte deshalb auch nicht auf die Anzahl der Wohnungen abstellen, sondern auf deren Struktur.

Da die Modell-Prognose einen ex post-Zeitraum von 1978 bis 1986 einschließt und statistische Daten zum Wohnungsangebot bis 1984/85 vorliegen, bietet sich die Möglichkeit, bis 1984/85 die Prognose der Wohnungsnachfrage dem bis dahin vorhandenen Wohnungsangebot gegenüberzustellen, um daraus einige Hinweise auf schon aufgetretene bzw. eventuell auftretende Diskrepanzen abzuleiten.

Für den ex ante-Zeitraum der Nachfrageprognose kann diese Gegenüberstellung nicht vorgenommen werden, weil Wohnungsangebotsprognosen auf Annahmen über die zukünftige Nachfrageentwicklung basieren und somit nur ein Zirkelschluß gezogen werden könnte. Für den ex ante-Zeitraum gehen wir deshalb davon aus, daß sich das Wohnungsangebot an die zukünftig zu erwartende Nachfrage anzupassen versucht - sei es durch Neubau, sei es durch Umbau, Abriß, Zusammenlegung, Umwandlung und Modernisierung von Wohnungen. Für diesen Zeitraum können also nur die Anforderungen durch die nachfragenden Haushalte, wie sie im Vorkapitel 11 ausführlich dargestellt sind, benannt werden.

Nun ist es bereits für die Vergangenheit äußerst schwierig, anhand sekundärstatistischer Daten ein Wohnungsangebot zu ermitteln, das der Nachfrage des Modells adäquat ist. Probleme entstehen nicht nur aus der relativ tiefgehenden Differenzierung der Wohnungsnachfrage - eine Differenzierung, die ja ihre Entsprechung im Angebot finden müßte -, sondern auch aus einigen sekundärstatistisch nicht bzw. nicht vollständig erfaßten Vorgängen im Wohnungsbestand nach Charakteristika der betroffenen Wohnungen. Beispielsweise liegen keine ausreichenden Informationen über Anzahl und Struktur sowie regionalen Standort von Zweitwohnungen vor; die offizielle Abgangsstatistik erfaßt nicht den gesamten Wohnungsabgang; der Status einer Wohnung nach dem Merkmal Rechtsverhältnis zum Bewohner ist flexibel: Eigentumswohnungen werden vermietet, Mietwohnungen in Eigentum umgewandelt. Nicht einmal die Abgrenzung hin zu landwirtschaftlichen Anwesen, sozialen Mietwohnungen sowie Dienst-, Werks- und ähnlichen Wohnungen ist stabil, auch hier finden immer wieder Umwandlungen in Wohnungen des freifinanzierten Teilmarkts, wie er im Modell abgegrenzt ist, statt.

Aus den oben angeführten Gründen wäre es nur unter Zuhilfenahme einer Reihe von empirisch nur unzureichend abgestützten Annahmen möglich, den für die Modell-Haushalte zur Verfügung stehenden Wohnungsbestand in der im Modell verwendeten Differenzierung in den Jahren 1978 bis 1985 zu ermitteln. Aus diesem Grund haben wir - ausgehend von einem der Nachfragestruktur entsprechenden Angebot im ex post-Zeitraum und unter der plausiblen Annahme, daß die Anzahl der Wohnungen als Folge der verschiedenen Anbietermaßnahmen[1)] der Anzahl der Haushalte entspricht - einen anderen Weg als den der Ermittlung des entsprechenden Bestands eingeschlagen. Dieser Weg dient in erster Linie dazu, Angebots- und Nachfragestrukturen im Zeitraum 1978 bis 1985 zu vergleichen.

---

1) Beispielsweise Umwandlung von gewerblich genutztem in Wohnraum, von Sozialwohnungen in freifinanzierte Wohnungen, Neubau, Teilung und Zusammenlegung von Wohnungen.

12.1 Gegenüberstellung von Angebot und Nachfrage nach Wohnungsgrößen

Als einzig verfügbarer Datenquelle, bedienten wir uns für den Vergleich des Angebots mit der Modell-Nachfrage der amtlichen Fortschreibung des Wohnungsbestands.

Abweichend von der Abgrenzung der Modell-Nachfrage enthält der hier als Wohnungsangebot definierte fortgeschriebene amtliche Wohnungsbestand zusätzlich mehrere Arten von Wohnungen:

- soziale Mietwohnungen,
- Dienst-, Werks-, Stifts- und landwirtschaftliche Wohnungen.

Diese in der amtlichen Bestandsstatistik enthaltenen, im Nachfragemodell jedoch ausgegrenzten Wohnungen sollen im folgenden als "definitorische Differenz" bezeichnet werden. Der in die Rechnung eingehende Wohnungsbestand ist um diese Wohnungen zu kürzen, um eine Vergleichbarkeit mit der Modell-Nachfrage herstellen zu können.

Die angesprochenen, im Modell ausgegrenzten Bereiche sind zwar für das Jahr 1978 in ihrer Größenstruktur erhoben, aber für die folgenden Jahre, die vor allem für die sozialen Mietwohnungen durch Zu- und Abgänge einige Strukturveränderungen gebracht haben dürften, sind solche Daten in der amtlichen Statistik nicht verfügbar. Dadurch notwendig werdende "Daumenschätzungen" hätten nur noch ein weiteres Moment der Unsicherheit in diese ohnehin schon sehr grobe Rechnung hineingebracht. Außerdem werden auch ohne die entsprechenden Abzüge vom Bestand die bereits aufgetretenen bzw. noch zu erwartenden Diskrepanzen zwischen Angebot und Nachfrage sichtbar. Aus diesem Grund werden wir in der folgenden Bilanzierung die definitorische Differenz nicht von dem nach einzelnen Wohnungsgrößen differenzierten Angebot, sondern nur vom Gesamtangebot abziehen.

Ein weiteres Problem der amtlichen Wohnungsbestandsstatistik liegt in der mangelnden Erfassung der Wohnungsabgänge. Man muß davon ausgehen, daß die in der amtlichen Statistik ausgewiesenen

Bestandszahlen tendenziell überhöht sind und daß selbst nach der oben angesprochenen Korrektur durch die definitorische Differenz immer noch eine (positive) Gesamtdifferenz zwischen amtlichem Wohnungsbestand und Modellnachfrage, d.h. ein scheinbarer "Angebotsüberhang," bestehen muß. Die Zahl der Wohnungen, die aufgrund mangelnder Erfassung der Abgänge in der amtlichen Bestandsstatistik tatsächlich nicht mehr zur Verfügung stehen, kann nicht zufriedenstellend quantifiziert werden. Sie ist daher ein Teil der bei der Bilanzierung von Wohnungsangebot und Wohnungsnachfrage entstehenen Gesamtdifferenz. Ein weiterer Teil dieser Gesamtdifferenz wird von Zweit- und Ferienwohnungen gestellt, deren Zahl und Struktur ebenfalls nicht bekannt sind.

Trotz der Vermeidung zusätzlicher Unsicherheiten, die durch "scheingenaue" Berechnungen in den angesprochenen Bereichen hätten entstehen können, warf die Gegenüberstellung noch eine Reihe von Problemen auf, die ohne ausreichende empirische Absicherung aufgrund plausibler Annahmen gelöst werden mußten.

Wie schon gesagt, ist der hier geplante Vergleich zwischen Angebot und Nachfrage darauf abgestellt, strukturelle Unterschiede aufzuzeigen. Differenzierungsmerkmale für die Wohnungsnachfrage im Nachfrage-Modell sind neben der Wohnungsgröße die Gebäudegröße und der Rechtsstatus. Die amtliche Statistik weist jedoch weder den Rechtsstatus noch die Gebäudegröße der Bestandswohnungen aus. Deshalb blieb als Strukturierungsmerkmal für Angebot und Nachfrage nur noch die Wohnungsgröße übrig. Aber selbst die Gegenüberstellung von Angebot und Nachfrage in der Differenzierung nach Wohnungsgröße (Merkmal im Nachfragemodell: Anzahl der Zimmer) ließ sich nicht ohne Schwierigkeiten durchführen. Denn in der amtlichen Statistik fehlt das Zimmer-Merkmal, stattdessen wird die Anzahl der Räume erhoben und ausgewiesen. Mit einigen plausiblen Annahmen haben wir die Gliederung der amtlichen Statistik in eine Zimmer-Gliederung umgewandelt:

- Ein- bis Drei-Raum-Wohnungen entsprechen den Ein- bis Zwei-Zimmer-Wohnungen des Modells. Die Raumzahl der Vier-und-mehr-Raum-Wohnungen wird jeweils um einen Raum (die Küche) verringert. Abschließend werden die Wohnungen der Kategorie mit der entsprechenden Zimmerzahl zugewiesen.

Für die Gegenüberstellung mußte die Differenzierung der Wohnungsnachfrage ebenfalls angeglichen werden, da die Wohnungsalternativen (wegen der benötigten Felderbesetzung) über Wohnungsgrößen konsolidiert worden waren (vgl. Kapitel 5):

- Die Zuordnung der Wohnungstypen, die mehrere Zimmerkategorien einschließen - beispielsweise das kleine Einfamilienhaus (WT1) mit einem bis zu vier Zimmern - haben wir über eine prozentuale Aufteilung, die sich auf die Daten der 1-v.H.-Wohnungsstichprobe von 1978 stützt, vorgenommen. Mangels ausreichender zuverlässiger prognostischer Informationen mußten diese Anteile bis 1995 konstant gehalten werden. Möglicherweise ist jedoch damit zu rechnen, daß sich auch innerhalb der konsolidierten Wohnungsalternativen, der allemeinen Tendenz folgend, die Anteile eher zu den Wohnungen mit der höheren Zimmerzahl verschieben. Beispielsweise betrug der Anteil der Einfamilienhäuser mit vier Zimmern am konsolidierten Wohnungstyp 1 im Jahr 1978 rund 70 %. Trotz der Vermutung, daß dieser Anteil steigen könnte, mußten wir ihn - mangels präziser Informationen - auch für 1995 konstant halten.

Die folgende Tabelle zeigt die Ergebnisse der unter den obigen Einschränkungen durchgeführten Berechnungen.

Differenz zwischen Wohnungsangebot und Wohnungsnachfrage nach Wohnungsgröße (+ Angebotsüberschuß, - Nachfrageüberschuß)
- in Tausend -

	Wohnungsangebot[1] im Jahr 1978 minus Wohnungsnachfrage[2] im Jahr 1978	Wohnungsangebot[1] im Jahr 1984 minus Wohnungsnachfrage[2] im Jahr 1984	Wohnungsangebot[1] im Jahr 1984 minus Wohnungsnachfrage[2] im Jahr 1990	Wohnungsangebot[1] im Jahr 1984 minus Wohnungsnachfrage[2] im Jahr 1995
1) Wohnungen mit 1 und 2 Zimmern	+3.836	+4.359	+4.424	+4.313
2) Wohnungen mit 3 Zimmern	+2.380	+2.659	+2.431	+1.891
3) Wohnungen mit 4 Zimmern	+ 317	+ 393	+ 45	- 402
4) Wohnungen mit 5 u. m. Zimmern	+ 30	- 31	- 508	- 970
5) alle Wohnungsgrößen	+6.563	+7.381	+6.392	+4.832
6) definitorische Differenz	-5.664	-5.411	-5.024	-3.906
7) Gesamtdifferenz	+ 899	+1.970	+1.368	+ 926

[1] Statistisches Bundesamt (Hrsg.), Statistisches Jahrbuch 1986, Wiesbaden 1986: Wohnungsbestand inklusive definitorische Differenz, inklusive Zweit- und Ferienwohnungen.
[2] Wohnungsnachfrage nach den IFO-Modellrechnungen ohne definitorische Differenz.

Wenn man zunächst einmal die Zahlen in den Zeilen (5) und (6) betrachtet, sieht man, daß der in der amtlichen Statistik angegebene Wohnungsbestand größer ist als die Modell-Nachfrage plus der in der definitorischen Differenz enthaltenen, ausgegrenzten Haushalte aus sozialen Mietwohnungen, Landwirtschaft etc.. Im ex post-Zeitraum der Prognose von 1978 bis 1984 erhöht sich der Wohnungsbestand über das Wachstum der Haushalte hinaus. Trotz überhöhter Bestandszahlen und nach Abzug von Zweit- und leerstehenden Wohnungen vom Bestand dürfte die Anzahl der Wohnungen - ohne strukturelle oder regionale Differenzierung - zur Unterbringung aller Haushalte ausreichen.

Im ex ante-Zeitraum der Prognose von 1984 bis 1995 ist die Nachfrage - aus den oben dargestellten Gründen - dem letzten in der amtlichen Statistik ausgewiesenen Wohnungsbestand von 1984 gegenübergestellt, um aus diesem Vergleich Hinweise auf eine möglicherweise benötigte Erweiterung des Bestands durch Neubau zu erhalten. Geht man nun davon aus, daß im Jahr 1984 der Wohnungsbestand zur Unterbringung der Haushalte ausreichte bzw. auch umgekehrt keine größere Menge von Wohnungen unvermietbar oder unverkäuflich war, so läßt sich aus der schrumpfenden Gesamtdifferenz zwischen Bestandsüberschuß und ausgegrenzten Haushalten die Notwendigkeit einer Vergrößerung des Wohnungsbestands bis 1995 ablesen. Wenn man nämlich unterstellt, daß eine entsprechende Differenz - unabhängig von der Größenstruktur - von ca. 2 Mio. Wohnungen (wobei noch eine Kürzung um korrigierte Abgänge und Zweitwohnungen in unbekannter Größe erforderlich wäre) im Jahr 1984 keine sichtbaren Probleme für den Wohnungsmarkt aufgeworfen hat, so reicht ein Wohnungsüberschuß von nicht einmal 1 Mio. im Jahr 1995 voraussichtlich nicht aus, allein die nachgefragte Anzahl von Wohnungen bereitzustellen.

Nach dieser überschlägigen Berechnung müßten zwischen 1984 und 1995 gut 1 Mio. Wohnungen dem Bestand hinzugefügt werden, im Jahresdurchschnitt also zwischen 80.000 und 90.000 Wohnungen (Nettozugang).

Geht man nun in einem zweiten Schritt auf eine Betrachtung der Differenzen zwischen den einzelnen nachgefragten und angebotenen Wohnungen einer bestimmten Größe über, so wird deutlich, daß selbst eine derartige Bestandsausweitung zur Nachfragedeckung nicht ausreichen würde, auch wenn die neu zu schaffenden Wohnungen alle 4, 5 und mehr Zimmer hätten (siehe Zeilen (3) und (4) der Tabelle: Die Überschußnachfrage nach großen Wohnungen beläuft sich 1995 auf 1,3 Mio. Wohnungen). Schon 1984 müssen etliche Haushalte in eine kleinere als die ursprünglich nachgefragte Wohnung ausgewichen sein, weil schon 1984 im Bestand nicht genügend Wohnungen der gewünschten Größe zur Verfügung standen.[1]) Größer als zur Unterbringung nachfragender Haushalte bis 1984 notwendig, ist demgegenüber der Bestand an Wohnungen mit bis zu vier Zimmern.

Im ex ante-Zeitraum der Prognose wächst die Diskrepanz der Größenstruktur der Nachfrage zur Größenstruktur des Wohnungsbestands 1984:

- Die Nachfrage nach Wohneinheiten mit fünf und mehr Zimmern - in erster Linie Eigenheime - übersteigt bis 1995 den Bestand an entsprechenden Wohneinheiten im Jahr 1984 um fast eine Million.

- Auch die Nachfrage nach Vier-Zimmerwohnungen, die bis 1990 immer noch aus dem 84er Bestand zu decken war, liegt 1995 um rund 400.000 Einheiten über diesem Bestand.

- Ein- bis Drei-Zimmerwohnungen dagegen sind auch ohne Neubau im Bestand immer in ausreichender Zahl vorhanden. Im Gegenteil sieht es eher so aus, als würden vor allem die kleinen Wohnungen nicht mehr vollständig von den nachfragenden Haushalten angenommen. Auch wenn man davon ausgehen muß, daß der größte Teil der ausgegrenzten sozialen Mietwohnungen in diese Kategorie fällt, bleibt immer noch ein Überangebot, und zwar insbesondere 1995.

---

1) Die schon 1984 trotz Verwendung empirisch ermittelter Werte für Preise, Einkommen usw. auftretenden Diskrepanzen lassen den Rückschluß zu, daß entweder die Bestandsfortschreibung des Statistischen Bundesamts auch im Hinblick auf die Struktur nach Wohnungsgrößen mit Vorsicht zu behandeln ist, daß die exogenen, sekundärstatistischen Vorgaben nicht genügend differenziert wurden und/oder daß die Aufteilung der Ergebnisse des IFO-Modells in die verschiedenen Wohnungsgrößen nicht konstant gehalten werden kann, sondern sich diese Anteile zwischen 1978 und 1984 - entgegen den ursprünglichen Annahmen - eher zugunsten der kleineren Wohneinheiten verschoben haben. Wegen all dieser auch oben schon besprochenen Unwägbarkeiten sollten die ausgewiesenen Zahlen auch nur als Tendenzaussagen, nicht als absolute Werte interpretiert werden.

Zusammenfassend läßt sich festhalten, daß sich die Struktur der Wohnungsnachfrage nach Wohnungsgrößen im Prognosezeitraum von der entsprechenden Struktur des Wohnungsbestands entfernt. Bei den großen Wohneinheiten, insbesondere bei Familienheimen, entwickeln sich steigende Defizite, während umgekehrt bei kleinen Wohnungen Angebotsüberschüsse entstehen.

Eine solche Entwicklung hätte natürlich eine Änderung der relativen Wohnkosten zur Folge, die die entstehenden Knappheitsverhältnisse widergibt. Die exogen vorgegebene Entwicklung der Wohnkosten im Prognosemodell ist bisher nicht nach Wohnungsgrößen differenziert, selbst für den ex post-Zeitraum stehen solche differenzierten Informationen nicht zur Verfügung.

12.2 Gegenüberstellung von regionaler Nachfrage und regionalem Angebot nach Wohnungsgrößen

In einem weiteren Versuch, die Modell-Nachfrage in Beziehung zum Wohnungsangebot zu setzen, soll wenigstens ein Teil der im Nachfragemodell verwendeten regionalen Differenzierung beibehalten werden. Auf der Basis der aggregierten Regionstypen BALL, KEUM und LAND wurden Veränderungsraten der Nachfrage und des Angebots an Wohnungen berechnet. Dabei treten die gleichen Probleme auf, wie in der oben dargestellten Global-Rechnung, sie werden wegen der Regionalisierung aber noch weit darüberhinaus verschärft. Auch in diesem zweiten Versuch einer "Bilanzierung" geht es aus den im vorhergehenden Abschnitt diskutierten Gründen nicht um absolute Werte, sondern um die (Entwicklung der) Größenstruktur der angebotenen und nachgefragten Wohnungen in den einzelnen Regionstypen.

Von der Bundesanstalt für Landeskunde und Raumordnung erhielten wir Angaben zu den Wohnungsfertigstellungen 1979 bis 1985, gegliedert nach siedlungsstrukturellen Kreistypen (Modell-Regionstypen) und Wohnungsgrößen (Anzahl der Räume mit wechselndem Differenzierungsgrad). Diese Fertigstellungszahlen beziehen sich auf den gesamten Wohnungsbau, also einschließlich beispielsweise der sozialen Mietwohnungen, die sich mangels Daten jedoch nicht herausrechnen lassen. Unter Inkaufnahme einer weiteren Ungenauigkeit haben wir daher sämtliche Fertigstellungen als dem (freifinanzierten) Modell-Marktsegment zugehörig unterstellt.

Mangels entsprechender regionalisierter Bestandszahlen bzw. wegen der fehlenden Möglichkeit einer korrekten Bereinigung der Bestandszahlen wurden diese Fertigstellungen als Wachstum des Modell-Wohnungsbestands, vom Basisjahr 1978 ausgehend, verwendet. Durch Kumulation ergaben sich daher Veränderungen der Wohnungsgrößenstruktur zwischen 1978 und 1985 in den drei aggregierten Regionstypen BALL, KEUM und LAND. Zum Vergleich haben wir entsprechende Daten der Modell-Nachfrage zusammengestellt[1] und auch hierfür die Veränderungsraten zwischen 1978 und 1985 für die Regionstypengruppen berechnet.

Insofern ist die folgende Tabelle mit der vorhergehenden nicht vergleichbar. Darüber hinaus umfaßt die folgende Tabelle nur den ex post-Zeitraum der Prognose 1978-1985. Die großen Wohnungen, bei denen in der vorhergehenden Tabelle große Diskrepanzen zwischen Angebot und Nachfrage aufgezeigt wurden, mußten in eine einzige Kategorie von Wohnungen mit vier und mehr Zimmern zusammengefaßt werden. Aus diesem Grund wird die Entwicklung in der Kategorie der ganz großen Wohnungen mit fünf und mehr Zimmern verdeckt.

---

1) Um die Vergleichbarkeit nicht noch weiter zu strapazieren, wurden die Nachfrageveränderungen um die Haushalts-Zugänge aus den ausgegrenzten Segmenten bereinigt. Andernfalls wären die Veränderungen zu groß ausgefallen.

Anzahl der angebotenen und nachgefragten Wohnungen nach Regionstypen und Größe -Veränderungsraten 1978-1985 in % -

	Wohnung mit ... Zimmern		
	1 u. 2	3	4 u. m.
Regionstyp			
BALL Bestand + Fertigstellungen	+ 12,8	+ 10,5	+ 15,5
bereinigte Nachfrage	+ 0,9	+ 1,0	+ 12,6
KEUM Bestand + Fertigstellungen	+ 20,4	+ 10,0	+ 16,2
bereinigte Nachfrage	+ 3,9	- 2,6	+ 15,5
LAND Bestand + Fertigstellungen	+ 21,4	+ 9,4	+ 18,0
bereinigte Nachfrage	- 3,3	- 9,4	+ 15,1

Geht man davon aus, daß alle im Zeitraum 1979 bis 1985 fertiggestellten Wohneinheiten in den Regionstypen als Angebot allein auf dem freifinanzierten Markt zur Verfügung stehen, so ließe sich die Nachfrage auch nach "großen" Wohnungen[1)] bis 1985 voll aus diesem erweiterten Wohnungsbestand decken. Dabei sind die regionalen Unterschiede unerheblich: In allen Regionen steigt der betrachtete Bestand an "großen" Wohnungen stärker als die entsprechende Nachfrage. Bezüglich kleinerer Wohnungen ist durch die Struktur der Fertigstellungen eher eine Verstärkung des schon - gemessen am Bestand - zu erwartenden Mißverhältnisses abzusehen: der Bestand an kleinen Wohnungen steigt bis 1985

---

1) Mit der Einschränkung, daß hier keine Untergliederung der Vier-und-mehr-Zimmerwohnungen möglich war und die stärksten Nachfragesteigerungen immerhin nach der Fünf-und-mehr-Zimmerwohnung zu verzeichnen sind, dort also auch mit Diskrepanzen gerechnet werden muß.

nicht unerheblich weiter, obwohl die entsprechende Nachfrage teilweise schon zurückgeht.

Die stärkste Abweichung zeigt sich im Regionstyp LAND, in dem der Bestand an Ein-bis-Zwei-Zimmerwohnungen um mehr als 20 % steigt, während die Nachfrage schon um gut 3 % abnimmt. In den Regionstypen BALL dagegen fällt die Angebotssteigerung dieses Wohnungstyps mit knapp 13 % relativ moderat aus, insbesondere im Hinblick auf eine noch um rund 1 % steigende Nachfrage. Auch im Bereich der Drei-Zimmerwohnungen ist das Mißverhältnis in den Regionstypen BALL am geringsten ausgeprägt.

Trotz aller einschränkenden Annahmen, die diesen Berechnungen zugrundeliegen, läßt sich zusammenfassend festhalten, daß einerseits im Zeitraum der ex post-Prognose die Gesamtbautätigkeit offensichtliche Diskrepanzen auf den regional differenzierten Wohnungsmärkten verhindert. Dabei kann wegen mangelnder Daten nicht deutlich werden, ob das von den oben dargestellten Zahlen verdeckte Problem im Bereich der Wohnungen mit fünf und mehr Zimmern in allen Regionstypen gleichermaßen auftritt. Andererseits geht die Erweiterung des Wohnungsbestands daher überall tendenziell in die falsche Richtung. Mit weiter fortschreitender Verschiebung der Nachfragestruktur werden die mit Sicherheit schon vorhandenen Marktprobleme auch in den einzelnen Regionstypen im Bereich der großen Wohnungen sogar bei dieser aggregierten Berechnung sichtbar werden. Das gilt insbesondere für die Märkte im Regionstyp LAND.

Wie schon im vorhergehenden Abschnitt, müssen auch in dieser Gegenüberstellung von Wohnungsangebot und -nachfrage eine Reihe möglicher gegenläufiger Einflüsse in die Betrachtung miteinbezogen werden:

- Kleine Wohnungen könnten verstärkt als Zweitwohnungen genutzt werden.

- Kleine Wohnungen könnten den Wohnungsabgang dominieren und so zur Verschiebung der Größenstruktur des Wohnungsangebots beitragen.

- Kleine Wohnungen können zu großen Wohneinheiten zusammengelegt werden.

- Soziale Mietwohnungen sind zwar eher kleine Wohnungen; könnte man sie abziehen, so würde sich die Fertigstellungsstruktur verändern. Jedoch erweitern kleine soziale Mietwohnungen nach Ablaufen der Belegungsbindung durch Übergang in das Segment des freifinanzierten Wohnungsangebots gerade dort wieder den Bestand.

Die Marktprobleme, die im Regionstyp LAND zu erwarten sind, werden auch in den anderen Regionstypen, allerdings in abgeschwächter Form, auftreten.

L I T E R A T U R V E R Z E I C H N I S

LITERATURVERZEICHNIS

Amemiya, T., Qualitative Response Models, A Survey, in: Journal of Economic Literature 19, 1981

Anas, A., Residential Location Markets and Urban Transportation, New York 1982

Anas, A., Discrete Choice Theory and the General Equilibrium of Employment, Housing, and Travel Networks in a Lowry Model, in: Environment and Planning A, 1984

Barnbrock, J., Mayo, S., Abt Associates Forschung, Auswirkungen von Wohngeld auf den Wohnungsmarkt, als Manuskript, Bonn 1980

Bartik, T.J., The Estimation of Demand Parameters in Hedonic Price Models, in: Journal of Political Economy, Vol. 95, No. 1, 1978

Behring, K., Goldrian, G., Das Wohnungsmarktmodell des Ifo-Instituts, in: Bundesminister für Raumordnung, Bauwesen und Städtebau (Hrsg.), Wohnungsmarktsimulationsmodelle, Bonn 1981

Behring, K., Goldrian, G., The Ifo Housing Market Model, in: Stahl, K., (Hrsg.), Microeconomic Models of Housing Markets, Berlin, Heidelberg, New York, Tokyo 1985

Behring, K., Rußig, V., Auswirkungen einer Liberalisierung der Mietwohnungsmärkte in den Regionen München und Nürnberg, Ifo-Studien zur Bauwirtschaft 9, München 1986

Börsch-Supan, A., Pitkin, J., Multinomial Logit Models of Housing Choices, Joint Center for Urban Studies of MIT and Harvard University, Working Paper No. 82-79, Cambridge (Mass.) 1982

Börsch-Supan, A., Die Nachfrage nach Wohnungen, Ökonometrische und konzeptionelle Probleme: Qualitative Aspekte und Partialanalyse, Working Papers in Economic Theory and Urban Economics No. 8303, Dortmund 1983

Börsch-Supan, A., Microsimulation of Housing Policies with a Hierarchical Choice Model of Housing Demand, Joint Center for Urban Studies of MIT and Harvard University, Working Paper No. 83-7, Cambridge (Mass.) 1983

Börsch-Supan, A., On Tenure Discounts and Rent Control, Massachusetts Institute of Technology, als Manuskript, 1984

Börsch-Supan, A., Household Formation, Housing Prices, and Public Policy Impacts, in: Journal of Public Economics 25, 1985

Börsch-Supan, A., Tenure Choice and Housing Demand, in: Stahl, K. und Struyk, R.J., (Hrsg.), U.S. and West German Housing Markets, Berlin, Heidelberg, New York, Tokyo 1985

Börsch-Supan, A., Econometric Analysis of Discrete Choice. With Applications on the Demand for Housing in the United States and West Germany, Heidelberg, Berlin, New York, Tokyo 1987

Börsch-Supan, A., Pitkin, J., On Discrete Choice Models of Housing Demand, in: Journal of Urban Economics 21, 1988

Bonus, H., von Luede, R., Die Nachfrage nach Wohnungen und Wohnungseigentum und ihr Zusammenhang mit der Einkommensverteilung, in Schriftenreihe des Bundesministers für Raumordnung, Bauwesen und Städtebau 07.002, Bonn 1976

Brown, J.N., Rosen, H.S., On the Estimation of Structural Hedonic Price Models, in: Econometrica, 1982

Bucher, H., Ausreichend Wohnungen für junge Haushalte? in: Informationen zur Raumentwicklung, Heft 11/12, 1981

Bundesforschungsanstalt für Landeskunde und Raumordnung, Regionalstatistische Informationen aus der laufenden Raumbeobachtung, in: Informationen zur Raumentwicklung, Heft 11/12, 1982

Bundesminister für Raumordnung, Bauwesen und Städtebau (Hrsg.), Wohneigentumsquote, Bonn 1979

Bundesminister für Raumordnung, Bauwesen und Städtebau (Hrsg.), Zahlungsschwierigkeiten von Wohneigentümern, Bonn 1986

Carliner, G., An Income Elasticity of Housing Demand, Madison, University of Wisconsin, Discussion Paper 144-72, 1972

Case, K., Walls, D., Kresge, D., Housing Market Modelling to Assist in Planning for Residential Photovoltaic Systems, Joint Center for Urban Studies of MIT and Harvard University, Working Paper, Cambridge (Mass.) 1981

Coslett, S.R., Efficient Estimation of Discrete Choice Models from Choice Bases Samples, Ph. D. Dissertation, University of California at Berkely 1978

David, J.M., Legg, W.E., An Application of the Multivariate Probit Analysis to the Demand of Housing, in: Proceedings of the American Statistical Association, 1975

DeLeeuw, F., The Demand for Housing: A Review of the Cross-Section Evidence, in: Review of Economics and Statistics 1971

Deutscher Städtetag (Hrsg.), Methodenstudie Wohnungsmarktbeobachtung Band 1, Köln 1985

Deutsches Institut für Wirtschaftsforschung, Das Einkommen der Familien in der Bundesrepublik Deutschland im Jahr 1979, DIW Wochenbericht 38/80, Berlin 1980

Domencich, T.A., McFadden, D., Urban Travel Demand, North-Holland, Amsterdam 1975

Eckart, W., u.a., Zur Wirkung des II. Wohnraumkündigungsschutzgesetzes: Eine Kontrakttheoretische Analyse, Arbeitspapiere in Wirtschaftstheorie und Stadtökonomie, Universität Dortmund 1983

Eekhoff, J., Die Bedeutung des Wohnungsbaus für den Kapitalmarkt, Arbeitspapiere, Universität des Saarlandes 1981

Eekhoff, J., Wohnungs- und Bodenmarkt, Tübingen 1987

Ellickson, B., An Alternative Test of the Hedonic Theory of Housing Markets, in: Journal of Urban Economics 9, 1981

Epple, D., Hedonic Prices and Implicit Markets: Estimating Demand and Supply Functions for Differentiated Products, in: Journal of Political Economy, Vol. 95, No. 1, 1987

Fisher, F.M., On the Cost of Approximate Specification in Simultaneous Equation Estimation, in: Econometrica 29, 1961

Follain, J.R., A Study of the Demand for Housing by Low Versus High Income Households, Working paper, San Françisco 1979

Follain, J.R., Does Inflation Affect Real Behavior: The Case of Housing, Working paper, San Françisco 1980

Follain, J.R., Malpezzi, S., Dissecting Housing Value and Rent: Estimates of Hedonic Indices for Thirty-Nine Large SMSAs, The Urban Institute, Washington, D.C. 1980

Follain, J.R., Ozanne, L., Place to Place Indexes of the Price of Housing: Some New Estimates and a Comparative Analysis, The Urban Institute, Washington, D.C. 1979

Friedman, J., Weinberg, D., Draft Report on the Demand for Rental Housing: Evidence from a Percent of Rent Housing Allowance, Cambridge (Mass.) 1978

Friedman, J., Weinberg, D., The Demand for Rental Housing: Evidenc from the Housing Allowance Demand Experiment, in: Journal of Urban Economics 9, 1981

Friedman, J., Weinberg, D., Housing Consumption under a Constrained Income Transfer, Evidence from a Housing Gap Housing Allowance, Cambridge (Mass.) 1986

Friedman, M., A Theory of the Consumption Function, National Bureau of Economic Research, New York 1957

Gabriel, J., Prognose der Nachfrage nach Wohneigentum, Arbeitspapiere in Wirtschaftstheorie und Stadtökonomie, Universität Dortmund 1981

Goodman, A.C., Hedonic Prices, Price Indices, and Housing Markets, in: Journal of Urban Economics 5, 1978

Goodman, A.C., Kawai M., Permanent Income, Hedonic Prices, and the Demand for Housing, New Evidence, in: Journal of Urban Economics, Vol. 12, 1982

Goodman, A.C., Demographics of Individual Housing Demand, Discussion Paper, Wayne State University, Detroit 1987

Griliches, Z., Price Indices and Quality Change, Harvard University Press, Cambridge (Mass.) 1971

Halvorsen, R., Pollakowski, H.O., Choice of Functional Form for Hedonic Price Equations, in: Journal of Urban Economics 10, 1981

Henderson, J.V., Ioannides, Y.M., A Model of Housing Tenure Choice, in: American Economic Review 73, 1983

Herlyn, J., Herlyn, U., Wohnverhältnisse in der Bundesrepublik, Frankfurt, New York 1983

Heuer, J. H. B., u.a., Lehrbuch der Wohnungswirtschaft, Frankfurt 1985

Infratest Wirtschaftsforschung, Struktur der Eigentümer eigengenutzten Wohnraums, als Manuskript, München 1980

Infratest Wirtschaftsforschung, Die Eigentumsbildung im Wohnungsbau, als Manuskript, München 1982

Kalacheck, E., Raines, F., Labor Supply of Low Income Workers, Technical Studies of the President's Commission on Income Maintenance Programs, Washington, D.C. 1970

King, A.T., The Demand for Housing: A Lancastrian Approach, in: Southern Economic Journal 43, 1976

King, M.A., An Economic Model of Tenure Choice and Demand for Housing as a Joint Decision, in: Journal of Public Economics 14, 1980

Krelle, W., Pauly, R., Konsum und Investitionen des Staates bis 1985, Göttingen 1976

Lee, L.F., Trost, R.P., Estimation of some Limited Dependent Variable Models with Application to Housing Demand, in: Journal of Econometrics 8, 1978

Lee, T.H., Housing and Permanent Income, Tests Based on a Threeyear Reinterview Survey, in: Review of Economics and Statistics, Vol. 50, 1968

Lerman, S.R., Kern, C.R., Hedonic Theory, Bid Rents, and Willingness-to-Pay: Some Extensions of Ellickson's Results, in: Journal of Urban Economics 13, 1983

Liu, Ta-Chung, Underidentification, Structural Estimation and Forecasting, in: Econometrica 28, 1960

Maisel, S.J., Burnham, J.B., Austin, S.S., The Demand for Housing: A Review of the Cross-Section Evidence: Comment, in: Review of Economics and Statistics 53, 1971

Malpazzi, S. u.a., Characteristic Prices of Housing in Fifty-nine Metropolitan Areas, The Urban Institute, Washington, D.C. 1980

Mayo, S.K., Theory and Estimation in the Econometrics of Housing Demand, in: Journal of Urban Econometrics 10, 1981

McCarthy, K.F., The Household Life-Cycle and Housing Choices, Papers of the Regional Science Association 37, 1975

McFadden, D., Conditional Logit Analysis of Qualitative Choice Behavior, in: Frontiers in Econometrics, New York 1973

McFadden, D., Econometric Models of Probabilistic Choice, in: Manski, C.F., McFadden, D., Structural Analysis of Discrete Data with Econometric Applications, Cambridge (Mass.) 1981

McFadden, D., A Model of Rental Price Dispersion, University of Dortmund, 1982

McFadden, D., Qualitative Choice Models, in: Griliches, Z. Handbook of Econometrics, Amsterdam 1983

Möller, K.P., Entwicklung von Bevölkerung und Haushalten in der Bundesrepublik Deutschland bis zum Jahre 2000, Berlin 1982

Naggl, W., Disaggregierte Schätzung des Konsums 1968/II-1975/V, in: Ifo-Studien 1/2, 1978

Ott, N., Analyse der Haushaltsmobilität 1975-1980, Arbeitspapier Mikroanalytische Grundlagen der Gesellschaftspolitik, J.W. Goethe-Universität Frankfurt und Universität Mannheim 1984

Palmquist, R.B., Estimating the Demand for the Characteristics of Housing, in: Review of Economics and Statistics 66, 1984

Polinsky, A.M., The Demand for Housing: A Study in Specification and Grouping, in: Econometrica 45, 1977

Polinsky, A.M, The Demand for Housing: An Empirical Postscript, in: Econometrica 47, 1979

Quigley, J.M., Housing Demand in the Short Run: An Analysis of Polytomous Choice, Yale University Working Paper, 1976

Quigley, J.M., What have we learned about Housing Markets? in: Mieszkowski, P., Straszheim, M. (Hrsg.), Current Issues in Urban Economics, The John Hopkins University Press, Baltimore 1979

Ramathan, R., Measuring Permanent Income of a Household, in: Journal of Political Economy, Vol. 79, 1971

Rosen, S., Hedonic Prices and Implicit Markets, in: Journal of Political Economy 82, 1974

Rydell, C. P., Supply Response to the Housing Allowance Programm, in: International Regional Science Review, Vol. 5, No. 2, 1980

Schneeweiß, H., Ökonometrie, Würzburg 1981

Schneider, W., Stahl, K., Struyk, R., Estimates of Households' Permanent Income: West Germany, 1978, Urban Institute Project Report 3171-1, 1983

Scotchmer, S., Preference Revelation and Hedonic Price Data, Discussion Paper, Department of Economics, Harvard University 1984

Stahl, K., Microeconomic Analysis of Housing Markets: Towards a Conceptual Framework, in: Stahl, K., (Hrsg.) Microeconomic Models of Housing Markets, Heidelberg 1985

Stahl, K., Struyk, R., U.S. and West German Housing Markets and Policies: A Comparative Economic Analysis, Introductory Chapter, in: Stahl, K., Struyk, R. (Hrsg.), U.S. and German Housing Markets: Comparative Economic Analyses, The Urban Institute Press, Washington, D.C. 1985

Stevens, B.J., Employment, Permanent Income and the Demand for Housing, in: Journal of Urban Economics, Vol. 6, 1979

Straszheim, M., Estimation of the Demand for Urban Housing Services from Household Interview Data, in: Review of Economics and Statistics 55, 1973

Struyk, R., The Determinants of Household Home Ownership, in: Urban Studies 11, 1974

Struyk, R., Estimates of Permanent Household Income Using the 1970 Census User's File, in: Journal of Economics and Business, Vol. 27, 1974/75

Struyk, R., The Economic Determinants of Homeownership, Lexington (Mass.) 1976

Struyk, R., Urban Homeownership, Lexington (Mass.) 1976

Wismeth, H., Fixprice Equilibria in a Rental Housing Market, in: Stahl, K. (Hrsg.), Microeconomic Models of Housing Market, Berlin, Heidelberg, New York, Tokyo 1985

Witte, H.D., Sumka, H.J., Erekson, H., An Estimate of a Structural Hedonic Price Model of the Housing Market: An Application of Rosen's Implicit Markets, in: Econometrica 1979

Wullkopf, U., u.a., Grunddaten zur Förderungspolitik, als Manuskript, Darmstadt 1977

A N H A N G

A-1. ÖKONOMETRISCHE SPEZIFIKATION DER MODELL-KOMPONENTEN

Für methodisch interessierte Leser und der Vollständigkeit halber sind im folgenden

- das Quasi-Übergangsmodell und
- das Nested Multinomial Logit-Modell

detailliert mathematisch beschrieben.

A-1.1 Quasi-Übergangsmodell

Im Abschnitt 2.2.2 sind Konzept und Funktionsweise des Quasi-Übergangsmodells einschließlich aller Argumente, die zu seiner Verwendung in der Wohnungsnachfrageanalyse führten, ausführlich diskutiert. Die zugrundeliegende Fiktion besagt - das sei hier noch einmal wiederholt:

In jeder Periode wählen die Haushalte, ob sie in der bisherigen Wohnung bleiben oder ausziehen (Aufbruchentscheidung). Die ausziehenden Haushalte wählen sich dann eine neue Wohnung zum Einzug aus (Zielentscheidung). Diese Zielentscheidung wird unabhängig von der Art der bisherigen Wohnung gefällt: die Wahrscheinlichkeit der Entscheidung für einen bestimmten neuen Wohnungstyp hängt nicht vom alten Wohnungstyp ab. Überspitzt formuliert beziehen alle ausziehenden Haushalte zwischen Aus- und Einzug ein Hotel, in dem die Erinnerung an die bisherige Wohnung verloren geht.

Basierend auf dieser Fiktion teilt sich das Quasi-Übergangsmodell in zwei voneinander unabhängige Teilmodelle auf:

- das Aufbruchmodell, das die Entscheidung für oder gegen den Umzug des Haushalts abbildet, und
- das Zielmodell, das die Auswahl einer neuen Wohnung nachvollzieht.

Mathematisch läßt sich das Quasi-Übergangsmodell wie folgt beschreiben.

Es bezeichnen:

I = die Anzahl der verschiedenen Wohnungstypen,
j = den ehemals bewohnten Wohnungstyp,
i = den nachgefragten und neu bezogenen Wohnungstyp,
n = den Haushaltstyp (bzw. Index eines individuellen Haushalts).

Das Quasi-Übergangsmodell beschreibt zwei Wahrscheinlichkeiten:

- im Aufbruchmodell: die Wahrscheinlichkeit $M_n(j)$, mit der Haushalt n aus Wohnung j in der Periode t auszieht,
- im Zielmodell: die Wahrscheinlichkeit $P_n(i)$, mit der Haushalt n, wenn er ausgezogen ist, in der gleichen Periode t in Wohnung i einzieht.

Zu beachten ist, daß die Zielwahrscheinlichkeit $P_n(i)$ nicht vom ehemaligen Wohnungstyp j abhängt - darin drückt sich der "Verlust der Erinnerung im Hotel" aus. Demnach wird keine volle IxI-Matrix von Übergangswahrscheinlichkeiten geschätzt; vielmehr ergeben sich die Übergangswahrscheinlichkeiten, mit der Haushalt n von Wohnungstyp j zu Wohnungstyp i wechselt als

$$Q_n(j,i) = \begin{cases} (1-M_n(j)) + M_n(j) \cdot P_n(j) & \text{falls } i = j \\ M_n(j) \cdot P_n(i) & \text{falls } i \neq j \end{cases}$$

Im obigen Fall werden zu den in j bleibenden Haushalten noch diejenigen gezählt, die "aus dem Hotel" wieder in den gleichen Wohnungstyp einziehen, im unteren Fall werden die Auszügler auf die verschiedenen Wohnungstypen verteilt.

Die Übergangsmatrix $Q_n(j,i)$, i=1, ..., I, j=1, ...I besitzt daher nur 2xI unabhängige Elemente - eine weitere Beschreibung der Tatsache, daß das Quasi-Übergangsmodell nur eine begrenzte dynamische Flexibilität aufweist.

Die Schätzung der Aufbruchwahrscheinlichkeiten $M_n(j)$ wird mit einem binären Logit-Ansatz durchgeführt, getrennt für alle Wohnungstypen j, j=1, ...I, aus denen die Haushalte ausziehen könnten:

$$\log \frac{M_n(j)}{1-M_n(j)} = X'_{nj}a_j + w_{nj}$$

wobei X_{nj} einen Vektor mit aufbruchbestimmenden erklärenden Variablen, a_j einen kommensurablen Vektor von zu schätzenden Parametern und w_{nj} eine Störgröße bezeichnet.

Die Schätzung der Zielwahrscheinlichkeiten $P_n(i)$ für den Wohnungstyp i, i=1, ...I, in den der Haushalt einziehen könnte, basiert auf dem Nested Multinomial Logit-Ansatz,[1)] wobei der Nutzen der neuen Wohnungsalternative i als

$$U_{ni} = Z'_{ni}b_i + e_{ni}$$

spezifiziert ist. Hier bezeichnet U_{ni} den Nutzen der Wohnungsalternative i für Haushalt n, Z_{ni} einen Vektor von Merkmalen des Haushalts n und der Wohnung i, und b_i einen kommensurablen Vektor von zu schätzenden Parametern.

Die getrennte Schätzung von Aufbruch- und Zielmodell wird durch die Annahme der stochastischen Unabhängigkeit der $P_n(i)$ und $M_n(j)$ ermöglicht.

Dies hat zwei Konsequenzen: erstens müssen die Störgrößen der beiden Modelle, w_{nj}, j=1, ...,I, und e_{ni}, i=1, ...,I, für alle n voneinander stochastisch unabhängig sein, zweitens dürfen

1) Vgl. Abschnitt 3.2 im Hauptteil und Anhang A-1.2.

keine simultanen Zusammenhänge zwischen $P_n(i)$ und $M_n(j)$ modelliert werden.

Die X_{nj} und Z_{ni} dürfen gleiche Komponenten enthalten, alle Komponenten müssen jedoch modell-exogen sein. Insbesondere darf weder $M_n(i)$ aus der Aufbruchschätzung noch der Index i selbst im Vektor Z_{ni} der erklärenden Variablen der Zielschätzung enthalten sein.

Die Komponenten von X_{nj} und Z_{ni} sind im Kapitel 5 des Ergebnisberichts eingehend beschrieben. Insbesondere beinhaltet X_{nj} die umzugsrelevanten Einflußgrößen:

- den Raum-Anspruch des Haushalts,
- das Alter des Haushaltsvorstands,
- die Belastung des Einkommens durch Wohnkosten.

Z_{ni} umfaßt entsprechende Bestimmungsgrößen für die Auswahl einer Wohnung, die sowohl den

- demographischen Einfluß
  - - Alter des Haushaltsvorstandes,
  - - Kinderzahl,

als auch den Einfluß von

- haushaltsspezifischen Ansprüchen (Wohnungsgröße),
- Wohnkosten (Kaltkosten, Heizkosten) und
- Einkommen

abdecken.

A-1.2 Nested Multinomial Logit-Modell

Dieser Abschnitt dient der vertiefenden Beschreibung des in Abschnitt 3.2 des Hauptteils vorgestellten Nested Multinomial Logit-Modells. Insbesondere sollen die Verbindung mit der Nutzenmaximierungshypothese und die Rolle der "Zusammengehörigkeitsparameter" mathematisch präzise dargestellt werden.

Die folgenden Symbole sind wesentlich für die Darstellung:

I	Anzahl der verschiedenen Wohnungsalternativen,
N	Anzahl der Haushalte in der Stichprobe,
i,k	Index einer Wohnungsalternative,
n	Index eines Haushalts,
$P_n(i)$	Wahlwahrscheinlichkeit der Alternative i von Haushalt n,
u_{ni}	Nutzen der Alternative i für Haushalt n,
v_{ni}	vom Modell erklärter Nutzen der Alternative i für Haushalt n,
Z_{ni}	Vektor von Charakteristika, die den Haushalt n und die Alternative i beschreiben,
L	Anzahl der Charakteristika in Z_{ni},
Z^l_{ni}	l-te erklärende Variable für den Nutzen u_{ni}, d.h. l-te Komponente im Vektor Z_{ni},
e_{ni}	Störterm: Der Anteil des Nutzens u_{ni}, der vom Modell nicht erfaßt wird.

Wir beschreiben zunächst den Nutzen, den Alternative i für Haushalt n erbringt, als lineare Kombination von L Haushalts- und Wohnungscharakteristika sowie einem Störterm für unbeobachtete und durch die Daten nicht erfaßten Eigenschaften von Haushalt und Wohnung:

$$u_{ni} = \sum_{l=i}^{L} Z^l_{ni} \cdot b^l_i + e_{ni}$$

$$= Z'_{ni} b_i + e_{ni}$$

$$= v_{ni} + e_{ni}$$

wobei der Parametervektor b_i mit L Komponenten b_i^l den Beitrag der L Charakteristika zum Nutzen u_{ni} gewichtet.[1)]

Der Störterm e_{ni} hat die übliche Interpretation der Regressionstheorie. Er hat jedoch, abweichend von der linearen Regressionstheorie, im vorliegenden Modell der diskreten Wahl einen viel stärkeren Einfluß auf die Modellspezifikation. Dies ist typisch für die zusätzlichen Komplikationen, die ein nichtlineares Modell mit sich bringt. Die Natur der Nichtlinearität und des Einflusses der Störterme wird im folgenden deutlich: Der Haushalt n wird im obigen Modell die Alternative i wählen, wenn $u_{ni} \geq u_{nk}$ für alle übrigen Alternativen k. Die Wahrscheinlichkeit, daß sich der Haushalt n für Alternative i unter I möglichen Alternativen entscheidet, läßt sich damit wie folgt ausdrücken:

$$P_n(i) = \text{Prob}\,(u_{ni} \geq u_{nk} \text{ für alle } k \neq i,\ k=1\ldots I)$$

$$= \text{Prob}\,(v_{ni} - v_{nk} + e_{ni} \geq e_{nk} \text{ für alle } k \neq i,\ k=1\ldots I)$$

$$\int_{e_{ni}=-\infty}^{\infty} \int_{e_{n1}=-\infty}^{v_{ni}-v_{n1}+e_{ni}} \cdots\cdots \int_{e_{nI}=-\infty}^{v_{ni}-v_{nI}+e_{ni}} dF\,(e_{n1}\ldots,e_{nI})$$

wobei F die gemeinsame Verteilungsfunktion der Störterme bezeichnet.

Die Integralformel wertet die Wahrscheinlichkeit aus, daß für

---

1) Die Linearität der Nutzenfunktion bedeutet keine Einschränkung in Modellen der diskreten Wahl, vgl. McFadden, D., Econometric Models of Probabilistic Choice, in: Manski, C.F., McFadden, D., Structural Analysis of Discrete Data with Econometric Applications, Cambridge (Mass.) 1981.

gegebene, vom Modell erklärte Nutzendifferenzen $u_{ni}-u_{nk}$ die Störterme so geartet sind, daß die Gesamtnutzendifferenzen $u_{ni}-u_{nk}$ alle positiv sind, d.h. Alternative i allen anderen Alternativen k vorgezogen wird. Die Integralformel verbindet daher die erklärenden Variablen des Modells Z_{ni}, die mit den noch unbestimmten Gewichten b_i den vom Modell erklärten Nutzen v_{ni} bilden, mit den zu erklärenden Variablen des Modells, den Wahlwahrscheinlichkeiten jedes Haushalts $P_n(i)$. Der Zusammenhang ist hochgradig nichtlinear und enthält die Verteilungsfunktion F der Störterme e_{ni}. Werden die individuellen Wahrscheinlichkeiten $P_n(i)$ über alle N Haushalte der Stichprobe aggregiert, erhält man die relativen Häufigkeiten der Wohnungsalternativen i (i=1, ...,I) in der Gesamtnachfrage.

$$f(i) = \frac{1}{N} \sum_{n-1}^{N} P_n(i) \qquad i=1,....,I$$

Die Funktionen f(i) der Wahl zwischen I diskreten Alternativen sind das exakte Äquivalent der Nachfragefunktionen in der Wahl von I Gütern mit kontinuierlichen Mengen. Entsprechende Relationen, etwa Roy's Identität, können auch für die Funktionen f(i) abgeleitet werden.[1] Wichtiger ist, daß die Wahl aus I diskreten Alternativen die gleichen Substitutions- bzw. Komplementärverhältnisse widerspiegelt, wie sie bei einem kontinuierlichen Nachfragesystem von I Gütern auftreten, etwa das Budgetproblem eines Haushaltes, der sein Einkommen für I Güter ausgibt. Manche dieser Güter können Substitute, manche komplementär sein. Sind alle Güter Substitute, können einige (z.B. Butter und Margarine) nahe Substitute, andere (z.B. Butter und Frischkäse) entferntere Substitute sein. Dies gilt ebenso für diskrete Alternativen. Es zeigt sich nun, daß die Spezifikation der Verteilungsfunktion F der Störterme e_{ni} mögliche Substitutionsverhältnisse stark einschränken kann.

---

1) Eine ausführliche Darstellung dieser Theorie findet sich in: McFadden, D., Econometric Models of Probabilistic Choice, a.a.O., und Börsch-Supan, A., Econometric Analysis of Discrete Choice, Heidelberg, 1987.

Die Wahl der Funktionsform für den Zusammenhang zwischen abhängigen ($P_n(i)$) und unabhängigen Variablen (v_{ni}) ist nach der obigen Integralformel äquivalent zur Wahl einer Verteilungsfunktion F. Damit spielt die Integralformel eine zentrale Rolle für die Interpretation der verschiedenen in der Literatur erschienenen Modelle der Wahl unter diskreten Alternativen. Jede Spezifikation von F (etwa normalverteilt oder unabhängige Komponenten e_{ni}) impliziert ein eigenes Wahlmodell, und jedes derartige Modell impliziert seinerseits, wie die stochastischen Komponenten e_{ni} und damit die Nachfragefunktionen f(i) jeder Wohnungsalternative miteinander verknüpft sind.

Die Integralformel zeigt auch ein Dilemma bei dieser Wahl einer Verteilungsfunktion auf.[1)] Einerseits möchte man so flexibel wie möglich in der Einengung möglicher Substitutionsbeziehungen zwischen den Alternativen sein (d.h. in der Korrelationsstruktur der Störterme und damit in der Interdependenz der Wahlwahrscheinlichkeiten der verschiedenen Alternativen). Andererseits muß bei der ökonometrischen Schätzung die Wahlwahrscheinlichkeit $P_n(i)$ für jeden Haushalt errechnet, d.h. eine unbestimmtes I-faches Integral gelöst werden. Dies legt die Wahl einer Verteilungsfunktion nahe, bei der letzteres explizit getan werden kann, da die numerische Auswertung dieser Integrale bereits für das Problem der Wahl unter mehr als vier Alternativen die technischen und ökonomischen Grenzen heutiger Groß-EDV-Anlagen sprengt. Insbesondere verbietet dies die an und für sich naheliegende Wahl einer mehrdimensionalen Normalverteilung (Probit-Modell) für Probleme mit mehr als vier Alternativen, da sich das Wahrscheinlichkeitsintegral für Normalverteilungen nicht explizit ausdrücken läßt.

Zwei Verteilungsfamilien sind bekannt, die eine explizite Lösung der Integrale zulassen:

---

1) Eine umfassende Übersicht über die Spezifikation von discrete choice-Modellen findet sich in: Börsch-Supan, A., Econometric Models of Discrete Choice, a.a.O.

- die eine produziert einen linearen Ansatz für die Wahlwahrscheinlicheiten,
- die andere einen Logit-Ansatz.

Der einfache lineare Ansatz ist für die meisten Belange unbrauchbar, weil er weder garantiert, daß die Wahlwahrscheinlichkeiten im Einheitsintervall liegen, noch, daß sie sich zu eins aufsummieren. Der Logit-Ansatz erfüllt diese Restriktionen automatisch und führt zu relativ einfachen expliziten Formeln. Außer in der binären Wahl, in der auch der Probit-Ansatz praktikabel ist, findet sich daher in der Literatur fast ausschließlich die Logit-Analyse, die auch in der laufenden Untersuchung angewandt wird.

Der Logit-Ansatz beruht auf der Familie von Verteilungsfunktionen F, die von der Extremwertverteilung abgeleitet werden können.[1] Im einfachen Logit-Modell sind alle Komponenten e_{ni} unabhängig voneinander extremwert-verteilt. Durch die Unabhängigkeitsannahme läßt sich das I-fache Integral in I einzelne Integrale faktorisieren, die Annahme der Extremwertverteilung führt dann zusätzlich noch dazu, daß jedes dieser Einzelintegrale explizit gelöst werden kann. Die Integralformel löst sich damit auf in

$$P_n(i) = \exp(v_{ni}) \Big/ \sum_{k=1}^{I} \exp(v_{nk}),$$

die Wahlwahrscheinlichkeiten des einfachen Logit-Modells (vgl. Abschnitt 3.2).
Wie dort gezeigt, impliziert die Unabhängigkeit der e_{ni} jedoch eine starke Einschränkung der Kreuzelastizitäten, d.h. der Substitutionsbeziehungen zwischen den Alternativen.

Im Nested Multinomial Logit (NMNL)-Modell wird ein Kompromiß

1) Generalized extrem-value distributions, vgl. McFadden, D., Econometric Models of Probabilistic Choice, a.a.O..

zwischen der völligen Unabhängigkeit aller e_{ni} im einfachen Logit-Modell und der völlig freien Abhängigkeit aller e_{ni} im allgemeinen Probit-Modell angestrebt. Im NMNL-Modell werden Gruppen von Alternativen gebildet, so daß die e_{ni} innerhalb einer Gruppe gleich stark, aber stärker als zu allen übrigen e_{ni} außerhalb der Gruppe korrelieren.

Für jede Gruppe wird ein Parameter eingeführt, der die relative Korrelation der Störterme innerhalb zu denen außerhalb der Gruppe darstellt - deshalb "Zusammengehörigkeitsparameter" genannt. Sowohl die Gruppenbildung der Alternativen, als auch die Größe dieser relativen Korrelation kann a priori vorgegeben, letztere aber auch geschätzt werden. Die Gruppierung läßt sich hierarchisch schachteln, d.h. auf einer weiteren Ebene Gruppen von Gruppen bilden etc.. Je mehr Zusammengehörigkeitsparameter eingeführt werden, d.h. je geschachtelter und komplizierter die Gruppenbildung der Alternativen ist, desto freier sind die möglichen Substitutionsverhältnisse zwischen den Alternativen.

Es zeigt sich,[1] daß sich die Zusammengehörigkeitsparameter nicht nur als relative Korrelationskoeffizienten, sondern auch als Gewichte im aggregierten Nutzen der Alternativen einer Gruppe deuten lassen. Die Wahlwahrscheinlichkeit für eine ganze Gruppe von m Alternativen $i_1,..,i_m$ wird als

$$P_n(i_1,.....,i_m) = \sum_{k=1}^{m} P_n(i_k)$$

definiert. Hierbei sind die $P_n(i_k)$ Funktionen der Nutzen v_{ni_k}. Wird der aggregierte Nutzen $v_{n,\, i_1,...,i_m}$ dadurch definiert, daß er die gleiche Funktionsform in $P_n(i_1,...,i_m)$ erhält, die der einfache Nutzen v_{ni} in $P_n(i)$ hat, ergibt sich

1) McFadden, D., Econometric Models of Probabilistic Choice, a.a.O..

$$v_{n,\{i_1,\dots,i_m\}} = \log \sum_{k=1}^{m} q \cdot \exp (v_{ni_k})$$

mit dem Zusammengehörigkeitsparameter q für die Gruppe $\{i_1,\dots,i_m\}$.

Mit dieser Definition des aggregierten Nutzens lassen sich die Wahlwahrscheinlichkeiten ebenso einfach darstellen wie die des einfachen Logit-Modells. Die Wahrscheinlichkeit einer Alternative ist das Produkt der Wahrscheinlichkeiten auf jeder der S Entscheidungsebenen:

$$P_n(i) = \sum_{s=1}^{S} P_n^s (i)$$

Auf jeder Ebene hat die Wahlwahrscheinlichkeit die Struktur des einfachen Logit-Ansatzes, aber in Abhängigkeit vom aggregierten Nutzen:

$$P_n^s(i) = \exp (v_{ni}^s) \;/\; \sum_{j=1}^{I_s} \exp (v_{nj}^s)$$

Hier bezeichnet

S	die Anzahl der Schachtelungsebenen der Gruppenbildung,
v_{ni}^s	den aggregierten Nutzen auf der Ebene s,
I_s	die Anzahl der Alternativen der Gruppe auf Ebene s.

Auf der untersten Ebene ist der aggregierte Nutzen gleich dem anfänglich eingeführten Nutzen einer einzelnen Alternative. Als Beispiel für eine systematische Gruppenbildung von Alternativen sei auf das Beispiel im Abschnitt 3.2 des Hauptteils verwiesen, in dem alle Wohnungstypen nach Rechtsform, Gebäudeform und Wohnungsgröße gruppiert werden.

Das Modell wird nach der Maximum-Likelihood-Methode geschätzt, d.h. die Parameter b_i^1 und die Zusammengehörigkeitsparameter q werden so bestimmt, daß die Likelihood-Funktion

$$LIK(b,q) = \sum_{n=1}^{N} \log P_n(i_n^*)$$

über die b's und q's, die in $P_n(i_n^*)$ enthalten sind, maximiert wird. Hier bezeichnet i_n^* diejenige Alternative, die Haushalt n gewählt hat.

Die Anpassungsgüte ("fit") des Modells wird im wesentlichen durch zwei Prüfgrößen beschrieben, die mit MCF und PCP bezeichnet werden.

Das Maß MCF[1)], das immer zwischen 0 und 1 liegt, bei 0 die schlechteste und bei 1 die bestmöglichste Anpassung anzeigt, entspricht am ehesten dem R^2 der linearen Regressionstheorie. Es gilt

$$MCF = 1 - \frac{LIK(\hat{b},\hat{q})}{LIK(0,1)}$$

wobei $\hat{b}$ und $\hat{q}$ die durch NMNL geschätzten Parameter bedeuten, die mit den Startwerten b=0 und q=1 verglichen werden. Ein Wert über 0.4 gilt als zufriedenstellend, über 0.7 als gut.

Das Maß TRQ mißt die "Trefferquote", d.h. den Prozentsatz der Haushalte, bei denen das Nutzenmaximierungsmodell die tatsächliche Wohnungsalternative vorhersagt:

---

1) Amemiya, T., Qualitative Response Models: A Survey, Journal of Economic Literature 19, 1981;
Domencich, T. A., and McFadden, D., Urban Travel Demand, North-Holland, Amsterdam 1975.

$$TRQ = \frac{\text{Anzahl } i_n^* = \hat{i}_n,\ n=1,\ldots N}{N} \cdot 100$$

Hier bezeichnet $\hat{i}_n$ die Alternative mit dem höchsten vorhergesagten Nutzen v_{ni}.

Schließlich kann die Baumstruktur des NMNL-Ansatzes statistisch gegen das einfache MNL-Modell geprüft werden. Die Größe

$$CHI = 2(LIK(\hat{b},\hat{q}) - LIK(\hat{b},1))$$

ist CHI-Quadrat verteilt mit so vielen Freiheitsgraden, wie Zusammengehörigkeitsparameter q im NMNL-Modell enthalten sind. $\hat{b}$ bezeichnet die Schätzparameter des einfachen MNL-Modells. Im Fall von 5 bzw. 6 Zusammengehörigkeitsparametern ist das NMNL-Modell signifikant besser, wenn CHI größer als 11.07 bzw. 12.59 ist (bei 95 % Sicherheit).

Die Elastizitäten, die das Modell liefert, beziehen sich auf die prozentuale Veränderung der relativen Häufigkeiten, die selbst wiederum in Prozentpunkten gemessen werden, was zu ungewohnten Größenordnungen führen kann. Die traditionellen Elastizitäten kontinuierlicher Variablen wie Wohnfläche oder Mietausgaben bezüglich der exogenen Vorgaben können wie folgt errechnet werden:

$$E_x(z) = \frac{\sum_{i=1}^{I} E_x(i) \cdot f(i) \cdot z(i)}{\sum_{i=1}^{I} f(i) \cdot z(i)}$$

wobei $E_x(z)$ die (konventionelle) Elastizität der Variablen z bezüglich der Variablen x,

$E_x(i)$ die (diskrete) Elastizität der Wahlwahrscheinlichkeit f(i) bezüglich x, z(i) Mittelwert der Variablen z in Alternative i,

f(i) relative Häufigkeit bzw. aggregierte Wahlwahrscheinlichkeit von Alternative i über alle N Haushalte:

$$f(i) = \sum_{n=1}^{N} P_n(i),$$

I Anzahl der Alternativen im Entscheidungsbaum,

N Anzahl der Haushalte in der Stichprobe.

A-2. KOEFFIZIENTENSCHÄTZUNGEN IM ANALYSE-MODELL

Im Forschungsbericht sind Schätzansätze (Kapitel 3), Spezifikation der Schätzansätze und der Variablen (Kapitel 5) sowie eine Analyse der Schätzergebnisse (Kapitel 7) ausführlich dargestellt. Im Teil 1 dieses Anhangs ist darüberhinaus der Schätzansatz mathematisch beschrieben und sind weitere methodische Details wie beispielsweise die statistischen Prüfmaße ausführlich erläutert. Ergänzend enthalten die folgenden Tabellen die Schätzergebnisse im einzelnen, und zwar für die Ziel- und die Aufbruchfunktionen:

- die Parameterwerte der einzelnen Einflußgrößen,
- die statistischen Prüfmaße LIK, McF, TRQ,
- die Anzahl der Haushalte, die der Schätzung der jeweiligen Funktion zugrundelag (ABEO).

Neben den t-Testwerten (in Klammern unter den Paramterwerten), die die statistische Absicherung der geschätzten Parameter gegenüber der Nullhypothese (kein Einfluß der zugehörigen Variablen) anzeigen, werden noch drei Maße zur statistischen Beurteilung der erzielten Ergebnisse ausgewiesen. Einfach sind McF (MCFaddens R^2) und TRQ zu interpretieren: McF kommt dem herkömmlichen Bestimmheitsmaß nahe, das den Grad der Anpassung der Modellfunktion an die Realität im Intervall null bis eins illustriert.[1)] TRQ gibt die mit der geschätzten Funktion erzielte Trefferquote in Prozent an, wobei ein Treffer die Übereinstimmung der für einen Haushalt geschätzten Wohnungsalternative mit der von ihm gewählten ist.

Das Likelihood-Maß (LIK)[1] bietet zusätzliche Hinweise auf die Güte der Schätzung.

Geordnet sind die Tabellen im Fall der Zielfunktionen nach Haushalts- und Regionsstratum (Legende der Abkürzungen vgl. Faltblatt S. 89), im Fall der Aufbruchfunktionen zusätzlich nach den 10 Wohnungsalternativen, aus denen jeweils aufgebrochen wird.

---

1) Mathematische Erläuterungen vgl. Anhang 1

A-2.1 Zielschätzungen

Haushaltsmerkmale, die nicht wohnungstypen-spezifisch sind, z.B. YP, AG, KI, weisen jeweils sechs Ausprägungen auf. Die Zusätze RENT (für Miete), 1FAM (für Einfamilienhaus),2FAM (für Zweifamilienhaus), 2ZIM (für zwei Zimmer), 3ZIM (für drei Zimmer) und 5ZIM (für fünf und mehr Zimmer) zeigen an, daß die Haushaltsmerkmale mit alternativspezifischen Merkmalen verknüpft sind, damit sie für die einzelnen Wohnungsalternativen unterschiedlich sind. Um alle 10 Wohnungstypen abzudecken, reichen die angegebenen sechs Ausprägungen aus. Um nun die Wirkung eines Haushaltsmerkmals auf die Wahlwahrscheinlichkeit eines bestimmten Wohnungstyps abschätzen zu können, muß man die Parameter der Ausprägungen addieren, die den gesuchten Typ definieren. Dabei werden die fehlenden Ausprägungen Eigentum, Mehrfamilienhaus und Vierzimmerwohnung indirekt durch das Nichteinbeziehen in die Summierung berücksichtigt. Zur Definition eines Wohnungstyps werden maximal drei Ausprägungen benötigt, der Gesamtparameter des achten Typs ist stets null:

	RENT	1FAM	2FAM	2ZIM	3ZIM	5ZIM
Wohnungstyp						
1		X				
2				X		X
3						X
4		X				X
5		X				X
6			X			X
7						X
8						
9	X					
10	X					X

Das Modell für die Zielentscheidung weist I-1 (Zahl der Wohnungsalternativen minus eins) von null verschiedene Konstanten auf, der Fünfzimmer-Mietwohnung (Typ 10) wird eine Null zugeordnet. Die Abkürzungen der Konstanten sind einfach zu entschlüsseln. Es bedeuten:

Abkürzung	Wohnungstyp
O-1F.4Z	1
O-2F.3Z	2
O-MF.3Z	3
M-MF.2Z	4
M-MF.3Z	5
O-1F.5Z	6
O-2F.5Z	7
O-MF.4Z	8
M-MF.4Z	9

Ein Stern * in der Spaltenbezeichnung bedeutet, daß das NMNL-Verfahren aus unterschiedlichen Gründen abgebrochen ist, d. h. keine Ergebnisse liefern konnte; in diesen Fällen wurden die Ergebnisse der jeweils vorher mit MNL durchgeführten Schätzung zur Verwendung in Analyse und Prognose vorgesehen (zu den Verfahren vgl. Kapitel 3).

Zusätzlich zu den im Forschungsbericht definierten Variablen (vgl. Übersicht Kapitel 7) werden in den folgenden Tabellen ausgewiesen:

O1F4Z bis RMF4Z — Neun wohnungsspezifische Konstanten; O für Owner, (Eigentum), R für Renter (Miete), 1F für Einfamilienhaus, MF für Mehrfamilienhaus und Z für Anzahl der Zimmer;

TH und TAU — Sechs Knotenparameter (siehe auch Anhang 1 "Nested Multinomial Logit-Modell").

Tabelle A-2.1.1

EH 1

Regions-typen	BAKE	BAHV	BAUM	KERN	UMLA	LAND
LIK	- 556	- 696	- 865	- 384	- 685	- 710
MCF	0,672	0,447	0,454	0,701	0,495	0,458
TRQ	78,40	62,71	63,66	80,25	68,25	64,85
ABEO	736	547	688	557	589	569
KAKOST	- 0,2567	- 0,1260	- 0,3193	- 0,2640	- 0,0888	- 0,2986
	(- 5,15)	(- 2,64)	(- 3,35)	(- 2,39)	(- 1,60)	(- 2,64)
RETURN	0,0361	- 0,0052	0,0732	- 0,0227	- 0,0201	- 0,0120
	(1,80)	(- 0,17)	(1,28)	(- 0,37)	(- 0,61)	(- 0,22)
QMHEIZ	-83,6870	-51,5507	-64,9091	-100,96	- 33,0126	-109,224
	(-16,80)	(-12,34)	(- 8,71)	(-15,38)	(- 7,48)	(- 3,70)
RELSIZ	- 0,0831	- 0,0850	- 0,0811	- 0,1872	- 0,0627	0,0087
	(- 2,40)	(- 2,86)	(- 2,35)	(- 2,60)	(- 2,38)	(0,19)
YP RENT	- 0,8259	- 0,9546	- 2,1620	- 1,3976	- 1,4321	- 3,8576
	(- 2,10)	(- 2,06)	(- 2,12)	(- 2,71)	(- 2,13)	(- 1,66)
YP 1FAM	- 0,0725	- 0,5454	- 1,0874	- 0,0892	- 1,6393	- 1,2323
	(- 0,11)	(- 0,99)	(- 1,08)	(- 0,11)	(- 2,16)	(- 0,63)
YP 2FAM	- 3,2546	- 2,5458	- 2,6845	- 3,7585	- 3,1498	- 4,2726
	(- 2,70)	(- 3,34)	(- 1,96)	(- 2,02)	(- 3,40)	(- 1,73)
YP 2ZIM	- 2,2767	- 0,5718	- 2,0236	- 1,4368	- 1,8427	- 1,8555
	(- 5,09)	(- 1,11)	(- 2,16)	(- 1,79)	(- 2,06)	(- 1,48)
YP 3ZIM	- 1,5597	- 0,4436	- 0,9517	0,1619	- 0,6973	- 1,4377
	(- 4,16)	(- 1,23)	(- 1,69)	(0,30)	(- 1,77)	(- 1,49)
YP 5ZIM	0,0219	- 0,0759	- 0,2905	- 0,1579	0,0395	1,4263
	(0,07)	(- 0,29)	(- 0,66)	(- 0,29)	(0,28)	(1,77)
AG RENT	- 2,2640	- 0,5906	- 4,2245	- 3,0564	2,8470	- 1,0898
	(- 2,15)	(- 0,46)	(- 0,68)	(- 3,09)	(0,37)	(- 0,21)
AG 1FAM	- 0,8231	1,6296	1,4384	- 0,1688	5,3067	3,5664
	(- 0,57)	(0,94)	(0,23)	(- 0,09)	(1,07)	(0,57)
AG 2FAM	- 0,9690	4,0435	- 0,6201	0,5533	4,5851	4,7325
	(- 0,57)	(2,20)	(- 0,10)	(0,07)	(0,64)	(0,79)
AG 2ZIM	0,0879	- 1,0852	- 1,6299	- 0,5416	- 1,5811	1,2516
	(0,10)	(- 1,07)	(- 1,15)	(- 0,41)	(- 1,86)	(1,01)
AG 3ZIM	0,9131	- 1,2416	- 0,8706	2,2533	- 1,3458	1,5800
	(1,13)	(- 1,55)	(- 0,86)	(2,28)	(- 1,72)	(1,40)
AG 5ZIM	3,3639	0,7399	- 0,2212	- 0,4348	- 0,6486	1,2891
	(3,24)	(0,77)	(- 0,22)	(- 0,43)	(- 1,99)	(0,84)

EH 2

Regions-typen	BAKE	BAHV	BAUM	KERN	UMLA	LAND
AS RENT	2,2211 (1,66)	0,4945 (0,34)	4,4349 (0,63)	3,2822 (2,84)	- 3,4294 (- 0,26)	0,5587 (0,10)
AS 1FAM	1,2039 (0,65)	- 1,8957 (- 0,94)	- 1,4629 (- 0,21)	0,2065 (0,10)	- 6,2289 (- 1,15)	- 4,6495 (- 0,67)
AS 2FAM	1,1751 (0,59)	- 4,6858 (- 2,20)	0,3281 (0,05)	- 3,9320 (- 0,32)	- 5,3905 (- 0,73)	- 6,0362 (- 0,92)
AS 2ZIM	0,0044 (0,01)	1,0344 (0,88)	1,2772 (0,81)	- 0,0428 (- 0,03)	1,4459 (1,48)	- 1,5489 (- 1,16)
AS 3ZIM	- 0,8358 (- 0,89)	1,4325 (1,53)	0,6931 (0,60)	- 2,8448 (- 2,53)	1,3049 (1,45)	- 1,5837 (- 1,31)
AS 5ZIM	- 3,5836 (- 2,83)	- 0,7821 (- 0,70)	- 0,1953 (- 0,16)	0,5531 (0,51)	0,7346 (2,00)	- 1,0962 (- 0,64)
KI RENT	0,0181 (0,06)	- 0,3006 (- 0,85)	- 0,6723 (- 1,31)	- 0,1494 (- 0,48)	0,6588 (0,84)	- 1,1481 (- 1,00)
KI 1FAM	0,6759 (1,47)	- 0,2785 (- 0,71)	- 0,3621 (- 0,67)	0,0099 (0,02)	0,3311 (0,41)	- 0,1613 (- 0,15)
KI 2FAM	- 0,4966 (- 0,75)	- 0,9990 (- 2,24)	- 1,7397 (- 2,24)	- 0,6290 (- 0,73)	0,0805 (0,10)	- 1,5398 (- 1,15)
KI 2ZIM	- 1,3400 (- 3,66)	- 0,8956 (- 2,36)	- 3,4363 (- 4,01)	- 1,9062 (- 2,83)	- 1,3766 (- 2,09)	- 3,2442 (- 2,51)
KI 3ZIM	- 0,7836 (- 2,87)	- 0,5365 (- 2,17)	- 0,9949 (- 3,04)	- 0,8234 (- 2,26)	- 0,5705 (- 2,38)	- 1,3069 (- 2,40)
KI 5ZIM	0,2576 (1,13)	0,0398 (0,26)	0,0561 (0,25)	- 0,3846 (- 1,32)	0,1087 (1,50)	0,6709 (1,53)
O1F 4Z	6,5105 (1,96)	- 8,6979 (- 2,61)	-22,5056 (- 5,54)	- 5,7242 (- 1,39)	-10,0253 (- 4,81)	-21,1775 (- 2,99)
O2F 3Z	- 5,7786 (- 1,30)	-18,8904 (- 6,21)	-27,9639 (- 5,07)	-30,9614 (- 2,62)	-10,6688 (- 3,78)	-46,0049 (- 3,31)
OMF 3Z	-30,9285 (- 8,20)	-26,9425 (- 8,69)	-52,3882 (- 3,57)	-72,0460 (-12,42)	-15,0308 (- 4,92)	-69,8078 (- 2,62)
RMF 2Z	9,6084 (4,37)	0,9992 (0,42)	- 2,0437 (- 0,75)	- 0,9431 (- 0,35)	3,3934 (1,95)	- 2,2774 (- 0,74)
RMF 3Z	0,5761 (0,23)	- 7,3066 (- 3,32)	-12,3522 (- 4,58)	-19,9888 (-12,69)	- 1,6298 (- 0,99)	-13,3267 (- 2,52)

EH 3

Regions-typen	BAKE	BAHV	BAUM	KERN	UMLA	LAND
O1F 5Z	0,9563 (0,30)	- 9,2144 (- 5,06)	-19,8588 (- 5,79)	- 3,3789 (- 1,01)	- 8,3884 (- 4,45)	-25,1363 (- 3,96)
O2F 4Z	- 6,7257 (- 1,59)	-22,5746 (- 7,76)	-30,6415 (- 5,78)	-30,7417 (- 2,62)	-14,7926 (- 6,37)	-45,0889 (- 3,27)
OMF 4Z	-34,4221 (- 9,08)	-31,6285 (- 9,57)	-55,1945 (- 3,72)	-69,0847 (-12,93)	-18,9434 (- 6,64)	-70,4286 (- 2,62)
RMF 4Z	3,4944 (1,50)	- 5,6165 (- 2,86)	- 9,4993 (- 4,34)	- 7,7811 (- 4,33)	- 3,6789 (- 4,65)	-16,1866 (- 2,55)
TH 0101	2,0977 (7,18)	1,0515 (0,35)	2,3259 (4,50)	1,4563 (2,23)	1,3186 (2,07)	3,4553 (3,46)
TH 0102	0,8383 (0,00)	0,9888 (0,06)	1,7379 (2,41)	1,2907 (1,50)	0,2438 (5,23)	1,0053 (0,011)
TH 0201	1,5254 (3,03)	1,0778 (0,68)	2,1252 (3,89)	2,0026 (4,84)	1,2900 (1,91)	3,2383 (3,75)
TH 0202	0,4662 (6,35)	0,3653 (5,33)	0,7638 (1,22)	0,5186 (2,50)	0,1028 (27,96)	2,0717 (1,67)
TAU 01	0,6834 (0,00)	1,1673 (0,63)	1,8713 (3,48)	0,7454 (2,14)	0,7788 (1,34)	2,1263 (1,03)
TAU 02	0,9634 (0,40)	1,2202 (0,00)	1,6563 (3,20)	1,2880 (1,89)	0,9490 (0,18)	1,7692 (4,08)

Tabelle A-2.1.2

SW 1

Regions-typen	BAKE *	BAHV	BAUM	KERN (SIKERN)	UMLA (SIUMLA)	LAND
LIK	- 441	- 654	- 528	- 420	- 772	- 314
MCF	0,861	0,629	0,550	0,818	0,665	0,734
TRQ	91,72	76,89	69,61	88,80	78,30	83,59
ABEO	1376	766	510	797	429	512
KAKOST	- 0,6657 (- 4,32)	- 0,0198 (- 0,28)	- 0,1471 (- 1,47)	- 0,3710 (- 0,93)	- 0,2118 (- 2,51)	- 0,1171 (- 1,49)
RETURN	0,1011 (1,50)	- 0,0574 (- 1,64)	0,0211 (0,75)	- 0,1888 (- 0,37)	- 0,1162 (- 1,89)	0,0631 (2,95)
QMHEIZ	-112,684 (-16,91)	-61,3815 (-14,09)	-40,2577 (- 5,57)	-77,9308 (- 5,48)	-54,9313 (-21,86)	-62,0954 (-10,72)
RELSIZ	- 0,1241 (- 2,40)	- 0,1354 (- 3,09)	- 0,1370 (- 2,65)	- 0,0621 (- 1,73)	- 0,0176 (- 0,69)	- 0,0423 (- 1,39)
YP RENT	- 1,0402 (- 2,24)	- 1,1204 (- 2,77)	- 0,0989 (- 0,15)	- 0,5621 (- 1,24)	- 0,9719 (- 1,40)	- 2,0260 (- 1,89)
YP 1FAM	1,9342 (1,81)	0,1418 (0,20)	1,6664 (2,06)	0,1187 (0,06)	- 0,3534 (- 0,42)	- 0,1943 (- 0,09)
YP 2FAM	- 7,1911 (- 2,32)	- 1,2041 (- 1,86)	0,5502 (0,69)	- 0,1672 (- 0,15)	- 1,6607 (- 1,89)	- 1,3782 (- 0,63)
YP 2ZIM	- 0,8024 (- 1,66)	0,3084 (0,69)	- 0,0524 (- 0,09)	- 0,9263 (- 2,14)	- 0,5598 (- 1,94)	- 1,2523 (- 1,11)
YP 3ZIM	- 0,2453 (- 0,50)	0,5035 (1,10)	- 0,9338 (- 1,63)	- 0,5919 (- 1,83)	- 0,2143 (- 0,66)	- 1,2408 (- 1,10)
YP 5ZIM	0,3262 (0,55)	0,1854 (0,39)	- 0,4870 (- 0,83)	- 0,0801 (- 0,25)	- 0,3824 (- 1,44)	0,1122 (0,08)
AG RENT	- 0,7432 (- 0,81)	- 0,0187 (- 0,03)	- 3,0415 (- 2,92)	- 1,8113 (- 1,11)	- 1,9580 (- 3,53)	- 1,0629 (- 1,20)
AG 1FAM	- 2,3230 (- 0,83)	0,3534 (0,30)	- 2,4029 (- 1,62)	1,8020 (0,22)	- 0,5100 (- 1,28)	- 0,6438 (- 0,17)
AG 2FAM	3,6530 (0,67)	0,8789 (0,76)	- 2,3450 (- 1,76)	- 1,2858 (- 0,34)	- 1,0590 (- 1,94)	1,0895 (0,41)
AG 2ZIM	- 0,2610 (- 0,37)	- 1,1292 (- 2,23)	- 0,7519 (- 1,07)	- 0,3971 (- 0,56)	- 1,1934 (- 1,75)	- 0,1347 (- 1,79)
AG 3ZIM	0,3792 (0,50)	0,2896 (0,50)	0,7693 (1,11)	0,0889 (0,12)	- 0,1466 (- 0,21)	0,0448 (0,82)
AG 5ZIM	0,6416 (0,56)	0,4293 (0,52)	- 0,1238 (- 0,11)	0,7380 (0,91)	- 0,0954 (- 0,30)	0,9819 (2,75)

SW 2

Regions-typen	BAKE	BAHV	BAUM	KERN	UMLA	LAND
AS RENT	0,8265 (0,83)	0,0044 (0,01)	2,9180 (2,78)	1,4981 (1,01)	1,8183 (3,16)	0,7326 (0,57)
AS 1FAM	2,7129 (0,99)	- 0,0011 (- 0,00)	2,2830 (1,53)	- 1,6292 (- 0,20)	0,1549 (0,91)	0,6806 (0,16)
AS 2FAM	- 4,5447 (- 0,63)	- 0,7714 (- 0,64)	2,2559 (1,69)	0,9017 (0,22)	0,9784 (1,84)	- 1,1766 (- 0,42)
AS 2ZIM	0,0165 (0,02)	1,0464 (1,88)	0,5517 (0,76)	0,1787 (0,24)	1,1938 (1,57)	- 0,1608 (- 1,39)
AS 3ZIM	- 0,4879 (- 0,62)	- 0,2708 (- 0,43)	- 0,9429 (- 1,30)	- 0,1139 (- 0,15)	0,1525 (0,19)	- 0,3095 (- 0,67)
AS 5ZIM	- 0,6411 (- 0,54)	- 0,7631 (- 0,78)	0,2380 (0,20)	- 0,7690 (- 0,86)	0,0756 (0,22)	- 0,9847 (- 1,56)
KI RENT	- 0,4520 (- 1,35)	- 0,4432 (- 1,24)	1,2475 (1,67)	0,0119 (0,02)	0,6395 (0,76)	- 0,6036 (- 0,63)
KI 1FAM	0,5691 (0,88)	0,5065 (0,96)	1,7906 (2,24)	- 8,0347 (- 0,04)	0,5137 (0,90)	- 0,6104 (- 0,31)
KI 2FAM	- 2,3110 (- 1,42)	- 1,9930 (- 1,87)	- 0,0974 (- 0,08)	- 0,6714 (- 0,51)	0,5846 (1,34)	- 0,6056 (- 0,35)
KI 2ZIM	- 1,5572 (- 3,27)	- 0,6798 (- 1,70)	- 1,1780 (- 2,19)	- 2,6921 (- 3,39)	- 1,4786 (-24,61)	- 1,7362 (- 2,52)
KI 3ZIM	- 0,4487 (- 1,30)	0,1232 (0,39)	- 0,5569 (- 1,88)	- 0,7810 (- 2,29)	- 0,6756 (- 2,64)	- 1,7914 (- 2,68)
KI 5ZIM	- 0,2318 (- 0,69)	- 0,4078 (- 1,20)	- 0,2298 (- 0,80)	- 0,3707 (- 1,11)	- 0,1271 (- 0,96)	- 0,6453 (- 0,72)
O1F 4Z	7,7111 (1,17)	- 6,2259 (- 2,54)	- 8,5569 (- 2,41)	- 4,9436 (- 0,18)	- 8,6286 (- 3,60)	-13,5597 (- 2,01)
O2F 3Z	- 9,2895 (- 0,92)	-16,7312 (-18,74)	-13,2293 (- 3,48)	- 8,0984 (- 0,73)	-15,4311 (- 6,28)	-23,5734 (- 3,52)
OMF 3Z	-41,3388 (-11,74)	-28,8542 (-10,14)	-26,2042 (- 7,67)	-29,1735 (- 4,28)	-31,3092 (-10,88)	-36,1107 (- 8,59)
RMF 2Z	3,6082 (1,48)	- 0,3266 (- 0,19)	- 0,9893 (- 0,48)	3,1283 (1,64)	0,2100 (0,19)	0,2667 (0,63)
RMF 3Z	- 7,7069 (- 3,16)	-11,2491 (- 4,65)	- 6,5946 (- 2,34)	- 1,2815 (- 0,54)	- 2,6984 (- 1,80)	- 3,2580 (- 1,47)

SW 3

Regions-typen	BAKE	BAHV	BAUM	KERN	UMLA	LAND
O1F 5Z	10,1491 (1,69)	- 6,4477 (- 3,09)	- 6,3260 (- 2,42)	-11,1787 (- 0,45)	- 7,5952 (- 6,01)	-15,7059 (- 2,34)
O2F 4Z	-11,4421 (- 1,12)	-18,6436 (- 5,90)	-14,9573 (- 3,99)	-11,3720 (- 1,10)	-17,9203 (- 7,82)	-29,8039 (- 4,59)
OMF 4Z	-46,6280 (-12,05)	-32,1570 (- 9,89)	-28,6267 (- 7,79)	-36,0963 (- 5,15)	-36,4171 (-11,91)	-44,5386 (- 9,29)
RMF 4Z	- 5,3002 (- 2,16)	- 5,5970 (- 4,26)	- 4,3801 (- 1,88)	- 0,9709 (- 0,56)	- 2,5602 (- 7,84)	-10,6872 (-10,23)
TH 0101	-	1,0609 (0,64)	1,1037 (0,63)	1,1054 (0,09)	2,0454 (0,00)	2,4923 (2,18)
TH 0102	-	1,0973 (0,0o)	0,9331 (0,21)	0,7506 (0,99)	0,4455 (0,00)	0,2159 (13,81)
TH 0201	-	1,0752 (1,06)	1,1016 (0,49)	0,9734 (0,08)	1,7154 (0,00)	2,8403 (3,10)
TH 0202	-	0,5540 (3,50)	0,9454 (0,06)	0,3966 (4,36)	0,2164 (19,47)	1,4724 (1,16)
TAU 01	-	0,6228 (6,04)	0,9471 (0,33)	1,1329 (0,21)	1,3753 (0,01)	0,7327 (1,41)
TAU 02	-	1,1047 (0,58)	1,1096 (0,66)	2,6116 (0,00)	1,6732 (0,00)	1,5744 (2,99)

Tabelle A-2.1.3

SM 1

Regions-typen	BAKE *	BAHV	BAUM	KERN (SIKERN)	UMLA (SIUMLA)	LAND
LIK	- 236	- 378	- 281	- 420	- 772	- 332
MCF	0,828	0,666	0,550	0,818	0,665	0,654
TRQ	89,93	81,10	71,96	88,80	78,30	77,70
ABEO	596	492	271	522	616	417
KAKOST	- 0,9995	- 0,0840	- 0,1727	- 0,3710	- 0,2218	- 0,5065
	(- 4,40)	(- 1,22)	(- 0,76)	(- 0,93)	(- 2,51)	(- 3,39)
RETURN	0,0632	- 0,0313	- 0,6446	- 0,1888	- 0,1162	- 0,0758
	(0,96)	(- 0,98)	(- 2,85)	(- 0,37)	(- 1,89)	(- 0,91)
QMHEIZ	- 100,504	-54,6870	-41,0797	-77,9308	-54,9313	-45,3493
	(-10,50)	(-11,04)	(- 3,19)	(- 5,48)	(-21,86)	(- 4,39)
RELSIZ	- 0,1208	- 0,1002	- 0,0120	- 0,0621	- 0,0176	- 0,0446
	(- 2,27)	(- 1,37)	(- 0,21)	(- 1,73)	(- 0,69)	(- 1,42)
YP RENT	- 1,3545	- 0,1709	- 3,2404	- 0,5621	- 0,9719	- 1,9862
	(- 2,54)	(- 1,62)	(- 2,25)	(- 1,24)	(- 1,40)	(- 2,82)
YP 1FAM	0,2913	0,3190	- 1,3314	0,1187	- 0,3534	- 1,9242
	(0,27)	(0,08)	(- 0,83)	(0,06)	(- 0,42)	(- 1,60)
YP 2FAM	- 0,7470	- 0,7856	- 2,0386	- 0,1672	- 1,6607	- 2,4877
	(- 0,79)	(- 1,26)	(- 1,32)	(- 0,15)	(- 1,89)	(- 1,86)
YP 2ZIM	- 0,5723	0,2519	- 1,1551	- 0,9263	- 0,5598	- 0,6006
	(- 1,33)	(0,67)	(- 0,89)	(- 2,14)	(- 1,94)	(- 1,47)
YP 3ZIM	0,2541	0,5339	- 1,1370	- 0,5919	- 0,2143	- 0,4266
	(0,61)	(1,80)	(- 0,91)	(- 1,83)	(- 0,66)	(- 1,16)
YP 5ZIM	0,4556	- 0,1588	- 0,1815	- 0,0801	- 0,3824	- 0,4162
	(0,67)	(- 0,21)	(- 0,08)	(- 0,25)	(- 1,44)	(- 0,50)
AG RENT	0,2555	- 1,1984	3,9964	- 1,8113	- 1,9580	0,5770
	(0,11)	(- 1,50)	(1,49)	(- 1,11)	(- 3,53)	(0,17)
AG 1FAM	9,7170	- 2,8429	3,0073	1,8020	- 0,5100	4,1458
	(0,87)	(- 1,45)	(0,90)	(0,22)	(- 1,28)	(0,94)
AG 2FAM	- 1,6504	0,1123	6,2731	- 1,2858	- 1,0590	0,9652
	(- 0,49)	(0,59)	(1,53)	(- 0,34)	(- 1,94)	(0,20)
AG 2ZIM	- 0,6881	- 0,2923	- 2,7746	- 0,3971	- 0,1934	0,3898
	(- 0,62)	(- 0,37)	(- 0,62)	(- 0,56)	(- 1,75)	(0,36)
AG 3ZIM	0,1864	0,3951	- 1,2036	0,0889	- 0,1466	0,3413
	(0,14)	(0,37)	(- 0,28)	(0,12)	(- 0,21)	(0,36)
AG 5ZIM	8,4698	- 0,7568	- 4,1398	0,7380	- 0,0954	- 1,3726
	(1,14)	(- 1,38)	(- 0,57)	(0,91)	(- 0,30)	(- 7,64)

SM 2

Regions-typen	BAKE	BAHV	BAUM	KERN	UMLA	LAND
AS RENT	0,1771 (0,06)	1,4690 (1,33)	- 3,8991 (- 1,44)	1,4981 (1,01)	1,8183 (3,16)	- 1,0888 (- 0,29)
AS 1FAM	-11,3513 (- 0,82)	2,8670 (1,22)	- 2,3124 (- 0,66)	- 1,6292 (- 0,20)	0,1549 (0,91)	- 5,2845 (- 1,07)
AS 2FAM	2,3659 (0,59)	0,5638 (0,71)	- 6,6862 (- 1,50)	0,9017 (0,22)	0,9784 (1,84)	- 1,7436 (- 0,32)
AS 2ZIM	0,5259 (0,41)	0,3246 (0,40)	2,6370 (0,62)	0,1787 (0,24)	1,1938 (1,57)	- 0,2290 (- 0,26)
AS 3ZIM	- 0,6376 (- 0,40)	- 0,7353 (- 0,60)	1,2970 (0,32)	- 0,1139 (- 0,15)	0,1525 (0,19)	- 0,1058 (- 0,05)
AS 5ZIM	-17,1022 (- 1,29)	1,0172 (1,19)	4,4828 (0,66)	- 0,7690 (- 0,86)	0,0756 (0,22)	2,0249 (1,33)
KI RENT	3,2874 (0,16)	0,5313 (1,16)	- 4,0909 (- 1,09)	0,0119 (0,02)	0,6395 (0,76)	8,7073 (0,24)
KI 1FAM	0,0520 (0,01)	- 8,9022 (- 0,06)	- 2,9615 (- 0,76)	- 8,0347 (- 0,04)	0,5137 (0,90)	9,0541 (0,25)
KI 2FAM	- 0,6309 (- 0,01)	0,3765 (0,95)	-27,2155 (- 0,01)	- 0,6714 (- 0,51)	0,5846 (1,34)	- 2,0024 (- 0,05)
KI 2ZIM	- 0,6594 (- 0,72)	- 1,9044 (- 2,81)	- 3,7206 (- 1,70)	- 2,6921 (- 3,39)	- 1,4786 (-24,61)	- 1,2978 (- 1,41)
KI 3ZIM	0,4270 (0,44)	- 0,1931 (- 0,61)	- 2,5738 (- 1,47)	- 0,7810 (- 2,29)	- 0,6756 (- 2,64)	- 0,8688 (- 1,06)
KI 5ZIM	0,6085 (0,33)	-10,6683 (- 0,06)	0,5576 (0,28)	- 0,3707 (- 1,11)	- 0,1271 (- 0,96)	0,5686 (0,65)
O1F 4Z	- 0,2817 (- 0,01)	- 6,7254 (- 2,57)	-11,1252 (- 0,66)	- 4,9436 (- 0,18)	- 8,6286 (- 3,60)	-14,0629 (- 4,06)
O2F 3Z	7,0270 (0,63)	-22,0628 (- 5,36)	-16,5817 (- 1,47)	- 8,0984 (- 0,73)	-15,4311 (- 6,28)	-15,1914 (- 6,91)
OMF 3Z	-26,0030 (- 2,35)	-35,1202 (- 7,31)	-18,3633 (- 2,11)	-29,1735 (- 4,28)	-31,3092 (-10,88)	-30,6602 (- 3,25)
RMF 2Z	9,9710 (0,99)	-13,5831 (-10,99)	- 5,6563 (- 0,85)	3,1283 (1,64)	0,2100 (0,19)	- 8,1809 (- 2,44)
RMF 3Z	1,4655 (0,15)	-16,6121 (- 4,55)	- 9,1756 (- 1,12)	- 1,2815 (- 0,54)	- 2,6984 (- 1,80)	- 7,2305 (- 2,81)

SM 3

Regions- typen	BAKE	BAHV	BAUM	KERN	UMLA	LAND
01F 5Z	- 4,6994 (- 0,22)	- 5,4698 (- 1,68)	- 3,6149 (- 0,44)	-11,1787 (- 0,45)	- 7,5952 (- 6,01)	-10,8568 (- 3,04)
02F 4Z	3,9541 (0,34)	-24,6306 (- 5,66)	-25,0731 (- 1,17)	-11,3720 (- 1,10)	-17,9203 (- 7,82)	-16,0197 (- 5,07)
OMF 4Z	-28,8833 (- 2,54)	-34,8482 (-21,75)	-25,9844 (- 1,54)	-36,0963 (- 5,15)	-36,4171 (-11,91)	-31,1646 (- 4,34)
RMF 4Z	7,6738 (0,75)	-17,1944 (- 4,73)	-12,2604 (- 0,65)	- 0,9709 (- 0,56)	- 2,5602 (- 7,84)	-13,5529 (- 4,43)
TH 0101	-	1,0285 (0,00)	1,6235 (1,13)	1,1054 (0,09)	2,0454 (0,00)	2,4189 (2,20)
TH 0102	-	0,9759 (0,00)	1,2816 (0,49)	0,7506 (0,99)	0,4455 (0,00)	0,2296 (9,71)
TH 0201	-	1,0406 (0,00)	1,7219 (1,30)	0,9734 (0,08)	1,7154 (0,00)	2,2963 (1,61)
TH 0202	-	1,0269 (0,00)	1,6890 (0,19)	0,3966 (4,36)	0,2164 (19,47)	1,3171 (0,56)
TAU 01	-	0,3146 (26,34)	1,9007 (1,27)	1,1329 (0,21)	1,3753 (0,00)	0,9671 (0,06)
TAU 02	-	0,9124 (0,97)	4,7940 (0,00)	2,6116 (0,0)	1,6732 (0,00)	1,3962 (0,00)

Tabelle A-2.1.4

WG 1

Regions-typen	BAKE	BAHV (WGBALL)	BAUM	KERN	UMLA (WGKEUM)	LAND
LIK	- 779	- 779	- 779	- 456	- 456	- 357
MCF	0,252	0,252	0,252	0,280	0,280	0,385
TRQ	44,69	44,69	44,69	49,09	49,09	56,35
ABEO	163	195	94	36	239	252
KAKOST	- 0,3222 (- 7,38)	- 0,3222 (- 7,38)	- 0,3222 (- 7,38)	- 0,0176 (- 0,37)	- 0,0176 (- 0,37)	- 0,0405 (- 0,82)
RETURN	0,0338 (1,54)	0,0338 (1,54)	0,0338 (1,54)	- 0,0289 (- 0,64)	- 0,0289 (- 0,64)	- 0,0418 (- 1,34)
QMHEIZ	-14,3073 (-11,50)	-14,3073 (-11,50)	-14,3073 (-11,50)	-17,1407 (- 6,70)	-17,1407 (- 6,70)	-20,7756 (- 4,53)
RELSIZ	- 0,0943 (- 4,45)	- 0,0943 (- 4,45)	- 0,0943 (- 4,45)	- 0,0498 (- 4,91)	- 0,0498 (- 4,91)	- 0,0946 (- 2,41)
YP RENT	- 0,1880 (- 0,27)	- 0,1880 (- 0,27)	- 0,1880 (- 0,27)	- 2,1692 (- 1,05)	- 2,1692 (- 1,05)	- 0,6880 (- 0,50)
YP 1FAM	- 0,7588 (- 1,07)	- 0,7588 (- 1,07)	- 0,7588 (- 1,07)	- 2,9653 (- 1,77)	- 2,9653 (- 1,77)	- 0,1094 (- 0,08)
YP 2FAM	- 2,5960 (- 2,63)	- 2,5960 (- 2,63)	- 2,5960 (- 2,63)	- 3,3398 (- 1,68)	- 3,3398 (- 1,68)	0,6287 (0,41)
YP 2ZIM	- 0,8520 (- 1,43)	- 0,8520 (- 1,43)	- 0,8520 (- 1,43)	- 1,3990 (- 0,96)	- 1,3990 (- 0,96)	- 1,6465 (- 1,13)
YP 3ZIM	0,0689 (0,18)	0,0689 (0,18)	0,0689 (0,18)	- 0,7289 (- 1,09)	- 0,7289 (- 1,09)	- 0,9081 (- 0,97)
YP 5ZIM	0,2113 (0,64)	0,2113 (0,64)	0,2113 (0,64)	0,7821 (1,27)	0,7821 (1,27)	- 0,2601 (- 0,54)
AG RENT	- 9,3064 (- 2,24)	- 9,3064 (- 2,24)	- 9,3064 (- 2,24)	- 1,5323 (- 0,27)	- 1,5323 (- 0,27)	- 4,4285 (- 1,13)
AG 1FAM	- 6,1245 (- 1,46)	- 6,1245 (- 1,46)	- 6,1245 (- 1,46)	- 0,8878 (- 0,17)	- 0,8878 (- 0,17)	- 5,7133 (- 1,38)
AG 2FAM	- 9,2032 (- 2,18)	- 9,2032 (- 2,18)	- 9,2032 (- 2,18)	0,9422 (0,17)	0,9422 (0,17)	- 5,8288 (- 1,38)
AG 2ZIM	2,3135 (2,56)	2,3135 (2,56)	2,3135 (2,56)	1,7336 (0,89)	1,7336 (0,89)	1,7117 (0,75)
AG 3ZIM	- 0,3902 (- 0,55)	- 0,3902 (- 0,55)	- 0,3902 (- 0,55)	- 0,3093 (- 0,29)	- 0,3093 (- 0,29)	0,8701 (0,53)
AG 5ZIM	- 1,2987 (- 2,19)	- 1,2987 (- 2,19)	- 1,2987 (- 2,19)	- 1,3962 (- 7,82)	- 1,3962 (- 7,82)	- 1,0111 (- 1,09)

WG 2

Regions-typen	BAKE	BAHV	BAUM	KERN	UMLA	LAND
AS RENT	9,9297 (2,26)	9,9297 (2,26)	9,9297 (2,26)	2,7088 (0,41)	2,7088 (0,41)	5,6001 (1,22)
AS 1FAM	6,5461 (1,47)	6,5461 (1,47)	6,5461 (1,47)	1,5322 (0,25)	1,5322 (0,25)	6,8223 (1,47)
AS 2FAM	9,8208 (25,56)	9,8208 (25,56)	9,8208 (25,56)	0,1961 (0,03)	0,1961 (0,03)	7,0965 (1,50)
AS 2ZIM	- 2,2074 (- 2,10)	- 2,2074 (- 2,10)	- 2,2074 (- 2,10)	- 2,4172 (- 1,02)	- 2,4172 (- 1,02)	- 2,4986 (- 1,01)
AS 3ZIM	0,6923 (0,86)	0,6923 (0,86)	0,6923 (0,86)	0,2755 (0,25)	0,2755 (0,25)	- 1,2346 (- 0,72)
AS 5ZIM	1,4015 (1,95)	1,4015 (1,95)	1,4015 (1,95)	1,5983 (7,82)	1,5983 (7,82)	0,5760 (0,63)
KI RENT	0,1387 (0,35)	0,1387 (0,35)	0,1387 (0,35)	- 0,2863 (- 0,31)	- 0,2863 (- 0,31)	0,0717 (0,15)
KI 1FAM	- 0,0586 (- 0,14)	- 0,0586 (- 0,14)	- 0,0586 (- 0,14)	- 0,4753 (- 0,60)	- 0,4753 (- 0,60)	0,0091 (0,02)
KI 2FAM	0,2339 (0,54)	0,2339 (0,54)	0,2339 (0,54)	- 0,1068 (- 0,13)	- 0,1068 (- 0,13)	0,0577 (0,11)
KI 2ZIM	- 0,1035 (- 0,32)	- 0,1035 (- 0,32)	- 0,1035 (- 0,32)	-19,1439 (0,00)	-19,1439 (0,00)	-11,4768 (- 0,03)
KI 3ZIM	0,0321 (0,16)	0,0321 (0,16)	0,0321 (0,16)	- 0,8616 (- 2,91)	- 0,8616 (- 2,91)	- 0,6894 (- 1,87)
KI 5ZIM	0,3882 (2,55)	0,3882 (2,55)	0,3882 (2,55)	0,2750 (2,48)	0,2750 (2,48)	- 0,2201 (- 1,60)
O1F 4Z	- 8,0235 (- 3,33)	- 8,0235 (- 3,33)	- 8,0235 (- 3,33)	- 4,7250 (- 0,85)	- 4,7250 (- 0,85)	- 4,1847 (- 1,40)
O2F 3Z	- 4,140 (- 1,74)	- 4,140 (- 1,74)	- 4,140 (- 1,74)	-13,8340 (- 1,70)	-13,8340 (- 1,70)	-12,7413 (- 2,49)
OMF 3Z	-31,6376 (-22,17)	-31,6376 (-22,17)	-31,6376 (-22,17)	-17,1923 (- 1,59)	-17,1923 (- 1,59)	-26,8103 (- 2,86)
RMF 2Z	- 9,2690 (- 4,73)	- 9,2690 (- 4,73)	- 9,2690 (- 4,73)	- 6,1284 (- 1,75)	- 6,1284 (- 1,75)	- 6,7773 (- 1,45)
RMF 3Z	- 5,3465 (- 3,49)	- 5,3465 (- 3,49)	- 5,3465 (- 3,49)	- 3,8354 (- 1,63)	- 3,8354 (- 1,63)	- 7,7909 (- 2,26)

WG 3

Regions-typen	BAKE	BAHV	BAUM	KERN	UMLA	LAND
01F 5Z	- 4,5354 (- 2,28)	- 4,5354 (- 2,28)	- 4,5354 (- 2,28)	- 0,900 (- 0,16)	- 0,900 (- 0,16)	0,8996 (0,40)
02F 4Z	- 2,9745 (- 1,32)	- 2,9745 (- 1,32)	- 2,9745 (- 1,32)	-13,2521 (- 1,91)	-13,2521 (- 1,91)	-10,0020 (- 2,37)
OMF 4Z	-33,0058 (-33,48)	-33,0058 (-33,48)	-33,0058 (-33,48)	-17,9627 (- 1,71)	-17,9627 (- 1,71)	-27,2568 (- 2,97)
RMF 4Z	- 4,4835 (- 4,97)	- 4,4835 (- 4,97)	- 4,4835 (- 4,97)	- 3,6056 (- 6,27)	- 3,6056 (- 6,27)	- 7,9824 (- 2,70)
TH 0101	1,0024 (0,01)	1,0024 (0,01)	1,0024 (0,01)	1,0257 (0,12)	1,0257 (0,12)	1,1749 (0,65)
TH 0102	0,9198 (0,00)	0,9198 (0,00)	0,9198 (0,00)	0,6627 (0,00)	0,6627 (0,00)	0,8149 (0,00)
TH 0201	1,1775 (1,13)	1,1775 (1,13)	1,1775 (1,13)	1,8875 (10,05)	1,8875 (10,05)	1,2739 (0,99)
TH 0202	0,9053 (0,00)	0,9053 (0,00)	0,9053 (0,00)	0,1389 (0,00)	0,1389 (0,00)	0,3324 (2,92)
TAU 01	1,4903 (0,00)	1,4903 (0,00)	1,4903 (0,00)	5,5179 (10,74)	5,5179 (10,74)	1,6092 (0,90)
TAU 02	1,5672 (0,00)	1,5672 (0,00)	1,5672 (0,00)	3,2009 (0,00)	3,2009 (0,00)	0,8782 (0,45)

Tabelle A-2.1.5

GABRD 1

LIK	- 826
MCF	0,614
TRQ	66,52
ABEO	929
KAKOST	- 1,0564
	(- 7,74)
RETURN	- 0,3236
	(- 3,55)
QMHEIZ	-27,3838
	(- 8,74)
RELSIZ	- 0,1018
	(- 4,05)
YP RENT	- 0,4400
	(- 0,31)
YP 1FAM	3,0629
	(1,53)
YP 2FAM	- 1,7422
	(- 0,61)
YP 2ZIM	- 1,8010
	(- 3,26)
YP 3ZIM	- 1,4389
	(- 2,73)
YP 5ZIM	- 0,0076
	(- 0,01)
AG RENT	- 0,9934
	(- 0,49)
AG 1FAM	2,3585
	(0,33)
AG 2FAM	40,3369
	(1,78)
AG 2ZIM	0,9830
	(0,81)
AG 3ZIM	0,7683
	(0,68)
AG 5ZIM	3,0745
	(1,31)

GABRD 2

AS RENT	0,4811
	(0,23)
AS 1FAM	- 3,7748
	(- 0,42)
AS 2FAM	-54,0009
	(- 1,80)
AS 2ZIM	- 1,6266
	(- 0,99)
AS 3ZIM	- 0,9990
	(- 0,68)
AS 5ZIM	- 4,1651
	(- 1,34)
KI RENT	0,5955
	(1,43)
KI 1FAM	0,3790
	(0,51)
KI 2FAM	- 0,3707
	(- 0,57)
KI 2ZIM	- 0,6602
	(- 3,63)
KI 3ZIM	- 0,3866
	(- 2,53)
KI 5ZIM	- 0,2385
	(- 0,99)
O1F 4Z	- 3,8287
	(- 0,35)
O2F 3Z	-75,3117
	(- 9,42)
OMF 3Z	-12,5230
	(- 2,16)
RMF 2Z	5,0928
	(1,42)
RMF 3Z	2,3745
	(0,66)

GABRD 3	
O1F 5Z	- 6,5454 (- 0,58)
O2F 4Z	-72,1229 (- 7,75)
OMF 4Z	-10,2934 (- 3,59)
RMF 4Z	2,8984 (0,67)
TH 0101	0,6459 (0,00)
TH 0102	0,9059 (0,78)
TH 0201	1,5529 (0,80)
TH 0202	1,2969 (0,96)
TAU 01	2,0107 (0,00)
TAU 02	1,6562 (0,00)

A-2.2 Aufbruchschätzungen

Wie im Forschungsbericht, Abschnitt 7.1, ausführlich erläutert, konnten die Schätzungen der Aufbruchfunktionen nicht für den Aufbruch aus Ein- und Zweifamilienhäusern (WT 1,2,6,7) durchgeführt werden, weil die Anzahl der entsprechenden Beobachtungen im 1-v.H.-Stichprobenmaterial zu niedrig war.

Tabelle A-2.2.1

Wohnungs-typen	3	4	5	8	9	10
			E H B A K E			
LIK	- 116	- 808	- 644	- 82	- 699	- 332
McF	0,704	0,427	0,656	0,647	0,569	0,609
TRQ in %	94,34	82,20	92,23	93,09	89,80	91,84
ABEO	565	2034	2703	333	2342	1255
KOEPFE	- 0,5340	0,0422	- 0,2609	- 0,2178	0,5503	- 0,3772
	(- 1,79)	(0,43)	(- 2,71)	(- 0,92)	(4,08)	(- 1,97)
ALTER	- 3,7581	- 0,7437	-0,7735	-1,1686	-0,6454	- 0,4273
	(- 5,54)	(-16,46)	(-11,62)	(- 1,58)	(-10,29)	(- 4,50)
EINk,PREIS	0,3323	- 0,0131	0,3422	-0,0187	-0,0060	0,0681
	(1,25)	(- 1,91)	(2,09)	(- 1,16)	(- 0,90)	(0,46)
KONSTAN	3,2842	1,9343	0,8211	0,2251	0,2637	-0,3948
	(2,57)	(5,61)	(1,87)	(0,16)	(0,85)	(- 0,80)
			E H B A H V			
LIK	- 105	- 693	-1025	- 85	- 625	- 387
McF	0,629	0,269	0,458	0,572	0,414	0,342
TRQ in %	92,20	75,22	86,36	90,88	84,93	82,41
ABEO	410	1368	2727	285	1539	847
KOEPFE	- 1,1279	0,1189	-0,0758	0,1976	0,0966	0,0854
	(- 3,15)	(1,18)	(-1,16)	(0,85)	(0,94)	(0,33)
ALTER	- 3,0033	- 0,5803	-0,4801	0,3011	-0,4369	- 0,3113
	(- 5,00)	(-12,82)	(- 9,81)	(0,33)	(-6,31)	(- 3,65)
EINK,PREIS	0,2293	- 0,0127	0,0471	- 0,0434	0,0149	0,2895
	(0,85)	(- 1,63)	(0,36)	(- 1,87)	(1,99)	(2,19)
KONSTAN	4,1261	1,4666	0,1500	- 2,3089	-0,4430	- 0,9913
	(3,30)	(3,72)	(0,46)	(- 1,16)	(-1,38)	(- 2,12)

Wohnungs-typen	3	4	5	8	9	10
			E H B A U M			
LIK	- 33	- 212	- 364	- 45	- 241	- 224
McF	0,651	0,217	0,343	0,254	0,352	0,384
TRQ in %	91,85	71,28	82,10	76,74	82,50	82,04
ABEO	135	390	799	86	537	323
KOEPFE	- 0,6295	0,0334	- 0,1382	- 0,0373	0,1329	5,4577
	(- 1,22)	(0,20)	(- 1,21)	(- 0,14)	(0,89)	(2,18)
ALTER	- 2,9921	- 0,5659	- 0,2984	- 0,6446	- 0,3690	- 0,5196
	(- 2,70)	(- 7,64)	(- 4,31)	(- 0,58)	(- 3,51)	(- 3,26)
EINK,PREIS	1,8387	- 0,0064	- 0,1599	- 0,0515	0,0067	- 0,3790
	(3,01)	(- 0,41)	(- 0,79)	(- 1,85)	(0,56)	(- 1,63)
KONSTAN	- 0,5763	1,7900	0,3284	1,1438	- 0,3169	- 3,9979
	(- 0,28)	(2,69)	(0,59)	(0,56)	(- 0,63)	(- 1,55)
			E H K E R N			
LIK	- 30	- 288	- 333	- 49	- 207	- 86
McF	0,773	0,265	0,525	0,439	0,422	0,459
TRQ in %	95,24	71,15	87,55	86,61	84,72	86,96
ABEO	189	565	1012	127	517	230
KOEPFE	- 1,6840	0,2562	0,0763	- 0,0304	0,3514	- 0,3244
	(- 2,06)	(1,54)	(0,69)	(- 0,10)	(1,86)	(- 0,65)
ALTER	- 5,9231	- 0,5408	- 0,6524	- 0,1082	- 0,4575	- 0,3416
	(- 4,37)	(- 8,50)	(- 7,95)	(- 0,12)	(- 4,81)	(- 2,10)
EINK,PREIS	1,6096	0,0079	0,6305	- 0,0238	- 0,0147	0,1617
	(2,11)	(0,69)	(3,54)	(- 1,04)	(- 1,07)	(0,63)
KONSTAN	6,3519	0,6540	- 0,5104	- 0,9533	0,3657	- 0,5684
	(2,58)	(1,18)	(- 0,90)	(- 0,48)	(0,67)	(- 0,63)

Wohnungs-typen	3	4	5	8	9	10
			EHUMLA			
LIK	- 51	- 608	- 948	- 83	- 612	- 378
McF	0,599	0,230	0,419	0,154	0,392	0,384
TRQ in %	92,93	72,23	83,81	71,13	83,46	83,95
ABEO	184	1138	2353	142	1451	885
KOEPFE	- 1,1764	- 0,0203	- 0,1604	- 0,0160	0,3826	0,1557
	(- 2,59)	(- 0,21)	(- 2,42)	(- 0,08)	(3,54)	(0,84)
ALTER	- 4,2802	- 0,5029	- 0,5777	- 0,4705	- 0,4227	- 0,3645
	(- 5,15)	(-11,96)	(-12,03)	(- 0,67)	(- 6,82)	(- 4,38)
EINK,PREIS	1,3769	- 0,0049	0,2171	- 0,0412	0,0229	- 0,0278
	(3,13)	(- 0,52)	(1,76)	(- 1,91)	(2,77)	(- 0,20)
KONSTAN	4,2094	1,4960	0,6695	0,6961	- 0,6678	- 0,2664
	(2,49)	(3,75)	(1,96)	(0,45)	(- 2,19)	(- 0,59)
			EHLAND			
LIK	- 68	- 402	- 621	- 61	- 375	- 262
McF	0,548	0,299	0,445	0,199	0,445	0,356
TRQ in %	87,61	78,26	85,86	70,91	85,63	83,28
ABEO	218	828	1613	110	974	586
KOEPFE	- 0,1594	0,0096	- 0,2546	0,1170	0,4502	- 0,0707
	(- 0,54)	(0,06)	(- 2,85)	(0,52)	(3,08)	(- 0,37)
ALTER	- 3,2894	- 0,5738	- 0,4423	- 1,2919	- 0,4693	- 0,1927
	(- 4,77)	(-10,78)	(- 8,70)	(- 1,55)	(- 5,94)	(- 2,31)
EINK,PREIS	1,1313	- 0,0379	0,7266	- 0,0533	0,0111	0,0089
	(2,81)	(- 2,86)	(4,61)	(- 2,08)	(1,11)	(0,05)
KONSTAN	0,7798	2,1899	- 0,4117	1,7135	- 0,4440	- 0,7570
	(0,56)	(4,20)	(- 0,97)	(0,97)	(- 1,14)	(- 1,67)

Tabelle A-2.2.2

Wohnungs-typen	3	4	5	8	9	10
			S W B A K E			
LIK	- 56	- 832	- 651	- 19	- 209	- 54
McF	0,726	0,560	0,603	0,474	0,550	0,638
TRQ in %	94,88	87,28	90,06	88,46	88,19	91,16
ABEO	293	2727	2364	52	669	215
KOEPFE	1,0187	0,3330	- 0,4257	0,0711	0,0629	- 0,9110
	(1,94)	(1,84)	(- 3,31)	(0,18)	(0,18)	(- 1,07)
ALTER	- 2,3107	- 0,6212	- 0,6276	- 3,8813	- 0,5730	- 0,6013
	(- 3,46)	(-18,61)	(-14,83)	(- 2,54)	(- 7,42)	(- 3,87)
EINK,PREIS	1,1039	- 0,0277	0,1933	- 0,0953	- 0,0078	- 0,2456
	(2,74)	(- 1,79)	(1,71)	(- 1,49)	(- 0,29)	(- 0,88)
KONSTAN	- 3,2085	1,1176	1,1453	5,5804	0,8996	2,3263
	(- 1,86)	(3,29)	(2,95)	(2,19)	(1,55)	(1,62)
			S W B A H V			
LIK	- 46	- 483	- 292	- 16	- 129	- 55
McF	0,601	0,562	0,518	0,294	0,489	0,478
TRQ in %	91,02	87,74	88,55	75,76	87,33	87,42
ABEO	167	1591	873	33	363	152
KOEPFE	0,4289	- 0,1171	- 0,2057	1,2495	0,5298	- 5,6917
	(0,88)	(- 0,55)	(- 1,28)	(1,43)	(0,48)	(- 1,17)
ALTER	- 1,0235	- 0,5712	- 0,3793	- 1,3080	- 0,3229	- 0,3479
	(- 1,34)	(-13,40)	(- 6,14)	(- 0,93)	(- 3,40)	(- 2,44)
EINK,PREIS	1,2387	0,0002	0,0646	- 0,1517	0,0475	0,3481
	(3,20)	(0,01)	(0,34)	(- 1,69)	(1,53)	(1,47)
KONSTAN	- 4,4193	1,0675	0,1420	1,5475	- 1,4932	4,3083
	(- 2,35)	(2,24)	(0,24)	(0,54)	(- 1,25)	(0,89)

Wohnungs- typen	3	4	5	8	9	10
			S W B A U M			
LIK	- 11	- 127	- 73	- 2	- 30	- 15
McF	0,757	0,616	0,640	0,582	0,573	0,547
TRQ in %	93,85	91,23	91,50	71,43	88,12	89,36
ABEO	65	479	294	7	101	47
KOEPFE	-12,6671	0,0033	- 0,4755	3,0804	11,6459	29,6848
	(- 0,01)	(0,01)	(- 1,34)	(0,60)	(0,03)	(0,02)
ALTER	- 4,7795	- 0,6102	- 0,6329	19,3347	- 0,5399	0,4612
	(- 2,02)	(- 7,40)	(- 5,12)	(0,90)	(- 2,78)	(1,14)
EINK,PREIS	3,5138	- 0,0873	0,4288	0,4753	- 0,0698	- 0,4987
	(2,52)	(- 1,63)	(1,26)	(0,82)	(- 0,73)	(- 0,77)
KONSTAN	8,8048	2,0544	0,5861	-47,4321	-10,0463	-33,0217
	(0,01)	(2,07)	(0,49)	(- 0,94)	(- 0,03)	(- 0,02)
			S W K E R N	(SIKERN)		
LIK	- 22	- 586	- 204	-	- 73	- 18
McF	0,681	0,352	0,543	-	0,435	0,578
TRQ in %	91,75	77,68	88,22	-	83,33	90,16
ABEO	66	887	439	10	126	41
KOEPFE	- 0,2487	0,4313	- 0,7587		- 0,2559	1,5107
	(- 0,14)	(2,09)	(- 2,18)		(- 0,53)	(0,00)
				Besetzung zu		
ALTER	- 4,7026	- 0,5357	- 0,5185	niedrig;	- 0,6075	- 1,2325
	(- 3,81)	(-12,59)	(- 7,63)	Schätzung	(- 4,80)	(- 2,97)
				abgebrochen;		
EINK,PREIS	0,8936	0,0122	0,6015	wird	- 0,0677	0,3366
	(1,37)	(0,92)	(3,35)	gesetzt	(- 1,67)	(0,54)
KONSTAN	3,0251	0,4245	0,0295		2,6320	1,5107
	(1,10)	(1,29)	(0,04)		(2,84)	(0,00)

Wohnungs-typen	3	4	5	8	9	10
			S W U M L A	(SIUMLA)		
LIK	- 27	- 674	- 343	- 21	- 128	- 50
McF	0,616	0,483	0,572	0,213	0,487	0,562
TRQ in %	92,23	84,95	89,95	76,32	86,98	89,02
ABEO	78	1429	877	29	274	125
KOEPFE	-11,5512	- 0,1676	- 0,1481	0,2600	0,5883	21,0212
	(- 0,01)	(- 0,80)	(- 0,91)	(0,31)	(1,06)	(0,09)
ALTER	- 2,2528	- 0,5478	- 0,4468	- 1,0013	- 0,4729	- 0,4864
	(- 1,92)	(-15,57)	(- 8,09)	(- 0,58)	(- 5,03)	(- 3,34)
EINK,PREIS	1,8338	0,0019	0,4159	- 0,1307	- 0,0348	0,0203
	(3,19)	(0,13)	(2,66)	(- 1,24)	(- 0,93)	(0,08)
KONSTAN	8,6475	1,2393	- 0,6337	1,9437	0,5439	-20,6032
	(0,01)	(3,31)	(- 1,29)	(0,47)	(0,66)	(- 0,09)
			S W L A N D			
LIK	- 25	- 336	- 163	- 17	- 65	- 38
McF	0,717	0,630	0,601	0,233	0,533	0,427
TRQ in %	95,20	91,21	91,34	71,88	89,00	84,21
ABEO	125	1309	589	32	200	95
KOEPFE	0,4402	- 0,0711	- 0,3323	- 0,1831	0,5889	33,8178
	(0,56)	(- 0,27)	(- 1,25)	(- 0,27)	(0,65)	(0,02)
ALTER	- 3,8151	- 0,5005	- 0,4026	- 0,7254	- 0,3736	- 0,4367
	(- 3,59)	(- 9,97)	(- 4,56)	(- 0,55)	(- 2,69)	(- 2,36)
EINK,PREIS	1,3218	- 0,0052	0,8394	- 0,0861	- 0,1415	- 0,0048
	(2,09)	(- 0,18)	(3,20)	(- 1,18)	(- 1,78)	(- 0,01)
KONSTAN	- 0,0837	0,5361	- 1,5053	1,3859	0,8766	-33,1324
	(- 0,03)	(0,97)	(- 1,74)	(0,49)	(0,65)	(- 0,02)

Tabelle A-2.2.3

Wohnungs-typen	3	4	5	8	9	10
			S M B A K E			
LIK	- 33	-1385	- 331	- 33	- 92	- 36
McF	0,571	0,266	0,419	0,348	0,465	0,460
TRQ in %	90,91	74,77	81,87	80,56	85,14	86,60
ABEO	110	2723	822	72	249	97
KOEPFE	17,2282	0,1209	- 1,7275	0,0058	35,2687	-17,9225
	(0,00)	(0,34)	(- 1,74)	(0,02)	(0,00)	(- 0,00)
ALTER	- 2,5170	- 0,6466	- 0,7001	- 1,5889	- 0,4381	- 0,2518
	(- 2,55)	(-15,39)	(- 8,77)	(- 1,81)	(- 3,61)	(- 1,33)
EINK,PREIS	1,3991	- 0,0091	0,3212	- 0,0548	- 0,0652	0,2489
	(2,75)	(- 1,13)	(2,03)	(- 1,22)	(- 1,85)	(1,17)
KONSTAN	-18,4675	1,3501	2,4855	1,8182	-34,0938	16,4068
	(- 0,00)	(3,50)	(2,27)	(1,19)	(0,00)	(0,00)
			S M B A H V			
LIK	- 25	- 324	- 105	- 16	- 129	- 55
McF	0,443	0,295	0,358	0,294	0,489	0,478
TRQ in %	81,54	74,92	80,51	75,76	87,33	87,42
ABEO	65	662	236	33	363	152
KOEPFE	-13,4008	0,7129	- 0,3920	1,2495	0,5298	- 5,6917
	(- 0,01)	(1,96)	(- 0,72)	(1,43)	(0,48)	(- 1,17)
ALTER	- 2,0775	- 0,6166	- 0,5693	- 1,3080	- 0,3229	- 0,3479
	(- 1,87)	(- 7,83)	(- 4,88)	(- 0,93)	(- 3,40)	(- 2,44)
EINK,PREIS	1,0572	0,0190	0,2314	- 0,1517	0,0475	0,3481
	(1,97)	(1,16)	(0,76)	(- 1,69)	(1,53)	(1,47)
KONSTAN	12,4297	0,1701	1,0929	1,5475	- 1,4932	4,3083
	(0,01)	(0,35)	(1,08)	(0,54)	(- 1,25)	(0,89)

Wohnungs-typen	3	4	5	8	9	10
			S M B A U M			
LIK	- 11	- 107	- 25	- 2	- 13	- 6
McF	0,757	0,237	0,493	0,582	0,337	0,380
TRQ in %	93,85	74,38	87,32	71,43	78,57	78,57
ABEO	65	203	71	7	28	14
KOEPFE	-12,6671	-11,4772	-11,0160	3,0804	0,0988	- 2,5999
	(- 0,01)	(- 0,02)	(- 0,01)	(0,60)	(0,00)	(0,00)
ALTER	- 4,7795	- 0,4276	- 0,7026	19,3347	- 0,4483	- 0,3742
	(- 2,02)	(- 3,91)	(- 2,86)	(0,90)	(- 1,52)	(- 1,07)
EINK,PREIS	3,5138	- 0,0154	2,2623	0,4753	0,0507	1,7110
	(2,52)	(- 0,46)	(2,80)	(0,82)	(0,37)	(1,22)
KONSTAN	8,8048	12,4055	7,5873	-47,4321	0,0987	- 1,1857
	(0,01)	(0,02)	(0,01)	(- 0,94)	(0,00)	(0,00)
			S M K E R N	(SIKERN)		
LIK	- 22	- 586	- 204	-	- 73	- 18
McF	0,681	0,352	0,543	-	0,435	0,578
TRQ in %	91,75	77,68	88,22	-	83,33	90,16
ABEO	31	417	206	5	60	20
KOEPFE	- 0,2487	0,4313	- 0,7587		- 0,2559	1,5107
	(- 0,14)	(2,09)	(- 2,18)	Besetzung zu	(- 0,53)	(0,00)
ALTER	- 4,7026	- 0,5357	- 0,5185	niedrig;	- 0,6075	- 1,2325
	(- 3,81)	(-12,59)	(- 7,63)	Schätzung abgebrochen;	(- 4,80)	(- 2,97)
EINK,PREIS	0,8936	0,0122	0,6015	wird	- 0,0677	0,3366
	(1,37)	(0,92)	(3,35)	gesetzt	(- 1,67)	(0,54)
KONSTAN	3,0251	0,4245	0,0295		2,6320	1,5107
	(1,10)	(1,29)	(0,04)		(2,84)	(0,00)

Wohnungs-typen	3	4	5	8	9	10

S M U M L A (SIUMLA)

	3	4	5	8	9	10
LIK	- 27	- 674	- 343	- 21	- 128	- 50
McF	0,616	0,483	0,572	0,213	0,487	0,562
TRQ in %	92,23	84,95	89,95	76,32	86,98	89,02
ABEO	25	451	277	9	87	39
KOEPFE	-11,5512	- 0,1676	- 0,1481	0,2600	0,5883	21,0212
	(- 0,01)	(- 0,80)	(- 0,91)	(0,31)	(1,06)	(0,09)
ALTER	- 2,2528	- 0,5478	- 0,4468	- 1,0013	- 0,4729	- 0,4864
	(- 1,92)	(-15,57)	(- 8,09)	(- 0,58)	(- 5,03)	(- 3,34)
EINK,PREIS	1,8338	0,0019	0,4159	- 0,1307	- 0,0348	0,0203
	(3,19)	(0,13)	(2,66)	(- 1,24)	(- 0,93)	(0,08)
KONSTAN	8,6475	1,2393	- 0,6337	1,9437	0,5439	-20,6032
	(0,01)	(3,31)	(- 1,29)	(0,47)	(0,66)	(- 0,09)

S M L A N D

	3	4	5	8	9	10
LIK	- 45	- 149	- 34	- 17	- 91	- 5
McF	0,581	0,409	0,630	0,233	0,479	0,496
TRQ in %	91,50	81,54	89,55	71,88	86,11	86,67
ABEO	153	363	134	32	252	15
KOEPFE	0,3221	1,6484	-14,2450	- 0,1831	0,9916	1,2399
	(0,40)	(1,57)	(- 0,02)	(- 0,27)	(0,95)	(0,00)
ALTER	- 2,7199	- 0,8601	- 0,9035	- 0,7254	- 0,4796	- 0,7019
	(- 3,39)	(- 7,03)	(- 3,56)	(- 0,55)	(- 4,01)	(- 1,71)
EINK,PREIS	0,9810	- 0,0028	1,8905	- 0,0861	0,0134	- 0,3750
	(2,34)	(- 0,11)	(2,94)	(- 1,18)	(0,36)	(- 0,21)
KONSTAN	- 0,2409	0,5347	12,6396	1,3859	- 0,4873	1,9470
	(- 0,14)	(0,46)	(0,02)	(0,49)	(- 0,37)	(0,00)

Tabelle A-2.2.4

Wohnungs-typen	3	4	5	8	9	10
			WGBAKE WGBAHV WGBAUM	(WGBALL)		
LIK	- 23	- 130	- 290	- 55	- 242	- 207
McF	0,707	0,325	0,649	0,506	0,627	0,570
TRQ in %	94,69	80,94	92,44	88,89	92,62	90,33
ABEO	113	278	1191	162	935	693
KOEPFE	- 0,7485	- 0,0118	0,0347	- 0,2730	- 0,0705	0,2004
	(- 0,73)	(- 0,06)	(0,26)	(- 0,84)	(- 0,56)	(1,12)
ALTER	1,0761	- 0,3824	- 0,7110	- 0,9398	- 0,2125	- 0,6732
	(0,44)	(- 3,11)	(- 6,65)	(- 0,57)	(- 1,77)	(- 4,85)
EINK,PREIS	- 0,1676	0,0029	0,2388	- 0,0180	- 0,0227	- 0,2030
	(- 0,24)	(0,27)	(1,04)	(- 0,95)	(- 2,21)	(- 1,05)
KONSTAN	- 1,9079	0,4205	0,4840	1,0828	- 0,7258	1,1417
	(- 0,34)	(0,42)	(0,57)	(0,32)	(- 1,10)	(1,45)
			WGKERN WGUMLA	(WGKEUM)		
LIK	- 6	- 43	- 124	- 37	- 141	- 147
McF	0,747	0,149	0,591	0,184	0,528	0,462
TRQ in %	97,06	68,06	90,64	73,85	89,77	87,34
ABEO	34	72	438	65	430	395
KOEPFE	1,4671	0,3562	0,2573	0,3140	0,1169	0,1587
	(1,68)	(1,06)	(1,59)	(1,06)	(0,75)	(0,87)
ALTER	- 5,6706	- 0,5135	- 0,6476	0,5111	- 0,2609	- 0,2991
	(- 1,37)	(- 2,19)	(- 4,38)	(0,38)	(- 1,58)	(- 2,03)
EINK,PREIS	- 2,1014	- 0,0438	0,5153	- 0,0138	- 0,0007	0,1520
	(- 1,16)	(- 1,40)	(1,39)	(- 0,61)	(- 0,06)	(0,71)
KONSTAN	4,3225	1,8968	- 0,6204	- 2,6988	- 0,8215	- 0,8314
	(0,53)	(1,12)	(- 0,50)	(- 1,04)	(- 0,87)	(- 1,02)

Wohnungs-typen	3	4	5	8	9	10
			W G L A N D			
LIK	- 7	- 19	- 62	- 15	- 57	- 67
McF	0,717	0,272	0,640	0,198	0,623	0,486
TRQ in %	93,94	75,68	92,40	69,23	92,20	86,77
ABEO	33	37	250	26	218	189
KOEPFE	0,5032	- 0,4836	- 0,0495	0,9676	0,5342	0,2828
	(0,49)	(- 0,83)	(- 0,16)	(0,25)	(1,61)	(1,10)
ALTER	- 4,8454	- 0,5509	- 0,5265	- 0,3846	- 0,4420	- 0,6718
	(- 0,93)	(- 1,49)	(- 2,09)	(- 0,16)	(- 1,87)	(- 3,26)
EINK,PREIS	1,0835	0,0304	1,2161	0,0510	0,0087	- 0,0025
	(0,76)	(0,78)	(2,30)	(1,15)	(0,44)	(- 0,01)
KONSTAN	1,0937	2,4671	- 1,0470	- 5,1853	- 0,6298	1,1074
	(0,10)	(0,83)	(- 0,50)	(- 1,08)	(- 0,47)	(1,01)
			G A B R D			
LIK	- 0,0071	- 878	- 435	von Typ 3	- 147	- 59
McF	0,999	0,198	0,476	übernommen	0,453	0,493
TRQ in %	100	73,61	87,33		87,15	88,10
ABEO	26	1580	1200	3	389	168
KOEPFE	26,9757	0,0451	- 0,0885	26,9757	0,1084	0,1898
	(0,10)	(0,86)	(- 1,12)	(0,10)	(0,79)	(0,55)
ALTER	-642,2102	- 0,6371	- 0,5572	-642,2102	- 0,3071	- 0,0872
	(- 0,09)	(- 7,54)	(- 4,33)	(- 0,09)	(- 1,47)	(- 0,30)
EINK,PREIS	-90,9662	- 0,0159	0,4717	-90,9662	0,0018	0,6653
	(- 0,09)	(- 1,54)	(2,26)	(- 0,09)	(0,11)	(1,60)
KONSTAN	823,5111	1,3971	- 0,3203	823,5111	- 0,8017	- 3,0499
	(0,09)	(4,14)	(- 0,48)	(0,09)	(- 1,08)	(- 1,99)